高等学校金融科技系列教材

金融数据挖掘

李甫伟　申　琳　编著

西安电子科技大学出版社

内 容 简 介

  本书是金融数据挖掘领域的实战性著作，以应用为导向，从数据挖掘出发，借助 Python 语言，将数据挖掘的理论知识与金融领域的实际应用相结合，循序渐进地介绍了金融数据挖掘的主要概念、技术与应用方法，为有志成为金融数据分析师的读者提供可行的实践指南。全书共 10 章，包括金融数据挖掘概述、金融数据的获取、金融数据的预处理、机器学习基础、金融时间序列分析、回归分析、逻辑回归、决策树与集成学习、支持向量机和无监督学习。

  本书要求读者具有一定的数学和 Python 编程基础。本书适合作为金融学、经济学、管理学等相关专业的本科生教材或者实践参考用书，同时对于金融从业者也具有一定的参考价值。

图书在版编目(CIP)数据

金融数据挖掘 / 李甫伟，申琳编著. -- 西安：西安电子科技大学出版社，2024.12
ISBN 978-7-5606-7252-6

Ⅰ.①金…　Ⅱ.①李…　②申…　Ⅲ.①金融—数据处理—研究　Ⅳ.①F830.41

中国国家版本馆 CIP 数据核字(2024)第 103573 号

策　　划　陈　婷
责任编辑　陈　婷
出版发行　西安电子科技大学出版社(西安市太白南路 2 号)
电　　话　(029)88202421　88201467　　　邮　　编　710071
网　　址　www.xduph.com　　　　　　电子邮箱　xdupfxb001@163.com
经　　销　新华书店
印刷单位　陕西天意印务有限责任公司
版　　次　2024 年 12 月第 1 版　2024 年 12 月第 1 次印刷
开　　本　787 毫米×1092 毫米　1/16　印张 19
字　　数　446 千字
定　　价　49.00 元
ISBN 978-7-5606-7252-6 / F
XDUP　7554001-1

如有印装问题可调换

序

以互联网、大数据、云计算等为代表的新兴技术不断催生金融行业的变革与创新，信息技术与金融的有机融合衍生出了一系列新的金融业务、产品及流程，金融科技这一概念也应运而生。由此，基于传统金融理念和思维方式培养的人才与行业发展现实对人才素养的需求之间的差距逐渐凸显，高校金融专业人才的培养模式和质量表现出滞后性。2021年发布的《中华人民共和国国民经济和社会发展第十四个五年规划和2035年远景目标纲要》对金融科技发展做出了明确规划，指出要稳妥发展金融科技，加快金融机构数字化转型。因此，在新文科理念下培养复合型金融科技人才，既是金融行业创新发展的迫切需求，也是经济高质量发展的战略要求。

高质量的金融科技人才培养必然需要高质量的教材建设提供保障。纵观国内外，虽有部分高校已经开始试点建设金融科技专业，也有企业创办内部培训学校以进行金融科技实践培训，但都缺少与其培养目标相适应且具有针对性和时代性的教材。针对这种情况，杭州电子科技大学与西安电子科技大学出版社经过多次研讨，最终决定出版一套涵盖金融科技核心主干课程的理论与实践指导系列教材。经过作者团队近两年的打磨，该系列教材终于成书。本系列教材力求体现以下两个特点：

(1) 产教融合特色鲜明，内容紧跟行业发展的最新需求。本系列教材从策划到实施，紧密对接产业链、创新链，始终立足于校企协同合作。2019年伊始，学校积极与行业企业对接，先后成立了杭电-恒生产业学院、杭电-同花顺金融创新实验室、杭电-中信证券产教融合协同育人基地，并与杭州银行、南京证券等7家企业共建教学实习基地，校企共同探讨金融科技的人才培养方案、教材体系构成，希望通过校企共享师资和产教融合来探索解决人才教育供给与产业需求之间的结构性矛盾。本系列教材的主题确定、内容结构编排、编写团队组织都凝聚了校企双方的共同努力与智慧，体现了教育和产业的统筹融合和良性互动。

(2) 兼具复合性与系统性，对交叉学科领域的内容进行重构。在金融科技人才培养的探索初期，许多教师、培训师基于职业道德和自我要求，只得在培养目标的牵引下，自行从原有的金融理论、计算机编程、区块链技术、数学建模等各类教材中选取不同章节进行授课，一门课程往往需要几本教材分散组合，而这种个性化的组合难免生硬且有损系统性、科学性。本系列教材从金融科技人才培养目标导向出发，以立足金融科技核心课程的基础知识为根本，每本教材的内容在充分吸收交叉学科的内容模块后进行重构，体现了知识性与实践性的结合、复合性与系统性的兼容，能够适应新文科金融科技人才培养需求。

本系列教材共十本，内容涉及金融科技概论、金融数据挖掘、金融数据分析、区块链技术与金融、量化投资等，基本上覆盖了金融科技新型人才培养的核心知识课程。教材内容深入浅出，既适合高等院校相关专业的教师和学生作为教材使用，也适合企业开展入门培训、提升培训时采用。

本系列教材由杭州电子科技大学的郑海味负责总体策划、组织，由校企合作团队分别担任主编，都红雯、范影乐对系列教材的策划提供了很多建设性意见，西安电子科技大学出版社的陈婷编辑全程参与了系列主题的商定并提供了许多帮助，在此向各位表示衷心的感谢。

金融科技的发展尚处于成长阶段，囿于学识，本系列教材难免会有不妥之处，恳请专家指正！

郑海味

2023 年 5 月

前　言

近些年来，大数据、人工智能、云计算、区块链和移动互联网等信息技术与金融深度融合，衍生出移动支付、大数据信贷、智能投顾、智能风控、加密数字货币和保险科技等一系列新兴金融业态。《金融科技发展规划（2022—2025 年）》指出，中国将加快推进金融数字化转型，加强金融科技创新能力，促进金融科技与实体经济深度融合。金融数据挖掘作为金融科技的重要组成部分，将在未来发挥更大的作用。金融业在过去几十年的发展历程中不仅积累了海量的可信数据，而且其每天的业务还会产生大量的数据。如何运用金融数据挖掘技术对这些数据进行统计和分析，挖掘出隐藏在数据内部的有价值的信息，进而实现科学决策，已经成为具有挑战性的新课题。

在这种背景下，本书以 Python 为工具，基于数据挖掘的主要金融应用场景，全面讲解金融数据挖掘的主要概念、技术与应用方法。在书稿的编写过程中，力求体现以下两个特点：

(1) 理论与实践相结合。本书先介绍金融数据挖掘的相关算法与理论知识，随后辅以算法在金融领域关键场景的应用案例。这样既能使读者在理论与方法上对金融数据挖掘模型有系统和深刻的理解，同时也能使读者将金融数据挖掘模型应用于具体的金融案例中，真正做到学以致用。

(2) 配备丰富的金融实战案例与完整源代码。在本书的编写过程中，编者积极与中信证券、恒生电子和同花顺等企业沟通交流，争取立足行业前沿，精心筛选基于金融领域关键场景的案例。这些案例展示了数据挖掘方法在金融领域的应用，使读者能够切实感受到数据挖掘的魅力，从而激发学习热情，提升实践能力。本书的每一章都提供有完整的源代码和数据，读者可以通过西安电子科技大学出版社官网(www.xduph.com)获取。

党的二十大报告强调，人才是第一资源，要深入实施科教兴国战略和人才强国战略。通过学习本书，读者可以掌握金融数据挖掘的基本原理和方法，如数据预处理、特征选择、回归、分类、聚类和关联规则等；深入理解数据挖掘方法在金融领域关键场景中的应用，能够根据不同的业务场景选择合适的金融数据挖掘技术，发现并解释有价值的信息和知识；

关注金融数据挖掘的实际问题并具备科学思维、解决问题的能力以及经世济民、诚信服务的职业素养。

全书共 10 章，主要内容如下：

第 1 章为金融数据挖掘概述，主要介绍金融数据挖掘的基础知识，包括数据挖掘的定义、数据挖掘在金融领域的应用、金融数据挖掘的流程和金融数据挖掘环境的部署。

第 2 章为金融数据的获取，主要介绍从同花顺 SuperMind 获取数据和从本地读取数据的方法。

第 3 章为金融数据的预处理，主要介绍数据清洗、数据变换和数据降维。

第 4 章为机器学习基础，主要介绍机器学习的定义，机器学习的基本术语，机器学习的分类，机器学习算法的三要素，泛化能力与数据集划分，超参数调优、交叉验证与模型评估，机器学习的一般原理。

第 5 章为金融时间序列分析，主要介绍时间序列的定义、特征和构成，以及如何使用 ARIMA 模型对时间序列数据进行建模，并基于 ARIMA 模型对沪深 300 指数进行建模和预测。

第 6 章为回归分析，主要介绍多元线性回归的基本含义与最优化、对数线性回归和多项式回归以及回归的正则化，并基于回归模型对波士顿房价数据集进行建模和预测。

第 7 章为逻辑回归，主要介绍逻辑回归的基本原理、逻辑回归在多分类问题和保险反欺诈预测中的应用。

第 8 章为决策树与集成学习，主要介绍决策树、集成学习，并基于决策树和集成学习算法预测银行客户流失。

第 9 章为支持向量机，主要介绍线性可分支持向量机、软间隔线性支持向量机、核方法与非线性支持向量机，并基于支持向量机对企业财务危机进行预测。

第 10 章为无监督学习，主要介绍聚类、降维和关联规则挖掘的原理及其在金融领域的应用，并给出相应的 Python 实现。

本书的出版得到了系列教材总编郑海味的大力支持和帮助，同时也得到了西安电子科技大学出版社的支持和帮助，在此深表感谢。

由于编者水平有限，书中难免有疏漏之处，欢迎广大读者批评指正。

编 者
2024 年 5 月

目　　录

第1章　金融数据挖掘概述 1

1.1　数据挖掘的定义 1

1.2　数据挖掘在金融领域的应用 2

1.3　金融数据挖掘的流程 3

　　1.3.1　CRISP-DM 3

　　1.3.2　SEMMA 4

　　1.3.3　AOSP-SM 5

1.4　金融数据挖掘环境的部署 6

　　1.4.1　Anaconda 的安装 6

　　1.4.2　Python 的交互环境 Jupyter Notebook 7

本章小结 8

习题一 8

第2章　金融数据的获取 9

2.1　从同花顺 SuperMind 获取数据 9

2.2　从本地读取数据 13

　　2.2.1　使用 read_csv 函数读取 CSV 文件 13

　　2.2.2　使用 read_excel 函数读取 Excel 文件 16

　　2.2.3　绝对路径与相对路径 18

本章小结 18

习题二 19

第3章　金融数据的预处理 20

3.1　数据清洗 20

　　3.1.1　缺失值处理 20

　　3.1.2　重复值处理 29

　　3.1.3　异常值处理 31

3.2　数据变换 35

　　3.2.1　函数变换 35

　　3.2.2　数据标准化 38

　　3.2.3　分类数据的数值化 41

　　3.2.4　连续数据的离散化 46

3.3 数据降维 48
　　3.3.1 基于特征选择的降维 48
　　3.3.2 数据降维的 Python 实现 50
本章小结 56
习题三 56

第 4 章　机器学习基础 57
4.1 机器学习的定义 57
4.2 机器学习的基本术语 58
4.3 机器学习的分类 59
4.4 机器学习算法的三要素 60
4.5 泛化能力与数据集划分 62
　　4.5.1 泛化能力 62
　　4.5.2 数据集划分 63
4.6 超参数调优、交叉验证与模型评估 65
　　4.6.1 超参数调优 65
　　4.6.2 针对独立同分布数据的交叉验证方法 66
　　4.6.3 针对非独立同分布数据的交叉验证方法 69
　　4.6.4 模型评价指标 71
　　4.6.5 交叉验证与模型评估 74
　　4.6.6 交叉验证与超参数调优 77
4.7 机器学习的一般原理 83
本章小结 84
习题四 84

第 5 章　金融时间序列分析 85
5.1 时间序列概述 85
5.2 Pandas 与金融时间序列 86
　　5.2.1 金融时间序列的构建 87
　　5.2.2 金融时间序列的处理 90
5.3 金融时间序列的建模基础 98
　　5.3.1 白噪声模型 98
　　5.3.2 ARIMA 模型 101
5.4 建立 ARIMA 模型 102
　　5.4.1 平稳性检验 102
　　5.4.2 不平稳时间序列的处理 106
　　5.4.3 ARIMA 模型的定阶 109
　　5.4.4 ARIMA 模型参数的估计与残差检验 113
　　5.4.5 ARIMA 模型的预测与评价 116
本章小结 119
习题五 119

第6章 回归分析 120

6.1 回归分析概述 120

6.2 多元线性回归 122

6.2.1 多元线性回归模型的一般形式 122

6.2.2 多元线性回归的最小二乘估计 123

6.2.3 多元线性回归的 Python 实现 124

6.3 非线性回归 131

6.3.1 对数线性回归 131

6.3.2 多项式回归 133

6.4 正则化 134

6.4.1 LASSO、岭回归和弹性网络正则化 135

6.4.2 正则化的 Python 实现 136

本章小结 143

习题六 143

第7章 逻辑回归 144

7.1 逻辑回归的基本原理 144

7.1.1 逻辑回归模型的基本形式 144

7.1.2 逻辑回归的损失函数及最优解 145

7.1.3 逻辑回归的正则化 147

7.1.4 逻辑回归结果的解释 147

7.2 逻辑回归在多分类问题中的应用 148

7.3 逻辑回归在保险反欺诈预测中的应用 150

7.3.1 保险反欺诈预测数据集的读取与整理 152

7.3.2 保险反欺诈预测数据的探索性分析 153

7.3.3 保险反欺诈预测数据的预处理 162

7.3.4 构建逻辑回归模型并预测保险欺诈客户 165

本章小结 167

习题七 168

第8章 决策树与集成学习 169

8.1 决策树 169

8.1.1 决策树的定义 169

8.1.2 决策树的特征选择 170

8.1.3 决策树的剪枝 174

8.2 集成学习 176

8.2.1 Bagging 和随机森林 177

8.2.2 Boosting 178

8.3 基于决策树和集成学习模型预测银行客户流失 183

8.3.1 银行客户流失数据的探索性分析 184

8.3.2 银行客户流失数据的预处理 195

    8.3.3　决策树模型的构建 199

    8.3.4　集成学习模型的构建 203

    8.3.5　模型性能的评估 214

  本章小结 215

  习题八 215

第 9 章　支持向量机 217

  9.1　线性可分支持向量机 217

    9.1.1　超平面与间隔 218

    9.1.2　间隔最大化 219

    9.1.3　拉格朗日对偶性 222

  9.2　软间隔线性支持向量机 224

    9.2.1　软间隔最大化 225

    9.2.2　软间隔最大化的拉格朗日对偶性 226

  9.3　核方法与非线性支持向量机 227

  9.4　基于支持向量机预测企业财务危机 230

    9.4.1　企业财务危机数据的探索性分析 231

    9.4.2　企业财务危机数据的预处理 239

    9.4.3　构建支持向量机模型并预测企业财务危机 241

    9.4.4　支持向量机模型的财务危机预警性能评估 243

  本章小结 245

  习题九 246

第 10 章　无监督学习 247

  10.1　聚类 247

    10.1.1　聚类距离计算 248

    10.1.2　聚类性能评价 249

    10.1.3　K-Means 算法 250

    10.1.4　DBSCAN 算法 252

    10.1.5　聚类算法综合案例：商场客户的分类分析 255

  10.2　降维 267

    10.2.1　主成分分析 267

    10.2.2　核主成分分析 269

    10.2.3　主成分分析与核主成分分析的 Python 实现 270

  10.3　关联规则挖掘 275

    10.3.1　Apriori 算法及其 Python 实现 275

    10.3.2　FP-Growth 算法及其 Python 实现 280

    10.3.3　基于关联规则挖掘的产品关联分析 286

  本章小结 290

  习题十 290

参考文献 291

第1章　金融数据挖掘概述

信息技术的快速发展促进社会发展进入了大数据时代。据国际数据公司(IDC)预测，全球数据总量将从 2018 年的 33 ZB 增长到 2025 年的 175 ZB，复合年增长率为 27%。金融业不仅积累了海量的可信数据，而且其每天的业务还在持续产生大量的数据。传统的数据存储、分析与处理方式对金融业的非结构化数据的利用十分有限。如今，随着数据库技术、数据分析技术和机器学习技术的快速发展，如何运用数据挖掘技术对这些数据进行统计和分析，挖掘出隐藏在数据内部的有价值信息，为金融行业决策提供指导，已经成为具有挑战性的新课题。

本章包含以下内容：

(1) 数据挖掘的定义。

(2) 数据挖掘在金融领域的应用。

(3) 金融数据挖掘的流程。

(4) 金融数据挖掘环境的部署。

1.1　数据挖掘的定义

数据挖掘(Data Mining)是数据库知识发现(Knowledge Discovery in Database，KDD)中的一个重要步骤。KDD 最早出现于 1989 年在美国召开的第十一届国际人工智能联合会议上。1995 年，第一届知识发现和数据挖掘国际学术会议在加拿大召开。1997 年，KDD 拥有了自己的杂志——《数据挖掘和知识发现》。此后，在数据挖掘领域涌现出大量的论文、数据挖掘软件以及相关网站，且伴随着数据量的爆发式增长，数据挖掘已成为当前的热门研究领域。

Frawley 等人于 1992 年在 *Knowledge Discovery in Databases* 一书中把数据挖掘定义为从大型数据库的数据中提取人们感兴趣的知识，这些知识是隐含的、事先未知的、潜在有用的信息，提取出来的知识形式可以是概念、规则、规律和模式等。这个定义把数据挖掘的对象限定为结构化的关系型数据库。随着技术的不断进步，数据挖掘的对象可以是任何类型的数据源，既可以是结构化的关系型数据库，也可以是数据仓库、文本、多媒体数据、空间数据、时序数据、Web 数据等半结构化数据和异构数据。

随着数据挖掘对象的不断多元化，数据挖掘也有了越来越多不同的定义。有学者从技术和商业两个角度对数据挖掘进行了定义：从技术角度来看，数据挖掘是从大量的、不完全的、有噪声的、模糊的、随机的实际应用数据中，提取隐含在其中的、人们事先不知道的、但又潜在有用的信息和知识的过程；从商业角度来看，数据挖掘是按照企业既定的业务目标，对大量的企业数据进行探索和分析，揭示隐藏的、未知的或验证已知的规律性，并进一步将其模型化，从而自动提取出用于辅助商业决策的深层次商业信息的过程。

总而言之，数据挖掘是一种对大量数据信息进行处理的过程，它以人工智能、机器学习、模式识别、统计学、数据库、可视化技术等为手段，对大量不完整的、模糊的、混乱的和随机的数据进行高度自动化的分析、归纳与推理，从中挖掘出潜在的信息并预测未知的行为，进而辅助决策者降低风险，做出正确的决策。

1.2　数据挖掘在金融领域的应用

数据挖掘与金融是天生的合作者，数据挖掘技术已成为当前金融领域的重要支撑技术之一。追根溯源，主要有两方面原因：一方面是金融业在过去几十年的发展历程中积累了海量的可信数据，且其每天都会产生并处理大量的数据，包括交易、报价、业绩报告、消费者研究报告、各类统计数据和各种指数等，面对如此庞大的金融数据，先进的数据挖掘技术必不可少；另一方面，近些年来，随着信息技术对各行业的数字化改造，传统金融机构受到很大冲击。党的二十大报告指出，必须坚持科技是第一生产力、人才是第一资源、创新是第一动力。2022 年 12 月召开的中央经济工作会议提出，要推动"科技—产业—金融"良性循环。数据挖掘技术可以在大量数据中搜集、寻找、发现有效信息，可为金融业的发展和决策提供数据依据，进而使金融机构能够更深入地洞察市场、更科学地设计产品、更精准地识别客户和更有效地防范风险，从而帮助金融机构在激烈的市场竞争中占据先机。

目前，数据挖掘已经在金融领域得到了广泛的应用，下面主要介绍数据挖掘在银行、证券和保险三个主要金融行业中的应用。

1. 数据挖掘在银行业中的应用

数据挖掘在银行业中的应用主要体现在以下两个方面：

(1) 风险管理。银行可以运用数据挖掘技术，根据每个客户的账户特征，如尚未偿还的贷款额、信用调降报告记录、账户类型、收入水平及其他信息等，构建信用评级模型，评估贷款人或信用卡申请人的风险。进一步地，银行可以根据客户的交易数据构建信用欺诈模型，从而帮助银行发现具有潜在欺诈性的事件，开展欺诈侦查分析，预防和控制资金的流失。

(2) 客户管理。银行可以收集客户的特征，运用数据挖掘技术对客户进行分类，进而为不同层次的客户制定不同的客户发展战略。此外，数据挖掘技术还可以帮助银行甄别重点客户和潜在的重点客户的习惯和喜好，为这些客户提供更专业化的服务，从而使银行和客户之间建立长期合作关系。

2. 数据挖掘在证券业中的应用

数据挖掘在证券业中的应用主要体现在以下两个方面：

(1) 运用数据挖掘技术构建量化策略。证券公司可以基于数据挖掘技术从行情数据、基本面数据、新闻事件等中寻找有效因子，进而利用机器学习算法构建选股与择时策略，从而获取超额收益。

(2) 客户关系管理。证券公司可以收集客户的资产贡献、忠诚度、盈利率和持仓比率等指标，运用数据挖掘技术进行关联分析和聚类分析，对客户的盈利价值和需求模式进行分类，找出最有价值和盈利潜力的客户群，了解他们的服务需求，进而更好地配置资源，改进服务，牢牢抓住最有价值的客户。

3. 数据挖掘在保险业中的应用

数据挖掘在保险业中的应用涉及保险产品的开发、营销，以及保险欺诈预测等多个方面。在保险产品开发时，保险公司运用数据挖掘技术从保险产品中提取有价值的信息，比如不同年龄段客户的偏好及不同种类保险的保费增长和理赔规律等，及时调整保险方案，为客户提供更合适的产品。在保险产品营销中，保险公司可应用决策树以及神经网络等多种形式的机器挖掘技术，根据不同险种客户的基础信息，全面提取客户特征，确保能够对此类目标客户进行有针对性的营销，或为其提供更全面的咨询服务。在保险欺诈预测中，保险公司可运用神经网络、决策树、模糊聚类等数据挖掘和机器学习技术预测投保人欺诈理赔的可能性，降低公司的理赔风险。

1.3　金融数据挖掘的流程

要想将金融数据挖掘做好，就必须理解并应用数据挖掘的方法。在当前数据挖掘领域中，国际知名度较高的方法主要有跨行业数据挖掘标准流程(Cross Industry Standard Process for Data Mining, CRISP-DM)和SEMMA(Sample, Explore, Modify, Model, Assess; 抽样, 探索, 修订, 建模, 评估)。此外，国内大数据软件企业——思迈特软件有限公司推出了以应用为导向的智能挖掘标准流程(Application Oriented Standard Process for Smart Mining, AOSP-SM)。

1.3.1　CRISP-DM

CRISP-DM是由欧盟机构在1999年联合起草，并被SPSS公司大力推广的一种用于数据挖掘项目的通用方法。2014年的KDnuggcts调查显示，CRISP-DM在数据分析、数据挖掘和数据科学项目中的采用率达到43%，是应用最广泛的数据挖掘方法。在CRISP-DM中，数据挖掘项目的流程可划分为六个阶段，分别是商业理解、数据理解、数据准备、模型建立、模型评估和结果部署，如图1-1所示。

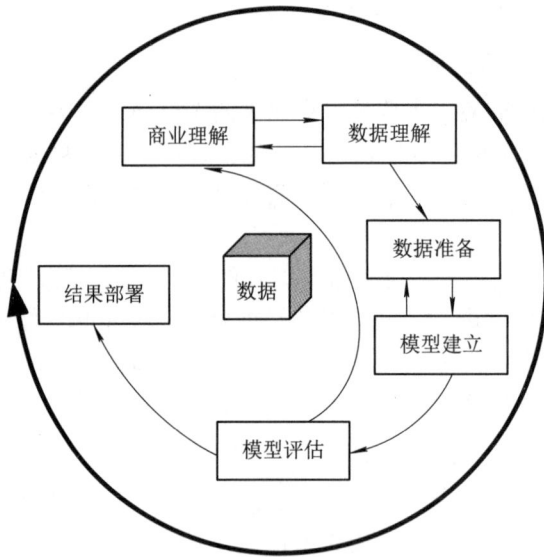

图 1-1　CRISP-DM 的数据挖掘流程

1.3.2　SEMMA

　　SEMMA 是由 SAS 研究所开发的用于数据挖掘的方法。SEMMA 包含抽样(Sample)、探索(Explore)、修订(Modify)、建模(Model)和评估(Assess)五个步骤，如图 1-2 所示。与 CRISP-DM 从数据挖掘项目实施的角度探讨方法论不同，SEMMA 从对数据集进行探测和挖掘的角度来定义方法。SEMMA 的基本思想是从样本数据开始，利用统计分析与可视化技术，发现并转换最有价值的预测变量，根据这些变量构建模型，并检验模型的可用性和准确性。有批评者认为，SEMMA 忽略了数据挖掘的商业目标和模型的商业应用。但 SAS 官方则表示，SEMMA 并不是数据挖掘的方法，而是数据分析师利用 SAS Enterprise Miner(一种模型数据挖掘工具)执行数据挖掘的核心任务时，其功能工具集的一种逻辑组织。

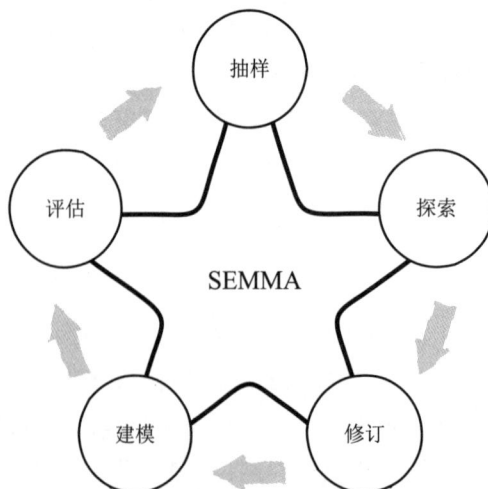

图 1-2　SEMMA 的数据挖掘流程

1.3.3 AOSP–SM

AOSP-SM 是国内的大数据软件企业——思迈特软件有限公司基于 CRISP-DM 和 SEMMA 两种方法推出的以应用为导向的智能挖掘标准流程。AOSP-SM 的数据挖掘流程包含确定商业目标、数据准备、建立模型、评估模型和应用部署五个步骤。由于金融数据挖掘更多地关注于数据挖掘在金融领域的应用，故我们将基于 AOSP-SM 实施金融数据挖掘流程。图 1-3 显示出 AOSP-SM 的金融数据挖掘流程是一个动态反馈的循环流程。需要注意的是，金融数据挖掘不一定完全按照图 1-3 中的顺序执行。

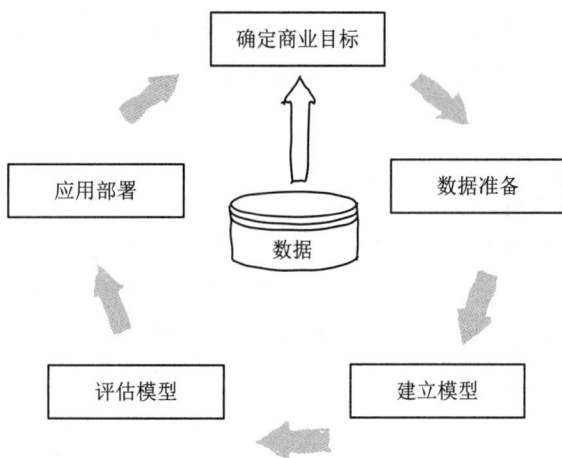

图 1-3　AOSP-SM 的金融数据挖掘流程

1. 确定商业目标

确定商业目标包括以下两个方面：

(1) 确定业务目标。若没有清晰明确的目标，则不会产生洞察力，也无法评判金融数据挖掘的结果是否正确。因此，金融数据挖掘首先需要梳理企业相关业务的背景和现状，明确业务问题和项目需求，确定项目期望达成的目标，并将业务目标转化为金融数据挖掘目标。

(2) 制定实施方案。基于金融数据挖掘的目标将工作任务进行分解和细化，制定具体的项目实施计划。

2. 数据准备

数据准备包括以下三个方面：

(1) 数据收集。根据金融数据挖掘的目标，结合分析人员的业务经验，分别从企业内部和企业外部这两个层面提出数据需求，并收集数据。此外，为了提高数据收集的效率并降低分析难度，分析人员需明确任务中所需的数据和数据之间的替换关系，优先收集与项目需求相关度较高的数据。

(2) 数据审核。数据向来都是不完美的，分析人员需要针对数据的内容、质量和可靠程度进行必要的审核和评估。只有数据是可靠和可用的，才能保证模型的输出结果是可靠的。

(3) 数据处理。数据处理是指对数据进行抽样，修正错误数据和填充缺失数据，然后对数据进行归一化处理，以形成可用于金融数据挖掘的数据集。

3. 建立模型

建立模型包括以下两个方面：

(1) 选择建模技术。基于金融数据挖掘的目标选择适当的建模技术，通常会选择多种算法。

(2) 构建并优化模型。在不同算法下构建模型，并不断地调整和优化模型参数，在测试集上找到分析和预测效果最好的模型。此外，在构建模型的过程中需安排测试工程师进行审核，保证建模的合理性。

4. 评估模型

在建立模型阶段所构建的模型仅在技术层面是正确且有效的，但不能直接运用到商业中，还需要使用在确定商业目标阶段设立的业务成功标准评估模型，并确保关键决策制定者参与到对模型结果的评审之中。

5. 应用部署

应用部署包括以下两个方面：

(1) 模型测试。在模型正式投入商用之前，需要进行 1~3 个月甚至更长时间的联调测试和试运行，监测模型的准确性和可靠性，及时发现模型出现的新问题并对模型进行优化。

(2) 模型应用。在系统试运行结束后，可以正式将模型成果应用到实际的商业环境中，为企业创造价值。

1.4　金融数据挖掘环境的部署

在编写本书时，Python 最新的版本是 3.9.0，读者可以根据自己的操作系统从 Python 官网下载 Python 3.9.0 版本，然后按照安装说明安装 Python 软件，并根据需要自行安装金融数据挖掘所需的其他相关库和包。但是，对于初学者，建议使用 Anaconda 进行数据挖掘。

1.4.1　Anaconda 的安装

Anaconda 是一个开源的 Python 发行版本，它不仅集合了 Conda、Python、Pandas、NumPy、SciPy、sklearn 和 Matplotlib 等 180 多个科学计算的第三方库及其依赖项，而且还提供了 IPython、Jupyter 和 Spyder 等编程交互环境。要安装 Anaconda 环境，只需进入 Anaconda 官网，依据自己的操作系统下载最新版本的 Anaconda。若官网下载速度过慢，则可考虑到清华大学开源软件镜像站 https://mirror.tuna.tsinghua.edu.cn/help/anaconda/ 下载最新版本的 Anaconda。

下载完成之后，会出现一个名为 "Anaconda3-2021.11-Windows-x86_64" 的安装包，安装过程只需使用默认配置。对于初学者，当安装过程中出现如图 1-4 所示的界面时，可以选择勾选第一个复选项，从而可为初学者自动配置环境变量。

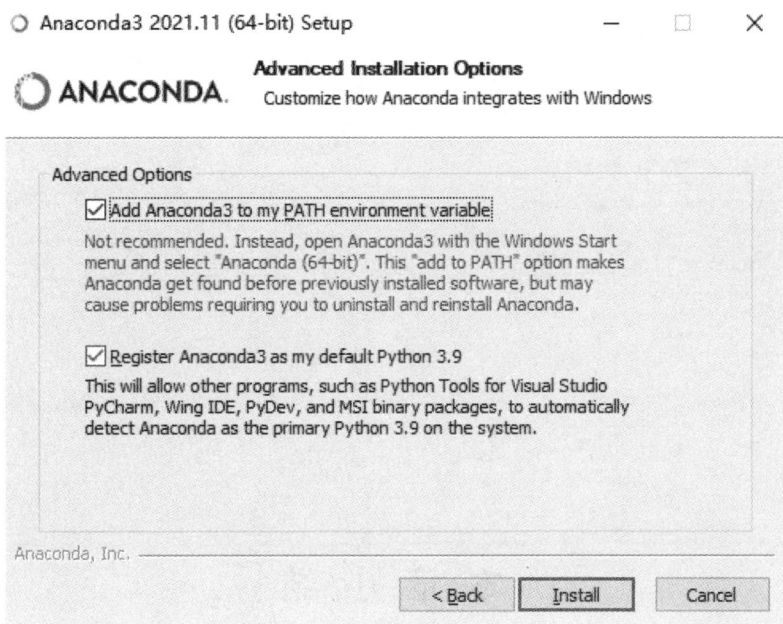

图 1-4　Anaconda 安装界面

1.4.2　Python 的交互环境 Jupyter Notebook

Jupyter Notebook 是一个可以在浏览器中使用的交互式编程环境，它将代码、注释、公式、图像和视频完美地组合在一起，非常适合从事机器学习、数据分析等数据科学工作的人员使用。笔者强烈推荐读者在学习过程中使用 Jupyter Notebook。

1. 安装 Jupyter Notebook

如果使用 Anaconda 作为 Python 环境，则默认安装了 Jupyter。如果读者使用自定义的 Python 环境，则可以通过命令"pip install jupyter"来安装 Jupyter。

2. Jupyter 的启动与使用

在 Anaconda Prompt 命令行输入 jupyter notebook，如图 1-5 所示，随后，默认浏览器会打开命令行窗口和 Jupyter Notebook。

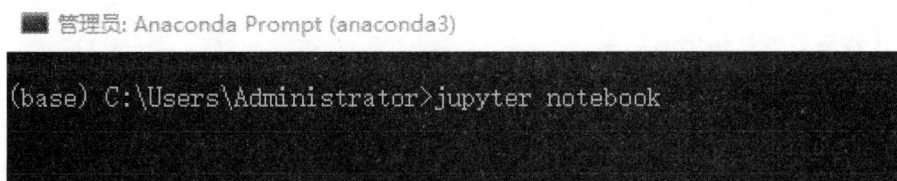

图 1-5　从 Anaconda Prompt 启动 Jupyter Notebook

要启动 Jupyter Notebook 的第一个笔记本，可以先用鼠标点击"New"，然后点击"Python 3(ipykernel)"，如图 1-6 所示。此后，可以打开一个新的 Jupyter Notebook 文档。从现在开始，本书中的所有编程都会在 Jupyter Notebook 中进行。

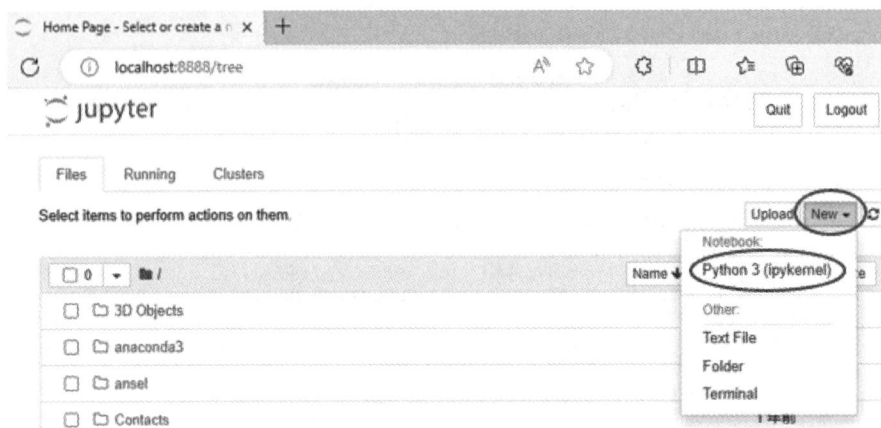

图 1-6　Jupyter 界面

本 章 小 结

　　本章主要介绍了金融数据挖掘的基础知识，包括数据挖掘的定义、数据挖掘在金融领域的应用、金融数据挖掘的流程和金融数据挖掘环境的部署。在金融数据挖掘的流程中，我们介绍了 CRISP-DM、SEMMA 和 AOSP-SM 这三种模型。由于我们更多地关注数据挖掘在金融领域的应用，因此，在金融数据挖掘中，我们推荐使用 AOSP-SM 方法。

　　此外，在本章中，我们并未详细介绍 Jupyter Notebook 的使用方法，关于 Jupyter Notebook 的更详细的教程，比如单元格的输入格式、魔术命令、快捷键、扩展和插件以及新内核的安装等，读者可以参照网上的 Jupyter 教程自行学习，或者阅读关于 Juypter 的介绍，从而提升金融数据挖掘的编程效率。

习 题 一

1. 什么是金融数据挖掘？
2. 简述数据挖掘在金融领域的应用。
3. 简述金融数据挖掘的流程。
4. 下载 Anaconda 并安装，在本地电脑启动 Juptyer Notebook，并创建一个新的 Python 文档，将该文档命名为"金融数据挖掘"。

第 2 章　金融数据的获取

对于从事金融数据挖掘的数据分析师而言，数据是所有工作的基础。从数据结构类型来看，金融数据既有像文字、图片、声音或视频那样的非结构化数据，又有基于二维表结构的结构化数据，同时还有以 XML 格式和 JSON 格式存储的半结构化数据。从数据来源来看，金融数据既有金融数据库(如万得 Wind、同花顺 iFinD 等)、出版物(如统计年鉴等)和互联网(如国家及地方统计局网站、行业组织、政府机构网站、传播媒体网站和大型综合门户网站等)等常见的数据来源，又有流式数据和数据应用程序接口(API)等复杂系统接口来源。尽管来源繁多，数据分析师应尽最大努力选择从可靠的数据来源中获得高质量的数据。在本章中，我们将利用同花顺 SuperMind 介绍基于 API 的金融数据收集方式和从本地读取金融数据文件的方法。

本章包含以下内容：

(1) 从同花顺 SuperMind 获取数据。

(2) 从本地读取 CSV 文件和 Excel 文件。

2.1　从同花顺 SuperMind 获取数据

同花顺 SuperMind 是一款量化投资产品，其集合了数据获取、策略研发、回测分析、模拟交易和实盘交易等功能。我们推荐读者使用 SuperMind 获取数据主要是因为它的数据较为齐全，用户可从中获取沪 A 股、指数、基金、股指期货等多种日线/分钟行情数据、财务数据、因子数据和同花顺特色数据等。此外，注册 SuperMind 是免费的，注册之后即可无限次、无限量地获取数据并下载到本地，截至 2023 年，其在数据获取方面没有积分要求和试用时间限制。

注册 SuperMind 时，需进入 https://quant.10jqka.com.cn，在页面右上方点击"注册"，便可使用手机号码进行注册。注册完成后即可登录，登录之后，可进入如图 2-1 所示的页面。

从 SuperMind 获取金融数据，其本质是函数调用，输入指定的函数参数即可输出对应的数据。下面将介绍三个数据获取的小任务：

(1) 获取沪深 300 指数成分股；

(2) 获取沪深 300 指数成分股的收盘价数据；

(3) 获取沪深 300 指数成分股的 6 个股票因子数据。

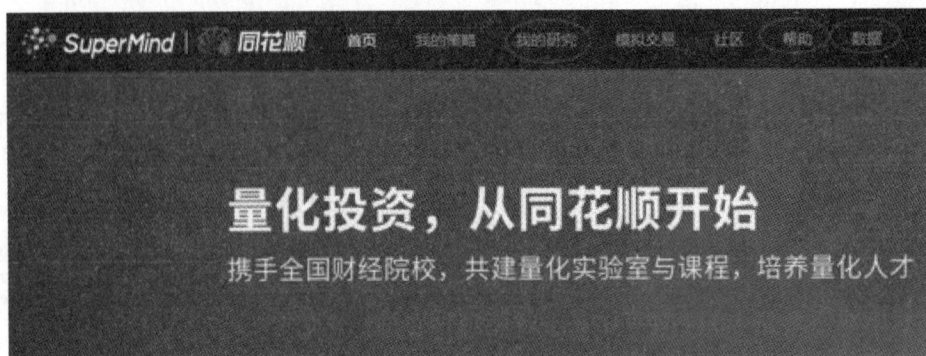

图 2-1　SuperMind 主页

1. 获取沪深 300 指数成分股

我们将在 SuperMind 的"我的研究"模块(如图 2-1 所示)获取 2020 年 1 月 1 日沪深 300 指数成分股的数据。首先，在图 2-1 中，点击"帮助"可获得获取数据的 API 说明，从中可找到获取不同数据的函数名称、参数说明及应用示例。在 API 中，我们可以看到获取指数对应成分股的函数名称为 get_index_stock，以及该函数的释义、参数和调用方法等。

然后，我们只需在研究环境的 Jupyter 文档中调用 get_index_stock 函数，即可获取 2020 年 1 月 1 日沪深 300 指数成分股，详见代码 2-1。

代码 2-1

```
#获取沪深 300 指数成分股
stocks = get_index_stocks('000300.SH', '2020-01-01')
print(stocks)
```

输出结果：

['601788.SH', '600050.SH', '601021.SH', '603019.SH', '600352.SH', '601166.SH',

……

'600362.SH', '600299.SH', '300142.SZ', '600346.SH', '000166.SZ', '000963.SZ']

注：因篇幅原因，省略部分输出结果。

2. 获取沪深 300 指数成分股的收盘价数据

假定沪深 300 指数成分股在 2020 年 1 月 1 日到 2020 年 12 月 31 日期间保持不变，从 SuperMind 获取沪深 300 指数成分股在 2020 年 1 月 1 日到 2020 年 12 月 31 日中的收盘价数据，包括开盘价、最高价、最低价和收盘价。

首先在 API 文档中找到获取股价的函数(get_price)，然后确定 get_price 的参数，最后在研究环境中调用 get_price 函数，详见代码 2-2。在代码 2-2 中，参数"1d"表示股价获取的频率是 1 天，"close"表示获取的是收盘价数据。

代码 2-2

```
# 获取沪深 300 指数成分股的收盘价数据
stocks = get_index_stocks('000300.SH', '2020-01-01')
stocks_price = get_price(stocks, '2020-01-01', '2020-12-31', '1d',
                         ['close'], skip_paused=False,fq='pre', is_panel=1)['close']
#显示数据前 5 行
stocks_price.head( )
```

输出结果：

	000001.SZ	000002.SZ	...	603986.SH	603993.SH
2020-01-02	16.65	31.54	...	156.54	4.33
2020-01-03	16.96	31.03	...	157.16	4.44
2020-01-06	16.85	30.49	...	161.16	4.45
2020-01-07	16.93	30.74	...	151.71	4.38
2020-01-08	16.44	30.66	...	152.23	4.42

注：因篇幅原因，省略部分输出结果。

3. 获取沪深 300 指数成分股的 6 个股票因子数据

从 SuperMind 获取沪深 300 指数成分股在 2020 年 1 月 1 日到 2020 年 12 月 31 日中的股票代码(对应参数为 factor.symbol)、日期(对应参数为 factor.date)、3 个技术因子(多空指标、移动平均指标、相对强弱指标)和 3 个财务因子(市盈率、净资产收益率、净利润增长率)，步骤如下。

(1) 在 API 文档中找到获取因子的函数——get_factors(query_object)函数。get_factors 函数的主要功能是获取股票因子数据，如技术指标以及部分财务数据。query_object 是 get_factors 函数的主要参数，代表所需要查询的因子数据条件。query_object 的一般格式为 q = query().filter().order_by().limit()，其中，query()内填写需要查询的因子指标，filter()内填写数据筛选条件，order_by()表示数据排序，limit()内填写数据数量限制。

(2) 点击图 2-1 中的"数据"，再点击左侧的"股票因子数据"，可获取技术因子和财务因子的参数名称。表 2-1 即为我们需要的技术因子和财务因子在股票因子数据库中的对应参数，其中对应参数中的 factor 代表"股票因子数据"数据库。

表 2-1　股票因子名称与对应参数

股票因子名称	对应参数
多空指标	factor.bbi
移动平均指标	factor.ma
相对强弱指标	factor.rsi
市盈率	factor.pe
净资产收益率	factor.weighted_roe
净利润增长率	factor.net_profit_growth_ratio

(3) 确定 get_factors 函数的参数，并调用和执行该函数，见代码 2-3。

代码 2-3

```
# 获取沪深 300 指数成分股的股票因子数据
import pandas as pd
# 显示精度调整为小数点后两位
pd.set_option( 'display.precision',2)
# 获取沪深 300 指数成分股
stocks = get_index_stocks('000300.SH', '2020-01-01')
#获取 2020 年的交易日
trade_days = get_trade_days('20200101', '20201231').strftime('%Y-%m-%d')

# 每个因子前面加 factor 代表"股票因子数据"数据库
q = query(
    factor.symbol, factor.date, factor.bbi, factor.ma, factor.rsi,
    factor.pe, factor.weighted_roe, factor.net_profit_growth_ratio, ).\
    filter(factor.symbol.in_(stocks), factor.date.in_(trade_days))
factors_data = get_factors(q)
factors_data.head( )
```

输出结果：

	factor_symbol	factor_date	factor_bbi	factor_ma		factor_weighted_roe
0	000001.SZ	2020-01-02	16.43	16.60		9.71
1	000001.SZ	2020-01-03	16.55	16.74	……	9.71
2	000001.SZ	2020-01-06	16.66	16.83		9.71
3	000001.SZ	2020-01-07	16.73	16.94		9.71
4	000001.SZ	2020-01-08	16.71	16.99		9.71

注：因篇幅原因，省略部分输出结果。

进一步地，可执行代码 2-4 将数据下载到"我的研究"。进入"我的研究"页面(如图 2-2 所示)，找到生成的 CSV 文件并双击，即可将获取的收盘价数据和股票因子数据分别下载到本地。

代码 2-4

```
# 将获取的数据下载到本地
#下载沪深 300 指数成分股的收盘价数据
stocks_price.to_csv('{}.csv'.format('2_1_stocks_price'),encoding='gbk')

#下载沪深 300 指数成分股的股票因子数据
factors_data.to_csv('{}.csv'.format('2_2_factors_data'),encoding='gbk')
```

图 2-2　将数据下载到本地

2.2　从本地读取数据

对于如何从本地读取数据，Python 为我们提供了很多不同的方法。对于文本，可使用 Python 自带的 read、readline 和 readlines 函数读取，也可使用 NumPy 的 loadtxt 函数读取；对于图片和视频数据，可使用 Opencv 库读取。至于常见的 Excel、CSV 和 JSON 及各种数据库文件的读取，功能最强大的当属 Pandas 库，Pandas 几乎支持市面上所有主流数据存储形式的输入和输出。表 2-2 列出了 Pandas 中常见的数据读取和输出函数。本节将着重介绍目前最常见的 CSV 和 Excel 文件的读取和输出方法。至于其他格式文件的读取和输出方法，读者可参阅 Pandas 文档中 IOtools 部分的详细说明。

表 2-2　Pandas 中常见的数据读取和输出函数

数据说明	读取函数	输出函数
CSV	read_csv	to_csv
Excel	read_excel	to_excel
JSON	read_json	to_json
本地剪贴板	read_clipboard	to_clipboard
网页 HTML 表格	read_html	to_html
SQL 数据库	read_sql	to_sql
Stata	read_stata	to_stata
SAS	read_sas	—
SPSS	read_spss	—

2.2.1　使用 read_csv 函数读取 CSV 文件

通过 Pandas 的 read_csv 函数可读取 csv 格式的 CSV 文件，并返回一个 DataFrame。

pandas.read_csv 函数如下所示：

pandas.read_csv(filepath_or_buffer, sep = ',', header = 'infer', names = NoDefault.no_default, index_col = None, usecols = None, skiprows = None, encoding = None, **kwds)

read_csv 函数的主要参数说明见表 2-3。

表 2-3　read_csv 函数的主要参数说明

主要参数名称	参 数 说 明
filepath_or_buffer	字符串，代表文件路径或者文件对象，无默认值，故不可为空，必填
sep	字符串，分隔符，默认是英文的逗号，另外常见的还有制表符(\t)、空格等，可根据数据的实际情况传值。此外，若分隔符较复杂，则可使用 Python 正则表达式语法
header	表头，可传入整数、整数组成的列表、空值(None)，默认取值为 0，即把数据的第一行作为表头。若数据中不包含列名，则应该设置 header = None
names	列名，可传入类数组对象，列名要和数据一一对应，且列名不允许有重复值，默认取值为空值(None)。names 参数可改变数据的列名，当 read_csv 同时有 names 和 header 参数时，忽略 header 参数，以 names 参数为准
index_col	行索引，指定数据中的某一列作为行索引，可以是列编号或者列名称。如果给定的是一个序列，则代表多重行索引。Pandas 不会自动将数据的第一列作为索引，不指定时会自动使用以 0 开始的自然索引
usecols	指定使用数据的部分列，可传入类似列表的序列和可调用对象，默认值为 None，表示使用所有列
skiprows	跳过指定的行，可传入整数或者类列表。若是整数，则跳过指定的行；若是类列表，则跳过指定的多个行。行号从 0 开始计算，即第一行是 0
encoding	指定文件编码，默认是"utf-8"。需要注意的是，这里的编码要和数据集的原始编码一致

接下来，我们将以"演示数据"中的"ch02_csv.csv"为例，应用 read_csv 函数读取 CSV 文件并介绍其相关参数的使用方法。ch02_csv.csv 的数据内容如图 2-3 所示，文件编码为 gbk。

```
股票数据,,,,,
factor_symbol,factor_date,factor_bbi,factor_ma,factor_pe,factor_weighted_roe
000001.SZ,2020/1/2,16.4277,16.598,13.1911,9.71
000001.SZ,2020/1/3,16.5491,16.74,13.4335,9.71
000001.SZ,2020/1/6,16.6562,16.828,13.3475,9.71
000001.SZ,2020/1/7,16.7315,16.944,13.4101,9.71
000001.SZ,2020/1/8,16.7074,16.986,13.0269,9.71
以下是另一个股票数据,,,,,
000002.SZ,2020/1/2,31.0725,31.686,10.8963,11.16
000002.SZ,2020/1/3,31.2645,31.872,10.7257,11.16
000002.SZ,2020/1/6,31.2859,31.974,10.5449,11.16
000002.SZ,2020/1/7,31.3053,32.012,10.6286,11.16
000002.SZ,2020/1/8,31.3197,31.912,10.6018,11.16
数据来源：MindGO,,,,,
```

图 2-3　数据文件内容

设置 encoding 为 gbk，并使用 read_csv 函数的默认参数读取 CSV 文件，见代码 2-5。

代码 2-5

```
# 使用 read_csv 函数的默认参数读取 CSV 文件
#导入 pandas 库
import pandas as pd
df = pd.read_csv(r'C:\金融数据挖掘\演示数据\ch02_csv.csv',encoding='gbk')
df
```

输出结果：

	股票数据	Unnamed: 1	Unnamed: 4	Unnamed: 5
0	factor_symbol	factor_date	factor_pe	factor_weighted_roe
1	000001.SZ	2020/1/2	13.1911	9.71
2	000001.SZ	2020/1/3	13.4335	9.71
3	000001.SZ	2020/1/6 ……	13.3475	9.71
4	000001.SZ	2020/1/7	13.4101	9.71
5	000001.SZ	2020/1/8	13.0269	9.71
6	以下是另一个股票数据	NaN	NaN	NaN
7	000002.SZ	2020/1/2	10.8963	11.16
8	000002.SZ	2020/1/3	10.7257	11.16
9	000002.SZ	2020/1/6	10.5449	11.16
10	000002.SZ	2020/1/7	10.6286	11.16
11	000002.SZ	2020/1/8	10.6018	11.16
12	数据来源：MindGO	NaN	NaN	NaN

注：因篇幅原因，省略部分输出结果。

从代码 2-5 的输出结果来看，使用默认参数的输出结果并不理想。我们需跳过数据的第一、八和十四行，以跳过之后数据的第一行为表头，第一列 factor_symbol 作为行索引。

在代码 2-6 中，我们通过设置 skiprows = [0, 7, 13]来跳过数据的第一、八和十四行，设置 header = 0 使跳过之后数据的第一行为表头，设置 index_col = 'factor_symbol' 使跳过之后数据的第一列 factor_symbol 作为行索引。

代码 2-6

```
# 调整参数读取 CSV 文件
df = pd.read_csv(r'..\演示数据\ch02_csv.csv', skiprows=[0, 7, 13],
        header=0, index_col='factor_symbol', encoding='gbk')
df.head()
```

输出结果：

factor_symbol	factor_date	factor_bbi	factor_ma	factor_pe	factor_weighted_roe
000001.SZ	2020/1/2	16.4277	16.598	13.1911	9.71

000001.SZ	2020/1/3	16.5491	16.740	13.4335	9.71
000001.SZ	2020/1/6	16.6562	16.828	13.3475	9.71
000001.SZ	2020/1/7	16.7315	16.944	13.4101	9.71
000001.SZ	2020/1/8	16.7074	16.986	13.0269	9.71

在调整数据之后，我们可用 to_csv 函数将数据保存为本地的 CSV 文件，见代码 2-7。

代码 2-7

```
# 存储 CSV 文件到本地
df.to_csv('csv_data.csv', sep=',', index=True, header=True)
```

在代码 2-7 中，'csv_data.csv'是输出的 CSV 文件的文件名，文件的存储位置与 Jupyter 文档所在位置一致，sep 表示输出文件的分隔符，index = True 表示输出文件保留数据的行索引，header=True 表示保留数据的列名。

2.2.2 使用 read_excel 函数读取 Excel 文件

通过 Pandas 的 read_excel 函数可读取 xls 和 xlsx 格式的 Excel 文件，并返回一个 DataFrame。pandas.read_excel 函数如下所示：

pandas.read_excel(io, sheet_name = 0, header = 0, names = None, index_col = None, usecols = None, skiprows = None, **kwds)

read_excel 函数的主要参数说明详见表 2-4。

表 2-4　read_excel 函数的主要参数说明

主要参数名称	参　数　说　明
io	io 的作用和 read_csv 函数中 filepath_or_buffer 参数的作用类似，用于指定文件路径或文件对象，必填
sheet_name	指定读取的 Excel 文件中的 sheet，参数可以接收 int、str、list 或者 None，默认值为 0。如果接收的是 int，则 read_excel 函数将 Excel 文件中的 sheet 按照位置进行编号，默认值 0 代表第一个 sheet，1 代表第二个 sheet，列表[0, 1]代表同时读取第一个和第二个 sheet。若接收的是 str，则 str 表示的是 sheet 名称
header	表头，可传入整数、整数组成的列表、空值(None)，默认取值为 0，即把数据的第一行作为表头。若数据中不包含列名，则应该设置 header = None
names	列名，可传入类数组对象，列名要和数据一一对应，且列名不允许有重复值，默认取值为空值(None)。names 参数可改变数据的列名，当 read_excel 同时有 names 和 header 参数时，忽略 header 参数，以 names 参数为准
index_col	行索引，指定数据中的某一列作为行索引，可以是列编号或者列名称。如果给定的是一个序列，则代表多重行索引。Pandas 不会自动将数据的第一列作为索引，不指定时会自动使用以 0 开始的自然索引
usecols	指定使用数据的部分列，可传入类似列表的序列和可调用对象，默认值为 None，表示使用所有列
skiprows	跳过指定的行，可传入整数或者类列表。若是整数，则跳过指定的行；若是类列表，则跳过指定的多个行。行号从 0 开始计算，即第一行是 0

使用 read_excel 函数读取 ch02_excel.xlsx 文件中的第二个 sheet(sheet_name = 1)，见代码 2-8。

```
# 读取 Excel 文件
import pandas as pd
df = pd.read_excel(r'..\演示数据\ch02_excel.xlsx', sheet_name=1)
df
```

输出结果：

	000002.SZ	2020-01-02 00:00:00	31.0725	31.686	10.8963	11.16
0	000002.SZ	2020-01-03	31.2645	31.872	10.7257	11.16
1	000002.SZ	2020-01-06	31.2859	31.974	10.5449	11.16
2	000002.SZ	2020-01-07	31.3053	32.012	10.6286	11.16
3	000002.SZ	2020-01-08	31.3197	31.912	10.6018	11.16

从代码 2-8 的输出结果来看，该 Excel 文件没有列名，而 read_excel 函数自动将第一行数据设置为列名，故需对 read_excel 函数中的参数进行调整。

由于文件不包含列名，故可通过设置参数 names 在读取 Excel 文件的同时为数据添加列名，见代码 2-9。

代码 2-9

```
# 调整参数读取 Excel 文件
df = pd.read_excel(r'..\演示数据\ch02_excel.xlsx', sheet_name=1,
                   names=['symbol','data','bbi','ma','pe','roe'], header=None)
df
```

输出结果：

	symbol	data	bbi	ma	pe	roe
0	000002.SZ	2020-01-02	31.0725	31.686	10.8963	11.16
1	000002.SZ	2020-01-03	31.2645	31.872	10.7257	11.16
2	000002.SZ	2020-01-06	31.2859	31.974	10.5449	11.16
3	000002.SZ	2020-01-07	31.3053	32.012	10.6286	11.16
4	000002.SZ	2020-01-08	31.3197	31.912	10.6018	11.16

在调整数据之后，可用 to_excel 函数将数据保存为本地的 Excel 文件，见代码 2-10。

代码 2-10

```
# 存储 Excel 文件到本地
df.to_excel('excel_data.xlsx', sheet_name = '0002SZ', index = True, header = True)
```

在代码 2-10 中，'excel_data.xlsx' 是输出的 Excel 文件的文件名，文件的存储位置与

第 2 章 金融数据的获取

17

Jupyter 文档所在位置一致，sheet_name 表示存储的 sheet 的名称，index = True 表示输出文件保留数据的行索引，header = True 表示保留数据的列名。

2.2.3 绝对路径与相对路径

在使用 read_csv 函数或者 read_excel 函数读取本地数据时，初学者常常遇到的问题是无法正确写出文件所在的路径。文件的路径可分为绝对路径和相对路径。

1. 绝对路径

所谓绝对路径，指的是一个文件的最完整的路径。例如，代码 2-5 中的"C:\金融数据挖掘\演示数据\ch02_csv.csv"就是一个绝对路径，代表着 ch02_csv.csv 文件在本地系统中的位置。但是，这样的绝对路径在 Python 中是无法直接使用的，原因是在 Python 的字符串中"\"是转义符。故在 Python 中，绝对路径有以下三种写法：

(1) 找到数据文件在本地系统中的绝对路径，在路径前面添加"r"。"r"的全称是 raw string，即原始字符串常量，可以让字符"\"保持原来的意思，避免转义。

(2) 使用反斜杠"/"。代码 2-5 中数据路径可表示为"C:/金融数据挖掘\演示数据/ch02_csv.csv"。

(3) 使用双斜杆"\\"。代码 2-5 中数据路径可表示为" C:\\金融数据挖掘\演示数据\\ch02_csv.csv"。

2. 相对路径

所谓相对路径，就是相对于当前文件夹的路径。所谓当前文件夹路径，就是读者当前编写的 Jupyter 文件(XX.ipynb)所在的文件夹路径。例如，代码 2-6 中的"..\演示数据\ch02_csv.csv"就是一个相对路径。在笔者的电脑中，XX.ipynb 和 ch02_csv.csv 的绝对路径分别为" C:\金融数据挖掘 \chapter2\XX.ipynb "和" C:\金融数据挖掘\演示数据\ch02_csv.csv"。

在相对路径中，".\"或者"./"表示 XX.ipynb 所在目录，即"C:/金融数据挖掘/chapter2/"。若某个数据文件"YY.csv"和"XX.ipynb"在同一个目录下，其路径为"C:\金融数据挖掘\chapter2\YY.csv"，则在"XX.ipynb"中读取"YY.csv"时可直接使用代码：pd.read_csv("YY.csv")。

在代码 2-6 中，"../"或者"..\"表示 XX.ipynb 所在目录的上一层目录，即"C:\金融数据挖掘\"。故相对路径"..\演示数据\ch02_csv.csv "代表的绝对路径为"C:\金融数据挖掘\演示数据\ch02_csv.csv"。

本 章 小 结

本章主要介绍了从 SuperMind 和本地获取数据的方法。我们介绍了从 SuperMind 获取数据的完整流程，并着重介绍了 get_index_stocks、get_price、get_factors 三个函数的使用方法。SuperMind 的 API 和数据为我们提供了更多的数据和函数，感兴趣的读者可根据自己的兴趣和数据需求自行探索。此外，在开源数据 API 方面，尽管本书只介绍了从 SuperMind 金融数据库获取数据的方式，但市场上仍然有较多知名且应用广泛的免费开源数据库供读者选择，比如 Tushare、yfiance 和 Quandl 等。

从本地读取数据的方法中，我们着重介绍了利用 Pandas 库读取常见的 CSV 文件和 Excel 文件的函数及其常见参数。但金融数据种类繁多，读取数据的库和函数也各不相同，读者在读取金融数据时，需要根据金融数据的类型选择合适的数据读取方式。

习 题 二

1. 注册并登录同花顺 SuperMind，进入 SuperMind 的"我的研究"模块。
2. 基于 SuperMind 的 API 获取 2023 年 1 月 9 日的沪深 300 指数成分股的开盘价数据。
3. 简述绝对路径和相对路径的区别。
4. 使用 read_csv 函数，分别使用绝对路径和相对路径的方法读取本章示例中的 CSV 文件。
5. 使用 read_excel 函数，分别使用绝对路径和相对路径的方法读取本章示例中的 Excel 文件。

第3章　金融数据的预处理

金融数据来源繁多，为了规避数据分析过程中常见的"垃圾输入，垃圾输出"问题，数据分析师应尽可能从可靠的数据源中获取数据。然而，即便金融数据来源是可靠的，原始数据仍存在缺失、重复、不一致和异常等问题。这些问题的存在不仅会使数据的统计信息出现偏差，而且会扰乱金融数据挖掘模型的学习和执行效率，甚至会导致预测错误。由此可见，对金融数据进行正确的预处理是非常有必要的。所谓数据的预处理，指的是对数据进行清洗、变换和降维等，进而提高数据的质量，让数据能够更好地满足特定的数据挖掘模型的需求。因此常见的数据预处理包括数据清洗、数据变换和数据降维等。

本章包含以下内容：

(1) 数据清洗：缺失值、重复值和异常值处理。

(2) 数据变换：函数变换、数据标准化、分类数据的数值化和连续数据的离散化。

(3) 数据降维：相关性过滤、方差过滤、卡方检验、F检验、互信息法和基于树模型的数据降维。

3.1　数　据　清　洗

数据清洗指的是处理数据中出现的缺失值、重复值和异常值，进而达到填充缺失值、删除重复值和纠正异常值的目的。

3.1.1　缺失值处理

数据的缺失几乎是无法避免的，但造成金融数据缺失的原因有以下几种：

(1) 无意的数据缺失，如由于工作人员疏忽或者数据采集设备故障造成的信息遗漏；

(2) 有意的数据缺失，如企业出于某些原因拒绝披露或者未披露某些自愿性信息所造成的数据缺失；

(3) 信息不存在，比如A股的一些上市公司没有实际控制人，因此关于该公司实际控制人的特征是不存在的，进而造成数据缺失。

对于缺失值的处理，通常有四种策略：删除样本数据或数据特征、填充缺失值、真值转换和不处理。每种策略各有优缺点，适用于不同的数据处理情况。

1. 删除样本数据或数据特征

删除存在缺失值的样本数据(整行删除)或者数据特征(整列删除)是一种简单但不一定有效的缺失值处理策略。如果数据集中仅有少量样本数据具有缺失值，那么删除这些样本数据是最简单有效的处理策略。然而，对于以下三类情况，删除样本数据或数据特征必须要谨慎。

(1) 当数据集中存在缺失值的样本比例较大时，直接删除这些样本数据会丢失大量隐藏在这些记录中的有用信息。

(2) 当存在缺失值的样本数据不是随机分布，而具有明显的分布特征，即集中在某一类或者某几类样本数据中时，直接删除这些样本数据会使数据集中缺少某一类样本数据。例如，在公司的股权结构数据中，没有实际控制人的上市公司的实际控制人特征必然是缺失的，若直接删除这些数据，则会使公司股权结构数据中所有不存在实际控制人的公司的数据都消失。

(3) 当删除存在缺失值的数据特征时，一定要谨慎，因为被删除的特征可能包含对数据挖掘至关重要的信息。

2. 填充缺失值

相对于删除缺失数据，填充缺失值是一种更常用的缺失值处理策略。常见的缺失值填充方法包括统计法填充、模型法填充和插值法填充。

1) 统计法填充

统计法填充是指使用数据的统计量(如均值、中位数和众数)填充缺失值。均值适用于近似正态分布的数据，中位数适用于偏态分布或含有离群点的数据，众数适用于分类型数据。尽管如此，在具体应用这些统计量填充缺失值时，数据分析师需要了解缺失值的含义、计算逻辑以及出现缺失的原因。例如，企业财务数据中，银行贷款金额的缺失可能是有实际意义的，表明企业无法获得银行贷款，可用常量 0 填充。又例如，企业某员工工资的缺失，可以用与该员工在企业中处于同一级别的其他员工的工资均值填充。

2) 模型法填充

模型法填充是指基于数据集建立回归或者分类模型，然后将存在缺失值的数据的其他已知属性值代入模型，估计未知属性值，并以该估计值进行填充。常见的模型法填充包括回归法、K 邻近算法(KNN)和随机森林算法等。

3) 插值法填充

插值法填充是指用插值填充缺失值。所谓插值，即依据一系列样本点(x_i, y_i)，通过某种算法(如多项式插值、K 邻近插值等)找到一个合适的插值函数来逼近这些点，反映出 x 与 y 的走势规律。当拟合出插值函数后，便可将 x_i 带入插值函数来计算其对应的 y_i 值。常用的插值法包括线性插值、K 邻近插值、多项式插值和样条插值等。

3. 真值转换

真值转换是指认可缺失值的存在，并将数据缺失作为数据分布规律的一部分，将变量的实际值和转换为真实值的缺失值作为输入维度参与后续的数据处理和模型计算。在具体的应用过程中，真值转换策略更适用于分类属性特征的缺失。例如，若数据对象的性别是缺失的，则可假定性别存在男性、女性和未知三种可能，并以此构建虚拟变量。

4．不处理

对缺失值进行填充或删除，更多的是数据分析师主观估计的结果，或多或少地改变了原始的数据信息，不一定完全符合客观事实。对缺失值不正确的填充往往会将新的噪声引入数据，使金融数据挖掘产生错误的结果。在具体的数据挖掘过程中，很多模型可处理缺失值，故可在数据预处理阶段对缺失值不处理。常见的可处理缺失值的模型包括 KNN、决策树、随机森林和神经网络等。

下面介绍缺失值处理的 Python 实现。使用 Python 实现缺失值处理的步骤如下。

1）读取数据

在进行数据清洗之前先导入相关库，并读取需要进行预处理的数据"ch03_Data_precessing.xlsx"，详见代码 3-1。

代码 3-1

```
# 导入相关库并读取数据
import pandas as pd
import numpy as np
# 将 pandas 数据小数点精确度设为 2
pd.set_option('display.float_format', lambda x: '%.2f' % x)
# 将 numpy 数据小数点精确度设为 2
np.set_printoptions(precision=2, suppress=True)


# 读取数据预处理的数据
data = pd.read_excel('..\演示数据\ch03_Data_precessing.xlsx')
# 查看数据基本信息
data.info()
```

输出结果：

```
<class 'pandas.core.frame.DataFrame'>
RangeIndex: 307 entries, 0 to 306
Data columns (total 14 columns):
 #    Column       Non-Null Count   Dtype
---   ------       --------------   -----
 0    symbol       307 non-null     object
 1    date         307 non-null     datetime64[ns]
 2    price        307 non-null     float64
 3    pe           306 non-null     float64
 4    industry     306 non-null     object
 5    bbi          307 non-null     float64
 6    ma           307 non-null     float64
 7    rsi          307 non-null     float64
```

8	roe	291 non-null	float64
9	net_profit	307 non-null	float64
10	turnover	307 non-null	float64
11	opt_profit	307 non-null	float64
12	income_growth	307 non-null	float64
13	market_cap	307 non-null	float64

dtypes: datetime64[ns](1), float64(11), object(2)

memory usage: 33.7+ KB

从代码 3-1 的输出结果可以发现，数据集具有 307 个数据样本和 14 个特征。在这些特征中，symbol 代表股票代码，date 代表股票交易日，price 代表股票的收盘价，pe 代表市盈率，industry 代表股票所属的行业，bbi 代表多空指标，ma 代表移动平均指标，rsi 代表相对强弱指标，roe 代表净资产收益率，net_profit 代表净利润增长率，turnover 代表总资产周转率，opt_profit 代表营业利润增长率，income_growth 代表营业收入增长率，market_cap 代表公司的总市值。

在对数据清洗的演示过程中，选择 symbol、date、price、pe、industry 和 market_cap 构建演示数据集，详见代码 3-2。

代码 3-2

```
# 读取需要进行预处理的演示数据的 symbol 等 6 个特征
df = data[['symbol', 'date', 'price', 'pe', 'industry', 'market_cap']]
#显示数据的前 5 行
df.head( )
```

输出结果：

	symbol	date	price	pe	industry	market_cap
0	000001.SZ	2020-01-02	19.09	13.19	T19	327377840000.26
1	000001.SZ	2020-01-03	18.50	NaN	T19	333393674641.64
2	000001.SZ	2020-01-06	21.01	13.35	T19	331259023639.86
3	000001.SZ	2020-01-07	20.20	13.41	NaN	332811497095.70
4	000001.SZ	2020-01-08	20.07	13.03	T19	323302597178.68

2) 判断数据集中是否存在缺失值

判断数据集中是否存在缺失值的代码详见代码 3-3、代码 3-4 和代码 3-5。在代码 3-3 中，使用 isnull 函数判断数据集的每个元素是否存在缺失值；在代码 3-4 中，使用 isnull().any(axis = 0) 判断数据集的各列是否存在缺失值；在代码 3-5 中，使用 isnull().any(axis = 1)判断数据集的各行是否存在缺失值。

代码 3-3

```
# 判断数据集的每个元素是否存在缺失值
df.isnull( )
```

输出结果：

	symbol	date	price	pe	industry	market_cap
0	False	False	False	False	False	False
1	False	False	False	True	False	False
...	...	...	...	...	...	...
305	False	False	False	False	False	False
306	False	False	False	False	False	False

307 rows × 6 columns

注：因篇幅有限，省略部分输出结果。

代码 3-4

```
# 判断数据集的各列是否存在缺失值
df.isnull( ).any(axis=0)
```

输出结果：

```
symbol        False
date          False
price         False
pe            True
industry      True
market_cap    False
dtype: bool
```

代码 3-5

```
# 判断数据集的各行是否存在缺失值
df.isnull( ).any(axis=1)
```

输出结果：

```
0      False
1      True
       ...
305    False
306    False
Length: 307, dtype: bool
```

注：因篇幅有限，省略部分输出结果。

在对所有的缺失值判定完成之后，利用代码 3-6 列出所有含有缺失值的行。

代码 3-6

```
# 列出所有含有缺失值的行
df[df.isnull( ).any(axis=1)]
```

输出结果：

	symbol	date	price	pe	industry	market_cap
1	000001.SZ	2020-01-03	18.50	NaN	T19	333393674641.64
3	000001.SZ	2020-01-07	20.20	13.41	NaN	332811497095.70

从代码 3-6 的输出结果可以发现，数据集的第 2 行和第 4 行含有缺失值。

3）删除缺失样本或缺失特征

在代码 3-7 中，利用 Pandas 的 dropna 函数删除缺失样本，返回无缺失值的数据集。

代码 3-7

```
# 删除缺失样本
df2 = df.dropna()
df2.head()
```

输出结果：

	symbol	date	price	pe	industry	market_cap
0	000001.SZ	2020-01-02	19.09	13.19	T19	327377840000.26
2	000001.SZ	2020-01-06	21.01	13.35	T19	331259023639.86
4	000001.SZ	2020-01-08	20.07	13.03	T19	323302597178.68
5	000001.SZ	2020-01-08	20.07	13.03	T19	323302597178.68
6	000001.SZ	2020-01-09	19.16	13.13	T19	325825366544.42

从代码 3-7 的输出结果可以发现，含有缺失值的第 2 行和第 4 行数据对象已被删除。

在代码 3-8 中，我们删除了 pe 和 industry 这两个含有缺失值的特征。相对于删除缺失样本，删除缺失特征时一定要谨慎，除非某一特征含有大量的缺失值，否则不建议直接删除缺失特征。

代码 3-8

```
# 删除缺失特征
df3 = df.dropna(axis=1)
df3.head()
```

输出结果：

	symbol	date	price	market_cap
0	000001.SZ	2020-01-02	19.09	327377840000.26
1	000001.SZ	2020-01-03	18.50	333393674641.64
2	000001.SZ	2020-01-06	21.01	331259023639.86
3	000001.SZ	2020-01-07	20.20	332811497095.70
4	000001.SZ	2020-01-08	20.07	323302597178.68

4）用 fillna 函数填充缺失值

Pandas 中用于填充缺失值的函数是 fillna 函数，fillna 函数的主要参数说明如表 3-1 所示。

表 3-1　fillna 函数的主要参数说明

参数名称	参数说明
value	用于填充缺失值的值，可以是标量、字典、序列和 DataFrame
method	填充缺失值的方法。pad/ffill：用前一个非缺失值填充缺失值；backfill/bfill：用下一个非缺失值填充该缺失值；默认使用 ffill
axis	选择填充的轴方向。1：按行填充；0：按列填充，默认值是 0
inplace	是否直接在原始数据上进行修改，默认是 False
limit	限制每行或每列最多可以填充的缺失值个数

基于 fillna 函数，我们设计了以下四种填充缺失值的方法：

（1）用 0 填充缺失值，详见代码 3-9；

（2）用缺失值所在列前面的非缺失值填充缺失值，详见代码 3-10。

（3）用缺失值所在列后面的非缺失值填充缺失值，详见代码 3-11。

（4）分别使用 pe 的均值和 industry 的众数填充 pe 的缺失值和 industry 的缺失值，详见代码 3-12。

代码 3-9

```
# 用 0 填充缺失值
df4 = df.fillna(0)
df4.head()
```

输出结果：

	symbol	date	price	pe	industry	market_cap
0	000001.SZ	2020-01-02	19.09	13.19	T19	327377840000.26
1	000001.SZ	2020-01-03	18.50	0.00	T19	333393674641.64
2	000001.SZ	2020-01-06	21.01	13.35	T19	331259023639.86
3	000001.SZ	2020-01-07	20.20	13.41	0	332811497095.70
4	000001.SZ	2020-01-08	20.07	13.03	T19	323302597178.68

代码 3-10

```
# 用缺失值所在列前面的非缺失值填充缺失值
df5 = df.fillna(method='ffill')
df5.head()
```

输出结果：

	symbol	date	price	pe	industry	market_cap
0	000001.SZ	2020-01-02	19.09	13.19	T19	327377840000.26

	symbol	date	price	pe	industry	market_cap
1	000001.SZ	2020-01-03	18.50	13.19	T19	333393674641.64
2	000001.SZ	2020-01-06	21.01	13.35	T19	331259023639.86
3	000001.SZ	2020-01-07	20.20	13.41	T19	332811497095.70
4	000001.SZ	2020-01-08	20.07	13.03	T19	323302597178.68

代码 3-11

```
# 用缺失值所在列后面的非缺失值填充缺失值
df6 = df.fillna(method='bfill')
df6.head()
```

输出结果：

	symbol	date	price	pe	industry	market_cap
0	000001.SZ	2020-01-02	19.09	13.19	T19	327377840000.26
1	000001.SZ	2020-01-03	18.50	13.35	T19	333393674641.64
2	000001.SZ	2020-01-06	21.01	13.35	T19	331259023639.86
3	000001.SZ	2020-01-07	20.20	13.41	T19	332811497095.70
4	000001.SZ	2020-01-08	20.07	13.03	T19	323302597178.68

代码 3-12

```
#分别使用 pe 的均值和 industry 的众数填充 pe 的缺失值和 industry 的缺失值
df7 = df.fillna({'pe': df.pe.mean(),
        'industry': df.industry.mode()[0]})
df7.head()
```

输出结果：

	symbol	date	price	pe	industry	market_cap
0	000001.SZ	2020-01-02	19.09	13.19	T19	327377840000.26
1	000001.SZ	2020-01-03	18.50	**20.55**	T19	333393674641.64
2	000001.SZ	2020-01-06	21.01	13.35	T19	331259023639.86
3	000001.SZ	2020-01-07	20.20	13.41	T19	332811497095.70
4	000001.SZ	2020-01-08	20.07	13.03	T19	323302597178.68

观察代码 3-12 的输出结果可以发现，当用当前整个数据集 pe 的均值填充缺失值时，填充的均值 20.55 远远大于 000001.SZ 股票的正常 pe 值。这主要是因为，在数据集中，除了 000001.SZ 股票，还有其他股票，而不同股票的 pe 值差别极大，故用整个数据集 pe 的均值填充缺失值是不合理的。一个可行的替代方法是使用 000001.SZ 股票的 pe 的均值填充缺失值，详见代码 3-13。

```
#提取 symbol 为 000001.SZ 股票的数据
df_001 = df[df.symbol == '000001.SZ']
#使用 000001.SZ 股票的 pe 的均值和 industry 的众数填充缺失值
df8 = df.fillna({'pe': df_001.pe.mean(),
        'industry': df_001.industry.mode()[0]})
df8.head()
```

输出结果：

	symbol	date	price	pe	industry	market_cap
0	000001.SZ	2020-01-02	19.09	13.19	T19	327377840000.26
1	000001.SZ	2020-01-03	18.50	**12.95**	T19	333393674641.64
2	000001.SZ	2020-01-06	21.01	13.35	T19	331259023639.86
3	000001.SZ	2020-01-07	20.20	13.41	T19	332811497095.70
4	000001.SZ	2020-01-08	20.07	13.03	T19	323302597178.68

5）利用插值法填充缺失值

利用插值法填充缺失值时主要调用 SciPy 中的 interpolate 模块。在 interpolate 模块中，SciPy 提供了大量的插值函数，包括单变量插值函数、多变量插值函数、一维样条插值函数和二维样条插值函数等，详见 interpolate 模块的文档。

此外，主要基于单变量插值函数中的 interp1d 函数来演示插值法的应用。在代码 3-14 中，首先将需要插值的特征 pe 定义为 y，将不存在缺失值的特征 price 定义为 x；然后分别使用线性插值法和 K 邻近插值法构造插值函数；最后将缺失值对应的 price 分别代入两个插值函数，进而得到我们所需的填充值。

代码 3-14

```
# scipy 的 interpolate 模块导入插值函数 interp1d
from scipy.interpolate import interp1d
# 将缺失值删除后，定义插值函数所需的 x 和 y
x = df_001.dropna().price
y = df_001.dropna().pe
# 线性插值函数
f1 = interp1d(x, y, kind='linear')
# K 邻近插值函数
f2 = interp1d(x, y, kind='nearest')
#将缺失的 pe 对应的 price 分别代入插值函数，可得插值法下的 pe 值
print('pe 的线性插值为：', f1(18.5))
print('pe 的 K 邻近插值为：', f2(18.5))
```

输出结果：

       pe 的线性插值为： 12.818 405 555 555 556

       pe 的 K 邻近插值为： 12.8158

从代码 3-14 输出结果来看，线性插值法和 K 邻近插值法得到了近似的填充值。

在代码 3-15 中，用线性插值函数的预测值填充缺失的 pe 值，industry 的缺失值仍然用众数填充。

代码 3-15

```
# 用线性插值函数的预测值填充缺失的 pe 值
df9 = df.fillna({'pe': f1(18.5),
                'industry': df_001.industry.mode()[0]})
df9.head()
```

输出结果：

	symbol	date	price	pe	industry	market_cap
0	000001.SZ	2020-01-02	19.09	13.19	T19	327377840000.26
1	000001.SZ	2020-01-03	18.50	12.82	T19	333393674641.64
2	000001.SZ	2020-01-06	21.01	13.35	T19	331259023639.86
3	000001.SZ	2020-01-07	20.20	13.41	T19	332811497095.70
4	000001.SZ	2020-01-08	20.07	13.03	T19	323302597178.68

3.1.2　重复值处理

1. 重复值处理方法

金融数据集可能包含重复或者几乎重复的样本数据。去重是重复值处理的主要方法，但在处理过程中需要避免将仅相似而并非重复的样本数据去重。若两个样本数据仅有相同的姓名，而其他属性值不同，则不可去重。

此外，在某些数据集(如订单明细数据或交易明细数据)或者特定的分析任务中，数据的重复是允许存在的。特别是在处理样本分类不平衡问题时，需要通过随机过采样来复制样本以增加少数类样本，此时重复样本是不可去重的。以信用卡违约模型为例，无法偿还信用卡的数据对象终究是少数的，故需要对这部分信用卡违约样本数据进行随机过采样处理，复制信用卡违约样本数据。

2. 重复值处理的 Python 实现

使用 Python 实现重复值处理的步骤如下。

1) 识别重复值

Pandas 中的 duplicated 函数可判定数据集是否有重复值。在代码 3-16 中，应用 duplicated 函数判断数据集的每一行数据是否存在重复值。

代码 3-16

```
# 判断每一行数据是否有重复值
df9.duplicated()
```

输出结果:

```
0       False
1       False
        ...
305     False
306     False
Length: 307, dtype: bool
```

注:因篇幅有限,省略部分输出结果。

从代码 3-16 的输出结果来看,由于多数结果被隐藏,因此无从判定数据集中是否有重复值。

进一步地,试图获取数据集的所有重复行,可使用代码 3-17。

代码 3-17

```
# 获取所有重复行
df9[df9.duplicated()]
```

输出结果:

	symbol	date	price	pe	industry	market_cap
5	000001.SZ	2020-01-08	20.07	13.03	T19	323302597178.68
19	000002.SZ	2020-01-02	5.17	10.90	T18	365037271608.99
20	000002.SZ	2020-01-03	5.27	10.73	T18	358736284759.66

从代码 3-17 的输出结果可知,数据集的第 6、20 和 21 行为重复行。

2) 删除重复值

Pandas 中处理重复值的函数是 drop_duplicates 函数,drop_duplicates 函数的主要参数说明如表 3-2 所示。

表 3-2 drop_duplicates 函数的主要参数说明

参数名称	参 数 说 明
subset	列标签,可选,可选择特定的列来判断是否存在重复值,默认选择所有列
kep	确定要保留的行,first:保留第一次出现的重复行,删除后面的重复行;last:删除前面的重复行,保留最后一次出现的重复行;False:删除所有重复行
inplace	是否直接在原始数据上进行修改,默认是 False

在代码 3-18 中,使用 drop_duplicates 函数删除数据集中的重复行,通过参数 keep="last" 保留最后一次出现的重复行。

代码 3-18

```
# 删除数据集中的重复行，保留最后一次出现的重复行
df10 = df9.drop_duplicates(keep = 'last')
# 显示数据前 6 行
df10.head(6)
```

输出结果：

	symbol	date	price	pe	industry	market_cap
0	000001.SZ	2020-01-02	19.09	13.19	T19	327377840000.26
1	000001.SZ	2020-01-03	18.50	12.82	T19	333393674641.64
2	000001.SZ	2020-01-06	21.01	13.35	T19	331259023639.86
3	000001.SZ	2020-01-07	20.20	13.41	T19	332811497095.70
5	000001.SZ	2020-01-08	20.07	13.03	T19	323302597178.68
6	000001.SZ	2020-01-09	19.16	13.13	T19	325825366544.42

观察代码 3-18 的输出结果的 index 可以发现，删除行数据使得 index 变得不连续。故在代码 3-19 中使用 reset_index 重置索引并使用 drop = True 删除原索引。

代码 3-19

```
# reset_index 重置索引, drop=True 删除原索引
df11 = df10.reset_index(drop=True)
df11.head(6)
```

输出结果：

	symbol	date	price	pe	industry	market_cap
0	000001.SZ	2020-01-02	19.09	13.19	T19	327377840000.26
1	000001.SZ	2020-01-03	18.50	12.82	T19	333393674641.64
2	000001.SZ	2020-01-06	21.01	13.35	T19	331259023639.86
3	000001.SZ	2020-01-07	20.20	13.41	T19	332811497095.70
4	000001.SZ	2020-01-08	20.07	13.03	T19	323302597178.68
5	000001.SZ	2020-01-09	19.16	13.13	T19	325825366544.42

3.1.3 异常值处理

异常值指的是处于特定分布区域或范围之外的样本数据，这些样本数据的特征不同于数据集中其他大部分样本数据的特征。

1. 异常值的判定方法

数据不同，异常值的判定标准也不同，较常使用的异常值判定方法有以下几种。

(1) 特征值超过标准值：这是最常用的异常值判定方法之一。依据专业知识或个人经验，判断观测数据的最大值或最小值是否超过了理论范围值或存在明显不符合实际情况的错误。比如，测算大股东股权质押比例时出现 200%的数值，显然不符合实际情况。又例如，在衡量个人信用等级时，设定的取值范围为 1～5，却出现 −2 和 −3 这类数据。

(2) 3σ 原则：指的是若数据与其平均值的偏差绝对值超过 3 倍标准差，即数据在($\mu - 3\sigma$, $\mu + 3\sigma$)之外，则该数据为异常值。3σ 原则在数据服从正态分布时使用较多，因为在正态分布中，数据与其平均值的偏差绝对值超过 3 倍标准差的概率小于 0.003%。

(3) 四分位间距法：指的是利用箱线图的四分位间距(IQR)对异常值进行检测。在四分位间距法中，Q^L 是下四分位数，表示全部观察值中有四分之一的样本取值比它小；Q^U 是上四分位数，表示全部观察值中有四分之一的样本取值比它大；IQR 是四分位间距，是上四分位数 Q^U 与下四分位数 Q^L 之差，包含了全部样本的一半。在四分位间距法的应用中，通常把小于 $Q^L - 1.5$IQR 或者大于 $Q^U + 1.5$IQR 的样本数据视为异常值。

2. 异常值的处理方法

在对异常值进行处理前，数据分析师需要了解异常值产生的原因，进而选择合理的异常值处理方法。常用的异常值处理方法有如下几种。

(1) 删除异常值。虽然该方法简单易行，但其缺点也不容忽视：① 在观测值很少而异常值较多的情况下，删除操作会造成样本量不足；② 删除异常值可能会影响特征的初始分布，从而使模型不稳定，分析结果不准确。

(2) 将异常值视为缺失值，利用处理缺失值的方法处理异常值。

(3) 盖帽法。对需要处理的数据设置上限值和下限值，超过上限的数据用上限值替代，低于下限的数据用下限值替代。比如，将连续变量的均值上、下三倍标准差值作为数据的上、下限值，低于 $\mu - 3\sigma$ 的数据以 $\mu - 3\sigma$ 替代，高于 $\mu + 3\sigma$ 的数据以 $\mu + 3\sigma$ 替代。

(4) 不处理。在某些情况下，异常值之所以产生，是分析对象特定的行为所导致的，处理异常值可能无法正确反馈分析对象的行为。比如，淘宝店铺在双十一当日的销售额可能远远超过其全年的平均日销售额，但双十一当日的数据是店铺正常业务运营的结果，而非异常数据。在另外一些情况中，数据分析本身的研究对象就是异常值。比如，在信用卡欺诈模型中，数据分析师的目标就是从大量正常样本或事件中发现不正常的样本和事件，此时处理异常值将损失关键信息。

3. 异常值处理的 Python 实现

使用 Python 实现异常值处理的步骤如下。

1) 识别异常值

若使用 3σ 原则识别异常值，则需要计算特征的均值和方差。但由于我们的数据集中包含多个截面或者说多个股票代码(symbol)的数据，且不同股票的数据差别极大，因此我们需要在每个股票对应的特征数据中识别异常值。利用代码 3-20 获取数据集中所有的股票代码名称。

代码 3-20

```
# 获取数据集中所有的股票代码名称
# 删除 symbol 中重复的行
```

```
df_symbol = df11.drop_duplicates(subset='symbol')
# 提取数据集中列标签为 symbol 的列
symbol_list = df_symbol.loc[:, 'symbol']
symbol_list
```

输出结果：

0	000001.SZ
16	000002.SZ
32	000063.SZ
......	
256	000625.SZ
272	000627.SZ
288	000629.SZ

Name: symbol, dtype: object

注：因篇幅有限，省略部分输出结果。

在数据集中，股票所属的行业(industry)和股票代码(symbol)是类别变量，不存在异常值。所以在代码 3-21 中，首先，定义并获取需要进行异常值检测的特征。其次，利用 3σ 原则识别异常值，若特征的 Z_Score 的绝对值大于 3，则该特征存在异常值，故在代码 3-21 中通过定义 zscore 函数来计算特征的 Z_Score 值。最后，应用 for 循环和 zscore 函数计算每个 symbol 的每个特征的 Z_Score 值，其计算思路如下：① 用第一层 for 循环获取不同 symbol 的数据集；② 在每个 symbol 的数据集中，用第二层 for 循环和 zscore 函数计算每个特征的 Z_Score 值；③ 利用 concat 函数将计算好 Z_Score 值的数据集合并成 df_zscore 数据集。

代码 3-21

```
# 在每个 symbol 的数据集中计算 price、pe 和 market_cap 的 Z_Score 值
# 定义并获取需要进行异常值检测的特征
col_list = ['price', 'pe', 'market_cap']

# 定义 zscore 函数
def zscore(df, factor):
    '''
    df 为 DataFrame 数据
    factor 为特征名称，str 格式
    '''
    #计算 Z_Score 值
    df.loc[:, factor] = (df.loc[:, factor] - df.loc[:, factor].mean())\
                        / df.loc[:, factor].std()
    return df
```

```
# 定义空的 DataFrame 存储 Z_Score 值
df_zscore = pd.DataFrame( )
# 计算每个 symbol 的每个特征的 Z_Score 值
for i in symbol_list:
    df_sym =   df11[df11.symbol == i]
    for col in col_list:
        zscore(df_sym, col)
    # 数据纵向合并
    df_zscore = pd.concat([df_zscore, df_sym], axis=0)
df_zscore.head(3)
```

输出结果：

	symbol	date	price	pe	industry	market_cap
0	000001.SZ	2020-01-02	0.34	0.77	T19	0.62
1	000001.SZ	2020-01-03	−0.23	−0.35	T19	1.30
2	000001.SZ	2020-01-06	2.18	1.24	T19	1.06

利用代码 3-22 筛选 Z_Score 的绝对值大于 3 的数据。

代码 3-22

```
# 筛选所有 Z_Score 的绝对值大于 3 的数据
df_zscore.query('price.abs( )>3 or pe.abs( )>3 or market_cap.abs( )>3',
                engine='python')
```

输出结果：

	symbol	date	price	pe	industry	market_cap
23	000002.SZ	2020-01-13	3.75	0.64	T18	0.61
72	000100.SZ	2020-01-14	3.74	0.19	T08	0.19

从代码 3-22 的输出结果来看，index 为 23 和 72 的样本数据存在异常值，主要是因为 price 特征的 Z_Score 大于 3，而 pe 和 market_cap 特征则不存在异常值。

2) 删除异常值

删除异常值的方法有以下两种：

(1) 利用 Pandas 的 drop 函数删除存在异常值的行，详见代码 3-23。

(2) 使用多条件并列来获取 Z_Score 的绝对值小于 3 的数据，详见代码 3-24。

代码 3-23

```
# 利用 drop 函数删除 index 为 23 和 72 的行
df11.drop(index=[23, 72]).head(3)
```

输出结果：

	symbol	date	price	pe	industry	market_cap
0	000001.SZ	2020-01-02	19.09	13.19	T19	327377840000.26
1	000001.SZ	2020-01-03	18.50	12.82	T19	333393674641.64
2	000001.SZ	2020-01-06	21.01	13.35	T19	331259023639.86

代码 3-24

```
# 使用多条件并列获取 Z_Score 的绝对值小于 3 的数据，即删除 Z_Score 的绝对值大于 3 的异常值
df12 = df11[(df_zscore['price'].abs()<3)
          &(df_zscore['pe'].abs()<3)
          &(df_zscore['market_cap']<3)]
df12.head(3)
```

输出结果：

	symbol	date	price	pe	industry	market_cap
0	000001.SZ	2020-01-02	19.09	13.19	T19	327377840000.26
1	000001.SZ	2020-01-03	18.50	12.82	T19	333393674641.64
2	000001.SZ	2020-01-06	21.01	13.35	T19	331259023639.86

利用代码 3-25 将清洗后的数据导出并保存在本地，以便后续使用。

代码 3-25

```
# 导出数据并保存到本地
df12.to_excel('..\演示数据\ch03_data_trans.xlsx', index=False)
```

3.2 数 据 变 换

数据变换是指将数据从一种格式或结构转换为另一种格式或结构，以使数据满足数据挖掘任务或算法的要求。常见的数据变换方法包括函数变换、数据标准化、分类数据的数值化以及连续数据的离散化。

3.2.1 函数变换

1. 函数变换的方法

简单的函数变换包括对数据进行平方、开方、取对数和差分运算等。当数据分析师处理金融数据时，最常用的两种变换是对数变换和差分运算。在处理金融数据时，对数变换可压缩数据的尺度，让数据变得更平稳，进而削弱模型的共线性和异方差性，但不会改变数据的性质和相关关系。在分析金融时间序列时，差分运算的作用尤为重要。因为当数据分析师基于金融时间序列做预测或探究不同时间序列之间的关系时，一个基本的前提是数

据必须是平稳的。那么，如何才能让波动较大的金融时间序列变得平稳呢？一种可行的方法就是进行一阶差分甚至多阶差分。

2. 函数变换的 Python 实现

在进行数据变换之前，先读取经过数据清洗后存储的数据，详见代码 3-26。

代码 3-26

```
# 读取数据
import pandas as pd
import numpy as np
df_01 = pd.read_excel('..\演示数据\ch03_data_trans.xlsx', index_col=0)
df_01.head(3)
```

输出结果：

symbol	date	price	pe	industry	market_cap
000001.SZ	2020-01-02	19.09	13.19	T19	327377840000.26
000001.SZ	2020-01-03	18.50	12.82	T19	333393674641.64
000001.SZ	2020-01-06	21.01	13.35	T19	331259023639.86

从代码 3-26 的输出结果可以发现，数据集中包含 date、price、pe、industry 和 market_cap。我们试图使用 pe、industry 和 market_cap 三个特征预测股价的 1 日增长率。也就是说，若股价增长率的数据是 2020-01-03，则特征的取值日期必须是 2020-01-02。此外，与其他特征相比，market_cap 的数量级过大，因此需要对其取对数。

1) 计算股价的 1 日增长率

在代码 3-27 中，使用 Pandas 的 pct_change 函数计算 price 的增长率，将其变换为 DataFrame，并为其添加 date 特征。

代码 3-27

```
#计算股价的 1 日增长率
price_return = df_01['price'].pct_change()
#将 price_return 变换为 DataFrame
price_return = pd.DataFrame({'return': price_return})
#为 price_return 添加 date
price_return['date'] = df_01['date']
price_return.head(3)
```

输出结果：

symbol	return	date
000001.SZ	NaN	2020-01-02
000001.SZ	−0.03	2020-01-03
000001.SZ	0.14	2020-01-06

观察代码 3-27 的输出结果可以发现，000001.SZ 在 2020-01-02 的增长率是缺失值，且其他 symbol 在 2020-01-02 的增长率也是无意义的，因为数据中并无 2020-01-02 的前一个交易日的数据，故需要删除所有 2020-01-02 的数据，详见代码 3-28。

代码 3-28

```
# 删除收益率数据中的所有 2020-01-02 的数据
price_ret = price_return.query("date != '2020-01-02'", engine = 'python')
price_ret.head(3)
```

输出结果：

symbol	return	date
000001.SZ	−0.03	2020-01-03
000001.SZ	0.14	2020-01-06
000001.SZ	−0.04	2020-01-07

若在后续的研究中希望进一步利用数据特征来预测股价的 1 日增长率，如运用 2020-01-02 的 pe 值预测 2020-01-03 的股价增长率，则需要删除数据集中各特征的最后一个交易日(2020-01-23)的样本数据，详见代码 3-29。

代码 3-29

```
#获取数据特征集合
data_feature = df_01[['date', 'pe', 'industry', 'market_cap']]
# 删除特征数据中的 2020-01-23 的数据
data_feature = data_feature.query("date != '2020-01-23'", engine = 'python')
# 显示数据的最后 5 行
data_feature.tail(3)
```

输出结果：

symbol	date	pe	industry	market_cap
000629.SZ	2020-01-16	7.84	T05	24223084289.64
000629.SZ	2020-01-17	7.78	T05	24051289365.60
000629.SZ	2020-01-20	7.70	T05	23793596979.54

在代码 3-30 中，使用 concat 函数将收益率数据和特征数据合并。在合并的过程中，我们舍弃特征数据(data_feature)的列标签 date，而使用收益率数据(price_ret)的列标签 date。

代码 3-30

```
# 将收益率数据和特征数据合并，使用 price_ret 的 date
df_02 = pd.concat([data_feature.iloc[:,[1,2,3]], price_ret], axis = 1)
df_02.tail(3)
```

输出结果：

symbol	pe	industry	market_cap	return	date
000629.SZ	7.70	T05	23793596979.54	0.01	2020-01-21
000629.SZ	7.51	T05	23192314745.40	0.01	2020-01-22
000629.SZ	7.53	T05	23278212207.42	−0.04	2020-01-23

2) 计算股票市值的对数值

在代码 3-31 中，使用 NumPy 的 log 函数对 market_cap 取对数。

代码 3-31

```
#对 market_cap 取对数
df_02['market_cap'] = np.log(df_02['market_cap'])
df_02.head(3)
```

输出结果：

symbol	pe	industry	market_cap	return	date
000001.SZ	13.19	T19	26.51	−0.03	2020-01-03
000001.SZ	12.82	T19	26.53	0.14	2020-01-06
000001.SZ	13.35	T19	26.53	−0.04	2020-01-07

3.2.2 数据标准化

数据标准化的目的是将不同规模和量纲的数据变换到相同的数据区间和范围，以减少规模、特征和分布差异等对模型的影响。数据标准化处理对于神经网络、基于距离计算的分类和聚类挖掘等模型尤为重要。对于神经网络模型，采用标准化后的数据不仅可以提升模型的收敛速度，也可以提升模型的精确度。对于基于距离计算的分类和聚类挖掘模型，数据标准化可以消除因特征取值范围不同对挖掘结果的公正性产生的影响。

1. 数据标准化的方法

常用的数据标准化方法有 Z-Score 标准化、最小最大值(Min-Max)标准化和最大绝对值(MaxAbs)标准化等。

(1) Z-Score 标准化。Z-Score 标准化是指基于原始数据的均值和标准差进行数据的标准化，经处理后的数据符合正态分布，即均值为 0，标准差为 1，其转换公式为

$$x^* = \frac{x - \mu}{\sigma} \tag{3-1}$$

式中，x^* 是 Z-Score 标准化后的数据，x 是需要标准化的数据，μ 和 σ 分别是 x 的均值和标准差。

在具体的应用中，Z-Score 标准化可以处理异常值，但会改变原始数据的分布结构，不适合处理稀疏性数据集。所谓稀疏性数据集，指的是数据集中绝大多数数据的值为 0，仅有少部分数据的值为 1。

(2) Min-Max 标准化。Min-Max 标准化是指通过对原始数据进行线性变换，使变换后

数据的取值分布在[0,1]区间内，其转换公式为

$$x^* = \frac{x - min}{max - min} \qquad (3\text{-}2)$$

式中，x^* 是 Min-Max 标准化后的数据，x 是需要标准化的数据，min 和 max 分别是 x 的最小值和最大值。

与 Z-Score 标准化不同，Min-Max 标准化不会改变原始数据的分布结构，但 Min-Max 标准化无法处理数据中的异常值。Min-Max 标准化需要计算特征值的最小值和最大值，故当数据中存在异常值时，Min-Max 标准化的效果较差。

(3) 最大绝对值(MaxAbs)标准化。最大绝对值标准化是指根据稀疏性数据集最大值绝对值进行标准化，标准化后数据的取值分布在[-1, 1]区间内。该方法不会改变原始数据的分布结构，可保持数据的稀疏性，其转换公式为

$$x^* = \frac{x}{|max|} \qquad (3\text{-}3)$$

式中，x^* 是 MaxAbs 标准化后的数据，x 是需要标准化的数据，$|max|$ 是 x 的最大值的绝对值。

2. 数据标准化的 Python 实现

由于数据集是面板数据，包含多个股票代码(symbol)在多个时间维度上的数据，且不同股票的特征取值差别极大，故需要在每个股票代码(symbol)对应的特征数据中进行数据标准化。利用代码 3-32 获取数据集中所有的股票代码名称。

代码 3-32

```
# 获取数据集中所有的股票代码名称
symbol_list = sorted(list(set(df_02.index)))
```

sklearn 的 preprocessiong 模块中提供了 Z-Score 标准化(StandardScaler)、最小最大值标准化(MinMaxScaler)、最大绝对值标准化(MaxAbsScaler)和稳健性标准化(RobustScaler)。此处重点介绍最常见的 Z-Score 标准化和最小最大值标准化。对 pe 和 market_cap 进行 Z-Score 标准化，见代码 3-33。首先，从 sklearn 导入 preprocessing 模块并建立 standard_scaler 模型对象；其次，对每个股票代码(symbol)对应的特征数据中的 pe 和 market_cap 特征应用 fit_transform 方法进行 Z-Score 标准化处理；最后，将标准化后的数据特征存储到新建的 DataFrame 中。

代码 3-33

```
# 从 sklearn 导入 preprocessing 模块
from sklearn import preprocessing
# 建立 standard_scaler 模型对象
standard_scaler = preprocessing.StandardScaler()
# 建立空的 DataFrame 以存储标准化后的数据
df_03 = pd.DataFrame(columns=['pe_std', 'market_cap_std'])
```

```
# 对每个 symbol 数据集下的 pe 和 market_cap 特征进行 Z_Score 标准化处理
for i in symbol_list:
    df_sym = df_02.loc[i, :].loc[:, ['pe', 'market_cap']]
    df_sym_scale = standard_scaler.fit_transform(df_sym)
    df_sym = pd.DataFrame(df_sym_scale, index=df_sym.index, columns=df_03.columns)
    df_03 = pd.concat([df_03, df_sym], axis=0)

df_03.head(3)
```

输出结果：

	pe_std	market_cap_std
000001.SZ	0.79	0.59
000001.SZ	−0.66	1.45
000001.SZ	1.40	1.15

我们以相同的方式对数据特征进行最小最大值标准化，见代码 3-34。

代码 3-34

```
# 从 sklearn 导入 preprocessing 模块
from sklearn import preprocessing
# 建立 MinMaxScaler 模型对象
min_max_scaler = preprocessing.MinMaxScaler()
# 建立空的 DataFrame 以存储标准化后的数据
df_04 = pd.DataFrame(columns = ['pe_std', 'market_cap_std'])

# 对每个 symbol 数据集下的 pe 和 market_cap 特征进行最小最大值标准化处理
for i in symbol_list:
    df_sym = df_02.loc[i, :].loc[:, ['pe', 'market_cap']]
    df_sym_scale = min_max_scaler.fit_transform(df_sym)
    df_sym = pd.DataFrame(df_sym_scale, index = df_sym.index, columns = df_04.columns)
    df_04 = pd.concat([df_04, df_sym], axis = 0)

df_04.head(3)
```

输出结果：

	pe_std	market_cap_std
000001.SZ	0.76	0.74
000001.SZ	0.34	1.00
000001.SZ	0.93	0.91

将最小最大值标准化后的数据与原始数据的 date、return 和 industry 三个特征进行合并，

见代码 3-35。

代码 3-35

```
# 将最小最大值标准化后的数据与原始数据的三个特征合并
df_05 = pd.concat([df_02.loc[:,['date', 'return', 'industry']], df_04], axis = 1)
df_05.head(3)
```

输出结果：

	date	return	industry	pe_std	market_cap_std
000001.SZ	2020-01-03	−0.03	T19	0.76	0.74
000001.SZ	2020-01-06	0.14	T19	0.34	1.00
000001.SZ	2020-01-07	−0.04	T19	0.93	0.91

3.2.3 分类数据的数值化

在金融数据挖掘中，我们经常会遇到分类特征，例如企业的所有权特征(如国有企业或者非国有企业)、上市公司 CEO 的学历(如学士、硕士和博士)等。这些特征的值通常表示为"字符串"或"类别"，并且不是连续的，而是离散的。在数据建模的过程中，很多算法通常无法处理非数值型的分类数据，故需将分类数据进行数值化。

分类数据通常可分为有序数据(Ordinal Data)和标称数据(Nominal Data)。有序数据的类别有高低排序，且不同等级间的差异不一定相等。例如，学生成绩可分为优秀、良好、中等和及格，学位可分为学士、硕士和博士等。标称数据的类别没有固有顺序，仅仅用于区分两个或多个具有相同或相当价值的属性值。例如，性别中的男、女以及颜色中的红色、黄色、蓝色等就是标称数据。

1. 分类数据数值化的方法

下面主要介绍分类数据数值化的标签编码、独热编码、虚拟编码和目标编码四种方法。

1) 标签编码

标签编码(Label Encoding)主要应用于有序数据。在有序数据编码时，应保留有关类别顺序的信息，标签编码可保留顺序信息。在标签编码中，每个标签(类别)都被转换成一个整数值，不同标签的编码是不一样的。例如，为了将学历(如学士、硕士和博士)数值化，需创建一个变量，该变量中每个学历的取值有一个编码：1 代表学士，2 代表硕士，3 代表博士。标签编码可以通过 sklearn 的 LabelEncoder 函数实现。

尽管标签编码在有序数据中使用较多，但仍然存在一定的问题。标签编码假定不同等级之间的差异是一样的，即博士与硕士和硕士与学士之间的等级差都是 1，而实际上它们之间的等级差并不是一致的。故即使是有序数据，仍然建议使用独热编码(One-Hot-Encoding)或者虚拟编码(Dummy-Encoding)。

2) 独热编码

独热编码(One-Hot-Encoding)主要适用于无序的标称数据。在独热编码中，对于分类特征的每个类别，创建一个新的变量，每个类别都映射为一个包含 0 或 1 的二进制变量，0

代表该类别不存在，1 代表该类别存在。下面对颜色中的红色、黄色、蓝色进行独热编码。原用户数据如表 3-3 所示。

表 3-3　原用户数据

ID	颜色
1	红色
2	黄色
3	蓝色

由于颜色特征有 3 个类别，故独热编码需要构建 3 个新的变量。经独热编码转换后的数据如表 3-4 所示。

表 3-4　经独热编码转换后的数据

ID	颜色_红色	颜色_黄色	颜色_蓝色
1	1	0	0
2	0	1	0
3	0	0	1

值得注意的是，独热编码后的数据存在完全共线性问题(即颜色_红色、颜色_黄色、颜色_蓝色三个变量的和总等于 1)，故需对编码后的数据进行一定的处理，比如删除其中一个变量。

3) 虚拟编码

虚拟编码(Dummy Encoding)类似于独热编码，它也将分类变量转换为一组二进制变量(也称为虚拟变量)。唯一不同的地方是，独热编码对分类特征的 N 个类别使用 N 个二进制变量；而虚拟编码则使用 $N-1$ 个二进制变量来表示特征的 N 个类别，从而避免了多重共线性问题。表 3-5 是经虚拟编码转换后的数据。

表 3-5　经虚拟编码转换后的数据

ID	颜色_红色	颜色_黄色
1	1	0
2	0	1
3	0	0

此外，不管是独热编码还是二进制编码，当分类特征的类别数量很多时，特征空间会变得非常大，使得数据集的维度大幅度增加，但有用的信息却较少，即一大堆零中偶尔点缀着几个 1，这使得数据集变得异常稀疏，模型优化变得更困难。故当某个分类特征的类别较多时，使用独热编码或虚拟编码的效果不好，建议使用目标编码。

4) 目标编码

目标编码(Target Encoding)指的是任何一种可以从模型估计目标中派生出数字以替换分类特征类别的编码方式。目标编码仅生成一个特征变量，是在 Kaggle 竞赛中非常流行的编码方式。常见的目标编码方法包括平均值编码、K-Fold 目标编码和 Beta 目标编码等。

下面以最简单的平均值编码为例，将分类特征的每个类别替换成该类别的目标均值。

假定数据分析师基于他早上 9 点看到的颜色(红色、黄色、蓝色或者其他)预测今天股市的涨跌(涨为 1，跌为 0)。原始预测股票涨跌数据见表 3-6。

表 3-6 原始预测股票涨跌数据

ID	颜色	涨跌(目标)
1	红色	1
2	黄色	0
3	蓝色	0
4	其他	1
5	红色	0
6	红色	1
7	黄色	0
8	蓝色	0
9	红色	1
10	其他	0
11	蓝色	1
12	其他	1

此时，平均值编码的计算过程其实很简单。例如，若红色出现的次数为 4，在这 4 次中目标是 1 的次数为 3，则红色的编码值就是 0.75。同理，可求出其他颜色的编码值。平均值编码后的预测股票涨跌数据如表 3-7 所示。在目标编码的实际应用中，需考虑类别的权重，并引入 K 折交叉验证以防止过拟合。读者可通过 pip install category_encoders 安装 category_encoders 模块，并导入目标编码(TargetEncoder)模块，对分类数据进行目标编码。

表 3-7 平均值编码后的预测股票涨跌数据

ID	颜色	涨跌(目标)	平均值编码
1	红色	1	0.75
2	黄色	0	0.5
3	蓝色	0	0.33
4	其他	1	0.66
5	红色	0	0.75
6	红色	1	0.75
7	黄色	1	0.5
8	蓝色	0	0.33
9	红色	1	0.75
10	其他	0	0.66
11	蓝色	1	0.33
12	其他	1	0.66

2. 分类数据数值化的 Python 实现

数据集中只有一个类别特征 industry，且 industry 不是有序数据，而是标签数据，无法使用标签编码。故此处使用独热编码、虚拟编码和目标编码对 industry 进行数值化。

1) 独热编码与虚拟编码

独热编码与虚拟编码在功能上相似，都可以使用 Pandas 的 get_dummies 函数实现。get_dummies 函数的主要参数说明见表 3-8。

表 3-8　get_dummies 函数的主要参数说明

参数名称	参 数 说 明
data	输入的数据，输入格式为 array-like、Series 或 DataFrame
prefix	虚拟变量转换后列名的前缀，默认为无，输入格式为 string、list of strings 或者 dict of strings
columns	指定需要实现类别转换的列名，默认是无，输入格式为 list-like
dummy_na	是否增加一列表示空缺值，默认是 False
drop_first	是否去除第一个类别虚拟变量，获得 k 类中的 $k-1$ 个虚拟变量，默认是 False

将类别变量转化为虚拟变量，并删除其中的一个类别虚拟变量，以防止多重共线性问题，具体步骤为：

(1) 查看当前 industry 特征的类别取值，见代码 3-36。

(2) 运用 get_dummies 函数获取 industry 的虚拟变量，并通过参数 drop_first 选择是否删除第一个类别虚拟变量(见代码 3-37)，若不删除，则是独热编码；若删除，则为虚拟编码。在代码 3-37 中，参数 drop_first = True，故删除第一个类别虚拟变量。

代码 3-36

```
#查看当前 industry 特征的类别取值
set(df_05['industry'])
```

输出结果：

{'T05', 'T07', 'T08', 'T09', 'T10', 'T11', 'T12', 'T15', 'T18', 'T19'}

代码 3-37

```
# 利用 get_dummies 函数获取 industry 的虚拟变量，并删除第一个类别虚拟变量
industry = pd.get_dummies(df_05['industry'],
                prefix = 'indus', drop_first = True)
industry.head(3)
```

输出结果：

	indus_T07	indus_T08	indus_T09		indus_T15	indus_T18	indus_T19
000001.SZ	0	0	0		0	0	1
000001.SZ	0	0	0	…	0	0	1
000001.SZ	0	0	0		0	0	1

注：因篇幅有限，省略部分输出结果。

从代码 3-37 的输出结果可以发现，industry 特征的 T05 没有出现在虚拟变量中，这样可以避免模型的多重共线性问题。

（3）将原始数据与生成的虚拟变量数据合并，并删除原始数据中的 industry 特征，见代码 3-38。

代码 3-38

```
# 将原始数据和生成的虚拟变量数据合并
df_06 = pd.concat([df_05, industry], axis = 1)
# 删除原始数据中的 industry 特征
df_07 = df_06.drop('industry', axis = 1)
```

2）目标编码

目标编码使用的是 Python 的 category_encoders 模块，该模块提供了 19 种常用的编码函数，这里我们主要使用其中的 TargetEncoder 编码函数。

首先，打开 Anaconda Prompt 并输入 pip install category_encoders，以安装 category_encoders。其次，为目标编码设置目标变量。在代码 3-39 中，将 return 大于 0 的值设为 1，将 return 小于 0 的值设为 0，以此构建 ret_category 特征作为目标编码的目标变量。

代码 3-39

```
# 设置目标编码的目标变量：将 return 大于 0 的值设为 1，将 return 小于 0 的值设为 0
ret_category = [1 if x>0 else 0 for x in df_05['return']]
```

最后，在代码 3-40 中，先导入 category_encoders 模块，构建 TargetEncoder 的编码模型，并确定 industry 为需要编码的特征；再界定需要编码的数据集为 X，目标变量为 y，并运用 fit_transform 函数对 industry 进行目标编码。

代码 3-40

```
# 导入 category_encoders 模块
import category_encoders as ce
# 构建 TargetEncoder 的编码模型，确定 industry 为需要编码的特征
encoder = ce.TargetEncoder(cols=['industry'])
# 界定需要编码的数据集为 X，目标变量为 y
X = df_05
y = ret_category
# 对 industry 进行目标编码
df_08 = encoder.fit_transform(X, y)
df_08.head(3)
```

输出结果：

	date	return	industry	pe_std	market_cap_std
000001.SZ	2020-01-03	−0.03	0.50	0.76	0.74

000001.SZ	2020-01-06	0.14	0.50	0.34	1.00
000001.SZ	2020-01-07	−0.04	0.50	0.93	0.91

3.2.4 连续数据的离散化

1. 连续数据离散化的方法

离散化是将连续的数值特征转换为离散的数值特征。连续数据离散化是指在数据的取值范围内设定若干个离散的划分点，将取值范围划分为一些离散化的区间，并分别用不同的符号或整数值代表落在每个子区间中的数据值。常见的连续数据离散化方法包括等宽法、等频法和聚类分析法。

(1) 等宽法。等宽法是指将数据的值域分成若干个具有相同宽度的区间，每个区间内的数据是由数据的分布特征决定的。等宽法的缺点是对离群值比较敏感，因为离群值可能导致某些区间的数据分布不均匀。

(2) 等频法。等频法是指将数据分成 n 等份，确保每份内包含的数据对象的数目相同。等频法虽然避免了等宽法中数据分布不均匀的问题，但却可能把相同的数据分到不同的区间内，以满足每个区间内数据个数相同的要求。

(3) 聚类分析法。聚类分析法是指首先用聚类算法对连续特征进行聚类，然后根据聚类结果将属于同一聚类的数据合并到同一区间内。

2. 连续数据离散化的 Python 实现

1) 等宽离散化

先提取 data 和 market-cap 特征构建新的 DataFrame，再使用 pd.cut 函数将 market_cap 特征等宽离散化为 4 类，并将离散化后的数据 market_1 保存到原始数据中，见代码 3-41。

代码 3-41

```
# 提取 date 和 market_cap 特征构建新的 DataFrame
df_09 = df_08.loc[:, ['date', 'market_cap_std']]
# 运用 pd.cut 函数将 market_cap 特征等宽离散化为 4 类
market_1 = pd.cut(df_09.loc[:, 'market_cap_std'], 4, labels = False)
# 将离散化后的数据保存到原始数据中
df_09['market_1'] = market_1
df_09.head(3)
```

输出结果：

	date	market_cap_std	market_1
000001.SZ	2020-01-03	0.74	2
000001.SZ	2020-01-06	1.00	3
000001.SZ	2020-01-07	0.91	3

2) 等频离散化

使用 pd.qcut 函数将 market_cap 特征等频离散化为 4 类，并将离散化后的数据 market_2

保存到原始数据中，见代码 3-42。

代码 3-42

```
# 运用 pd.qcut 函数将 market_cap 特征等频离散化为 4 类
df_09['market_cap_std'] = df_09['market_cap_std'].astype(np.float32)
market_2 = pd.qcut(df_09['market_cap_std'], 4, labels = False)
# 将离散化后的数据保存到原始数据中
df_09['market_2'] = market_2
df_09.head(3)
```

输出结果：

	date	market_cap_std	market_1	market_2
000001.SZ	2020-01-03	0.74	2	2
000001.SZ	2020-01-06	1.00	3	3
000001.SZ	2020-01-07	0.91	3	3

3) 聚类离散化

在代码 3-43 的聚类离散化中，我们使用 sklearn.cluster 的 *K*-Means 算法对数据进行聚类离散化。首先，获取需要聚类的数据，保存为 market_cap；其次，创建 KMeans 模型，并指定聚类数目为 4，设置 random_state 为 100；然后，运用 fit_predict 函数预测 market_cap 的类别；最后，将离散化后的数据 market_3 保存到原始数据中。

代码 3-43

```
# 导入 K-Means 算法
from sklearn.cluster import K-Means
# 获取需要聚类的数据，并保存为 market_cap
market_cap = pd.DataFrame(df_09.loc[:, 'market_cap_std'])
# 创建 KMeans 模型，指定聚类数目为 4，设置 random-state 为 100
kmodel = KMeans(n_clusters = 4, random_state = 100)
# 运用 fit-predict 函数预测 market-cap 的类别
market_3 = kmodel.fit_predict(market_cap)
# 将离散化后的数据保存到原始数据中
df_09['market_3'] = market_3
df_09.head(3)
```

输出结果：

	date	market_cap_std	market_1	market_2	market_3
000001.SZ	2020-01-03	0.74	2	2	0
000001.SZ	2020-01-06	1.00	3	3	2
000001.SZ	2020-01-07	0.91	3	3	2

将所有离散化后的数据与原始数据合并，并保存在本地，以便后续使用，见代码 3-44。

代码 3-44

```
# 将离散化后的数据与原始数据合并，并保存到本地
df_10 = pd.concat([df_08, df_09[['market_1', 'market_2', 'market_3']]], axis = 1)
df_10.to_excel('..\演示数据\ch03_dim_redu.xlsx', index = True)
```

3.3 数 据 降 维

近些年来，金融数据的记录和特征急速增长，而特征数量的增多使得金融数据的维度不断提高。高维数据虽然可提供更多信息，但同时也消耗计算资源，导致计算时间长，算法效率降低，故数据的维度并非越高越好。此外，在现实世界中，高维金融数据常包含冗余信息和噪声信息，且各个维度之间往往存在一定的相关性。这不仅会影响模型的精度，甚至会造成"维度灾难"，使得模型性能退化。由此，数据降维应运而生。

数据降维就是降低数据的维度。通过消除数据集中的某些特征，数据降维能够创建一个有限维度的数据特征集，这些特征包含所有需要的信息，从而可以更有效地预测目标变量。数据降维的主要意义在于：① 剔除无效、不相关或冗余特征，提高模型精确度；② 减少不必要的特征属性的个数，大幅度降低模型的时间复杂度和空间复杂度；③ 有助于实现数据的可视化。

常见的数据降维方法包括基于特征选择的降维和基于特征变换的降维两类。本节主要介绍基于特征选择的降维，而基于特征变换的降维将在第 10 章无监督学习算法中介绍。

3.3.1 基于特征选择的降维

基于特征选择的降维指的是基于统计分析方法或者机器学习算法，直接选取部分原始特征替代所有特征，用于后续的金融数据挖掘模型。基于特征选择的金融数据降维的优势是在降维过程中保留了原始特征的金融内涵，使得金融数据挖掘模型背后的金融学原理更容易被理解和解释。使用金融数据挖掘模型进行学术研究时，金融数据挖掘模型本身的可理解性和可解释性的优先级要高于模型的预测准确度等技术指标。

基于特征选择的降维方法包括相关性过滤、方差过滤、卡方检验、F 检验、互信息法和基于树模型的数据降维等。

1. 相关性过滤

相关性过滤认为当两个特征的数据变化趋势相似时，它们所包含的信息也相似。因此，可通过计算相关性系数来分析不同特征间的线性关系，并在相关性高的特征中进行人工去除或筛选。在金融数据挖掘的过程中，两种较为常见的相关系数是皮尔逊相关系数(Pearson Correlation Coefficient)和斯皮尔曼秩相关系数(Spearman's Rank Correlation Coefficient)。其中，皮尔逊相关系数用于度量两个随机变量 X 和 Y 之间的线性相关程度，其定义为两个变

量之间的协方差和标准差的商，计算公式如下所示：

$$\rho_{X,Y} = \frac{\text{Cov}(X,Y)}{\sigma_X \sigma_Y} = \frac{E\left\{[X - E(X)][Y - E(Y)]\right\}}{\sigma_X \sigma_Y} \qquad (3\text{-}4)$$

式中，$\text{Cov}(X, Y)$ 表示变量 X 和 Y 的协方差；σ_X 和 σ_Y 分别表示随机变量 X 和 Y 的标准差；$E(X)$ 和 $E(Y)$ 分别表示随机变量 X 和 Y 的期望值；$\rho_{X,Y}$ 为皮尔逊相关系数，它的值介于 −1 与 1 之间，其中 1 表示完全线性正相关，0 表示线性不相关，−1 表示完全线性负相关。

在实际应用皮尔逊相关系数时，要注意以下几个问题：

(1) 皮尔逊相关系数仅适用于线性相关性的检验，无法处理特征间的非线性相关问题

(2) 特征间的量纲差异和特征内的异常值对皮尔逊相关系数的影响极大，故在计算相关性系数之前，需对特征的异常值进行处理，再对特征数据进行标准化处理。

(3) 皮尔逊相关系数要求变量 X 和 Y 服从联合正态分布。

斯皮尔曼秩相关系数用于度量两个随机变量 X 和 Y 秩次大小的单调关系，其中 X 的可能取值为 $X_1, X_2, \cdots, X_n$，Y 的可能取值为 $Y_1, Y_2, \cdots, Y_n$。斯皮尔曼秩相关系数对变量的原始分布没有特定要求，且对异常值不敏感。斯皮尔曼秩相关系数的计算公式如下所示：

$$\rho_{X,Y} = 1 - \frac{6\sum_{i=1}^{n} d_i(X_i, Y_i)}{n(n^2 - 1)} \qquad (3\text{-}5)$$

式中，$\rho_{X,Y}$ 代表斯皮尔曼秩相关系数，n 代表数据的数量，$d_i(X_i, Y_i)$ 代表 X_i 和 Y_i 排名之间的差值，$d_i(X_i, Y_i) = \text{rank}(X_i) - \text{rank}(Y_i)$。当数据中没有重复值，并且两个变量完全单调相关时，斯皮尔曼秩相关系数为 +1 或者 −1。

2. 方差过滤

方差过滤是一个简单且基本的特征选择方法。如果一个特征的方差很小，则说明这个特征的大多数样本值都比较接近，意味着这个特征包含的信息很少，对数据挖掘模型的训练没有作用。在具体的应用中，我们会设定一个方差阈值，并删除方差低于该阈值的特征。但要注意的是，异常值的存在和量纲的不同使得特征的方差产生极大的差异，故在应用方差过滤前，需对特征数据进行异常值处理和标准化处理。

3. 卡方检验、F 检验和互信息法

卡方检验、F 检验和互信息法用于测算数据特征与数据标签之间的相关性。若一个特征和它的对应标签之间没有相关关系，则认为该特征是无关特征，可以删除。

1) 卡方检验

卡方检验主要用于非负特征和分类标签之间的独立性检验，其原假设是特征与分类标签是独立的。若原假设成立，则意味着特征与分类标签独立，可以删除该特征。假定特征有 n 个取值，分类标签有 m 个取值，则卡方检验的统计量如下所示：

$$\chi^2 = \sum_{i=1}^{n} \sum_{j=1}^{m} \frac{[f_{ij} - E(f_{ij})]^2}{E(f_{ij})} \qquad (3\text{-}6)$$

式中，f_{ij} 代表实际观测值，$E(f_{ij})$ 代表期望值。

2) F 检验

F 检验用于检验数据特征与标签之间的线性关系是否显著。F 检验既可以用于回归，也可以用于分类，其原假设是数据特征与标签之间不存在显著的线性关系。若原假设成立，则意味着数据特征与标签独立，可以删除该特征。F 检验的统计量如下所示：

$$F = \frac{SSA / df1}{SSE / df2} \tag{3-7}$$

式中，SSA 是组间平方和，SSE 是组内偏差平方和，df1 和 df2 分别是 SSA 和 SSE 的自由度。

3) 互信息法

互信息法用于捕捉每一个特征与标签之间的线性和非线性关系。和 F 检验类似，它既能够用于回归，也能够用于分类。互信息法并不会返回统计检验中常见的类似 p 值或 F 值的统计量，它返回每一个特征与标签之间的互信息量的估计值，这个估计值在[0,1]之间取值。若估计值为 0，则表示两个变量独立；若估计值为 1，则表示两个变量完全相关。

4. 基于树模型的数据降维

在树模型的机器学习算法中，树模型会基于信息增益等特征选择准则，计算得到不同特征的重要性指标。树模型并不需要像主成分分析(Principal Component Analysis,PCA)那样"重构"特征，仅仅标记出特征的重要性。这样的降维方式不仅能使特征满足后续的数据处理和建模要求，而且还能保持特征在金融等领域的实际意义，从而保留模型的可理解性和可解释性。

3.3.2 数据降维的 Python 实现

在进行基于特征选择的降维之前，导入库并读取数据变换后存储的数据，详见代码 3-45。

代码 3-45

```
# 导入库并读取数据
import pandas as pd
import numpy as np
df_001 = pd.read_excel('..\演示数据\ch03_dim_redu.xlsx', index_col=0)
df_001.head(3)
```

输出结果：

	date	return	industry	pe_std	market_cap_std	market_1	market_2	market_3
000001.SZ	2020-01-03	−0.03	0.50	0.76	0.74	2	2	0
000001.SZ	2020-01-06	0.14	0.50	0.34	1.00	3	3	2
000001.SZ	2020-01-07	−0.04	0.50	0.93	0.91	3	3	2

1. 相关性过滤

在相关性过滤中，提取需要降维的特征并使用 Pandas 的 corr 函数计算特征的皮尔逊相关系数和斯皮尔曼秩相关系数。

提取需要降维的特征，并计算皮尔逊相关系数，见代码 3-46。

代码 3-46

```
# 提取需要降维的特征
df_002 = df_001[['industry', 'pe_std', 'market_cap_std', 'market_1', 'market_2', 'market_3']]
# 计算皮尔逊相关系数
df_002.corr(method='pearson')
```

输出结果：

	industry	pe_std	market_cap_std	market_1	market_2	market_3
industry	1.00	-0.03	-0.04	-0.05	-0.03	0.09
pe_std	-0.03	1.00	**0.90**	**0.88**	**0.88**	-0.04
market_cap_std	-0.04	0.90	1.00	**0.97**	**0.97**	-0.07
market_1	-0.05	0.88	0.97	1.00	**0.99**	-0.12
market_2	-0.03	0.88	0.97	0.99	1.00	-0.12
market_3	0.09	-0.04	-0.07	-0.12	-0.12	1.00

从代码 3-46 的结果可以看出，pe_std、market_cap_std、market_1 和 market_2 存在较强的正相关性。

计算斯皮尔曼秩相关系数，见代码 3-47。

代码 3-47

```
# 计算斯皮尔曼秩相关系数
df_002.corr(method='spearman')
```

输出结果：

	industry	pe_std	market_cap_std	market_1	market_2	market_3
industry	1.00	-0.06	-0.08	-0.10	-0.08	0.08
pe_std	-0.06	1.00	**0.90**	**0.87**	**0.87**	-0.06
market_cap_std	-0.08	0.90	1.00	**0.97**	**0.97**	-0.10
market_1	-0.10	0.87	0.97	1.00	**0.99**	-0.14
market_2	-0.08	0.87	0.97	0.99	1.00	-0.14
market_3	0.08	-0.06	-0.10	-0.14	-0.14	1.00

在代码 3-47 中，我们进行了斯皮尔曼秩相关系数检验，以获取特征之间的非线性关系。通过对比皮尔逊相关系数(代码 3-46 的结果)和斯皮尔曼秩相关系数(代码 3-47 的结果)，可以发现某些特征之间的相关性。基于这些分析，在相关性过滤中，需要删除 market_cap_std、market_1 和 market_2 三个特征，详见代码 3-48。

```
# 删除 market_cap_std、market_1 和 market_2 特征
df_003 = df_002.drop(['market_cap_std', 'market_1', 'market_2'],axis=1)
df_003.head(3)
```

输出结果：

	industry	pe_std	market_3
000001.SZ	0.50	0.76	0
000001.SZ	0.50	0.34	2
000001.SZ	0.50	0.93	2

2. 方差过滤

在方差过滤中，使用 sklearn 模块中的 VarianceThreshold 类。VarianceThreshold 中最重要的参数是方差的阈值 threshold，默认为 0。在代码 3-49 中，先导入 VarianceThreshold 类，然后构建一个阈值为 0.1 的 VarianceThreshold 模型，最后使用 fit_transform 函数对数据特征进行训练和转换，从而得到方差过滤后的特征。

代码 3-49

```
# 导入 sklearn 的方差过滤类 VarianceThreshold
from sklearn.feature_selection import VarianceThreshold
# 构建 VarianceThreshold 模型，阈值设为 0.1
V_thre = VarianceThreshold(threshold = (0.1))
# 使用 fit_transform 函数对数据特征进行训练和转换，得到方差过滤后的特征
V_thre.fit_transform(df_002)
```

输出结果：

```
array ([[0.76, 2.  , 2.  , 0.  ],
        [0.34, 3.  , 3.  , 2.  ],
        [0.93, 3.  , 3.  , 2.  ],
                    ⋮
        [0.26, 1.  , 1.  , 3.  ],
        [0.  , 0.  , 0.  , 1.  ],
        [0.04, 0.  , 0.  , 1.  ]])
```

在代码 3-50 中，首先使用 get_support 函数获得方差过滤后保留下来的列特征的索引，然后运用切片的方式得到保留下来的特征名称，分别是 pe_std、market_1、market_2 和 market_3。但是，这些特征之间是高度相关的。由此可见，方差过滤仅能排除信息含量较小的特征，无法处理相似的特征。

代码 3-50

```
# 列出被选出的特征名称
np.array(df_002.columns)[V_thre.get_support(True)]
```

输出结果：

array(['pe_std', 'market_1', 'market_2', 'market_3'], dtype = object)

3. 卡方检验、F 检验和互信息法

卡方检验、F 检验和互信息法调用的都是 sklearn 中的 SelectKBest 函数。Select KBest 函数的主要参数说明详见表 3-9。

表 3-9　SelectKBest 函数的主要参数说明

参数名称	参　数　说　明
score_func	特征选择的打分函数，卡方检验：chi2；F 检验：f_classif(分类)、f_regression(回归)；互信息法：mutual_info_classif、mutual_info_regression
k	需要选择的得分最高的特征数量，默认值为 10

由于卡方检验、F 检验和互信息法需要数据标签，故在代码 3-51 中定义数据的分类标签 y1、回归标签 y2 和需检验的数据特征集 X。

代码 3-51

```
# 设置检验的分类标签：若特征 return 的取值大于 0，则设为 1，若小于 0，则设为 0
ret_category = [1 if x>0 else 0 for x in df_001['return']]
y1 = np.array(ret_category)
# 设置检验的回归标签
y2 = df_001['return']
# 定义需检验的数据特征集 X
X = df_002
```

构建卡方检验模型，在参数设置中，将 score_func 设为卡方检验 chi2，k 设为 3，这意味着需要提取 3 个得分最高的特征。此后，通过 fit_transform 函数可得到卡方检验过滤后的特征，详见代码 3-52。

代码 3-52

```
# 导入 SelectKBest 函数和 chi2
from sklearn.feature_selection import SelectKBest, chi2
# 建立卡方检验模型
chi_sel = SelectKBest(chi2, k=3)
# 训练、转换数据并显示前 5 行数据
chi_sel.fit_transform(X, y1)[:5, ]
```

输出结果：

array ([[2., 2., 0.],

[3., 3., 2.],

[3., 3., 2.],

[3., 3., 2.],

[2., 2., 0.]])

此外，使用 SelectKBest 函数的 scores_ 属性获取各个特征的得分，这些得分的顺序与 X

中列标签的顺序一致，详见代码 3-53。

代码 3-53

```
# 获取所有特征的得分，这些得分的顺序与 X 中列标签的顺序一致
chi_sel.scores_
```

输出结果：

    array([0.   , 0.01, 0.   , 0.03, 0.03, 0.65])

运用 get_feature_names_out 函数获得过滤后被选中的特征名，详见代码 3-54。

代码 3-54

```
# 获取过滤后被选中的特征名
chi_sel.get_feature_names_out()
```

输出结果：

    array(['market_1', 'market_2', 'market_3'], dtype = object)

F 检验和互信息方法的检验代码与卡方检验的检验代码基本一致，主要区别在于需要将 SelectKBest 函数中的 score_func 参数改为对应的函数。在 F 检验中，f_classif 代表分类问题 F 检验，f_regression 则代表回归问题 F 检验。之后，在 fit 方法中将数据标签设置为分类或者回归问题对应的数据标签，见代码 3-55。

代码 3-55

```
# 导入 SelectKBest 函数、f_classif 和 f_regression
from sklearn.feature_selection import SelectKBest
from sklearn.feature_selection import f_classif, f_regression
# 建立分类问题 F 检验模型
f_sel1 = SelectKBest(f_classif, k=3)
f_sel1.fit(X, y1)
# 建立回归问题 F 检验模型
f_sel2 = SelectKBest(f_regression, k=3)
f_sel2.fit(X, y2)
print('分类 F 检验的特征得分：{}'.format(f_sel1.scores_ ))
print('分类 F 检验选中的特征：{}'.format(f_sel1.get_feature_names_out()))
print('回归 F 检验的特征得分：{}'.format(f_sel2.scores_ ))
print('回归 F 检验选中的特征：{}'.format(f_sel2.get_feature_names_out()))
```

输出结果：

    分类 F 检验的特征得分：[2.4   0.02 0.   0.03 0.03 0.76]

    分类 F 检验选中的特征：['industry' 'market_2' 'market_3']

    回归 F 检验的特征得分：[1.36 1.58 0.95 0.57 1.   1.24]

    回归 F 检验选中的特征：['industry' 'pe_std' 'market_3']

从代码 3-55 的输出结果可以发现，分类 F 检验和回归 F 检验选中的特征并不一致。

利用与 F 检验相同的方法，可得到互信息法的检验结果，详见代码 3-56。

```
# 导入 SelectKBest 函数、mutual_info_classif 和 mutual_info_regression
from sklearn.feature_selection import mutual_info_classif
from sklearn.feature_selection import mutual_info_regression
# 建立分类问题互信息法检验模型
m_sel1 = SelectKBest(mutual_info_classif, k=3)
m_sel1.fit(X, y1)
# 建立回归问题互信息法检验模型
m_sel2 = SelectKBest(mutual_info_regression, k=3)
m_sel2.fit(X, y2)
print('分类互信息法的特征得分：{}'.format(m_sel1.scores_ ))
print('分类互信息法选中的特征：{}'.format(m_sel1.get_feature_names_out()))
print('回归互信息法的特征得分：{}'.format(m_sel2.scores_ ))
print('回归互信息法选中的特征：{}'.format(m_sel2.get_feature_names_out()))
```

输出结果：

分类互信息法的特征得分：[0.   0.   0.   0.04 0.   0.   ]

分类互信息法选中的特征：['market_1' 'market_2' 'market_3']

回归互信息法的特征得分：[0.02 0.07 0.06 0.   0.   0.   ]

回归互信息法选中的特征：['industry' 'pe_std' 'market_cap_std']

从代码 3-55 和代码 3-56 的输出结果来看，无论是分类问题还是回归问题，互信息法和 F 检验的特征得分虽然不一致，但选出的特征是一致的。

4. 基于树模型的数据降维

在树模型的机器学习算法中，随机森林(Random Forest)、梯度提升决策树(Gradient Boosting Decision Trees，GBDT)和自适应提升算法(Adaptive Boosting AdaBoost)都使用 feature_importances_属性获取模型中各特征的重要性指标。这里以随机森林算法为例来获取各特征的重要性指标，详见代码 3-57。

代码 3-57

```
# 从 sklearn 导入随机森林算法
from sklearn.ensemble import RandomForestClassifier
# 建立随机森林模型，将随机种子设为 100
forest = RandomForestClassifier(random_state=100)
# 在模型中训练数据
forest.fit(X, y1)
# 利用 feature_importances_属性获取各个特征的重要性指标
importances = forest.feature_importances_
# 为特征添加名称
forest_importances = pd.Series(importances, index=X.columns)
forest_importances
```

输出结果：

industry	0.23
pe_std	0.35
market_cap_std	0.37
market_1	0.02
market_2	0.02
market_3	0.02

dtype: float64

从代码 3-57 的输出结果可以发现，market_cap_std、pe_std 和 industry 是最重要的三个特征。

本 章 小 结

本章介绍了金融数据预处理的 3 个主要任务：数据清洗、数据变换和数据降维。数据清洗部分主要介绍了对缺失值、重复值和异常值的处理方法及其代码实现。数据变换部分主要介绍了数据的函数变换、数据标准化、分类数据的数值化和连续数据的离散化及其代码实现。数据降维部分主要介绍了基于特征选择的降维方法，包括相关性过滤、方差过滤、卡方检验、F 检验、互信息法和基于树模型的数据降维等。

习　题　三

1. 为什么需要对金融数据进行预处理？金融数据预处理包含哪些方面的内容？
2. 简述缺失值处理的常用方法及其适用情形。
3. 简述异常值的判定方法与处理方法。
4. 简述连续数据离散化的常用方法及其适用情形。
5. 简述数据降维的定义、主要意义与常用方法。
6. 基于本章的示例数据，在 Jupyter Notebook 中输入本章的所有 Python 代码并运行。

第 4 章 机器学习基础

机器学习是金融数据挖掘的主要工具之一，金融数据挖掘需要机器学习的支持。机器学习越来越多地被应用于金融领域，涵盖了量化交易、投资组合管理、资本市场监督与管理、保险承保和金融风险控制等多个方面。

本章包含以下内容：

(1) 机器学习的定义。

(2) 机器学习的基本术语。

(3) 机器学习的分类。

(4) 机器学习算法的三要素。

(5) 泛化能力与数据集划分。

(6) 超参数优化、交叉验证与模型评估。

(7) 机器学习的一般原理：奥卡姆剃刀原理、没有免费的午餐原理和维度灾难。

4.1　机器学习的定义

在过去很长的一段时间内，学习主要指的是人类的学习。然而，广义上的学习并不仅限于此，它描述的是人与动物在生活过程中凭借经验产生的行为或行为潜能的相对持久的变化，并能基于这些经验对未来的新情况做出有效决策。例如，当天空中出现鲤鱼鳞片状的云彩时，人们会预测明天可能是大晴天；当消防车响着警铃从身旁疾驰而过时，人们会预测前方某个地方可能着火了；当央行在某日夜间大幅提高利率时，人们会预判明日的股市可能会受到影响。这些预判的准确性源于人们积累的丰富经验，并能有效地应用于未来的情境中。可以看出，人们之所以能做出相对有效的预判，是因为他们积累了大量的经验，并能够通过利用这些经验来针对未来的新情况做出有效决策。若将这一基于经验进行决策的过程交由计算机来模拟和执行，那么这便是机器学习的一个直观理解。

机器该如何学习呢？机器学习这一术语最早是由阿瑟·萨缪尔(Arthur Samuel)在 1959 年提出的。赫尔伯特·西蒙(Herbert A. Simon)曾将学习定义为：如果一个系统能够通过执行某个过程而改进其性能，那么这就是学习。Tom M. Mitchell 在《机器学习》一书中对机器学习的定义是：假设用 P 来评估计算机程序在某个任务类 T 上的性能，若一个程序通过利用经验 E 在 T 中任务上获得了性能改善，则我们就说关于 T 和 P，该程序对 E 进行了学习。

现今流行的大部分机器学习模型是基于统计学的，也就是通过向模型输入大量数据来使模型能够识别和学习到数据的分布与规律，从而使模型能够针对新情况做出相应的预测。然而，对于简单的数学运算，如 1 + 1 等于 2，机器学习模型并非基于统计学来得出这一结论，而是直接通过算法或编程逻辑实现的。网络上流传着一个关于机器学习模型参与面试的趣闻。以下面试官和机器学习模型之间的问答过程生动地展示了机器学习的一个训练过程。

　　　面试官：你最大的优点是什么？

　　　机器学习模型：我是机器学习专家。

　　　面试官：9 + 10 等于多少？

　　　机器学习模型：3。

　　　面试官：你错得太离谱了，是 19。9 + 10 等于多少？

　　　机器学习模型：16。

　　　面试官：错了，还是 19。9 + 10 等于多少？

　　　机器学习模型：18。

　　　面试官：不对，是 19。9 + 10 等于多少？

　　　机器学习模型：19。

　　　面试官：你被录用了。

　　在上述例子中，当面试官问机器学习模型 9 + 10 等于多少时，机器学习模型最初给出了错误的答案 3。这是因为对于未经训练的机器学习模型，其参数通常是随机初始化的，因此可能会给出随机答案。然而，在实际情况中，机器学习模型不会通过问答形式来"学习"加法运算，而是通过训练数据和相应的算法来优化其参数，以提高预测的准确性。这个例子是为了形象地说明机器学习模型通过迭代和训练过程逐渐提高预测准确性的原理。

4.2　机器学习的基本术语

　　在本节中，我们将使用一个简单的例子来解释一些机器学习中的常用术语，以及机器学习中广泛使用的一些基本概念。若要进行机器学习，则必须要有数据。假定我们收集了一批个人贷款的数据，例如(金额 = 10 000 元，期限 = 1 年，利率 = 5%)，(金额 = 20 000 元，期限 = 2 年，利率 = 7%)，…，(金额 = 30 000 元，期限 = 0.5 年，利率 = 4%)，每个括号内的数据都是一条记录，这些记录的集合称为数据集(Dataset)。一般，我们使用 $D = \{x_1, x_2, \cdots, x_n\}$ 表示一个包含 n 个样本的数据集。

　　(1) 样本(Sample)或实例(Instance)：数据集中的一条记录 x_i 是关于一个事件或者对象的描述，如个人贷款数据集中的 1 份个人贷款数据。在不存在数据缺失的情况下，所有样本应该具有相同的结构。

　　(2) 特征(Feature)或属性(Attribute)：反映事件或者对象在某方面的表现或性质的事项，比如个人贷款数据集中的金额、期限和利率。数据集中特征的数目决定了数据集的维度。例如，上述个人贷款数据集中有金额、期限和利率 3 个特征，故其维度为 3。特征的取值称为特征值，如 10 000 元、1 年等。

(3) 特征空间(Feature Space)或属性空间(Attribute Space)或样本空间(Sample Space)：由所有特征或属性张成的空间，也即特征向量所在的空间，每一维对应一个特征。例如，把金额、期限和利率作为三个坐标轴，则它们可以张成一个用于描述个人贷款的三维空间，每个贷款样本都可以在这个空间中找到自己的坐标。

(4) 特征向量(Feature Vector)：特征空间中的每个点都对应着一个坐标向量，所以把由一个样本的全部特征构成的坐标向量称为特征向量，一个特征向量代表一个样本。

4.3 机器学习的分类

机器学习一般包括监督学习(Supervised Learning)、无监督学习(Unsupervised Learning)、半监督学习(Semi-Supervised Learning)和强化学习(Reinforcement Learning)。

1. 监督学习

如果我们希望得到一个能帮助我们判断贷款用户未来是否会违约的模型，仅有贷款样本数据显然是不够的。要建立预测贷款用户未来是否会违约的模型，需获得训练样本的标签(Label)。例如，((金额 = 10 000 元，期限 = 1 年，利率 = 5%)，违约)中的"违约"就是该样本的标签。一般把具有标签信息的样本称为"样例"(Example)。根据训练数据是否带有标签信息，可以把训练数据带有标签信息的机器学习算法称为监督学习，把训练数据不带标签信息的机器学习算法称为无监督学习。

在监督学习中，一般使用 $T = \{(x_1, y_1), (x_2, y_2), \cdots, (x_n, y_n)\}$ 表示训练集，其中 $(x_i, y_i)(i = 1, 2, \cdots, n)$ 称为样例或者样本点，$x_i \in \mathcal{X}$ 是输入的样本，$\mathcal{X}$ 是所有样本的集合，亦称作输入空间(Input Space)；$y_i \in \mathcal{Y}$ 是样本 x_i 的标签，$\mathcal{Y}$ 是所有标签的集合，亦称作标签空间(Label Space)或输出空间(Output Space)。

若机器学习模型预测的是离散值，例如"违约"和"不违约"，则该模型是分类模型。若机器学习模型预测的是连续值，例如个人的信用评分等，则该模型是回归模型。

2. 无监督学习

在无监督学习中，训练数据是不带标签的，一般用 $D = \{x_1, x_2, \cdots, x_n\}$ 表示训练集。无监督学习的目标是通过对无标签样本的学习来发现数据内在的性质和规律，为进一步的数据分析提供基础。无监督学习的典型任务是聚类、关联和降维。所谓聚类，简单来说就是将一堆零散的数据根据某些标准分为几个类别，每个类别称为一个"簇"(Cluster)。所谓关联，指的是通过分析大量的数据集，找出数据项之间的依赖关系。所谓降维，指的是在保证数据所具有的代表性特性或者分布的情况下，将高维数据转化为低维数据。

3. 半监督学习

半监督学习是一种介于监督学习和无监督学习之间的机器学习方法。半监督学习的训练集中既有有标签样本，又有无标签样本，且通常无标签样本的数量远大于有标签样本的数量。这是因为在很多实际问题中，对数据进行标记的代价有时很高，所以我们通常只能得到少量的有标签样本和大量的无标签样本。半监督学习的目标和监督学习的通常是一致的，旨在利用无标签样本中的信息，辅助有标签样本进行监督学习，并以较低的成本达到较好的学习效果。

4. 强化学习

强化学习作为机器学习的主要方法之一，主要关注智能体如何在环境中采取不同的行动，以最大限度地提高累积奖励。强化学习主要由智能体(Agent)、环境(Environment)、状态(State)、动作(Action)、奖励(Reward)组成，其框架如图 4-1 所示。

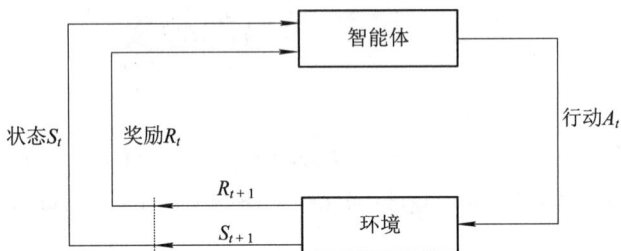

图 4-1 强化学习的框架

在 t 时刻，智能体从环境中观察到一个状态 S_t 与一个奖励 R_t，并选择了一个行动 A_t。环境依据智能体的行动 A_t，决定 $t+1$ 时刻的状态 S_{t+1} 和奖励 R_{t+1}。智能体不同的行动不仅会使得奖励不同，也会使其下一步进入的状态也不同。

强化学习的目标是学习一个最优的行动策略，即在给定状态下所采取的最优行动。若智能体在给定状态下所采取的行动策略能最大化累积奖励，则认为该行动策略是最优的。

4.4 机器学习算法的三要素

机器学习算法有三大要素：模型、策略和算法。不管是学习现有机器学习算法的原理与推导，还是构建一种新的机器学习算法，它的基础都是机器学习算法的三要素。

1. 模型

模型是机器学习算法的核心，机器学习的目的是学习一个模型。在监督学习中，模型就是所要学习的决策函数 $Y=f(X)$ 或者条件概率分布 $P(Y|X)$。

我们把所有可能的模型构成的集合称为假设空间。假设空间用 $\mathcal{F}$ 表示，其通常是一个由参数向量 $\boldsymbol{\theta}$ 决定的函数族，即

$$\mathcal{F} = \left\{ f \mid Y = f_{\boldsymbol{\theta}}(X),\ \boldsymbol{\theta} \in \mathbf{R}^n \right\} \tag{4-1}$$

$$\mathcal{F} = \left\{ P \mid P_{\boldsymbol{\theta}}(Y|X),\ \boldsymbol{\theta} \in \mathbf{R}^n \right\} \tag{4-2}$$

式中，X 和 Y 是定义在输入空间 $\mathcal{X}$ 和输出空间 $\mathcal{Y}$ 上的变量；参数向量 $\boldsymbol{\theta}$ 取值于 n 维欧氏空间

$\mathbf{R}^n$，称为参数空间(Parameter Space)。

在公式(4-1)中，假设空间被定义为决策函数的集合；在公式(4-2)中，假设空间被定义为条件概率的集合。因此，机器学习的目的就是利用训练集从假设空间中找到一个参数向量，使得模型最优。

2. 策略

机器学习的目标是从假设空间中选择最优模型。策略则是从假设空间里学习最优模型的准则，离开了策略，"最优"就无从谈起。要介绍机器学习的策略，我们需要引入损失函数(Loss Function)或代价函数(Cost Function)，又或目标函数(Objective Function)。

在监督学习中，对于给定的输入 X，$f(X)$ 是模型的预测值，X 对应的真实值则是 Y。损失函数衡量的是模型预测的好坏，一般以模型的预测值($f(X)$)与真实值(Y)的不一致程度来表示。损失函数通常是一个非负实值函数，用 $L(y, Y(X))$ 表示。损失函数越小，模型的预测性能越好。在监督学习中，常用的损失函数大致归纳为分类问题的损失函数和回归问题的损失函数。

1) 分类问题的损失函数

(1) 0-1 损失函数(0-1 Loss Function)。0-1 损失函数如下式所示：

$$L(Y, f(X)) = \begin{cases} 1, & Y \neq f(X) \\ 0, & Y = f(X) \end{cases} \tag{4-3}$$

若预测值与真实值一致，则 0-1 损失函数为 0，否则为 1。

感知机(Perceptron)使用的就是 0-1 损失函数。但是由于式(4-3)中 $Y = f(X)$ 这个条件太过严格，故可以放宽条件，即给定常数 T，若满足 $|Y - f(X)| < T$，则认为 Y 和 $f(X)$ 是相等的，如下式所示：

$$L(Y, f(X)) = \begin{cases} 1, & |Y - f(X)| \geqslant T \\ 0, & |Y - f(X)| < T \end{cases} \tag{4-4}$$

(2) 对数损失函数(Logarithmic Loss Function)或对数似然比损失函数(Log-likelihood Loss Function)。在统计学上，"似然"(Likelihood)是"概率"(Probability)的同义词，但两者的用法有所区别。概率指的是给定参数值，随机变量取值为某一输出结果的可能性。似然指的是已知随机变量的输出结果，未知参数为某一取值的可能性。

假定存在离散随机变量 Y，Y 取值为 y 的概率为

$$P(Y = y) = f(y; \boldsymbol{\theta}) \tag{4-5}$$

式中，$f(y; \boldsymbol{\theta})$ 的取值是由参数向量 $\boldsymbol{\theta}$ 所决定的。

假设 Y 的一系列样本观测值为 $y_1, y_2, \cdots, y_n$，则样本的似然函数定义为观测到样本为 y_1, $y_2, \cdots, y_n$ 的概率，如下式所示：

$$L(\boldsymbol{\theta} \mid y_1, y_2, \cdots, y_n) = P(Y = y_1, Y = y_2, \cdots, Y = y_n) = \prod_{i=1}^{n} f(y_i; \boldsymbol{\theta}) \tag{4-6}$$

给定样本观测值 $y_1, y_2, \cdots, y_n$，似然函数 $L(\theta|y_1, y_2, \cdots, y_n)$ 是一个关于 θ 的函数，有时简记为 $L(\theta)$。由此可得对数损失函数为

$$\log(L(\theta)) = \sum_{i=1}^{n}\log[f(y_i;\theta)] \tag{4-7}$$

对数损失函数能够很好地表示概率分布，适用于绝大多数的分类场景。逻辑回归的损失函数就是对数损失函数。

(3) 指数损失函数(Exponential Loss)。指数损失函数对噪声和离群点非常敏感，常用于 Boosting 算法中。例如，AdaBoost 算法使用的就是指数损失函数。指数损失函数的表达为

$$L(Y|f(X)) = \exp[-Yf(X)] \tag{4-8}$$

2) 回归问题的损失函数

(1) 平方损失函数(Quadratic Loss Function)。平方损失函数是回归问题中最常用的损失函数之一，它计算的是预测值与真实值之间差值的平方，其表达式为

$$L(Y, f(X)) = [Y - f(X)]^2 \tag{4-9}$$

(2) 绝对损失函数(Absolute Loss Function)。绝对损失函数是一种常用的回归问题的损失函数，它计算的是真实值与预测值之差的绝对值，不需要考虑误差的方向，其表达式为

$$L(Y, f(X)) = |Y - f(X)| \tag{4-10}$$

3. 算法

机器学习基于训练集，依据学习策略，从假设空间中选择优化模型，最后考虑采用何种算法来求解损失函数的最小化。此时，机器学习问题可以归结为最优化问题，机器学习的算法就是求解最优化问题的方法。常见的优化算法有梯度下降法(Gradient Descent Method)、牛顿法(Newton Method)、拟牛顿法(Quasi-Newton Method)、共轭梯度法(Conjugate Gradient Method)、启发式优化算法(Heuristic Optimization Algorithm)和解决约束优化问题的拉格朗日乘数法(Lagrange Multiplier Method)等。

4.5 泛化能力与数据集划分

4.5.1 泛化能力

构建机器学习模型的主要目的是能有效地使用它，这意味着我们需要关注模型对于新的、之前未见的数据的处理性能，也就是模型的泛化能力(Generalization Ability)。概括地说，泛化能力是指机器学习算法遇到新样本时做出正确判断的能力。

在训练模型时，如果使用整个数据集作为训练样本，则会使得模型将训练样本自身的特点作为所有潜在样本都会具有的一般模式，导致模型在训练集上表现得"太好"，使得机器学习模型的泛化能力下降。这种现象在机器学习中被称为"过拟合"(Overfitting)。

与过拟合相对的则是"欠拟合"(Underfitting)，指的是机器学习模型未完全学会训练样本的模式，导致模型在训练集上表现得"很差"。图 4-2 给出了关于"过拟合""适当拟合""欠拟合"问题的一个直观的图形解释。

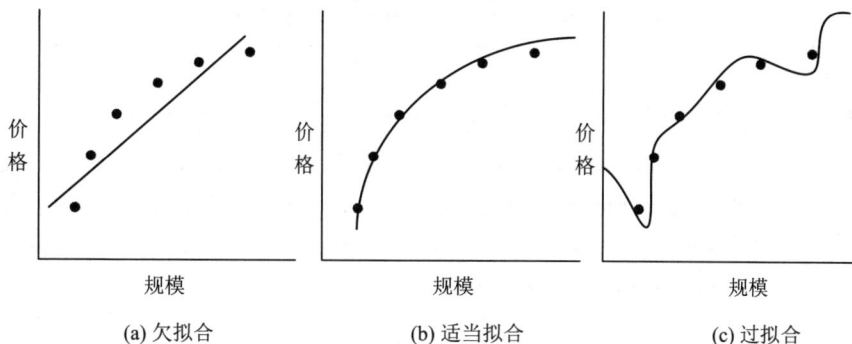

(a) 欠拟合　　　　　　　(b) 适当拟合　　　　　　　(c) 过拟合

图 4-2　欠拟合、适当拟合与过拟合

4.5.2　数据集划分

对于欠拟合问题，可以增加模型复杂度或者模型特征的数量，这样便能较好地解决欠拟合问题。对于过拟合问题，一种可行的方法是在机器学习过程中，基于原始数据集划分两个独立但尽可能保持同分布的数据集——训练集和测试集，以使用训练集训练模型并在测试集上测试模型的性能。在图 4-3 中，训练集主要用于训练模型并确定模型参数，模型在训练集上表现出的误差叫作训练误差(Training Error)或者经验误差(Empirical Error)；测试集主要用于评估最终模型的泛化能力，并调整模型的超参数。测试集必须不包含训练样本，否则会影响模型泛化能力的评估。模型在测试集上表现出的误差叫作泛化误差(Generalisation Error)。

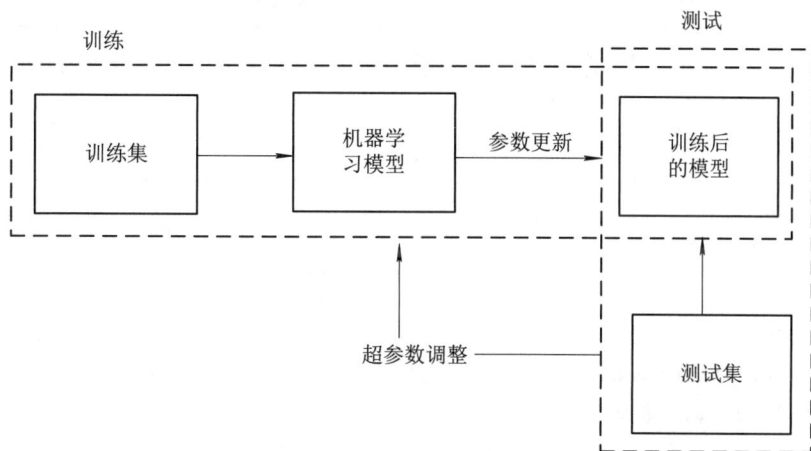

图 4-3　基于训练集和测试集的机器学习流程

sklearn 能使用 model_selection 模块的 train_test_split 函数将数据集划分为训练集和测试集。train_test_split 函数如下所示：

sklearn.model_selection.train_test_split(*arrays, test_size = None, train_size = None, random_state = None, shuffle = True, stratify = None)

train_test_split 函数的主要参数说明见表 4-1。

表 4-1　train_test_split 函数的主要参数说明

主要参数名称	参 数 说 明
*arrays	要拆分的数据集，可以是列表、NumPy 数据和 Pandas 数据框等
test_size	测试集数据的规模，可以是浮点型数据、整数型数据或者 None，默认是 None。若 test_size 是浮点数，则其取值在 0.1～1.0 之间，代表包含在测试集中的数据比例；若 test_size 是整数型数据，则表示测试集的样本数；若 test_size 和 train_size 皆为 None，则 test_size 的默认值为 0.25
train_size	训练集数据的规模，可以是浮点数、整数型数据或者 None，默认是 None。若 train_size 是浮点数，则其取值在 0.1～1.0 之间，代表包含在训练集中的数据比例；若 train_size 是整数型数据，则表示训练集的样本数；若 test_size 和 train_size 皆为 None，则 train_size 的默认值为 0.75
random_state	随机数种子，可以是整数型数据、random_state 实例或 None，默认是 None。若为 None，则每次生成的数据都是随机的，可能不一样；若为整数，则每次生成的数据都相同
shuffle	表示是否打乱数据位置，可以是 True 或者 False，默认是 True
stratify	表示是否按照样本比例(不同类别的比例)来划分数据集，主要用于分类模型。例如，原始数据集中 A 类占 25%，B 类占 75%，那么划分后的测试集和训练集中 A 与 B 的比例都会是 75%∶25%。stratify 可用于样本类别差异很大的情况，一般使用形式为 stratify=y，即用数据集的标签 y 来进行划分

假定一个分类模型的输入特征是 X，数据标签为 y，可用 train_test_split 函数将数据集划分为训练集和测试集，见代码 4-1。

代码 4-1

```
# 训练集和测试集的划分
# 导入相关库
import pandas as pd
import numpy as np
import sklearn.model_selection as ms
# 将 pandas 数据小数点精确度设为 2
pd.set_option('display.float_format', lambda x: '%.2f' % x)
# 将 numpy 数据小数点精确度设为 2
np.set_printoptions(precision = 2, suppress = True)
```

```
#读取数据
df = pd.read_excel('..\演示数据\ch04_Data_split.xlsx', index_col = [0])
#设定 X 和 y
X = df.loc[:, ['bbi', 'rsi', 'net_profit', 'turnover']]
ret_category = [1 if i > 0 else 0 for i in df['ret']]
y = np.array(ret_category)


#基于 train_test_split 函数划分训练集和测试集，测试集占比为30%
Xtrain, Xtest, Ytrain, Ytest = ms.train_test_split(X,y,(test_size = 0.3, t(random_state = 100)
```

在代码4-1中，Xtrain 和 Ytrain 分别表示训练特征与训练特征对应的标签，Xtest 和 Ytest 分别表示测试特征和测试特征对应的标签，参数 test_size = 0.3 则表示将30%的数据划分为测试集，将70%的数据划分为训练集。

4.6 超参数调优、交叉验证与模型评估

4.6.1 超参数调优

在机器学习中，模型在训练中学习并更新的是参数(Parameter)。参数用于从训练数据中捕捉规则。例如，在一般的多元线性回归模型 $y = X\beta + \varepsilon$ 中，X 的系数 β 就是多元线性回归的参数。

超参数(Hyperparameter)是在机器学习模型训练之前预先定义的，且在模型训练过程中保持不变的参数。这些参数无法通过训练过程自动学习。一个机器学习模型往往有多个超参数，且不同模型的超参数往往是不同的。例如，对于核主成分分析中的多项式核，其超参数包括最高次项次数(Degree)、惩罚参数(C)和缩放参数(γ)。机器学习模型不同的超参数组合对模型训练的过程和最终的表现有着不同的影响。故在机器学习过程中往往需要对超参数进行调优，这样的过程就是通常所说的"参数调整"或者"调参"(Hyperparameter Tuning)。

在图4-3中，人们会基于训练后的模型在测试集中的表现不断地调整超参数，以期模型在测试集中获得最佳表现。然而，通过这种方式，测试集中的信息仍有可能会"泄露"到模型训练中，使得评估指标不能准确地反映模型的预测能力。一种可行的解决数据"泄露"的办法是从数据集中划分出一部分作为验证集。验证集主要用于训练后的模型的超参数调优，以提升模型的泛化能力。然而，若把整个数据集划分为训练集、验证集和测试集三部分，则会极大减少训练集的数据量，使得最终的优化模型往往取决于训练集和验证集的某一次随机划分。

解决上述问题的一个方法是交叉验证(Cross-Validation，CV)。交叉验证通过将数据集重复划分成训练集和验证集，且每次划分后都重新训练模型和验证模型，从而对超参数进行调优，进而提升最终模型在测试集上的泛化能力。图4-4是基于交叉验证的机器学习流程。

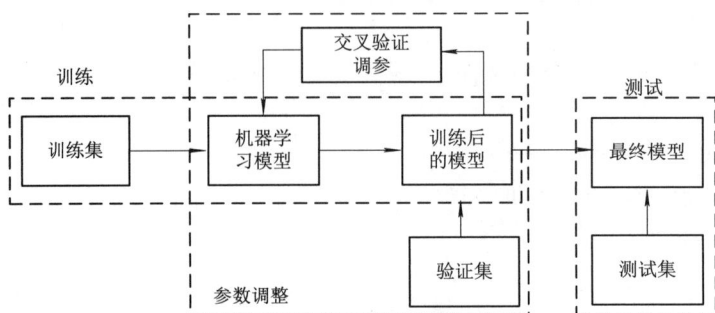

图 4-4 基于交叉验证的机器学习流程

4.6.2 针对独立同分布数据的交叉验证方法

独立同分布数据(Independent and Identically Distributed，IID)指的是这些数据服从同一分布，并且互相独立。常见的针对独立同分布数据的交叉验证方法包括留一法交叉验证(Leave-One-Out Cross-Validation)、留 P 法交叉验证(Leave-P-Out Cross-Validation)、K 折交叉验证(K-Fold Cross-Validation)、分层 K 折交叉验证(Stratified K-Fold Cross-Validation)。其中，K 折交叉验证是最常见的交叉验证，主要用于回归问题；分层 K 折交叉验证主要用于分类问题。

1. K 折交叉验证

在 K 折交叉验证中，将训练数据划分为 K 组(也称为"折叠")，并训练模型 K 次。在每次迭代中，都保留一个不同的分组作为验证集，其余 $K-1$ 组数据作为训练集。每次模型训练之后，都会利用对应的验证集进行验证，并存储验证结果。最后，得到 K 个验证结果，并利用这些结果计算平均值和标准差。图 4-5 是一个 5 折交叉验证的例子，模型需要 5 次迭代才能训练完成。例如，在迭代 1 中，模型使用折叠 1 到折叠 4 的数据进行训练，并在折叠 5 的数据上进行验证。在 5 次迭代后，模型就已在所有数据上进行了训练和验证，而不会浪费任何数据。

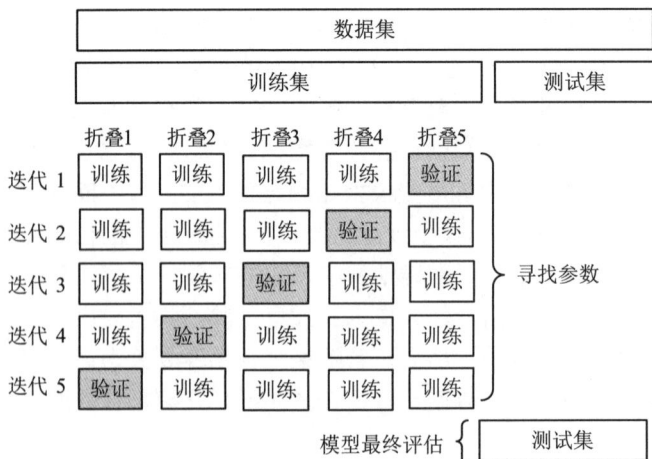

图 4-5 5 折交叉验证

在 K 折交叉验证的应用中，sklearn 提供了 KFold 函数。代码 4-2 是 K 折交叉验证的应用示例。在代码 4-2 中，设定 X 和 y，并将折叠数选定为 3，利用 for 循环从 spilt 函数中获取每次迭代的训练集和验证集的索引，并将索引代入 X 和 y 以获得每次迭代的训练集和验证集。

代码 4-2

```
# K 折交叉验证
# 从 sklearn 导入 K 折交叉验证的 KFold 函数
from sklearn.model_selection import KFold
# 设定 X
X = np.array([16.42, 16.54, 16.65, 16.73, 16.70, 16.70, 16.72, 16.69, 16.74 ])
# 设定 y
y = np.array([19.09, 18.5 , 21.01, 20.2 , 20.07, 20.07, 19.16, 18.17, 18.6 ])
# 设定 3 折交叉验证
kf = KFold(n_splits = 3)

# 从 split 函数中获取训练集和验证集的索引，并将 X 和 y 划分为训练集和测试集
for train_index, test_index in kf.split(X):
    print("训练集索引:", train_index, "\t\t\t 验证集索引:", test_index)
    X_train, X_test = X[train_index], X[test_index]
    print("X_train:", X_train, "\t\tX_test:", X_test)
    y_train, y_test = y[train_index], y[test_index]
    print("y_train:", y_train, "\t\ty_test:", y_test, '\n')
```

输出结果：

训练集索引: [3 4 5 6 7 8]　　　　　　　验证集索引: [0 1 2]
X_train: [16.73 16.7　 16.7　 16.72 16.69 16.74]　　X_test: [16.42 16.54 16.65]
y_train: [20.2　 20.07 20.07 19.16 18.17 18.6]　　y_test: [19.09 18.5　 21.01]

训练集索引: [0 1 2 6 7 8]　　　　　　　验证集索引: [3 4 5]
X_train: [16.42 16.54 16.65 16.72 16.69 16.74]　　X_test: [16.73 16.7　 16.7]
y_train: [19.09 18.5　 21.01 19.16 18.17 18.6]　　y_test: [20.2　 20.07 20.07]

训练集索引: [0 1 2 3 4 5]　　　　　　　验证集索引: [6 7 8]
X_train: [16.42 16.54 16.65 16.73 16.7　 16.7]　　X_test: [16.72 16.69 16.74]
y_train: [19.09 18.5　 21.01 20.2　 20.07 20.07]　　y_test: [19.16 18.17 18.6]

从代码 4-2 的输出结果可以发现，3 折交叉验证会输出 3 个迭代结果，每个迭代的训练集和验证集均不同。

2. 分层 K 折交叉验证

分层 K 折交叉验证是为分类问题设计的 K 折交叉验证。在分类问题中，即使将训练集划分为 K 个组，也必须让每个组的类别标签的分布与其在训练集中的分布一致。例如，若训练集中 A 类的占比为 30%，B 类的占比为 35%，C 类的占比为 35%，那么在划分后的每

个组中，A 类、B 类和 C 类的占比也需要与其在训练集中的占比一致。K 折交叉验证不考虑分类比例，所以无法保证这个比例与原始数据的相同。因此，在分类问题的交叉验证中，需要使用分层 K 折交叉验证。

在分层 K 折交叉验证的应用中，sklearn 提供了 StratifiedKFold 函数。代码 4-3 是分层 K 折交叉验证的应用示例。在代码 4-3 中，设定 X 和 y，并将折叠数选定为 3，利用 for 循环从 spilt 函数中获取每次迭代的训练集和验证集的索引，并将索引代入 X 和 y 以获得每次迭代的训练集和验证集。

代码 4-3

```
# 分层 K 折交叉验证
# 从 sklearn 导入分层 K 折交叉验证的 StratifiedKFold 函数
from sklearn.model_selection import StratifiedKFold
# 设定 X
X = np.array([16.42, 16.54, 16.65, 16.73,
              16.70, 16.70, 16.72, 16.69, 16.74 ])
# 设定 y
y = np.array([0, 0 , 0, 1, 1, 1, 1, 1, 1])
# 设定分层 3 折交叉验证
skf = StratifiedKFold(n_splits=3)

# 从 split 函数中获取训练集和验证集的索引，并将 X 和 y 划分为训练集和测试集
for train_index, test_index in skf.split(X, y):
    print("训练集索引:", train_index, "验证集索引:", test_index)
    X_train, X_test = X[train_index], X[test_index]
    print("X_train:", X_train, "X_test:", X_test)
    y_train, y_test = y[train_index], y[test_index]
    print("y_train:", y_train, "y_test:", y_test, '\n')
```

输出结果：

训练集索引: [1 2 5 6 7 8]　　　　　　　　验证集索引: [0 3 4]
X_train: [16.54 16.65 16.7　16.72 16.69 16.74]　　X_test: [16.42 16.73 16.7]
y_train: [0 0 1 1 1 1]　　　　　　　　y_test: [0 1 1]

训练集索引: [0 2 3 4 7 8]　　　　　　　　验证集索引: [1 5 6]
X_train: [16.42 16.65 16.73 16.7　16.69 16.74]　　X_test: [16.54 16.7　16.72]
y_train: [0 0 1 1 1 1]　　　　　　　　y_test: [0 1 1]

训练集索引: [0 1 3 4 5 6]　　　　　　　　验证集索引: [2 7 8]
X_train: [16.42 16.54 16.73 16.7　16.7　16.72]　　X_test: [16.65 16.69 16.74]
y_train: [0 0 1 1 1 1]　　　　　　　　y_test: [0 1 1]

从代码 4-3 的输出结果可以发现，分层 3 折交叉验证会输出 3 个迭代结果。在每个迭代的训练集和验证集中，标签为 0 的数据占比都是 1/3，这和原始数据的标签 y 的比例是一致的。

4.6.3 针对非独立同分布数据的交叉验证方法

在现实生活中，当某些样本在组内存在相互依赖时，独立同分布的假设将不再适用于这样的样本分组。例如，从多个上市公司收集股价和公司特征数据时，若每个上市公司视为一个组，并从每个公司采集多个时间维度的样本，则样本的股票代码可以作为这个组的标识符。在这种情况下，为了评估模型在未见过的组上的泛化能力，需要确保在交叉验证的每一次迭代中，训练集和验证集的样本分别来自不同的组，即它们的股票代码不应有重叠。

常见的针对非独立同分布数据的交叉验证方法有分组 *K* 折交叉验证(Group *K*-Fold Cross-Validation)和时间序列分割(Time Series Split)等。

1. 分组 *K* 折交叉验证

分组 *K* 折交叉验证是 *K* 折交叉验证的一个变体，它确保相同的组不会同时出现在训练集和测试集中，以减少过拟合现象。代码 4-4 是分组 *K* 折交叉验证的应用示例。在代码 4-4 中，需要设定 X、y 和数据所属的组别 groups，将折叠数选定为 3，利用 for 循环从 spilt 函数中获取每次迭代的训练集和验证集的索引，并将索引代入 X 和 y 以获得每次迭代的训练集和验证集。

代码 4-4

```
# 分组 K 折交叉验证
# 从 sklearn 导入分组 K 折交叉验证的 GroupKFold 函数
from sklearn.model_selection import GroupKFold
# 设定 X
X = np.array([16.42, 16.54, 16.65, 16.73,
              16.70, 16.70, 16.72, 16.69, 16.74 ])
# 设定 y
y = np.array([19.09, 18.5 , 21.01, 20.2 ,
              20.07, 20.07, 19.16, 18.17, 18.6 ])
# 设定数据所属的股票代码
groups = np.array([1, 1, 1, 2, 2, 2, 3, 3, 3 ])
# 设定分组 3 折交叉验证
gkf = GroupKFold(n_splits=3)

# 从 split 函数中获取训练集和验证集的索引，并将 X 和 y 划分为训练集和测试集
for train_index, test_index in gkf.split(X, y, groups):
    print("训练集索引:", train_index, "验证集索引:", test_index)
    X_train, X_test = X[train_index], X[test_index]
    print("X_train:", X_train, "X_test:", X_test)
```

```
y_train, y_test = y[train_index], y[test_index]
print("y_train:", y_train, "y_test:", y_test)
groups_train, groups_test = groups[train_index], groups[test_index]
print("groups_train:",groups_train,"groups_test:",groups_test, '\n')
```

输出结果：

训练集索引: [0 1 2 3 4 5]　　　　　　　　验证集索引: [6 7 8]
X_train: [16.42 16.54 16.65 16.73 16.7　16.7]　X_test: [16.72 16.69 16.74]
y_train: [19.09 18.5　21.01 20.2　20.07 20.07]　y_test: [19.16 18.17 18.6]
groups_train: [1 1 1 2 2 2]　　　　　　　　groups_test: [3 3 3]

训练集索引: [0 1 2 6 7 8]　　　　　　　　验证集索引: [3 4 5]
X_train: [16.42 16.54 16.65 16.72 16.69 16.74]　X_test: [16.73 16.7　16.7]
y_train: [19.09 18.5　21.01 19.16 18.17 18.6]　y_test: [20.2　20.07 20.07]
groups_train: [1 1 1 3 3 3]　　　　　　　　groups_test: [2 2 2]

训练集索引: [3 4 5 6 7 8]　　　　　　　　验证集索引: [0 1 2]
X_train: [16.73 16.7　16.7　16.72 16.69 16.74]　X_test: [16.42 16.54 16.65]
y_train: [20.2　20.07 20.07 19.16 18.17 18.6]　y_test: [19.09 18.5　21.01]
groups_train: [2 2 2 3 3 3]　　　　　　　　groups_test: [1 1 1]

从代码 4-4 的输出结果可以发现，分组 3 折交叉验证会输出 3 个迭代结果。在每个迭代中，相同的组都没有同时出现在训练集和测试集中。例如，在迭代 1 中，组别为 1 和 2 的数据为训练集，组别为 3 的数据为测试集。

2. 时间序列分割

时间序列分割是专门用于解决时间序列数据切分问题的方法。时间序列数据与普通数据的不同是，时间序列数据之间往往存在着自相关性。此外，对于时间序列数据而言，样本的顺序也非常重要。但传统的交叉验证(例如 K 折交叉验证)假定样本是独立同分布的，直接使用这些验证可能会出现在未来的样本上进行训练并预测过去的样本的情况。针对这种情况，sklearn 提供了 TimeSeriesSplit 函数，该函数会根据时间顺序将数据集分为训练集和验证集，以确保上述情况不会发生。

代码 4-5 是时间序列分割的应用示例。

代码 4-5

```
# 时间序列分割
# 从 sklearn 导入时间序列分隔的 TimeSeriesSplit 函数
from sklearn.model_selection import TimeSeriesSplit
# 设定时间序列 X
X = np.array([16.42, 16.54, 16.65, 16.73,
              16.70, 16.70, 16.72, 16.69, 16.74 ])
y = np.array([19.09, 18.5 , 21.01, 20.2 ,
```

```
            20.07, 20.07, 19.16, 18.17, 18.6 ])
# 设定时间序列分隔函数
tscv = TimeSeriesSplit(n_splits=3)


# 从 split 函数中获取训练集和验证集的索引，并将 X 和 y 划分为训练集和测试集
for train_index, test_index in tscv.split(X):
    print("训练集索引:", train_index, "验证集索引:", test_index)
    X_train, X_test = X[train_index], X[test_index]
    print("X_train:", X_train, "X_test:", X_test)
    y_train, y_test = y[train_index], y[test_index]
    print("y_train:", y_train, "y_test:", y_test, '\n')
```

输出结果：

训练集索引: [0 1 2]　　　　　　　　　　　　验证集索引: [3 4]

X_train: [16.42 16.54 16.65]　　　　　　　X_test: [16.73 16.7]

y_train: [19.09 18.5　21.01]　　　　　　　y_test: [20.2　20.07]

训练集索引: [0 1 2 3 4]　　　　　　　　　　验证集索引: [5 6]

X_train: [16.42 16.54 16.65 16.73 16.7]　　X_test: [16.7　16.72]

y_train: [19.09 18.5　21.01 20.2　20.07]　　y_test: [20.07 19.16]

训练集索引: [0 1 2 3 4 5 6]　　　　　　　　验证集索引: [7 8]

X_train: [16.42 16.54 16.65 16.73 16.7　16.7　16.72]　X_test: [16.69 16.74]

y_train: [19.09 18.5　21.01 20.2　20.07 20.07 19.16]　y_test: [18.17 18.6]

从代码 4-5 的输出结果来看，各个迭代中的训练集和验证集是基于时间序列数据的索引从小到大划分的。例如，在迭代 1 中，前 3 个数据组成训练集，第 4 和第 5 个数据组成验证集；在迭代 2 中，迭代 1 中的验证集并入训练集，成为迭代 2 的训练集，第 6 和第 7 个数据成为迭代 2 的验证集；在迭代 3 中，迭代 2 中的验证集并入训练集，成为迭代 3 的训练集，第 8 和第 9 个数据成为迭代 3 的验证集。

4.6.4　模型评价指标

在机器学习中，需要在验证集中使用评价指标来评估模型的性能。在一般情况下，回归问题和分类问题使用的评价指标是不一致的。

1. 回归问题的评价指标

回归问题的常见评价指标包括平均绝对误差(Mean Absolute Error，MAE)、均方误差(Mean Squared Error，MSE)、均方根误差(Root Mean Squared Error，RMSE)和 R 方(R-Squared)。

(1) 平均绝对误差：是观测值 y_i 与预测值 $\hat{y}_i$ 之差的绝对值的均值，其计算公式如下所示：

$$\text{MAE} = \frac{1}{n}\sum_{i=1}^{n}|y_i - \hat{y}_i| \tag{4-11}$$

(2) 均方误差：是观测值 y_i 与预测值 $\hat{y}_i$ 的误差的平方和的均值，其计算公式如下所示：

$$\text{MSE} = \frac{1}{n}\sum_{i=1}^{n}(y_i - \hat{y}_i)^2 \tag{4-12}$$

(3) 均方根误差：是均方误差的平方根，其计算公式如下所示：

$$\text{RMSE} = \sqrt{\left[\frac{1}{n}\sum_{i=1}^{n}(y_i - \hat{y}_i)^2\right]} \tag{4-13}$$

(4) R 方：又叫作可决系数(Coefficient of Determination)，也叫作拟合优度，反映的是预测值 $\hat{y}_i$ 对观测值 y_i 的方差的解释程度。R 方越接近于 1，说明模型拟合得越好。R 方的计算公式如下所示：

$$R^2 = \frac{\text{ESS}}{\text{TSS}} = 1 - \frac{\text{RSS}}{\text{TSS}} = 1 - \frac{\sum_{i=0}^{n}(y_i - \hat{y}_i)^2}{\sum_{i=0}^{n}(y_i - \overline{y})^2} \tag{4-14}$$

式中，ESS 是回归平方和，TSS 是离差平方和，RSS 是残差平方和，$\overline{y}$ 是观测值 y_i 的均值。

2. 分类问题的评价指标

分类问题的常见评价指标包括混淆矩阵(Confusion Matrix)、准确率(Accuracy)、精确率(Precision)、召回率(Recall)、F1 值(F1 Score)、ROC 曲线(Receiver Operating Characteristic Curve)和曲线下面积(Area Under Curve, AUC)等。

(1) 混淆矩阵：是评价分类模型性能的一种常用指标，它展示了样本的真实类别和预测类别之间的关系。在一个二分类问题中，若把预测结果和实际结果两两结合，则会出现四种情况，见表 4-2。若一个样本实际为正类，并且被预测为正类，则其即为真正类(True Positive ,TP)；若一个样本实际为正类，但是被预测为负类，则其即为假负类(False Negative, FN)；若一个样本实际为负类，但是被预测为正类，则其即为假正类(False Positive，FP)；若一个样本实际为负类，并且被预测为负类，则其即为真负类(True Negative,TN)。混淆矩阵的每一行代表模型预测的类别，每一列代表样本的真实类别。反过来也可以，即混淆矩阵的每一列也可看作模型预测的类别，每一行看作样本的真实类别。

表 4-2　混　淆　矩　阵

预 测 结 果	实 际 结 果	
	正类	负类
正类	TP(真正类)	FP(假正类)
负类	FN(假负类)	TN(真负类)

(2) 准确率(Accuracy)：指的是预测正确的结果占总样本的百分比，其计算公式如下所示：

$$\text{Accuracy} = \frac{\text{TP} + \text{TN}}{\text{TP} + \text{FN} + \text{FP} + \text{TN}} \tag{4-15}$$

式中，TP 代表真正类的样本数目，TN 代表真负类的样本数目，FN 代表假负类的样本数目，FP 代表假正类的样本数目。

准确率能够判断总的正确率，但在样本不平衡的情况下，其并不是衡量模型性能的理想指标。比如，在数据集中，正样本有 90 个，负样本有 10 个，样本存在严重的不平衡。在这种情况下，若模型将全部样本预测为正样本，则能得到 90%的准确率，但是这样的准确率对于评估模型在新数据上的表现完全没有意义。因此，在样本不平衡的情况下，准确率指标可能会失效，即使得到高准确率也有可能没有任何意义。

(3) 精确率(Precision)：又称为查准率，指的是在所有被预测为正类的样本中，实际为正类的样本所占的百分比，其计算公式如下所示：

$$\text{Precision} = \frac{\text{TP}}{\text{TP} + \text{FP}} \tag{4-16}$$

精确率和准确率看上去有些类似，但两者是完全不同的概念。精确率代表的是对正类样本预测结果的准确程度。准确率则代表模型整体的预测准确程度，涵盖了正类样本和负样本。

(4) 召回率(Recall)：又称为查全率，指的是在所有实际为正类的样本中，被预测为正类的样本所占的百分比，其计算公式如下所示：

$$\text{Recall} = \frac{\text{TP}}{\text{TP} + \text{FN}} \tag{4-17}$$

(5) F1 Score：同时考虑精确率和召回率，是两者之间的调和平均，其计算公式如下所示：

$$\text{F1 Score} = \frac{2 \times \text{Precision} \times \text{Recall}}{\text{Precision} + \text{Recall}} \tag{4-18}$$

在具体的应用中，精确率和召回率往往难以同时达到最优，其取值大小很大程度上取决于分类模型的阈值。阈值指的是用于确定样本是否属于正类的一个界限。比如，在二分类问题中，分类器通常会输出一个概率值，表示样本属于正类的概率，阈值就是将这个概率值转换为类别标签(正类或负类)的一个界限，比如将阈值设为 0.5。若概率值大于阈值，则将样本划分为正类，否则将样本划分为负类。若阈值较高，则精确率较高，而召回率较低；若阈值较低，则召回率较高，而精确率较低。F1 Score 可平衡精确率和召回率，帮助我们找到最好的阈值点。

(6) ROC 曲线：其纵坐标是真阳率(True Positive Rate，TPR)，横坐标是假阳率(False Positive Rate，FPR)。TPR 和 FPR 的定义如下所示：

$$\text{TPR} = \frac{\text{TP}}{\text{TP} + \text{FN}} = \text{Recall} \tag{4-19}$$

$$\text{FPR} = \frac{\text{FP}}{\text{FP} + \text{TN}} \tag{4-20}$$

ROC 曲线的绘制需要先通过设置不同的阈值来得到不同的 TPR 和 FPR。当阈值为 1 时，所有样本都被预测为负类，因此 TPR = FPR = 0，对应的 ROC 曲线的坐标点为(0, 0)。随着阈值的逐渐减小，越来越多的样本被划分为正类，但是这些正类样本中同样也掺杂着负类样本，即 TPR 和 FPR 会同时增大。当阈值为 0 时，所有样本都被预测为正类，因此 TPR = FPR = 1，对应的 ROC 曲线的坐标点为(1, 1)。在图 4-6 中，将坐标点(0, 0)和(1, 1)连成一条直线会得到随机猜测线，而最优的 ROC 曲线为图 4-6 中的完美分类线。在实际应用中，TPR 越高越好，FPR 越低越好，也就是说 ROC 曲线越陡，模型的性能越好。故绝大多数分类模型的 ROC 曲线都是随机猜测线与完美分类线之间的模型分类线。

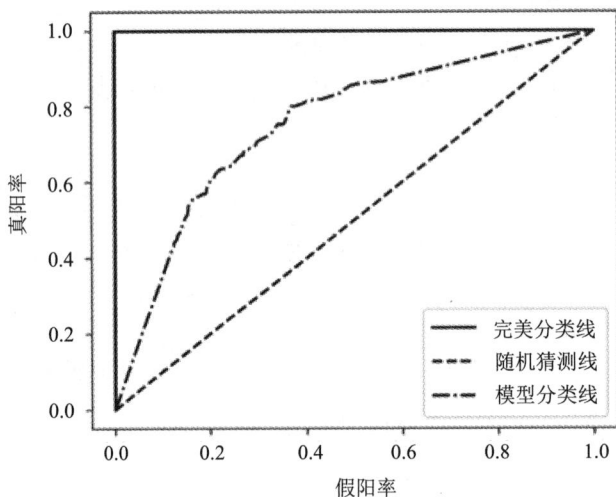

图 4-6   ROC 曲线图

(7) AUC：指的是 ROC 曲线下方与坐标轴围成的面积大小，其取值范围为[0, 1]。AUC 值越大，代表模型的性能越好。在图 4-6 中，随机猜测线的 AUC 值为 0.5，而完美分类线的 AUC 值为 1，模型分类线的 AUC 值介于 0.5～1 之间。

4.6.5   交叉验证与模型评估

在本小节中，我们将交叉验证和模型评估结合起来，并使用 sklearn 的 cross_val_score 函数和 cross_validate 函数在 Python 中实现这一过程。

1. 基于 cross_val_score 函数评估模型

利用交叉验证方法评估模型性能最简单的方法就是调用 sklearn 的 cross_val_score 函数。在每一个迭代中，cross_val_score 函数会评估在训练集中训练好的模型在验证集中的表现，并给出评分。cross_val_score 函数如下所示：

sklearn.model_selection.cross_val_score(estimator, X, y = None, groups = None, scoring=None, cv = None, fit_params = None, **args)

cross_val_score 函数的主要参数说明见表 4-3。

表 4-3   cross_val_score 函数的主要参数说明

主要参数名称	参 数 说 明
estimator	用于拟合数据的模型
X	用于拟合的数据，可以是一个列表或数组
y	监督学习情况下需设立的标签，默认为 None
groups	分组交叉验证方法(如分组 K 折交叉验证)中需要设立的分组标签，默认为 None
scoring	模型性能的评价指标，若为 None，则使用 estimator 的默认评分器。选择不同的评价方法，会产生不同的评价结果，具体可选择的评价指标可参见 sklearn 的官方文档
cv	选择交叉验证方法，可以输入 None、常数或者具体交叉验证的方法。 当输入的是空值或者参数时，如果估计器是分类模型，则交叉验证方法使用分层 K 折交叉验证，在所有其他情况下，均使用 K 折交叉验证。若 cv 为 None，则默认使用 5 折交叉验证
fit_params	传递给模型 fit 函数的参数

代码 4-6 是基于 cross_val_score 函数评估模型的应用示例。在代码 4-6 中，首先从 sklearn 中导入 cross_val_score 函数、支持向量机 svm 和模型性能评价指标模块 metrics；之后运用 svm.SVC 设定分类支持向量机函数；最后运用 cross_val_score 函数计算 svm 模型在分层 5 折交叉验证中的表现。在设定 cross_val_score 函数时，选定的评价指标是准确率(accuracy)，在代码 4-7 中，选定的评价指标是 f1_score。

代码 4-6

```
# 基于 cross_val_score 函数评估模型性能
#从 sklearn 导入 cross_val_score 函数和支持向量机 svm
from sklearn.model_selection import cross_val_score
from sklearn import svm
# 导入评价指标模块 metrics
from sklearn import metrics
# 设定分类支持向量机函数
clf = svm.SVC(kernel = 'linear', C = 1, random_state = 100)
# 运用 cross_val_score 函数评估模型表现，使用代码 4-1 中定义的 Xtrain 与 Ytrain
acc_scores = cross_val_score(clf, Xtrain, Ytrain, cv = 5, scoring = 'accuracy')
acc_scores
```

输出结果：

```
array([0.62, 0.6 , 0.6 , 0.57, 0.6 ])
```

代码 4-7

```
# 将评价指标转换为 f1_score
f1_scores = cross_val_score(clf, Xtrain, Ytrain, cv = 5, scoring = 'f1')
f1_scores
```

输出结果：

  array([0.2, 0. , 0. , 0.1, 0.])

  从代码 4-6 和代码 4-7 的输出结果可以发现，当选择的评价指标不同时，基于 cross_val_score 函数得到的模型评估也会存在一定的差别。

2. 基于 cross_validate 函数评估模型

  sklearn 另一个使用交叉验证方法评估模型性能的方法就是调用 cross_validate 函数，cross_validate 函数和 cross_val_score 函数的差别有以下两个方面：

  (1) cross_validate 函数允许同时使用多个评价指标；

  (2) cross_validate 函数返回的是一个字典，主要包含训练集的拟合时间(fit_time)、模型在训练集上的得分(train_score)和模型在验证集上的得分(test_score)。

  cross_validate 函数如下所示：

  sklearn.model_selection.cross_validate(estimator, X, y = None, groups = None, scoring = None, cv = None, fit_params = None, return_train_score = False, **args)

  cross_validate 函数的主要参数说明见表 4-4。

表 4-4   cross_validate 函数的主要参数说明

主要参数名称	参 数 说 明
estimator	用于拟合数据的模型
X	用于拟合的数据，可以是一个列表或数组
y	监督学习情况下需设立的标签，默认为 None
groups	分组交叉验证方法(如分组 K 折交叉验证)中需要设立的分组标签，默认为 None
scoring	模型性能的评价指标，若为 None，则使用 estimator 的默认评分器；若使用多个评价指标，则输入列表或者字典
cv	选择交叉验证方法，可以输入 None、常数或者具体交叉验证的方法。当输入的是空值或者参数时，如果估计器是分类模型，则交叉验证方法使用分层 K 折交叉验证，在所有其他情况下，均使用 K 折交叉验证。若 cv 为 None，则默认使用 5 折交叉验证
fit_params	传递给模型 fit 方法的参数
return_train_score	用于确认是否返回训练集的准确率，默认是 False

  代码 4-8 是 cross_validate 函数评估模型的应用示例。在代码 4-8 中，首先从 sklearn 中导入 cross_validate 函数；其次，运用 svm.SVC 设定分类支持向量机函数；最后运用 cross_val_score 函数计算 svm 模型在分层 5 折交叉验证中的表现。在设定 cross_validate 函数时，选定准确率(accuracy)和 f1_score 作为两个评价指标。

代码 4-8

```
# 基于 cross_validate 函数评估模型性能
from sklearn.model_selection import cross_validate
# 设置 cross_validate 的评价指标
```

```
scoring = ['accuracy', 'f1']
# 设定分类支持向量机函数
cvf = svm.SVC(kernel = 'linear', C = 1, random_state = 100)
cvf_scores = cross_validate(clf, Xtrain, Ytrain, cv = 5,
                            scoring = scoring, return_train_score = True)
cvf_scores
```

输出结果:

> {'fit_time': array([1.13, 0.46, 9.83, 0.28, 2.06]),
> 'score_time': array([0., 0., 0., 0., 0.]),
> 'test_accuracy': array([0.62, 0.6 , 0.6 , 0.57, 0.6]),
> 'train_accuracy': array([0.63, 0.61, 0.6 , 0.64, 0.6]),
> 'test_f1': array([0.2, 0. , 0. , 0.1, 0.]),
> 'train_f1': array([0.24, 0.08, 0.   , 0.27, 0.   ])}

从代码 4-8 的输出结果来看,fit_time 和 score_time 是模型在每一个迭代中的训练和测试的时间;train_accuracy 和 train_f1 是模型在每一个迭代的训练集上的评价指标得分;test_accuracy 和 test_f1 指的是模型在每一个迭代的测试集上的评价指标得分。

4.6.6　交叉验证与超参数调优

机器学习模型的性能不仅取决于算法的训练,还会受到超参数的影响。超参数是在机器学习模型训练过程中学习不到,而在模型训练之前预先定义且在模型训练过程中保持不变的参数。在 sklearn 中,有四种方法可用来搜索最优超参数:网格搜索(GridSearchCV)法、随机网格搜索(RandomizedSearchCV)法、对半网格搜索(HalvingGridSearchCV)法和对半随机网格搜索(HalvingRandomSearchCV)法。

1. 网格搜索法与超参数调优

网格搜索(GridSearchCV)法是指将网格搜索和交叉验证封装在一起。对于给定的超参数空间,网格搜索法会遍历超参数空间的所有超参数组合,以搜寻最优的超参数组合。在 sklearn 中,GridSearchCV 函数如下所示:

sklearn.model_selection.GridSearchCV(estimator, param_grid, *, scoring = None, n_jobs = None, refit = True, cv = None, verbose = 1, random_state = None, **args)

GridSearchCV 函数的主要参数说明见表 4-5。

表 4-5　GridSearchCV 函数的主要参数说明

主要参数名称	参　数　说　明
estimator	用于拟合数据的模型
param_grid	需优化的超参数名称与取值范围,其类型是字典或者由字典构成的列表
scoring	模型性能的评价指标,默认为 None,表示使用 esmator 的默认评分器
n_jobs	要使用的处理器数目,默认是 None,表示使用 1 个处理器;若为−1,则使用 CPU 的所有处理器

主要参数名称	参 数 说 明
refit	默认取值为 True，程序将会以交叉验证得到的最佳参数重新对整个训练集进行估计
cv	选择交叉验证方法，可以输入 None、常数或者具体交叉验证的方法。当输入的是空值或者参数时，如果估计器是分类模型，则交叉验证方法使用分层 K 折交叉验，在所有其他情况下，均使用 K 折交叉验证。若 cv 为 None，则默认使用 5 折交叉验证
verbose	输出工作日志，类型是整数，数值越高，信息越多
random_state	随机数种子

代码 4-9 是决策树模型利用网格搜索法进行超参数调优的应用示例。在代码 4-9 中，首先，从 sklearn 中导入决策树算法(DecisionTreeClassifier)和网格搜索法(GridSearchCV)；其次，读取数据，并将数据集划分为训练集和测试集；再次，设定决策树模型及其需要调优的超参数的取值范围；最后，设定 GridSearchCV 函数，并运用数据对模型进行训练和验证，并输出最优的模型超参数。

代码 4-9

```
# 基于网格搜索法进行超参数调优
from sklearn.model_selection import GridSearchCV
from sklearn.tree import DecisionTreeClassifier
# 设定 DecisionTreeClassifier 的超参数的取值范围
param_grid = [
   {'max_depth': np.arange(1, 20, 2),
    'max_leaf_nodes': [3, 4, 5, 6, 7, 8],
    'min_impurity_decrease': np.linspace(0, 1, 10)}
 ]
# 设定决策树模型
clf = DecisionTreeClassifier(random_state = 100)
# 设定 GridSearchCV 函数
gs = GridSearchCV(estimator = clf, param_grid = param_grid,
                 scoring = 'f1', n_jobs = -1, cv = 5, verbose = 1)
# 利用数据对模型进行训练和验证
gs.fit(Xtrain, Ytrain)
#获取最优的模型超参数
gs.best_estimator_, gs.best_score_
```

输出结果：

Fitting 5 folds for each of 600 candidates, totalling 3000 fits

(DecisionTreeClassifier(max_depth = 5, max_leaf_nodes = 6, random_state = 100),

0.3450160427807486)

在使用网格搜索法时，若超参数空间包含各个超参数的所有可能取值，则网格搜索法一定能够找到最优的超参数组合。但在具体的应用中，网格搜索法的使用受到以下两方面的限制：

(1) 超参数数量的限制。随着超参数数量的增加，网格搜索法的计算量是呈指数级上升的。例如，在代码 4-9 中，决策树算法有 max_depth、max_leaf_nodes 和 min_impurity_decrease 三个超参数需要优化，每个超参数的取值数目分别是 10、6 和 10，共有 600 个超参数组合，且交叉验证次数为 5，故对这 3 个超参数的建模次数为 3000 次。

(2) 数据集大小的限制。一般地，模型的输入数据集越大，每次建模所耗费的时间越长。当面对超参数众多且超参数取值数据几乎无限的人工神经网络时，伴随着数据量的增加和模型复杂度的提升，网格搜索法所需要的时间会以指数级方式增长，完成一次网格搜索可能需要耗费相当长的时间。因此，当使用网格搜索法时，除非服务器性能足够强大，否则要尽量精简参数空间，以节约计算资源。

2. 随机网格搜索法与超参数调优

当模型的超参数较多，且取值范围较大时，使用网格搜索法所消耗的时间会呈指数级上升。为了解决这个问题，sklearn 提供了随机网格搜索(RandomizedSearchCV)法。随机网格搜索法与网格搜索法非常相似，但它不遍历超参数空间的所有可能的超参数组合，而通过选择每一个超参数的一个随机值来构建随机超参数组合，且最终的迭代次数可由数据分析师自行设定。2012 年，Bergstra 和 Bengio 通过研究发现，在网格搜索法中加入随机因素，在某些情况下可以提高超参数寻优的效率。RandomizedSearchCV 函数如下所示：

sklearn.model_selection.RandomizedSearchCV(estimator, param_distributions, n_iter = 10, scoring = None, n_jobs = None, cv = None, verbose = 1, random_state = None, **args)

RandomizedSearchCV 函数的主要参数说明见表 4-6。

表 4-6　RandomizedSearchCV 函数的主要参数说明

主要参数名称	参　数　说　明
estimator	用于拟合数据的模型
param_distributions	需优化的超参数名称与取值范围，其类型是字典或由字典组成的列表。若超参数的取值范围是分布的超参数，则根据给定的分布随机采样；若搜索范围是列表的超参数，则在列表中进行等概率采样
n_iter	超参数随机采样的迭代次数，默认是 10 次
scoring	模型性能的评价指标，默认为 None，表示使用 esmator 的默认评分器
n_jobs	要使用的处理器数目，默认是 None，表示使用 1 个处理器；若为 −1，则使用 CPU 的所有处理器
cv	选择交叉验证方法，可以输入 None、常数或者具体交叉验证的方法。当输入的是空值或者参数时，如果估计器是分类模型，则交叉验证方法使用分层 K 折交叉验证，在所有其他情况下，均使用 K 折交叉验证。若 cv 为 None，则默认使用 5 折交叉验证
verbose	输出工作日志，类型是整数，数值越高，信息越多
random_state	随机数种子

代码 4-10 是决策树模型利用随机网格搜索法进行超参数调优的应用示例。在代码 4-10 中，首先，从 sklearn 中导入决策树算法(DecisionTreeClassifier)和随机网格搜索法 (RandomizedSearchCV)，从 SciPy 导入 randint 和 uniform 函数；其次，读取数据，并将数据集划分为训练集和测试集；再次，设定决策树模型及其需要调优的超参数的取值范围，值得注意的是，max_depth 的取值范围是 randint 的分布；最后，设定 RandomizedSearchCV 函数，将超参数随机采样的次数设为 100(n_iter = 100)，对模型进行训练和验证并输出最优的模型超参数。

代码 4-10

```
# 基于随机网格搜索法进行超参数调优
from scipy.stats import randint, uniform
from sklearn.model_selection import RandomizedSearchCV
from sklearn.tree import DecisionTreeClassifier


# randint.rvs(1, 20, size = 15)：生成 15 个 1 到 20 之间的随机整数
# uniform.rvs(size = 100)：生成 100 个 0 到 1 之间的均匀连续分布
param_distributions = {
    'max_depth': randint.rvs(1, 20, size = 15),
    'max_leaf_nodes': [3, 4, 5, 6, 7, 8],
    'min_impurity_decrease': uniform.rvs(size = 100)}
# 设定决策树模型
clf = DecisionTreeClassifier(random_state = 100)
# 设定 RandomizedSearchCV 函数
rgs = RandomizedSearchCV(estimator = clf, param_distributions = param_distributions,
                         n_iter = 100, scoring = 'roc_auc', cv = 5, verbose = 1, random_state = 100)
# 利用数据对模型进行训练和验证
rgs.fit(Xtrain, Ytrain)
#获取最优的模型超参数
rgs.best_estimator_
```

输出结果：

　　　Fitting 5 folds for each of 100 candidates, totalling 500 fits

　　　DecisionTreeClassifier(max_depth = 1, max_leaf_nodes = 7, min_impurity_decrease = 0.0278, random_state = 100)

从代码 4-10 的输出结果可以发现，相对于网格搜索法，在使用随机网格搜索法时，可以扩大超参数的取值范围，并利用比网格搜索法更少的迭代次数去搜寻最优的超参数。

3. 对半法与超参数调优

尽管随机网格搜索法对网格搜索法的超参数空间问题进行了优化，但其仍无法解决大数据量所带来的效率限制。针对这一问题，sklearn 提供了对半(Halving)法，包括对半网格

搜索(HalvingGridSearchCV)法和对半随机网格搜索(HalvingRandomSearchCV)法，下面以对半网格搜索法为例进行介绍。

假设存在数据集 D，且其任意子集 d 的分布与数据集 D 的分布类似，那么可以认为超参数在数据子集 d 和数据集 D 上的表现是一致的。即若一组超参数在数据集 D 上表现较差，那么这组超参数在数据子集 d 上的表现也不会太好。反之，如果一组超参数在子集 d 上表现不好，那么这组超参数在数据集 D 上的表现也不好。因此，在使用对半网格搜索法时，仅使用训练数据集的子集 d 对超参数进行筛选，这样可以克服样本数量对超参数寻优效率的限制，极大程度地提升超参数寻优的速度。

假定对半因子为 k，对半网格搜索法的具体流程如下所示：

(1) 从数据集中无放回地随机抽样出一个数据子集 d_0，其样本数为 $|d_0|$。在 d_0 上验证所有超参数组合的性能，并选择性能排在前 $1/k$ 的超参数组合。

(2) 从数据集中再次无放回地随机抽样出一个新的数据子集 d_1，其样本数为 $k \times |d_0|$。在 d_1 上验证步骤(1)中选出的超参数组合的性能，并继续选择性能排在前 $1/k$ 的超参数组合。

(3) 重复上述过程，每次迭代都从数据集中无放回地抽样出一个更大的数据子集(其样本数为前一次迭代数据子集样本数的 k 倍)，在该数据子集上验证上一次迭代选出的超参数组合的性能，并继续选择性能排在前 $1/k$ 的超参数组合。

以上迭代循环会持续进行，直到备选参数组合只剩下一组，或者剩余可用数据不足以支持进一步的验证时，循环就会停止。在整个迭代循环的过程中，需要被验证的超参数组合数越来越少，而用于验证超参数组合的数据子集越来越大。从上述流程可以发现，基于对半网格搜索法选出的最终超参数组合必然是在所有数据子集中都表现优秀的超参数组合。

HalvingGridSearchCV 函数如下所示：

sklearn.model_selection.HalvingGridSearchCV(estimator, param_grid, factor = 3, resource = 'n_samples', max_resources = 'auto', min_resources = 'exhaust', aggressive_elimination = False, cv = 5, scoring = None, random_state = None, n_jobs = None, verbose = 0, **args)

HalvingGridSearchCV 函数的主要参数说明见表 4-7。

表 4-7　HalvingGridSearchCV 函数的主要参数说明

主要参数名称	参 数 说 明
estimator	用于拟合数据的模型
param_grid	需优化的超参数名称与取值范围，类型是字典或由字典组成的列表。若超参数的取值范围是分布的超参数，则根据给定的分布随机采样；若搜索范围是列表的超参数，则在列表中进行等概率采样
factor	对半因子，即每轮迭代后留下的参数组合比例，默认值为 3
resource	每轮迭代中增加的资源类型，输入为字符串，默认是样本数(n_samples)。它还可以被设置为基础模型(estimator)接受正整数赋值的任何参数，比如梯度提升树的 n_iteration 或 n_estimators
max_resources	在一次迭代中，允许被用来验证任意参数组合的最大样本量

主要参数名称	参数说明
min_resources	在每次迭代时，用于验证超参数组合的最小样本量，同时定义了第一次迭代时验证超参数组合的最小样本量 r0。可以输入正整数、smallest 和 exhaust，默认是 exhaust。 若输入为 smallest，则根据以下规则计算 r0：当资源类型是样本量时，对于回归类算法，r0 = 交叉验证折数 n_splits × 2，对于分类算法，r0 = 类别数量 n_classes_ × 交叉验证折数 n_splits × 2；当资源类型不是样本量时，r0 = 1。 若输入为 exhaust，则在最后一轮迭代中使用尽可能多的样本量。该模式下最有可能得到好的结果，不过计算量会略大，计算时间会略长
aggressive_elimination	用于确定是否以全部数据被使用完成作为停止搜索的指标，默认是 False，表示样本用尽时停止搜索
scoring	模型性能的评价指标，默认为 None，表示使用 esmator 的默认评分器
n_jobs	要使用的处理器数目，默认是 None，表示使用 1 个处理器；若为 −1，则使用 CPU 的所有处理器
cv	选择交叉验证方法，可以输入 None、常数或者具体交叉验证的方法。当输入的是空值或者参数时，如果估计器是分类模型，则交叉验证方法使用分层 K 折交叉验，在所有其他情况下，均使用 K 折交叉验证。若 cv 为 None，则默认使用 5 折交叉验证
verbose	输出工作日志，类型是整数，数值越高，信息越多
random_state	随机数种子

代码 4-11 是决策树模型利用对半网格搜索法进行超参数调优的应用示例。在代码 4-11 中，由于 HalvingGridSearchCV 在 sklearn 中仍然属于试验模块，故必须先从 sklearn.experimental 导入 enable_halving_search_cv，之后才可以正常导入 HalvingGridSearchCV 函数。在 HalvingGridSearchCV 函数中，将超参数 factor 设为 5，这意味着每次训练会选择排名前 20% 的超参数组合。

代码 4-11

```
# 基于对半网格搜索法进行超参数调优
from sklearn.experimental import enable_halving_search_cv
from sklearn.model_selection import HalvingGridSearchCV
from sklearn.tree import DecisionTreeClassifier

# 设定 DecisionTreeClassifier 的超参数的取值范围
param_grid = [
    {'max_depth': np.arange(1, 20, 2),
     'max_leaf_nodes': [3, 4, 5, 6, 7, 8],
     'min_impurity_decrease': np.linspace(0, 1, 10)}
]
```

```
# 设定决策树模型
clf = DecisionTreeClassifier(random_state = 100)
# 设定 HalvingGridSearchCV 函数
gs = HalvingGridSearchCV(estimator = clf, param_grid = param_grid,
                         factor = 5, scoring = 'f1', cv = 5, random_state = 100)
# 利用数据对模型进行训练和验证
gs.fit(Xtrain, Ytrain)
#获取最优的模型超参数
gs.best_estimator_
```

输出结果:

DecisionTreeClassifier(max_depth = 9, max_leaf_nodes = 5, random_state = 100)

4.7　机器学习的一般原理

本节将介绍机器学习的一般原理，以帮助读者理解机器学习算法在应用中的一些基本思想。

1. 奥卡姆剃刀原理

奥卡姆剃刀(Occam's Razor)原理是由 14 世纪的逻辑学家、圣方济各会修士奥卡姆的威廉(William of Occam)提出的。这个原理可称为"如无必要，勿增实体"，即简单有效原理。奥卡姆剃刀原理并不意味着简单的理论就是正确的理论，通常表述为：当两个假说具有相似的解释力和预测力时，选择相对简单的假说。

在机器学习领域，奥卡姆剃刀原理意味着倾向于选择简单可行的模型。如果两个模型在数据集中有着相似的表现，则应该选择更简单的模型，而不是更复杂的模型。例如，在利用逻辑回归预测股票涨跌时，若采用具有 10 个特征的模型进行预测的结果与采用具有 3 个特征的模型进行预测的结果是相似的，那么应该选择具有 3 个特征的模型。

此外，还可以从过拟合的角度理解奥卡姆剃刀原理。相对于简单的模型，复杂度较高的模型训练的准确度会变高，但是同时也会带来过拟合的问题，导致模型的泛化能力变弱。若仅仅为了提高模型的准确率，则可以对数据进行更优化的处理，或对模型进行更深入的优化，或使用嵌入式学习，而其中最不明智的选择便是增加模型的复杂度。

2. 没有免费的午餐定理

没有免费的午餐(No Free Lunch，NFL)定理是 Wolpert 和 Macready 于 1997 年提出的。没有免费的午餐定理认为，如果假设全体问题集合的分布是均匀的，那么对于任意两个机器学习算法 A 和 B，若算法 A 在某些问题上比算法 B 表现得更好，则必然存在另一些问题，在这些问题上，算法 B 比算法 A 表现得好。也就是说，各个算法的期望性能是相同的。关于 NFL 定理的简化证明可以参见参考文献[1]。

在机器学习领域，没有免费的午餐定理强调了一个事实：算法与算法之间不存在优劣之分，没有任何一种机器学习算法可以在所有问题上普遍优于其他机器学习算法。任何机器学习算法都有其特定的适用场景，我们需要关注的是机器学习算法在其适用的场景上，针对某些特定的问题，能否表现出最优异的性能。

3. 维度灾难

维度灾难(Curse of Dimensionality)最早是由理查德·贝尔曼(Richard E. Bellman)在解决优化问题时提出来的。维度灾难描述的是，随着空间维度的增加，在分析和组织高维空间(通常有成百上千维)中的数据时，会因样本需求量和计算量呈指数级增长而遇到各种问题。

在机器学习中，维数灾难指的是因输入特征数量的增加，特征空间呈指数增长所带来的机器学习困境。维度灾难会给机器学习带来以下三个难题：

(1) 特征维度的增加使得对输入数据量和算力的需求呈指数级增长。

(2) 特征维度的增加虽然会提高模型的精度，但会带来过拟合问题。

(3) 在低维空间(如三维物理世界)中形成的直觉在高维空间中会失效。例如，在高维空间中，距离度量(如欧氏距离、马氏距离和曼哈顿距离等)可能会失去其原有的直观解释和有效性。在二维空间中，两点间的距离可以很容易计算，但当将这些概念扩展到高维空间时，距离的性质可能会变得复杂且难以直观理解。

本 章 小 结

本章介绍了机器学习基础，包括机器学习的定义，机器学习的基本术语，机器学习的分类，机器学习算法的三要素，泛化能力与数据集划分，超参数调优、交叉验证与模型评估和机器学习的一般原理。

习 题 四

1. 简述机器学习的定义与分类。

2. 简述以下机器学习基本术语的含义：

(1) 样本/实例；(2) 特征/属性；(3) 特征空间/属性空间；(4) 特征向量。

3. 简述机器学习算法的三要素。

4. 简述过拟合和欠拟合的差别。

5. 简述网格搜索法、随机网格搜索法和对半网格搜索法的异同点。

6. 基于本章的示例数据，在 Jupyter Notebook 中输入本章的所有 Python 代码并运行。

第 5 章　金融时间序列分析

在金融领域，时间序列是金融数据的重要组织方式。无论是股票价格、GDP、通货膨胀率等宏观经济变量，还是公司的财务数据，都随着时间推移而不断地变化。金融时间序列分析是指使用机器学习算法对金融时间序列的过去进行分析，对其变化特性建模并对其未来发展趋势进行预测。

本章包含以下内容：

(1) 时间序列概述。

(2) Pandas 与金融时间序列。

(3) 金融时间序列的建模基础。

(4) 建立 ARIMA 模型。

5.1　时间序列概述

1. 时间序列的定义

时间序列是按照时间顺序排序的一组随机变量，它通常是在相等间隔的时间段内，依照给定的采样率对某种潜在过程进行观测的结果。一般使用按时间顺序排列的一组随机变量 $Y_1, Y_2, \cdots, Y_t$ 来表示一个随机事件的时间序列，记为 $\{Y_t\}$，其中 t 表示时间；用 $y_1, y_2, \cdots, y_n$ 或 $\{y_t, t = 1, 2, 3, \cdots, n\}$ 表示该随机序列的 n 个有序观测值，称之为序列长度为 n 的观察值序列。

时间序列数据通常是一系列按时间顺序排列的、时间间隔相同的实值型数据，其时间间隔可以是年、季度、月、日、小时、分钟或者秒。在现实生活中，时间序列数据几乎无处不在。比如，在资本市场中，人们会观测可转债的分钟成交额、股票日收盘价、周利率、月通货膨胀率、上市公司的季度利润与 GDP 的年增长率等。图 5-1 展示了 2000 年以来中国流通中现金(M0)供应量的季度余额。M0 季度余额是一个典型的金融时间序列，数据按时间索引排列，记录了 M0 在每个季度的数据，因此数据的时间间隔也是相同的。从图 5-1 可以发现，M0 值存在增长趋势，随着时间的推移而增加。此外，从图 5-1 中还可以看到 M0 值在一年中的周期性波动，且这种波动几乎每年都在重复。

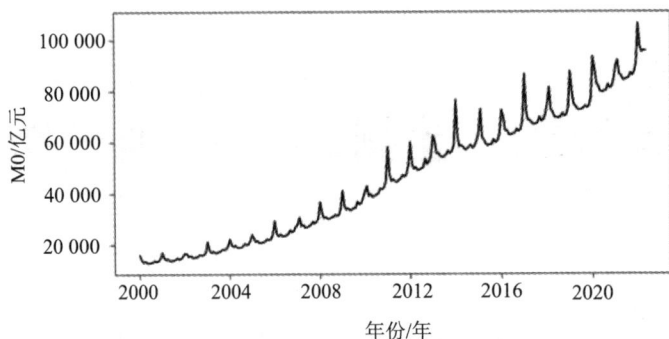

图 5-1　2000 年以来中国 M0 供应量的季度余额

2. 时间序列的特征

时间序列按时间索引排列，是有顺序的，且在建模过程中不可改变时间序列的顺序。在时间序列的预测中，人们将时间序列的未来预测值表示为过去值的函数。在模型的训练过程中，需要保持时间序列数据的有序性，并保证仅使用过去的数据预测未来的数据。若使用未来的数据训练模型，则生成的模型将变得不可靠，预测时很可能表现不好。比如，假定现在是 2022 年 7 月 6 日，我们想要利用过去茅台股价的时间序列预测 2022 年 7 月 7 日的茅台股价。若在模型训练过程中打乱了茅台股价的时间序列顺序，则模型很可能使用未来的股价数据(如 2022 年 7 月 6 日的茅台股价)预测过去的股价数据(如 2022 年 7 月 5 日的茅台股价)。此时，若使用训练好的时间序列模型预测 2022 年 7 月 7 日的茅台股价，则会发现无法获得 2022 年 7 月 8 日的茅台股价数据，模型的预测效果必然会不好。

3. 时间序列的构成

事实上，所有的时间序列都可以分解为趋势(Trend)、季节变化(Seasonality)和随机噪声(Noise)。

(1) 趋势。趋势是时间序列在长时期内呈现出来的持续向上或持续向下的变动。趋势经常出现在金融时间序列中。例如，在牛市中，股市趋势向上；而在熊市中，股市趋势向下。

(2) 季节变化。季节变化是时间序列在一段时间内重复出现的周期性波动(周期固定)。季节变化是受气候条件、生产条件、节假日或人们的风俗习惯等因素综合影响而产生的。在金融领域，常见的月度或者季度统计的经济金融数据，如月度 GDP 和广义货币(M2)季度增长率，往往都受到季节变化的影响。

(3) 随机噪声。随机噪声是时间序列中除趋势和季节变化之外的随机波动。由于时间序列存在不确定性，因此随机噪声总是夹杂在时间序列中，致使时间序列表现出某种波浪形或者震荡式的无规律运动。

5.2　Pandas 与金融时间序列

在 Python 中，处理金融时间序列的主要工具是 Pandas。在开发 Pandas 时，Pandas 的原创者和主要贡献者 Wes McKinney 正在一家对冲基金公司担任数据分析师。所以可以说 Pandas 是专门为处理金融时间序列数据而开发的 Python 模块。

5.2.1 金融时间序列的构建

1. 利用 date_range 函数构建金融时间序列

pandas.date_range 函数主要用于生成一个固定频率的时间索引。在 Pandas 中，date_range 函数如下所示：

pandas.date_range(start = None, end = None, periods = None, freq = None, tz = None, normalize = False, name = None, inclusive = 'both', **kwargs)

date_range 函数的主要参数说明见表 5-1。在调用 date_range 函数时，必须指定 start、end 和 periods 三个参数中的两个参数值，否则会报错。

表 5-1　date_range 函数的主要参数说明

主要参数名称	参 数 说 明
start	默认为 None，表示起始日期
end	默认为 None，表示终止日期
periods	默认为 None，表示产生多少个时间戳索引值。若 periods 设置为 None，则 start 与 end 必须不能为 None。periods 默认生成的时间序列数据是按天计算的，即频率为 D
freq	默认为 D，表示日期偏移量
tz	默认为 None，表示时区，如 Asia/Shanghai
normalize	默认为 False，若设为 True，则在产生时间戳索引值之前会将 start 和 end 初始化为午夜 0 点
name	默认为 None，为返回的时间序列索引指定一个名称
inclusive	默认为 both，表示返回的时间序列索引是否包含边界，可选取值包括 both、neither、left 和 right

在代码 5-1 中，在 date_range 函数中传入起始日期 start 参数和终止日期 end 参数，默认生成频率为天(freq = 'D')的 DatetimeIndex 对象。

代码 5-1

```
# 导入 pandas 和 numpy
import pandas as pd
import numpy as np
# 设置小数点的显示格式且取后 2 位
pd.set_option("display.float_format", "{:.2f}".format)
# 设置 print 的小数点显示位数
np.set_printoptions(precision = 2, suppress = True)
# 基于 date_range 函数创建固定频率的时间序列 DatetimeIndex 对象
dti = pd.date_range('2022-07-04', '2022-07-08')
dti
```

输出结果：

DatetimeIndex(['2022-07-04', '2022-07-05', '2022-07-06', '2022-07-07',
'2022-07-08'], dtype = 'datetime64[ns]', freq = 'D')

此外，也可以通过传入起始日期 start 参数和 periods 参数构建相同的 DatetimeIndex 对象，详见代码 5-2。

代码 5-2

```
# 基于 start 参数和 periods 参数构建 DatetimeIndex
dti = pd.date_range(start = '2022-07-04', periods = 5, freq = 'D')
dti
```

输出结果：

DatetimeIndex(['2022-07-04', '2022-07-05', '2022-07-06', '2022-07-07',
'2022-07-08'], dtype = 'datetime64[ns]', freq = 'D')

在 date_range 函数中，可以通过改变 freq 参数来构建不同频率的 DatetimeIndex 对象，见代码 5-3 和代码 5-4。在代码 5-3 中，通过设置 freq = '3D' 来生成每 3 日的 DatetimeIndex。在代码 5-4 中，通过设置 freq = 'M' 来生成每月末的 DatetimeIndex。

代码 5-3

```
# 生成每 3 日的 DatetimeIndex
dti = pd.date_range(start = '2022-07-04', periods = 5, freq = '3D')
dti
```

输出结果：

DatetimeIndex(['2022-07-04', '2022-07-07', '2022-07-10', '2022-07-13',
'2022-07-16'], dtype = 'datetime64[ns]', freq = '3D')

代码 5-4

```
# 生成每月末的 DatetimeIndex
dti = pd.date_range(start = '2022-07-04', periods = 5, freq = 'M')
dti
```

输出结果：

DatetimeIndex(['2022-07-31', '2022-08-31', '2022-09-30', '2022-10-31',
'2022-11-30'], dtype = 'datetime64[ns]', freq = 'M')

观察代码 5-4 的输出结果可以发现，即使将 start 参数赋值为 2022-07-04，由于 freq = 'M' 表示的是月末频率，因此生成的 DatetimeIndex 的第一个数据仍然是 2022-07-31。

进一步地，可以基于创建的 DatetimeIndex 来构建金融时间序列数据，详见代码 5-5。

代码 5-5

```
# 基于 DatetimeIndex 构建金融时间序列数据
fdts = pd.DataFrame(np.arange(10, 15), index = dti, columns = ['price'])
fdts
```

输出结果：

	price
2022-07-31	10
2022-08-31	11
2022-09-30	12
2022-10-31	13
2022-11-30	14

2. 从本地读取金融时间序列

可以使用 2.2 节中的方法从本地读取金融时间序列数据。在代码 5-6 中，使用 read_excel 函数从本地读取茅台股价数据。

代码 5-6

```
# 从本地读取茅台股价数据
import pandas as pd
df = pd.read_excel(r'../演示数据/ch05_茅台股价.xlsx')
df.head(3)
```

输出结果：

	交易日	股价
0	20150105	202.52
1	20150106	197.83
2	20150107	192.94

使用 dtypes 方法查看各列的数据类型，见代码 5-7。

代码 5-7

```
# 查看各列的数据类型
df.dtypes
```

输出结果：

```
交易日      int64
股价       float64
dtype: object
```

从代码 5-7 的输出结果来看，"交易日"列的数据是整型(int)数据，而非日期型数据。

使用 to_datetime 函数将"交易日"列的数据转换为日期型数据，见代码 5-8。

代码 5-8

```
# 使用 to_datetime 函数将数据转换为 date 对象
pd.to_datetime(df['交易日'])
```

输出结果：

    0   1970-01-01 00:00:00.020150105

    1   1970-01-01 00:00:00.020150106

                    ...

    1820   1970-01-01 00:00:00.020220629

    1821   1970-01-01 00:00:00.020220630

    Name: 交易日, Length: 1822, dtype: datetime64[ns]

注：因篇幅有限，省略部分输出结果。

但从代码 5-8 的输出结果来看，转换后的数据并不是我们希望的数据格式。一个可能的原因就是原数据中的"交易日"列的数据是整型。故先将原数据的格式转换为字符串(str)，再使用 to_datetime 函数将"交易日"列的数据转换为日期型数据，见代码 5-9。

代码 5-9

```
# 将"交易日"列的数据类型转换成 str
df['交易日'] = df['交易日'].astype(str)
df['交易日'] = pd.to_datetime(df['交易日'])
df['交易日'].head(3)
```

输出结果：

    0   2015-01-05

    1   2015-01-06

    2   2015-01-07

    Name: 交易日, dtype: datetime64[ns]

使用 set_index 函数将"交易日"列设为数据的索引，见代码 5-10。

代码 5-10

```
# 将"交易日"列设为 index
df1 = df.set_index('交易日')
df1.head(3)
```

输出结果：

交易日	股价
2015-01-05	202.52
2015-01-06	197.83
2015-01-07	192.94

5.2.2　金融时间序列的处理

1. 金融时间序列数据的切片操作

从代码 5-10 的输出结果可以发现，数据的索引是日期，下面我们将基于数据的索引对时间序列数据进行切片和提取操作。首先获取 2016 年茅台的股价数据，详见代码 5-11。

```
# 获取 2016 年茅台的股价数据
df1.loc['2016']
```

输出结果：

交易日	股价
2016-01-04	210.02
2016-01-05	212.82
…	…
2016-12-29	327.31
2016-12-30	334.15

注：因篇幅有限，省略部分输出结果。

若要获取 2016 年 7 月茅台的股价数据，则可使用代码 5-12 实现。若要获取 2016 年 7 月 1 日到 2016 年 7 月 7 日之间茅台的股价数据，则可使用代码 5-13 实现。

代码 5-12

```
# 获取 2016 年 7 月茅台的股价数据
df1.loc['2016-07']
```

输出结果：

交易日	股价
2016-07-01	286.17
2016-07-04	293.90
…	…
2016-07-28	316.05
2016-07-29	313.15

注：因篇幅有限，省略部分输出结果。

代码 5-13

```
# 获取 2016 年 7 月 1 日到 2016 年 7 月 7 日之间茅台的股价数据
df1.loc['2016-07-01':'2016-07-07']
```

输出结果：

交易日	股价
2016-07-01	286.17
2016-07-04	293.90
2016-07-05	300.58
2016-07-06	317.19
2016-07-07	316.91

此外，还可以使用 truncate 函数保留在某一特定日期之前或者之后的所有数据。例如，使用 truncate 函数删去 2015 年 1 月 9 日之后的所有数据，仅保留 2015 年 1 月 9 日及其之前日期的股价数据，见代码 5-14。

代码 5-14

```
# 保留 2015 年 1 月 9 日及其之前日期的股价数据
df1.truncate(after = '2015-01-09')
```

输出结果：

交易日	股价
2015-01-05	202.52
2015-01-06	197.83
2015-01-07	192.94
2015-01-08	191.76
2015-01-09	190.31

使用 truncate 函数保留 2022 年 6 月 27 日及其之后日期的股价数据，见代码 5-15。

代码 5-15

```
# 保留 2022 年 6 月 27 日及其之后日期的股价数据
df1.truncate(before = '2022-06-27')
```

输出结果：

交易日	股价
2022-06-27	2010.55
2022-06-28	2036.00
2022-06-29	2030.00
2022-06-30	2045.00

2. 金融时间序列数据的简单计算

1) 收益率的计算

利用股价的每日收盘价数据可以计算茅台股票的日收益率，计算公式如下所示：

$$R_t = \frac{P_t - P_{t-1}}{P_{t-1}} \tag{5-1}$$

式 5-1 中，R_t 代表 t 时刻的股票收益率，P_t 代表 t 时刻的股票价格，P_{t-1} 代表 $t-1$ 时刻的股票价格。

在 Pandas 中，可以使用 pct_change 函数计算股票的日收益率或者周收益率。使用 pct_change 函数计算茅台股票的日收益率，见代码 5-16。

代码 5-16

```
# 计算茅台股票的日收益率
df1['ret'] = df1.股价.pct_change()
df1['ret'].head()
```

输出结果：

交易日

2015-01-05	NaN
2015-01-06	−0.02
2015-01-07	−0.02
2015-01-08	−0.01
2015-01-09	−0.01

Name: ret, dtype: float64

从代码 5-16 的输出结果来看，2015 年 1 月 5 日的收益率值为 NaN，这是因为不存在 2015 年 1 月 4 日的股价数据，故无法计算茅台股票在 2015 年 1 月 5 日的收益率。

在某些情况下，可能需要计算股票的周收益率，见代码 5-17。在代码 5-17 中，将 pct_change 函数的参数 periods 设为 5，因为一周往往仅有 5 个交易日。

代码 5-17

```
# 计算茅台股票的周收益率
df1['ret'] = df1.股价.pct_change(periods=5)
df1.dropna(axis=0).head()
```

输出结果：

交易日	股价	ret
2015-01-12	186.43	−0.08
2015-01-13	184.88	−0.07
2015-01-14	183.18	−0.05
2015-01-15	186.07	−0.03
2015-01-16	186.11	−0.02

从代码 5-17 的输出结果来看，前 5 个交易日的收益率的值也是 NaN，可使用 dropna 函数删除缺失值。

2) 对数收益率的计算

若要计算连续复利情况下的股票收益率，则需要使用对数收益率，对数收益率的计算公式如下所示：

$$r_t = \ln\left(1 + R_t\right) = \ln\left(\frac{P_t}{P_{t-1}}\right) = \ln P_t - \ln P_{t-1} \tag{5-2}$$

式中，r_t 是 t 时刻的对数收益率。

在 Python 中,可将 NumPy 的 log 函数和 Pandas 的 diff 函数相结合来计算股票的日对数收益率(详见代码 5-18)和周对数收益率(详见代码 5-19)。

代码 5-18

```
# 计算茅台股票的日对数收益率
df1['log_ret'] = np.log(df1.股价).diff()
df1['log_ret'].head(3)
```

输出结果:

交易日

2015-01-05	NaN
2015-01-06	−0.02
2015-01-07	−0.03

Name: log_ret, dtype: float64

代码 5-19

```
# 计算茅台股票的周对数收益率
df1['log_ret'] = np.log(df1.股价).diff(periods = 5)
df1['log_ret'].head(6)
```

输出结果:

交易日

2015-01-05	NaN
2015-01-06	NaN
2015-01-07	NaN
2015-01-08	NaN
2015-01-09	NaN
2015-01-12	−0.08

Name: log_ret, dtype: float64

进一步地,比较 ret 和 log_ret 的值,见代码 5-20。

代码 5-20

```
# 比较 ret 和 log_ret 的值
df1.tail()
```

输出结果:

交易日	股价	ret	log_ret
2022-06-24	2009.01	0.03	0.03
2022-06-27	2010.55	0.04	0.03
2022-06-28	2036.00	0.05	0.05
2022-06-29	2030.00	0.05	0.05
2022-06-30	2045.00	0.04	0.04

在代码 5-20 的输出结果中比较 ret 和 log_ret 的值可以发现，两种收益率计算方式的计算结果虽然存在一定的差别，但差别并不大。

3. 时间序列数据的重采样

时间序列数据的重采样指的是将时间序列从一个频率转化为另一个频率的过程，主要有两种实现方式：降采样和升采样。降采样指的是将高频率数据转化为低频率数据，而升采样则是指将低频率数据转化为高频率数据。

在实际操作中，可以通过 Pandas 的 resample 函数实现数据的重采样。resample 函数如下所示：

DataFrame.resample(rule, axis=0, closed = None, label = None, kind = None, on = None, level = None, **kwargs)

resample 函数的主要参数说明见表 5-2。

表 5-2 resample 函数的主要参数说明

主要参数名称	参 数 说 明
rule	重采样频率，例如 W、3D 和 10 min 等
axis	可选 0 或 1，默认是 0。0 代表列数不变，数组数据是从上到下改变
closed	表示降采样时间段的哪一端是闭合的，可选值为 left 和 right。当日期偏移量别名为 M、A、Q、BM、BA、BQ 和 W 时，默认为 right，其他情况下默认为 left
label	表示降采样时如何设置聚合值的标签，可选值为 left 和 right。当日期偏移量别名为 M、A、Q、BM、BA、BQ 和 W 时，默认为 right，其他情况下默认为 left
kind	默认为 None，可选 timestamp 或 period，表示是否将当前的 index 转换为 DateTimeIndex 或者 PeriodIndex
on	默认为 None，表示使用 DataFrame 的某一列以取代 index 进行重采样，该列数据的格式必须类似于 datetime
level	默认为 None，表示使用多层级索引选择某一个层级的 index 用于重采样

1) 数据的降采样

使用 resample 函数和聚合函数 min 将日频数据降采样为月频数据，且将参数 label 设置为 right，见代码 5-21。这意味着使用日频数据的最小值作为月频数据的取值，并将标签定义为每月的最后一日。

代码 5-21

```
# 将日频数据降采样为月频数据
import pandas as pd
df2 = df1['股价']
df2.resample('M', label = 'right').min()
```

输出结果：

交易日

2015-01-31　　175.48

第 5 章　金融时间序列分析

95

2015-02-28	174.05
	...
2022-05-31	1742.80
2022-06-30	1786.00

Freq: M, Name: 股价, Length: 90, dtype: float64

注：因篇幅有限，省略部分输出结果。

使用 resample 函数和聚合函数 median 将日频数据降采样为 3 日频数据，且将参数 label 设置为 left，见代码 5-22。这意味着使用日频数据的中位数作为 3 日频数据的取值。

代码 5-22

```
# 将日频数据降采样为 3 日频数据
df3 = df2.resample('3D', label = 'left').median()
df3.head()
```

输出结果：

交易日	
2015-01-05	197.830
2015-01-08	191.035
2015-01-11	185.655
2015-01-14	186.070
2015-01-17	175.480

Freq: 3D, Name: 股价, dtype: float64

2) 数据的升采样

在不使用任何聚合函数的情况下，可以使用 resample 函数的 asfreq 方法将低频数据转换为高频数据。使用 asfreq 方法将 3 日频数据转换为日频数据，见代码 5-23。但因未使用聚合函数进行填充，故升频后的数据是 NaN。

代码 5-23

```
# 使用 asfreq 方法将 3 日频数据升采样为日频数据
df3.resample('D').asfreq()[:7]
```

输出结果：

交易日	
2015-01-05	197.830
2015-01-06	NaN
2015-01-07	NaN
2015-01-08	191.035
2015-01-09	NaN
2015-01-10	NaN
2015-01-11	185.655

Freq: D, Name: 股价, dtype: float64

分别使用 bfill 方法(见代码 5-24)和 ffill 方法(见代码 5-25)对升频后的数据进行填充。其中，bfill 方法(向后填充)指的是用缺失值之后(在时间序列中更晚出现的)第一个非缺失值来填充缺失值；ffill 方法(向前填充)指的是用缺失值之前(在时间序列中更早出现的)最后一个非缺失值来填充缺失值。

代码 5-24

```
# 使用 bfill 方法向后填充缺失值
df3.resample('D').bfill()[:7]
```

输出结果：

交易日

2015-01-05	197.830
2015-01-06	191.035
2015-01-07	191.035
2015-01-08	191.035
2015-01-09	185.655
2015-01-10	185.655
2015-01-11	185.655

Freq: D, Name: 股价, dtype: float64

代码 5-25

```
# 使用 ffill 方法向前填充缺失值
df3.resample('D').ffill()[:7]
```

输出结果：

交易日

2015-01-05	197.830
2015-01-06	197.830
2015-01-07	197.830
2015-01-08	191.035
2015-01-09	191.035
2015-01-10	191.035
2015-01-11	185.655

Freq: D, Name: 股价, dtype: float64

此外，还可以使用 interpolate 插值方法对升频后的数据进行填充，详见代码 5-26。具体的插值方法包括线性 (linear)插值和二次(quadratic)插值等。

代码 5-26

```
# 使用 interpolate 的线性插值填充缺失值
df3.resample('D').interpolate('linear')[:7]
```

输出结果：

交易日
2015-01-05   197.830000
2015-01-06   195.565000
2015-01-07   193.300000
2015-01-08   191.035000
2015-01-09   189.241667
2015-01-10   187.448333
2015-01-11   185.655000
Freq: D, Name: 股价, dtype: float64

5.3　金融时间序列的建模基础

对金融时间序列建模时，最简单的模型就是白噪声模型(White Noise Model)。然而，白噪声模型的假设条件往往与现实金融数据的特征不符，以致模型的预测效果较差。在现实的应用中，对金融时间序列数据进行分析和预测比较完善和精确的方法是博克斯-詹金斯法(Box-Jenkins Method)。博克斯-詹金斯法是一种针对非平稳随机时间序列进行短期预测的有效建模方法。该方法假定时间序列的变化与自身的历史数据有关，其常用模型包括白噪声模型、自回归模型(Autoregressive Model，AR 模型)、移动平均模型(Moving Average Model，MA 模型)、自回归移动平均模型(Autoregressive Moving Average Model，ARMA 模型)、差分自回归移动平均模型(Autoregressive Integrated Moving Average Model，ARIMA 模型)和季节性差分自回归移动平均模型(Seasonal Autoregressive Integrated Moving Average Model，SARIMA 模型)。

5.3.1　白噪声模型

白噪声的称谓来自物理学，表示接收到的信号中没有有用信息。白噪声时间序列的特点表现在任何两个时点的随机变量都不相关，序列中没有任何可以利用的动态规律，且其值仅在均值附近反复震荡，因此不能用历史数据对未来数据进行预测和推断。

对于时间序列 $\{Y_t\}$，假定 Y_t 代表时间序列 $\{Y_t\}$ 中 t 时刻的随机变量，Y_s 代表时间序列 $\{Y_t\}$ 中 s 时刻的随机变量。如果时间序列 $\{Y_t\}$ 满足：

(1) $E(Y_t) = 0$，$\text{Var}(V_t) = \sigma^2$；

(2) 对任意的 $s \neq t$，Y_t 和 Y_s 不相关，即 $\rho(Y_t, Y_s) = 0$，

则称 $\{Y_t\}$ 为白噪声(White Noise)时间序列。

进一步地，若 Y_t 来自正态分布，则该时间序列又称为高斯白噪声(Gaussian White Noise)时间序列。在白噪声时间序列的定义中，$\rho(Y_t, Y_s)$ 表示时间序列的相关系数(Correlation Coefficient)，它的定义为

$$\rho(Y_t, Y_s) = \frac{E\{[Y_t - E(Y_t)][Y_s - E(Y_s)]\}}{\sigma_t \sigma_s} \tag{5-3}$$

式中，$E(Y_t)$和$E(Y_s)$分别为Y_t和Y_s均值，σ_t和σ_s分别为Y_t和Y_s的标准差。

值得注意的是，相关系数仅可以刻画 Y_t 和 Y_s 之间的线性相关性，其取值范围在 −1 到 +1 之间。其中，$\rho(Y_t, Y_s) = 1$ 表示 Y_t 和 Y_s 之间存在完全线性正相关关系；$\rho(Y_t, Y_s) = 0$ 表示 Y_t 和 Y_s 之间不存在线性相关关系；$\rho(Y_t, Y_s) = -1$ 表示 Y_t 和 Y_s 之间存在完全线性负相关关系。

在 Python 中，可以利用 NumPy 生成高斯白噪声时间序列。利用 random.randn 函数从均值和方差分别为 0 和 1 的正态分布中生成样本数为 1024 的高斯白噪声时间序列，见代码 5-27。

代码 5-27

```python
# 生成高斯白噪声序列并画出高斯白噪声时间序列图
# 导入相关库
import matplotlib.pyplot as plt
#设定中文显示字体及字体大小
plt.rcParams['font.family'] = ['sans-serif']
plt.rcParams['font.sans-serif'] = ['Microsoft Yahei']
font_size = 14
plt.rcParams['axes.labelsize'] = font_size
plt.rcParams['axes.titlesize'] = font_size + 2
plt.rcParams['xtick.labelsize'] = font_size - 2
plt.rcParams['ytick.labelsize'] = font_size - 2
plt.rcParams['legend.fontsize'] = font_size - 2
# 显示负号
plt.rcParams['axes.unicode_minus']=False

#生成高斯白噪声时间序列
np.random.seed(1338)
white = np.random.randn(1024)
white = pd.Series(white)

#画出高斯白噪声时间序列图
fig = plt.figure(figsize = (6, 4), dpi = 1000)
plt.plot(white, color = "black")
plt.title("高斯白噪声时间序列图", x = 0.5, y = 1.0)
plt.tight_layout()
plt.show()
```

输出结果如图 5-2 所示。

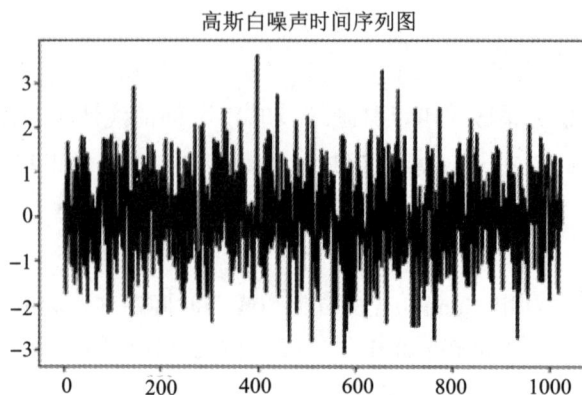

图 5-2　代码 5-27 的输出结果

计算高斯白噪声时间序列的均值和标准差，见代码 5-28。

代码 5-28

```
# 计算高斯白噪声时间序列的均值和标准差
print("高斯白噪声时间序列的均值：", white.mean())
print("高斯白噪声时间序列的标准差：", white.std())
```

输出结果：

高斯白噪声时间序列的均值：−0.009870320077503646

高斯白噪声时间序列的标准差：0.993599685015105

从代码 5-28 的输出结果来看，生成的高斯白噪声时间序列的均值接近于 0，标准差接近于 1。

使用 autocorr 函数计算滞后 1～4 阶的高斯白噪声时间序列的自相关系数，见代码 5-29。

代码 5-29

```
# 计算滞后 1～4 阶的高斯白噪声时间序列的自相关系数
for lag in range(1, 5):
    print('滞后{0}阶的高斯白噪声时间序列的自相关系数是{1}。'format(lag, white.autocorr(lag)))
```

输出结果：

滞后 1 阶的高斯白噪声时间序列的自相关系数是 0.016298307553016093。

滞后 2 阶的高斯白噪声时间序列的自相关系数是 0.05623858890643372。

滞后 3 阶的高斯白噪声时间序列的自相关系数是 0.021734697632311693。

滞后 4 阶的高斯白噪声时间序列的自相关系数是 0.026872422609776504。

从代码 5-29 的输出结果来看，滞后 1～4 阶的高斯白噪声时间序列的自相关系数都接近于 0，即不存在自相关关系。

5.3.2 ARIMA 模型

ARIMA 模型又称为差分自回归移动平均模型，可用 ARIMA(p, d, q)表示。其中，AR 代表自回归模型，p 是自回归模型的阶数；MA 代表移动平均模型，q 是移动平均模型的阶数；I 代表差分操作，d 是使数据成为平稳时间序列所需进行的差分次数，叫作差分阶数。

1. 自回归模型

自回归模型认为时间序列的当前观测值等于其历史值的线性组合再加上一个白噪声，故可用时间序列的历史数据对其未来数据进行预测。p 阶自回归模型(AR(p)模型)的一般形式如下所示：

$$y_t = \mu + \sum_{i=1}^{p} \gamma_i y_{t-i} + \epsilon_t \tag{5-4}$$

式中，y_t 是时间序列的 t 期观测值，y_{t-i} 是时间序列的 $t-i$ 期观测值，μ 是常数项，γ_i 是自相关系数，ϵ_t 是白噪声。

2. 移动平均模型

移动平均模型认为时间序列的观测值是当前和过去误差项的线性组合。q 阶移动平均模型(MA(q)模型)的一般形式如下所示：

$$y_t = \mu + \epsilon_t + \sum_{i=1}^{q} \theta_i \epsilon_{t-i} \tag{5-5}$$

式中，y_t 是时间序列的 t 期观测值，μ 是常数项，θ_i 是系数，ϵ_t 是白噪声，ϵ_{t-i} 是 $t-i$ 期的误差。

3. 自回归移动平均模型

自回归移动平均模型可用 ARMA(p, q)表示，是 AR(p)模型和 MA(q)模型的组合，其一般形式如下所示：

$$y_t = \mu + \sum_{i=1}^{p} \gamma_i y_{t-i} + \varepsilon_t + \sum_{i=1}^{q} \theta_i \epsilon_{t-i} \tag{5-6}$$

4. 差分自回归移动平均模型

无论是 AR 模型、MA 模型，还是 ARMA 模型，它们都被用于对平稳时间序列建模，而无法对不平稳时间序列建模。而差分自回归移动平均模型(ARIMA 模型)是由 ARMA 模型演变而来的，其针对不平稳时间序列建模。ARIMA 模型先通过差分法将不平稳时间序列转换成平稳时间序列，然后使用 ARMA 模型对处理后的平稳时间序列建模。

差分指的是时间序列 t 期与 $t-1$ 期的差值。以时间序列$\{Y_t\}$的观测值序列$\{y_t, t = 1, 2, \cdots, n\}$为例，观测值序列的一阶差分和二阶差分分别为

$$\Delta y_t = y_t - y_{t-1} \tag{5-7}$$

$$\Delta^2 y_t = \Delta y_t - \Delta y_{t-1} \tag{5-8}$$

5.4 建立 ARIMA 模型

一般来说，建立 ARIMA 模型包含以下 5 个步骤：

(1) 平稳性检验。检验时间序列的平稳性，并通过差分法将不平稳时间序列转换为平稳性时间序列。

(2) ARIMA 模型定阶。通过自相关和偏自相关图或者信息准则确定 AR(p)模型和 MA(q)模型的阶数。

(3) 参数估计。基于样本数据估计 ARIMA 模型的未知参数。

(4) 模型检验。计算模型的残差并检验其是不是白噪声。

(5) 预测与评价。利用模型进行预测，并对模型的预测性能进行评价。

5.4.1 平稳性检验

1. 平稳性的定义

平稳性是时间序列分析的基础，可分为严平稳(Strictly Stationary)和弱平稳(Weakly Stationary)。对于时间序列$\{Y_t\}$，对于任何时间位移 $h \geqslant 0$ 和任意的 k 个时刻($t_1, t_2, \cdots, t_k$)，Y_{t_k}代表时间序列$\{Y_t\}$在 t_k 时刻的随机变量。若随机向量$(Y_{t_1}, \cdots, Y_{t_k})$ 的联合分布与 $(Y_{t_{1+h}}, \cdots, Y_{t_{k+h}})$的联合分布一致，那么时间序列$\{Y_t\}$是严平稳的。也就是说，时间序列的严平稳要求时间序列中任意给定长度的两段子序列的联合分布是一致的。

严平稳的要求过于严格，现实中的金融时间序列数据几乎不可能满足，因此我们经常假定的是平稳性的一个较弱的形式，也就是弱平稳。在金融文献中，通常假定资产收益率序列是弱平稳的。对于时间序列$\{Y_t\}$，若满足以下三个条件：

(1) 对于所有的 t，$E(Y_t) = \mu$，μ 是一个常数；

(2) 对于所有的 t，$\mathrm{Var}(Y_t) = \sigma^2$，$\sigma^2$ 是一个常数；

(3) 对于所有的 t 和任意的间隔 k，$\mathrm{Cov}(Y_t, Y_{t-k}) = \gamma_k$，$\gamma_k$ 与时间 t 无关，仅仅依赖于间隔 k，

则该时间序列是弱平稳的。

2. 平稳性的检验方法

我们主要使用假设检验方法检验时间序列的平稳性，检验平稳性的标准方法就是单位根检验。常见的单位根检验方法有 ADF 检验(Augmented Dickey-Fuller Testing)、DFGLS 检验(Dickey-Fuller GLS Testing)、PP 检验(Phillips-Perron Testing)、KPSS 检验和 Zivot-Andrews 检验。关于这些检验方法的详细说明，读者可参考文献[2]。

在使用这些检验方法时，需要注意以下几个方面：

(1) ADF 检验是应用最广泛的单位根检验方法，但在小样本和高度自相关数据情况下，其检验效能不理想。同时，在检验含有时间趋势的退势平稳序列时，ADF 检验失效，而

DFGLS 检验可提升 ADF 检验的效能。

(2) 只有 KPSS 检验的原假设是时间序列是平稳的，其他检验方法的原假设都是时间序列是不平稳的，即存在单位根。

(3) Zivot-Andrews 检验不仅可以检验时间序列的平稳性，还可以检验时间序列中是否存在一个结构性断层(Structural Break)。它的原假设是时间序列存在单位根和一个结构性断层。

(4) PP 检验是非参数检验，而其他检验方法都是参数检验。

(5) 进行单位根检验时，通常需要考虑时间序列是否包含截距项和时间趋势项，并据此选择适当的检验方法。不同的检验方法可能需要对这些选项做出不同的选择。

3. 平稳性检验中的截距项和时间趋势项的选择

下面以时间序列的观测值序列 $\{y_t, t = 1, 2, \cdots, n\}$ 和 ADF 检验为例介绍单位根检验中的截距项和时间趋势项的选择。ADF 检验的方程一般如下所示：

$$\Delta y_t = \eta y_{t-1} + \sum_{i=1}^{p-1}\beta_i \Delta y_{t-i} + u_t \qquad t = 1, 2, \cdots, T \tag{5-9}$$

$$\Delta y_t = \eta y_{t-1} + c + \sum_{i=1}^{p-1}\beta_i \Delta y_{t-i} + u_t \qquad t = 1, 2, \cdots, T \tag{5-10}$$

$$\Delta y_t = \eta y_{t-1} + c + \delta t + \sum_{i=1}^{p-1}\beta_i \Delta y_{t-i} + u_t \qquad t = 1, 2, \cdots, T \tag{5-11}$$

式中，Δy_t 是 y_t 的一阶差分项，η 是 y_{t-1} 的系数，c 是截距项，δ 是时间趋势项的系数，p 是滞后阶数，β_i 是 i 阶差分项 Δy_{t-1} 的系数，u_t 是残差。

在公式(5-9)中，检验方程既不包含截距项，也不包含时间趋势项；在公式(5-10)中，检验方程包含截距项 c，但不包含时间趋势项；在公式(5-11)中，检验方程既包含截距项 c，也包含时间趋势项 δt。至于在平稳性检验中具体如何设置截距项和时间趋势项，可借助图形分析法，即绘制时间序列图形，通过观察序列的走势来判断是否需要包含截距项和时间趋势项，这是一种最基本且最直接的方法。

在检验沪深 300 指数 2010 年到 2022 年的收盘价数据单位根之前，可用画图法判断股价的时间序列数据是否存在截距项和时间趋势项。在代码 5-30 中，首先，读取沪深 300 指数收盘价数据；然后，把 2010 年到 2021 年的数据作为训练集，把 2022 年的数据作为测试集；最后，画出沪深 300 指数价格序列图。

代码 5-30

```
# 读取沪深 300 指数收盘价数据
hs_300 = pd.read_excel(r'../演示数据/ch5_沪深 300 指数收盘价.xlsx',
                  index_col = [0])['close']
# 划分训练集和测试集
hs_train = hs_300.loc['2010':'2021']
```

```
hs_test = hs_300.loc['2022']
# 画出沪深 300 指数价格序列图
figure = plt.figure(figsize = (8, 4))
plt.plot(hs_300, color = "black")
plt.title("沪深 300 指数价格序列图", x = 0.5, y = 1.0)
plt.tight_layout()
plt.show()
```

输出结果如图 5-3 所示。

图 5-3 代码 5-30 的输出结果

观察图 5-3 可以发现，沪深 300 指数价格时间序列图与纵轴的交点不为 0，故是有截距项的。此外，沪深 300 指数价格随着时间在不断增加，故存在时间趋势项。

4. 平稳性检验的 Python 实现

在 Python 中，一般使用 statsmodels 模块和 arch 模块检验时间序列的平稳性。statsmodels 模块在安装 Anaconda 时已集成安装，可直接调用，但 statsmodels 模块仅提供 ADF 检验和 KPSS 检验。arch 模块提供了上文所提及的所有检验方法的检验函数，但需要先开启 Anaconda Prompt(anaconda 3)，并输入 pip install arch 以安装 arch 模块。

1) ADF 检验

运用 arch 模块进行 ADF 检验，见代码 5-31。在 ADF 检验中，设定 trend 参数为"ct"，意味着既有截距项(c)，又有时间趋势项(δt)。ADF 检验的原假设是时间序列是不平稳的，存在单位根。

代码 5-31

```
# 运用 arch 模块进行 ADF 检验
from arch.unitroot import ADF
adf = ADF(df4, trend = 'ct')
print(adf.summary().as_text())
```

输出结果：

Augmented Dickey-Fuller Results
==
Test Statistic   −2.894
p-value   0.164

```
Lags                                28
-------------------------------------------------
Trend: Constant and Linear Time Trend
Critical Values: -3.96 (1%), -3.41 (5%), -3.13 (10%)
Null Hypothesis: The process contains a unit root.
Alternative Hypothesis: The process is weakly stationary.
```

从代码 5-31 的输出结果来看，p 值为 0.146，大于 0.1，意味着接受原假设的概率为 0.146，故接受原假设，判定沪深 300 指数价格序列存在单位根，是不平稳的。

2）DFGLS 检验与 PP 检验

使用 arch 模块进行 DFGLS 检验和 PP 检验，以判断沪深 300 指数价格序列的平稳性，分别见代码 5-32 和代码 5-33。

代码 5-32

```python
# 运用 arch 模块进行 DFGLS 检验
from arch.unitroot import DFGLS
dfgls = DFGLS(df4, trend = 'ct')
print(dfgls.summary().as_text())
```

输出结果：

```
           Dickey-Fuller GLS Results
     ===================================
     Test Statistic            −1.624
     p-value                    0.508
     Lags                          28
     -----------------------------------
```

注：因篇幅有限，省略部分输出结果。

代码 5-33

```python
# 运用 arch 模块进行 PP 检验
from arch.unitroot import PhillipsPerron
pp = PhillipsPerron(df4, trend = "ct")
print(pp.summary().as_text())
```

输出结果：

```
     Phillips-Perron Test (Z-tau)
     ===============================
     Test Statistic            −3.039
     p-value                    0.122
     Lags                          28
     -------------------------------
```

注：因篇幅有限，省略部分输出结果。

从代码 5-32 和代码 5-33 的输出结果来看，p 值均大于 0.1，故接受原假设，判定沪深 300 指数价格序列存在单位根。

3）KPSS 检验

运用 arch 模块进行 KPSS 检验，见代码 5-34。

代码 5-34

```
# 运用 arch 模块进行 KPSS 检验
from arch.unitroot import KPSS
kpss = KPSS(df4, trend = "ct")
print(kpss.summary().as_text())
```

输出结果：

```
    KPSS Stationarity Test Results
    =================================
    Test Statistic              0.675
    p-value                     0.000
    Lags                        31
    ---------------------------------
```

注：因篇幅有限，省略部分输出结果。

从代码 5-34 的输出结果来看，p 值是 0.000，也就是说，接受原假设的概率是 0。而 KPSS 检验的原假设是时间序列是弱平稳的，故拒绝原假设，判定沪深 300 指数价格序列不是弱平稳的。

5.4.2 不平稳时间序列的处理

对于不平稳时间序列，无法使用 AR、MA 或者 ARMA 模型直接建模，需要先进行差分处理或者百分比处理。

1. 时间序列的差分

对不平稳的沪深 300 指数价格序列进行差分处理并删去由差分所带来的缺失值，见代码 5-35。

代码 5-35

```
# 沪深 300 指数价格序列的一阶差分
hs_train_d = hs_train.diff().dropna()
hs_train_d.head()
```

输出结果：

```
    2010-01-05      28.81
    2010-01-06     -22.31
    2010-01-07     -70.27
    2010-01-08       8.67
    2010-01-11       1.92
    Name: close, dtype: float64
```

画出差分后的沪深 300 指数价格序列图，见代码 5-36。

代码 5-36

```
# 画出差分后的沪深 300 指数价格序列图
figure = plt.figure(figsize = (8, 4))
plt.plot(hs_train_d, color = "black")
plt.title("差分后的沪深 300 指数价格序列图", x = 0.5, y = 1.0
plt.show()
```

输出结果如图 5-4 所示。

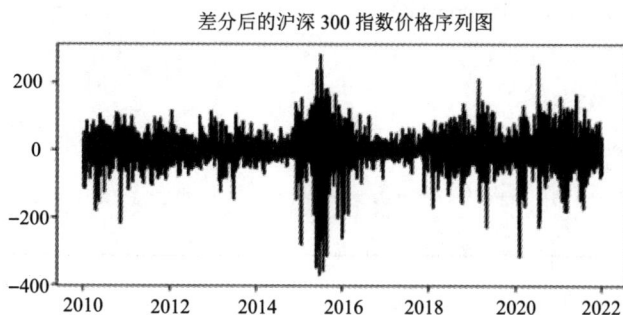

图 5-4　代码 5-36 的输出结果

从图 5-4 可以发现，差分后的沪深 300 指数价格序列不存在截距项和时间趋势项。

对差分后的沪深 300 指数价格序列进行 ADF 检验，见代码 5-37。在检验中，将 ADF 检验的参数 trend 设为 n，表示既没有截距项，也没有时间趋势项。

代码 5-37

```
# 对差分后的沪深 300 指数价格序列进行 ADF 检验
from arch.unitroot import ADF
adf = ADF(hs_train_d, trend='n')
print(adf.summary().as_text())
```

输出结果：

```
Augmented Dickey-Fuller Results
===============================
Test Statistic                  -10.020
p-value                          0.000
Lags                             27
-----------------------------------------
Trend: No Trend
Critical Values: -2.57 (1%), -1.94 (5%), -1.62 (10%)
Null Hypothesis: The process contains a unit root.
Alternative Hypothesis: The process is weakly stationary.
```

从代码 5-37 的输出结果来看，p 值为 0.000，故拒绝存在单位根的原假设，判定差分后的沪深 300 指数价格序列是平稳的。

2. 时间序列的百分比变化

对于金融时间序列而言，相比于差分法，百分比变化的经济含义更容易理解。计算沪深 300 指数的 5 日收益率，并画出沪深 300 指数的 5 日收益率图，见代码 5-38。

代码 5-38

```
#计算沪深 300 指数的 5 日收益率
hs_300_return = hs_train.pct_change(5).dropna()
# 画出沪深 300 指数的 5 日收益率图
figure = plt.figure(figsize = (8, 4))
plt.plot(hs_300_return, color = "black")
plt.title("沪深 300 指数的 5 日收益率图", x = 0.5, y = 1.0)
plt.show()
```

输出结果如图 5-5 所示。

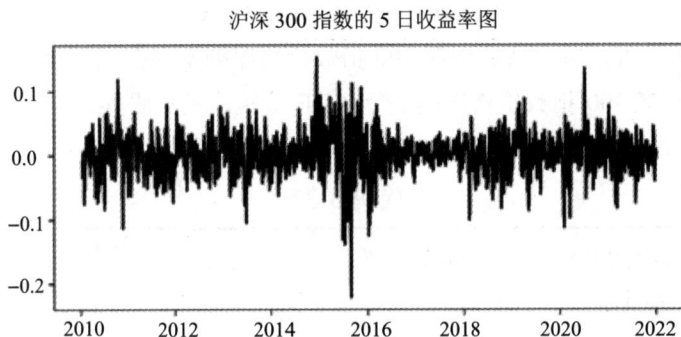

图 5-5　代码 5-38 的输出结果

对沪深 300 指数的 5 日收益率序列进行 ADF 检验，见代码 5-39。

代码 5-39

```
# 对沪深 300 指数的 5 日收益率序列进行 ADF 检验
from arch.unitroot import ADF
adf = ADF(df6, trend = 'n')
print(adf.summary().as_text())
```

输出结果：

Augmented Dickey-Fuller Results

Test Statistic	−9.797
p-value	0.000

Trend: No Trend

Critical Values: -2.57 (1%), -1.94 (5%), -1.62 (10%)

Null Hypothesis: The process contains a unit root.

Alternative Hypothesis: The process is weakly stationary.

从代码 5-39 的输出结果来看，p 值为 0.000，故拒绝存在单位根的原假设，判定沪深 300 指数的 5 日收益率序列是平稳序列。

5.4.3　ARIMA 模型的定阶

在确定时间序列平稳之后，需要利用 ARIMA(p, d, q)模型对时间序列建模。正确定阶是 ARIMA 建模成功的关键。而在建模之前，可以通过时间序列的平稳性检验来确定 d 的值，也就是时间序列的差分阶数。若时间序列是平稳的，则 d 为 0；若时间序列一阶差分后是平稳的，则 d 为 1。在确定 d 之后，ARIMA 模型的定阶就转变为 ARMA 模型的定阶，主要需要确定 ARMA 模型的自回归阶数 p 和移动平均阶数 q。常用的 ARMA 模型定阶方法有两种：① 基于自相关函数(Autocorrelation Function，ACF)和偏自相关函数(Partial Autocorrelation Function，PACF)绘图定阶；② 基于信息准则定阶，如 AIC 准则和 BIC 准则。

1. 基于 ACF 与 PACF 绘图定阶

时间序列$\{Y_t\}$的自相关函数(ACF)衡量的是同一时间序列不同时刻的随机变量之间的相关性。ACF 的计算公式如下所示：

$$\text{ACF}(p) = \rho(Y_t, Y_{t-p}) = \frac{\text{Cov}(Y_t, Y_{t-p})}{\sqrt{\text{Var}(Y_t)\text{Var}(Y_{t-p})}} \tag{5-12}$$

式中，p 是滞后阶数，$\text{Cov}(Y_t, Y_{t-p})$是 Y_t 和 Y_{t-p} 的协方差，$\text{Var}(Y_t)$和 $\text{Var}(Y_{t-p})$分别是 Y_t 和 Y_{t-p} 的方差。

对于一个平稳时间序列$\{Y_t\}$，p 阶自相关函数并不仅表示 Y_t 和 Y_{t-p} 之间的单纯相关关系，实际上还包含了其他滞后项的随机变量对 Y_t 和 Y_{t-p} 的影响。Y_t同时还会受到 Y_t 与 Y_{t-p} 中间 $p-1$ 个随机变量 Y_{t-1}，Y_{t-2}，$\cdots$，Y_{t-p+1} 的影响，而这 $p-1$ 个随机变量又都和 Y_{t-p} 具有相关关系。偏自相关函数(PACF)在剔除了中间 $p-1$ 个随机变量 Y_{t-1}，Y_{t-2}，$\cdots$，Y_{t-p+1} 的干扰之后，考察 Y_t 和 Y_{t-p} 的相关程度，其表达式为

$$\text{PACF} = \text{PCorr}(Y_t, Y_{t-p} | Y_{t-1}, Y_{t-2}, \cdots, Y_{t-p+1}) \tag{5-13}$$

在具体的应用中，需要画出时间序列的自相关图和偏自相关图，并基于拖尾和截尾的性质判断 p 和 q 的值，详见表 5-3。对于 p 阶自回归模型 AR(p)，拖尾指的是 AR(p)模型的自相关函数(ACF)不会在某一阶之后为零，而是按指数衰减(或呈正弦波形式)；p 阶截尾指的是 AR(p)模型的偏自相关函数(PACF)在 p 阶之后为零。对于 q 阶移动平均模型 MA(q)，

拖尾指的是 MA(q)模型的偏自相关系数(PACF)不会在某一阶之后为零,而是按指数衰减(或呈正弦波形式);截尾指的是 MA(q)模型的自相关函数(ACF)在 q 阶之后为零。

表 5-3　ARMA 模型定阶

	AR(p)	MA(q)	ARMA(p,q)
自相关函数(ACF)	拖尾	q 阶截尾	拖尾
偏自相关函数(PACF)	p 阶截尾	拖尾	拖尾

图 5-6 展示了 AR(1)模型的 ACF 图和 PACF 图。在图 5-6 中,ACF 图是一个逐渐趋向于 0 的拖尾,PACF 图在 1 阶后的偏自相关系数为 0,所以 ARMA 模型是 AR(1)或 ARMA(1, 0)。

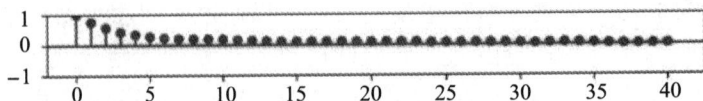

(a) ACF 图

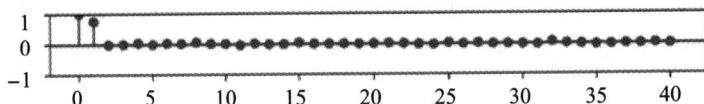

(b) PACF 图

图 5-6　AR(1)模型的 ACF 图与 PACF 图

图 5-7 展示了 MA(1)模型的 ACF 图和 PACF 图。在图 5-7 中,PACF 图是一个逐渐趋向于 0 的拖尾,ACF 图在 1 阶后的偏自相关系数为 0,所以 ARMA 模型是 MA(1)或 ARMA(0, 1)。

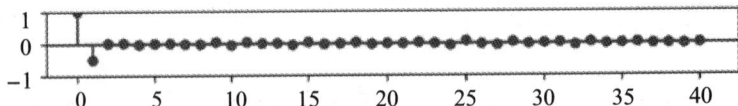

(a) ACF 图

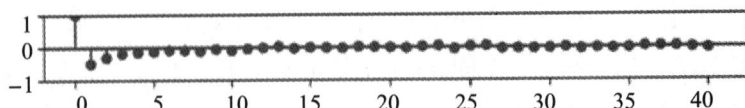

(b) PACF 图

图 5-7　MA(1)模型的 ACF 图与 PACF 图

图 5-8 展示了 ARMA(1, 1)模型的 ACF 图和 PACF 图,但直接从 ACF 和 PACF 图中找出 ARMA 模型的阶数 p 和 q 是非常困难的。在图 5-8 中,虽然数据是按照 statsmodels 模块的 arma_generate_sample 函数生成的 ARMA(1, 1)数据,但 ACF 图是一个逐渐趋向于 0 的拖

金融数据挖掘

尾，PACF 图也是一个逐渐趋向于 0 的拖尾，所以很难直接得到 ARMA 模型的 p 和 q。

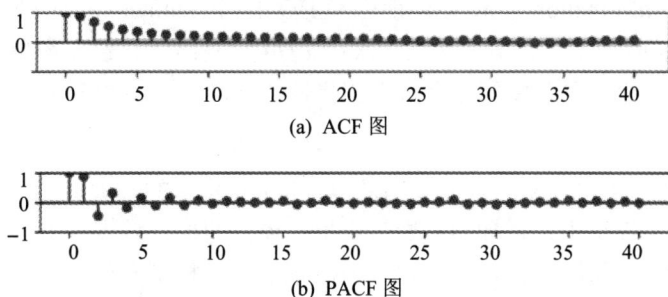

(a) ACF 图

(b) PACF 图

图 5-8   ARMA(1, 1)模型的 ACF 图与 PACF 图

在确定时间序列是平稳序列后，画出沪深 300 指数收益率序列的 ACF 图和 PACF 图，见代码 5-40。

代码 5-40

```
# 画出沪深 300 指数收益率序列的 ACF 图与 PACF 图
import statsmodels.api as sm
fig = plt.figure(figsize=(6, 2.5), tight_layout=True)
ax1 = fig.add_subplot(211)
sm.graphics.tsa.plot_acf(hs_300_return, ax=ax1, lags=40)
plt.title("沪深 300 指数收益率序列的 ACF 图", x=0.50, y=1.0)
ax2 = fig.add_subplot(212)
sm.graphics.tsa.plot_pacf(hs_300_return, ax=ax2, lags=40)
plt.title("沪深 300 指数收益率序列的 PACF 图", x=0.50, y=1.0)
plt.show( )
```

输出结果如图 5-9 所示。

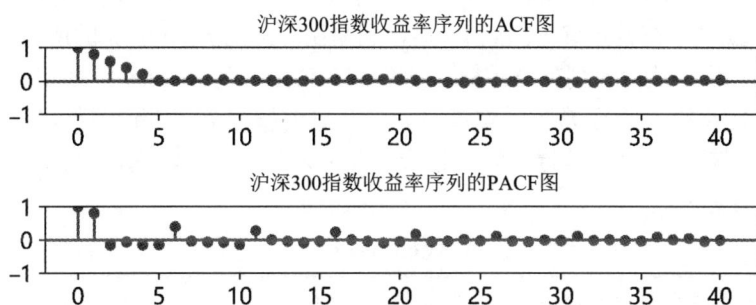

图 5-9   代码 5-40 的输出结果

从图 5-9 可以看出，沪深 300 指数收益率序列并非白噪声，但难以从图中判定 ARMA 模型的阶数。

2. 基于信息准则定阶

当 ARMA(p, q)模型的 p 和 q 皆不为 0 时，很难通过观察 ACF 图和 PACF 图确定 ARMA 模型的阶数。此时，需要借助信息准则。信息准则通过加入模型复杂度的惩罚项来避免过拟合问题。常见的信息准则包括赤池信息准则(Akaike Information Criterion，AIC)、贝叶斯信息准则(Bayesian Information Criterion，BIC)和 HQ 准则(Hannan-Quinn Criterion，HQIC)。

(1) AIC。AIC 由日本统计学家赤池弘次在 1974 年提出，它建立在熵这一概念的基础上，提供了衡量估计模型复杂度和拟合数据优良性的标准。通常情况下，AIC 的定义为

$$AIC = 2k - 2\ln L \tag{5-14}$$

式中，k 是模型未知参数的个数，代表模型的复杂度；L 模型的极大似然函数值，代表模型的拟合精度。在模型训练中，增加参数数量会提高模型的拟合精度，但也会提高模型的复杂度，进而导致过拟合问题。针对该问题，AIC 通过引入模型参数个数进行惩罚，模型参数个数越多，AIC 越大。

(2) BIC。BIC 是由施瓦茨在 1978 年提出来的，其与 AIC 类似。BIC 除了引入模型参数个数进行惩罚，还引入样本数量进行惩罚，其定义为

$$BIC = k\ln n - 2\ln L \tag{5-15}$$

式中，k 是模型未知参数的个数，代表模型的复杂度；n 为样本数量；L 是模型的极大似然函数值，代表模型的拟合精度。

(3) HQIC。HQIC 与 BIC 类似，但与 BIC 相比，HQIC 减弱了样本数量的惩罚。HQIC 的定义为

$$HQIC = k\ln(\ln n) - 2\ln L \tag{5-16}$$

根据 AIC、BIC 和 HQIC 的定义可知，对过拟合惩罚严格程度的排序是 BIC > HQIC > AIC。因此，若时间序列模型的过拟合问题较严重，则建议使用 BIC。

在使用信息准则时，需要注意的是，这些准则仅仅衡量了数据在使用某个模型之后相对于"真实模型"的信息损失，并不能评估模型的精确度。在实际应用中，信息准则的值越小越好，通常选择其值达到最小的模型作为最优模型。

在代码 5-41 中，我们结合遍历法和 BIC，并运用 statsmodels 模块的 ARIMA 函数确定沪深 300 指数价格序列的 ARIMA 模型的 p、d 和 q。在遍历法中，设定 p 和 q 的最大值是 10，d 的最大值是 1。在设定好 p、d 和 q 后，利用循环遍历 p、d 和 q 的所有组合，并计算每个组合的 BIC 值，从而找到使 ARIMA 模型 BIC 值最小的 p、d 和 q 的组合。

在实际的应用中，可基于数据的情况对 p、d 和 q 的取值范围进行调整，但要注意的是，p、d 和 q 的数值越大，模型运行的时间越长。此外，除了 BIC，还可以使用 AIC 和 HQIC 来确定模型的最优参数。

代码 5-41

```
# 沪深 300 指数价格序列的 ARIMA(p, d, q)模型定阶
import statsmodels.tsa.api as smt
# 假定初始 bic 值是无穷
best_bic = np.inf
best_order = None
best_mdl = None
# 假定 p 和 q 的最大值为 10
```

```
pq_rng = range(11)
# 假定 d 的最大值为 1
d_rng = range(2)
# 利用循环搜索最优的 p,d,q
for p in pq_rng:
    for d in d_rng:
        for q in pq_rng:
            try:
                tmp_mdl = smt.ARIMA(hs_train.values, order = (p,d,q), trend = 'n').fit()
                tmp_bic = tmp_mdl.bic
                if tmp_bic < best_bic:
                    best_bic = tmp_bic
                    best_order = (p, d, q)
                    best_mdl = tmp_mdl
            except: continue
print(f'ARIMA 模型的最优阶数选择: {best_order}')
```

输出结果：

ARIMA 模型的最优阶数选择: (3, 1, 2)

5.4.4 ARIMA 模型参数的估计与残差检验

1. ARIMA 模型参数的估计

基于信息准则得到的 ARIMA 模型的最优阶数为(3, 1, 2)，运用 ARIMA 模型对模型参数进行估计，并输出模型的估计结果，见代码 5-42。

代码 5-42

```
# ARIMA 模型参数的估计
hs_model = smt.ARIMA(hs_train, order = (3, 1, 2)).fit(method = 'innovations_mle')
print(hs_model.summary())
```

输出结果：

SARIMAX Results

Dep. Variable:	close	No. Observations:	2917
Model:	ARIMA(3, 1, 2)	Log Likelihood	−15582.977
Date:	Sun, 30 Apr 2023	AIC	31177.953
Time:	10:46:03	BIC	31213.821
Sample:	0	HQIC	31190.874
	−2917		

	coef	std err	z	P>|z|	[0.025	0.975]
ar.L1	0.2011	0.018	11.031	0.000	0.165	0.237
ar.L2	−0.9609	0.009	−104.080	0.000	−0.979	−0.943
ar.L3	0.0715	0.013	5.575	0.000	0.046	0.097
ma.L1	−0.1607	0.014	−11.283	0.000	−0.189	−0.133
ma.L2	0.9194	0.013	70.511	0.000	0.894	0.945
sigma2	2565.5192	35.817	71.628	0.000	2495.319	2635.720

Ljung-Box (L1) (Q):	0.00	Jarque-Bera (JB):	4555.93
Prob(Q):	0.97	Prob(JB):	0.00
Heteroskedasticity (H):	2.00	Skew:	−0.79
Prob(H) (two-sided):	0.00	Kurtosis:	8.92

注：因篇幅有限，省略部分输出结果。

从代码 5-42 的输出结果来看，所有 AR 和 MA 的滞后项的系数均不为 0。

2. ARIMA 模型残差的检验

1) 残差的 ACF 图和 PACF 图

画出模型残差的 ACF 图和 PACF 图，见代码 5-43。

代码 5-43

```
# 画出模型残差的 ACF 图与 PACF 图
# 为残差添加日期类 index
hs_resid = pd.Series(hs_model.resid, index = hs_train.index)
# 画出模型残差的 ACF 图和 PACF 图
fig = plt.figure(figsize = (6, 2.5), tight_layout = True)
ax1 = fig.add_subplot(211)
sm.graphics.tsa.plot_acf(hs_resid, ax = ax1, lags = 40)
plt.title("模型残差的 ACF 图", x = 0.50, y = 1.0)
ax2 = fig.add_subplot(212)
sm.graphics.tsa.plot_pacf(hs_resid, ax = ax2, lags = 40)
plt.title("模型残差的 PACF 图", x = 0.50, y = 1.0)
plt.show()
```

Covariance Type: opg

输出结果如图 5-10 所示。

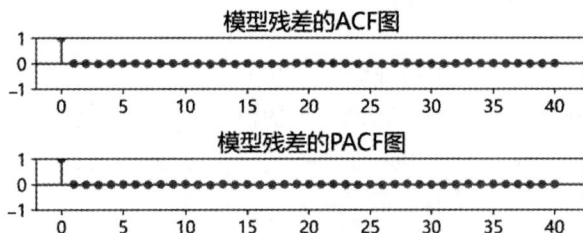

图 5-10 代码 5-43 的输出结果

从代码 5-43 的输出结果可以发现，自相关系数和偏自相关系数均在 0 阶截尾，故时间序列的残差为白噪声。

2) 残差的 Ljung-Box 检验

Ljung-Box 检验是另一种检验时间序列是否为白噪声的常用方法，其检验原理与单独观察 ACF 或 PACF 在某一特定滞后阶数的相关性有所不同。ACF 和 PACF 主要关注时间序列在某一特定滞后阶数是否存在相关性，而 Ljung-Box 检验则基于一系列滞后阶数评估时间序列在这些滞后阶数上的总体相关性。因此，Ljung-Box 检验的原假设是：时间序列在这些滞后阶数上的总体相关系数为 0，即对于给定的 k，序列从 1 阶到 k 阶的自相关系数整体为 0。

在具体的应用中，借助 statsmodels 模块的 acorr_ljungbox 函数进行 Ljung-Box 检验。在代码 5-44 中，将 Ljung-Box 检验的滞后阶数设为 1～11(lags = np.arange(1, 12))。

代码 5-44

```
# 残差的 Ljung-Box 检验
sm.stats.acorr_ljungbox(hs_resid, lags = np.arange(1, 12), return_df = True)
```

输出结果：

	lb_stat	lb_pvalue
1	0.07	0.80
2	0.07	0.97
3	0.90	0.83
4	0.91	0.92
5	0.99	0.96
6	1.00	0.99
7	1.30	0.99
8	1.41	0.99
9	1.52	1.00
10	1.97	1.00
11	2.05	1.00

从代码 5-44 的输出结果来看，第一列 lb_stat 为 Ljung-Box 检验的统计量，第二列 lb_pvalue 为检验的 p 值。因为 p 值均大于 0.05，所以认为残差序列不存在整体自相关性，是纯随机的。

5.4.5 ARIMA 模型的预测与评价

1. ARIMA 模型的样本内预测与评价

ARIMA 模型的 predict 函数用于预测未来的值。predict 函数的具体形式如下所示:

ARIMAResults.predict(start = None, end = None, dynamic = False, **kwargs)

predict 函数的主要参数说明详见表 5-4。

表 5-4　predict 函数的主要参数说明

主要参数名称	参 数 说 明
start	表示预测的起始时间点,起始时间点的选择必须在样本数据内
end	表示预测的结束时间点
dynamic	表示是否使用动态预测,默认值是 False

应用 ARIMA 模型预测 2021 年沪深 300 指数价格序列,见代码 5-45。

代码 5-45

```
# 样本内预测 2021 年沪深 300 指数价格序列
hs_pred = hs_model.predict('2021-01-04','2021-12-31', dynamic = False)
```

画出 2021 年沪深 300 指数价格序列的实际值和样本内预测值的折线图,见代码 5-46。

代码 5-46

```
# 画出 2021 年沪深 300 指数价格序列的实际值和样本内预测值的折线图
figure = plt.figure(figsize = (6, 3))
plt.plot(hs_train.loc['2021'], color = "grey", linewidth = 2,
        linestyle = '--', label='实际值')
plt.plot(hs_pred, color="black", label = '预测值')
plt.title("2021 年沪深 300 指数价格序列的实际值和样本内预测值的折线图", x = 0.5, y = 1.0)
# 设置图例
plt.legend(fontsize = 12, loc = 'best')
plt.show()
```

输出结果如图 5-11 所示。由图可知,ARIMA(3,1,2)模型在样本内的实际值和预测值基本一致,有较好的拟合效果。

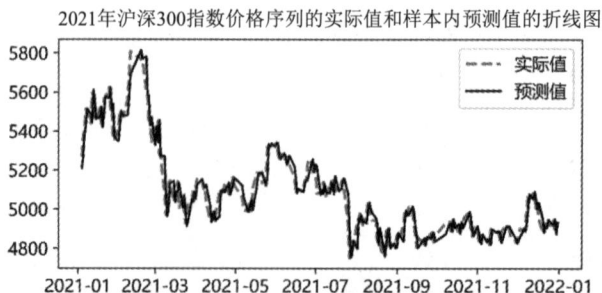

图 5-11　代码 5-46 的输出结果

对于时间序列模型，常用的评价指标与第 4 章介绍的回归问题的评价指标基本一致，主要包括平均绝对误差(MAE)、均方误差(MSE)和 R 方。运用 sklearn 的 metrics 模块计算模型的平均绝对误差、均方误差和 R 方，见代码 5-47。

代码 5-47

```
# ARIMA 模型样本内预测的评价
from sklearn import metrics
print('模型的平均绝对误差为：',
     metrics.mean_absolute_error(hs_train.loc['2021'], hs_pred))
print('模型的均方误差为：',
     metrics.mean_squared_error(hs_train.loc['2021'], hs_pred))
print('模型的 R 方为：',
     metrics.r2_score(hs_train.loc['2021'], hs_pred))
```

输出结果：

模型的平均绝对误差为：45.90848252042924

模型的均方误差为：3658.7953864404494

模型的 R 方为：0.9280800171896394

从代码 5-47 的输出结果来看，模型的 R 方约为 0.928，说明在样本内预测中，模型的拟合优度较好。

2. ARIMA 模型的样本外预测与评价

在 ARIMA 模型中，我们主要使用 forecast 方法进行样本外预测。在代码 5-48 中，通过向训练集中添加预测数据的实际值，可实现 2022 年沪深 300 指数价格序列的样本外循环预测。循环预测的思路为：首先，运用训练集的数据训练 ARIMA 模型；其次，利用训练的 ARIMA 模型预测未来 5 期的沪深 300 指数价格数据；再次，将预测的 5 期数据的实际值添加到训练集中，进而得到新的训练集；最后，再次循环，将新的训练集用于训练 ARIMA 模型并预测未来 5 期的沪深 300 指数价格数据。

代码 5-48

```
# ARIMA 模型样本外循环预测
hs_forecase = np.array([])
roll_hs_train = hs_train.values


for i in range(23):
    hs_model_out = smt.ARIMA(roll_hs_train, order = (3, 1, 2)).\fit(method = 'innovations_mle')
    # 预测未来 5 期的沪深 300 指数价格数据
    forecast = hs_model_out.forecast(5)
    # 将预测的 5 期数据的实际值添加到训练集中
    roll_hs_train = np.append(roll_hs_train, hs_test[5+i*5])
    hs_forecase = np.append(hs_forecase, forecast)
```

画出 2022 年沪深 300 指数价格的实际值与样本外循环预测值的折线图，见代码 5-49。

代码 5-49

```
# 画出 2022 年沪深 300 指数价格序列的实际值与样本外循环预测值的折线图
# 获取预测序列的长度
time_range = np.size(hs_forecase)
# 为预测值添加日期类 index
hs_fore = pd.Series(hs_forecase, index = hs_test.index[:time_range])
# 画出折线图
figure = plt.figure(figsize = (6, 3), tight_layout = True)
plt.plot(hs_test[:time_range], color = "grey", linewidth = 2,
        linestyle = '--', label = '实际值')
plt.plot(hs_fore, color = "black", label = '预测值')
plt.title("2022 年沪深 300 指数价格序列的实际值和样本外循环预测值的折线图", x=0.5, y=1.0)
plt.legend(fontsize = 12, loc = 'best')
plt.show()
```

输出结果如图 5-12 所示。

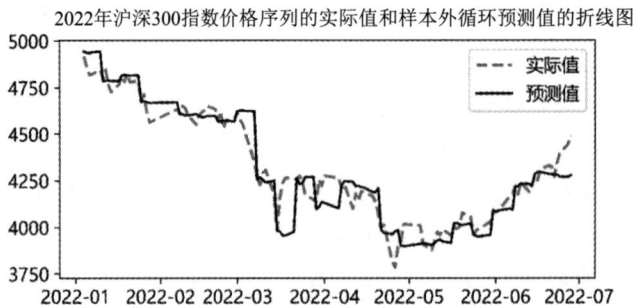

图 5-12　代码 5-49 的输出结果

从图 5-12 可以看出，ARIMA(3, 1, 2)模型在样本外循环预测中的拟合效果仍然较好。这样的结论可以通过计算模型的样本外循环预测评价指标进一步得到证实。运用 sklearn 的 metrics 模块计算模型的平均绝对误差、均方误差和 R 方，见代码 5-50。

代码 5-50

```
# ARIMA 模型样本外循环预测的评价
from sklearn import metrics
print('模型的平均绝对误差为：',
     metrics.mean_absolute_error(hs_test[:time_range], hs_fore))
print('模型的均方误差为：',
     metrics.mean_squared_error(hs_test[:time_range], hs_fore))
print('模型的 R 方为：',
     metrics.r2_score(hs_test[:time_range], hs_fore))
```

输出结果：

模型的平均绝对误差为：59.774702725979196

模型的均方误差为：7650.438102242252

模型的 R 方为：0.9103025704635478

从代码 5-50 的输出结果来看，R 方在样本外循环预测中约为 0.910。

本 章 小 结

本章介绍了时间序列的定义、特征和构成，以及如何使用 Python 的 Pandas 创建与处理金融时间序列。在金融时间序列的建模中，介绍了常用的时间序列模型及其建模流程。在 ARIMA 模型的建模过程中，首先，检查时间序列的平稳性并对不平稳时间序列进行处理；其次，使用自相关函数、偏自相关函数以及信息准则确定 ARIMA 模型的参数 p, d, q；再次，基于确定的参数训练模型，并检验模型的残差；最后，对模型进行样本内和样本外预测，并基于平均绝对误差、均方误差和 R 方等指标评价模型的性能。

习 题 五

1. 简述时间序列的定义、特征与构成。

2. 简述自相关函数与偏自相关函数的异同点。

3. 简述如何基于 ACF 和 PACF 图选择 ARMA 模型的阶数。

4. 简述基于信息准则对 ARIMA 模型进行定阶的原理。

5. 简述 AIC、BIC 和 HQIC 的异同点。

6. 简述 ARIMA 模型的建模流程。

7. 基于本章的示例数据，在 Jupyter Notebook 中输入本章的所有 Python 代码并运行。

8. 在 SuperMind 上获取同花顺(300033)从 2010 年 1 月 1 日到 2022 年 12 月 31 日的收盘价数据，以 2022 年的数据作为测试集，其余年份的数据作为训练集，运用 ARIMA 模型进行建模、预测并对模型性能进行评价。

第6章 回归分析

回归(Regression)一词源于生物遗传学，最早是由高尔顿(Galton)在 1886 年提出的。回归分析(Regression Analysis)是确定两个或两个以上变量间相互依赖的定量关系的一种统计分析方法，是最基础、最常见的数据挖掘方法。回归方法在经济学中应用广泛，许多经济和金融问题都涉及多变量关系的探讨，如金融发展对经济增长的影响、股票价格的预测等。回归分析可以直观地描述和确定变量之间的关系，从而为经济与金融领域各种问题的分析和解决提供参考依据。

本章包含以下内容：

(1) 回归分析概述。

(2) 多元线性回归。

(3) 非线性关系。

(4) 正则化。

6.1 回归分析概述

1. 回归模型的基本形式

若要研究两个或者两个以上变量间的相互依赖关系，比如金融发展与经济增长的关系，则需要收集金融发展与经济增长的数据，进而构建回归模型来探究金融发展对经济增长的影响。

在上述回归模型中，选择经济增长作为因变量(Dependent Variable)或者被解释变量(Response variable)，一般用 y 表示；金融发展则被称作自变量(Independent Variable)或者解释变量(Explanatory Variable)，一般用 x 表示。当无法确定 y 与 x 之间的回归模型的具体形式时，其基本形式可表示为

$$y = f(x) \tag{6-1}$$

在公式(6-1)中，若自变量 x 的数目大于 1，则该回归模型可被称为多元回归分析(Multiple Regression Analysis)模型。

2. 回归模型的分类

回归分析主要分为以下两种类型。

(1) 解释型回归分析。这种类型的回归分析主要用于解释自变量 x 对因变量 y 的影响。例如，构建回归模型研究金融发展对经济增长的影响就是典型的解释型回归分析。

(2) 预测型回归分析。这种类型的回归分析主要基于自变量 x 预测因变量 y。例如，基于上市公司的财务因子和技术因子，应用回归模型预测公司的股价，这就是典型的预测型回归分析。

在传统的计量经济学方法和经济金融的学术研究中，更多地使用解释型回归分析。而在金融数据挖掘中，更多地应用预测型回归分析，以预测未观测到的新的因变量值。

根据回归分析目的的不同，回归模型可分为解释型回归模型和预测型回归模型。无论是解释型回归模型，还是预测型回归模型，都需要使用数据集拟合回归模型(即估计回归系数)，以检验回归模型的有效性，评估回归模型的性能。尽管如此，两者之间仍然存在着如下差别：

(1) 好的解释型回归模型的自变量参数估计准确，即满足无偏性(Unbiasedness)、一致性(Consistency)和有效性(Efficiency)，参数统计检验显著且数据拟合较好。故解释型回归模型的性能评价指标衡量的是数据与模型的拟合程度(如 R 方等)、数据估计的准确程度(如自相关检验和异方差检验等)和参数的显著程度(如 t 检验等)。而一个好的预测型回归模型是一个能够准确预测新的未观测数据的模型，其评价指标包括平均绝对误差和均方误差等。

(2) 在解释型回归模型中，将整个数据集都用于训练模型，以最大限度地提升模型的拟合程度和解释能力。但在预测型回归模型中，常将数据集划分为训练集和测试集，训练集用于训练模型，而测试集则用于评估模型在新的未观测到的数据集中的性能。

因此，在开始建模之前，了解回归分析的目的是非常重要的。一个好的预测型回归模型在拟合程度上可能不是最优的，而更注重预测新数据的准确性；而一个好的解释型回归模型则主要关注自变量对因变量的影响程度，其预测精度可能相对较低。

3. 相关性、回归与因果关系

1) 相关性与因果关系

相关性指的是变量之间互相关联的程度。若变量 A 发生变化时，变量 B 也随之发生变化，则 A 和 B 是相关的。相关性是基于统计推断的，一般可分为三种：

(1) 正相关，即当变量 A 变化时，变量 B 和变量 A 呈同方向变化。

(2) 负相关，即当变量 A 变化时，变量 B 和变量 A 呈反方向变化。

(3) 不相关，即变量 A 和变量 B 之间不存在任何关联或者同步变化。

因果关系指的是变量之间存在明确的因与果的对应关系。若变量 A 的变化必然导致变量 B 的变化，则变量 A 和 B 之间存在因果关系。

相关性并不蕴含因果关系(Correlation Does Not Imply Causation)。相关性的存在除了与因果关系有关，还有以下两种可能的解释：

(1) 变量之间的相关性是偶然产生的，没有真正的内在联系。例如，在新闻媒体的选择性报道中，萧敬腾与招雨之间存在很高的相关性，但这样的相关性是偶然的，两者之间不存在内在的因果关系。

(2) 存在潜藏变量(Lurking Variable)C，使得变量 A 和变量 B 之间的相关性增强。例如，美国的统计数据发现，随着夏天的到来，冰淇淋的销量增加了，同时犯罪率也提升了。此时，冰淇淋的销量和犯罪率之间之所以存在很高的相关性，是因为存在潜藏变量——气温。气温升高使得冰淇淋的销量增加，同时也使得人们的户外活动时间增加，从而简接导致犯罪率升高。

2) 相关性分析与回归分析

相关性分析与回归分析探讨的都是变量之间的统计关系，但两者之间有以下区别：

(1) 相关性分析测度变量之间的关联程度，而回归分析需要确定因变量(y)和自变量(x)，试图寻找变量之间相关的具体数学形式(即回归模型)，并运用自变量(x)解释和预测因变量(y)。

(2) 在相关性分析中，自变量(x)和因变量(y)都是随机变量。但在回归分析中，只要求因变量(y)是随机变量。

(3) 在相关性分析中，变量是对等的，即交换变量不会改变它们之间的相关系数。而在回归分析中，因变量(y)和自变量(x)是不对等的，交换因变量(y)和自变量(x)会极大地改变回归模型的形式。

3) 回归与因果关系

既然相关性不蕴含因果关系，那么回归是否意味着因果关系呢？我们可以很迅速地得到一个否定的答案。我们可以容易找到不存在内在联系的变量，构建回归模型，且能通过各种统计检验，但并不能说明这两个变量之间存在因果关系。一个常见的例子是全球升温和海盗数目减少。从 1820 年到 2000 年，全球平均气温从 14.2℃ 上升到 15.9℃，但海盗的预估数目却从 35 000 下降到 1700。若以全球气温为因变量、以海盗数目为自变量构建回归模型，则可以得到自变量(海盗数目)的回归系数显著不为 0，且模型的 R 方极高。

尽管如此，这并不意味着海盗减少是全球升温的原因。对于全球升温和海盗数目的回归关系，有两种可能的解释：

(1) 这样的回归关系是偶然出现的。

(2) 存在潜藏变量，如工业化，既影响全球气温又影响海盗数目。因此，全球气温和海盗数目的回归关系就不能判定为因果关系。

那么在什么情况下，回归能证实因果关系呢？首先，存在合理且可行的理论能解释自变量(x)和因变量(y)之间的因果关系；其次，x 和 y 必须存在时间上的先后顺序，x 必须发生在 y 之前；再次，排除所有可能同时影响 x 和 y 的潜藏变量；最后，自变量(x)和因变量(y)之间的回归系数必须显著不为 0，即两者之间存在显著的相关关系。

6.2 多元线性回归

6.2.1 多元线性回归模型的一般形式

在回归模型中，多元线性回归模型是最常用的回归模型。在多元线性回归模型中，"多元"指的是回归模型的自变量的数目有多个，"线性"指的是自变量与因变量之间的关系是线性的。假定因变量有 N 个观测值 y_i ($i = 1, 2, \cdots, N$)，且有 K 个自变量 x_j ($j = 1, 2, \cdots, K$)，那么，多元线性回归模型的公式如下所示：

$$y_i = \beta_0 + \sum_{j=1}^{K} \beta_j x_j + \varepsilon_i \tag{6-2}$$

式中，y_i 是因变量或者被解释变量，x_j 是自变量或者解释变量，ε_i 是残差，β_0 是常数项，β_j 是自变量的回归系数。

此外，多元线性回归模型的矩阵表达式为

$$y = X\beta + \varepsilon \tag{6-3}$$

式中，y 是有 N 个观测值的因变量，是 $N \times 1$ 维矩阵；X 是自变量矩阵，其第一列是数值为 1 的常数列，表示常数项，故矩阵 X 是 $N \times (K+1)$ 维矩阵；β 是回归系数矩阵，由于 β_0 也包含在系数矩阵中，故系数矩阵 β 是 $(K+1) \times 1$ 维矩阵；ε 是残差矩阵，是 $N \times 1$ 维矩阵，且

$$y = \begin{pmatrix} y_1 \\ y_2 \\ \vdots \\ y_N \end{pmatrix}, X = \begin{pmatrix} 1 & x_{11} & x_{12} & \cdots & x_{1K} \\ 1 & x_{21} & x_{22} & \cdots & x_{2K} \\ \vdots & \vdots & \vdots & & \vdots \\ 1 & x_{N1} & x_{N2} & \cdots & x_{NK} \end{pmatrix}, \beta = \begin{pmatrix} \beta_0 \\ \beta_1 \\ \vdots \\ \beta_K \end{pmatrix}, \varepsilon = \begin{pmatrix} \varepsilon_1 \\ \vdots \\ \varepsilon_N \end{pmatrix}$$

6.2.2　多元线性回归的最小二乘估计

多元线性回归模型的主要任务是估计系数矩阵 β，而要估计系数矩阵 β，需要找到模型的损失函数。损失函数指的是模型的预测值($\hat{y}_i$)与实际值(y_i)之间的不一致程度。在回归问题中，最常见的估计方法是最小二乘估计，而最小二乘估计的损失函数是回归方程的残差平方和(Residual Sum of Squares，RSS)，用公式表示为

$$\begin{aligned} \text{RSS} &= \sum_{i=1}^{N} (y_i - \hat{y}_i)^2 = \varepsilon^2 \\ &= |y - X\beta|^2 \\ &= (y - X\beta)^{\mathrm{T}}(y - X\beta) \\ &= y^{\mathrm{T}}y - \beta^{\mathrm{T}}X^{\mathrm{T}}y - y^{\mathrm{T}}X\beta + \beta^{\mathrm{T}}X^{\mathrm{T}}X\beta \end{aligned} \tag{6-4}$$

在最小二乘估计中，需要找到 β 使得回归方程的残差平方和(RSS)最小化。故一个最简单的方法就是 RSS 对 β 求导数，得

$$\frac{\partial(\text{RSS})}{\partial \beta} = \frac{\partial}{\partial \beta}\left(y^{\mathrm{T}}y - \beta^{\mathrm{T}}X^{\mathrm{T}}y - y^{\mathrm{T}}X\beta + \beta^{\mathrm{T}}X^{\mathrm{T}}X\beta\right) = -2X^{\mathrm{T}}y + 2\left(X^{\mathrm{T}}X\right)\beta \tag{6-5}$$

在公式(6-5)中，使用的矩阵微分公式为

$$\frac{\partial X^{\mathrm{T}}\beta}{\partial \beta} = \frac{\partial \beta^{\mathrm{T}}X}{\partial \beta} = \beta, \quad \frac{\partial \beta^{\mathrm{T}}X\beta}{\partial \beta} = \left(X + X^{\mathrm{T}}\right)\beta$$

令公式(6-5)等于 0，若矩阵 $X^{\mathrm{T}}X$ 是可逆的，则可以得到多元线性回归方程的回归系数矩阵的最优解为

$$\beta^* = (X^{\mathrm{T}}X)^{-1}X^{\mathrm{T}}y \tag{6-6}$$

在最小二乘估计中，使用求导的方式获得最优解的前提条件是矩阵 X^TX 是可逆的。若矩阵 X^TX 是不可逆的，则通过求导的方式是无法获得最优解的。此时，另外一种常用的可行方法是使用梯度下降法求得系数矩阵 $\boldsymbol{\beta}$ 的最优解。

6.2.3 多元线性回归的 Python 实现

在机器学习中，回归分析中最常使用的数据集就是波士顿房价数据集(Boston House Price Dataset)。该数据集来源于 20 世纪 70 年代中期美国人口普查局收集的美国马萨诸塞州波士顿住房价格的相关信息，最早由 Harrison 和 Rubinfeld 于 1978 年首次公开发布。波士顿房价数据集有 506 个样本，包含 13 个特征和 1 个标签特征(MEDV，即业主自住房的中位数房价)，详见表 6-1。下面以该数据集为基础寻找这些特征和房价之间的关系。

表 6-1　波士顿房价数据集的特征与标签的名称及含义

特征与标签的名称	特征与标签的含义
CRIM	住房所在城镇的人均犯罪率
ZN	住房用地超过 25 000 平方英尺的比例
INDUS	住房所在城镇非零售商用土地的比例
CHAS	有关查理斯河的虚拟变量(若住房位于河边则为 1，否则为 0)
NOX	一氧化氮浓度
RM	每处住房的平均房间数
AGE	建于 1940 年之前的住房的业主自住比例
DIS	住房距离波士顿五大中心区域的加权距离
RAD	距离高速公路的便利指数
TAX	每 10 000 美元的全额物业税税率
PTRATIO	住房所在城镇的生师比
B	$1000(Bk-0.63)^2$，其中 Bk 指代城镇中黑人的比例
LSTAT	住房所在城镇弱势群体人口所占比例
MEDV	业主自住房的中位数房价(以千美元计)，标签特征

1. 数据的获取

读取波士顿房价数据集，并使用 info 函数查看数据的整体情况，见代码 6-1。

代码 6-1

```python
# 导入 pandas 和 numpy
import pandas as pd
import numpy as np
# 设置小数点的显示格式且取后 2 位
pd.set_option("display.float_format", "{:.2f}".format)
# 设置 print 的小数点显示位数
```

```
np.set_printoptions(precision = 2, suppress = True)
# 过滤 FutureWarning
import warnings
warnings.filterwarnings('ignore')
# 读取波士顿房价数据集
df = pd.read_excel("../演示数据/ch06_bostonhouse.xlsx", index_col = [0])
df.info()
```

输出结果：

```
<class 'pandas.core.frame.DataFrame'>
Int64Index: 506 entries, 0 to 505
Data columns (total 14 columns):
 #   Column    Non-Null Count   Dtype
---  ------    --------------   -----
 0   CRIM      506 non-null     float64
 1   ZN        506 non-null     float64
 2   INDUS     506 non-null     float64
 3   CHAS      506 non-null     int64
 4   NOX       506 non-null     float64
 5   RM        506 non-null     float64
 6   AGE       506 non-null     float64
 7   DIS       506 non-null     float64
 8   RAD       506 non-null     int64
 9   TAX       506 non-null     int64
 10  PTRATIO   506 non-null     float64
 11  B         506 non-null     float64
 12  LSTAT     506 non-null     float64
 13  MEDV      506 non-null     float64
dtypes: float64(11), int64(3)
memory usage: 59.3 KB
```

从代码6-1的输出结果可以发现，数据集包含14个特征，且这些特征都是数值型数据。

2. 数据的探索性分析

1）缺失值处理

在加载数据之后，首先需要查看数据集中是否有缺失值，见代码6-2。

代码 6-2

```
# 查看数据集中是否有缺失值
df.isnull().any()
```

输出结果：

CRIM	False
ZN	False
INDUS	False
CHAS	False
NOX	False
RM	False
AGE	False
DIS	False
RAD	False
TAX	False
PTRATIO	False
B	False
LSTAT	False
MEDV	False

dtype: bool

从代码 6-2 的输出结果来看，数据集中没有缺失值。

2) 重复值处理

在缺失值处理之后，使用 DataFrame 的 duplicated 函数查看数据集中是否有重复值，见代码 6-3。

代码 6-3

```
# 查看数据集中是否有重复值
df.duplicated().sum()
```

输出结果：

0

从代码 6-3 的输出结果来看，数据集中没有重复值。

3) 数据的描述性分析

使用 seaborn 画出房价的直方图，见代码 6-4。

代码 6-4

```
# 导入相关库
import seaborn as sns
import matplotlib.pyplot as plt
#设定中文显示字体及字体大小
plt.rcParams['font.family'] = ['sans-serif']
plt.rcParams['font.sans-serif'] = ['Microsoft Yahei']
font_size = 14
```

```
# 显示负号
plt.rcParams['axes.unicode_minus'] = False
# 画出直方图以观察标签(房价)的分布
fig = plt.figure(figsize = (6, 3), tight_layout = True)
sns.distplot(df['MEDV'], bins = 30, color = 'black')
plt.xlabel("房价(MEDV)")
plt.ylabel("概率密度(Density)")
plt.title("房价的直方图", x = 0.5, y = 1.0)
plt.tight_layout()
plt.show()
```

输出结果如图 6-1 所示。

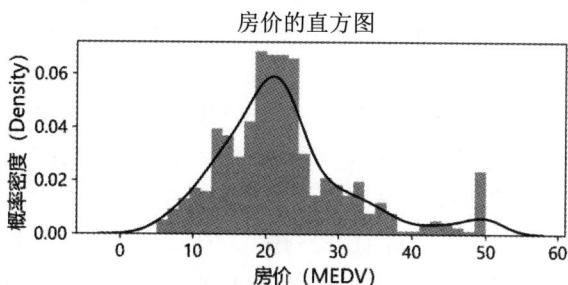

图 6-1　代码 6-4 的输出结果

从图 6-1 中可以发现，房价数据基本符合正态分布。此外，数据集中最高的房价被设置为 50 000 美金，说明已经对房价进行了异常值处理。

进一步地，通过相关系数矩阵来查看各个特征之间的相关系数以及标签和特征之间的相关系数，见代码 6-5。

代码 6-5

```
# 特征之间的相关系数的热力图
fig, ax = plt.subplots(figsize = (7, 6), dpi = 1000)
# 使用 seaborn 的 heatmap 函数画出相关系数矩阵
sns.heatmap(data = df.corr().round(2) , cmap = 'Greys', annot = True, cbar = False)
plt.title("特征的相关性分析", x = 0.50, y = 1.0)
plt.tight_layout()
plt.show()
```

输出结果如图 6-2 所示。由图 6-2 可以发现，RAD(距离高速公路的便利指数)和 TAX(每 10 000 美元的全额物业税税率)之间的相关系数高达 0.91。故为了避免多重共线性问题，在构建回归模型时应尽量避免同时使用 RAD 和 TAX 作为自变量。

第 6 章　回归分析

127

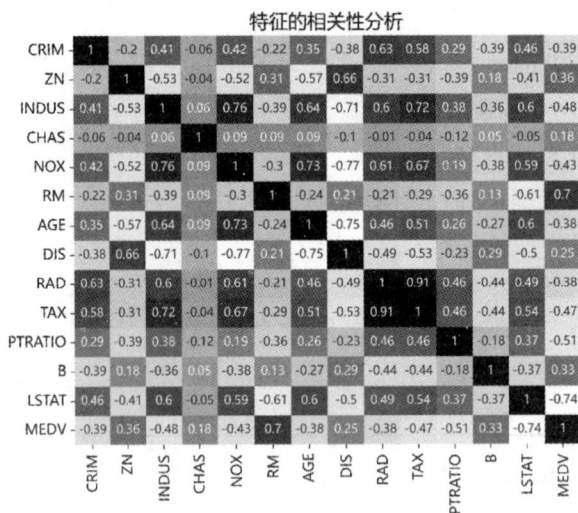

图 6-2　代码 6-5 的输出结果

4) 数据集的划分与标准化处理

在进行相关性分析后,为了呈现的便利,仅选定 RM(每处住房的平均房间数)和 NOX(一氧化氮浓度)作为自变量,将房屋价格设定为因变量,并在代码中分别用 X 和 y 表示。此后,使用 train_test_split 函数将数据集划分为训练集和测试集,其中测试集占比 20%(test_size = 0.2),并设置随机状态为 100(random_state = 100)。在数据集划分之后,使用 preprocessing 的 StandardScaler 函数对数据进行标准化处理,见代码 6-6。值得注意的是,在数据挖掘中,不建议在数据集划分之前对数据使用标准化处理,因为这样会提前泄露数据。故建议在数据集划分之后对数据进行标准化处理或者将数据标准化与 Pipeline 相结合以防止数据泄露,如 pipe = make_pipeline(StandardScaler( ), LinearRegression( ))。

代码 6-6

```
# 划分数据集并进行标准化处理
from sklearn.model_selection import train_test_split
from sklearn import preprocessing
# 设定回归模型的 X 和 y
X = df[['RM', 'NOX']]
y = df[['MEDV']]
# 划分数据集
X_train, X_test, y_train, y_test = train_test_split(X, y, test_size = 0.2, random_state = 100)
# 建立 standard_scaler 模型对象并进行估计
standard_scaler = preprocessing.StandardScaler( )
standard_scaler.fit(X_train)
# 对 X 的训练集和测试集进行标准化处理
X_train_s = standard_scaler.transform(X_train)
X_test_s = standard_scaler.transform(X_test)
```

3. 多元线性回归模型的训练

在多元线性回归模型的训练中，有两种方法：

(1) 对于解释型回归模型，使用 statsmodels 训练模型。

(2) 对于预测型回归模型，使用 sklearn 训练模型。

1) 基于 statsmodels 的回归模型训练

若回归模型是解释型回归模型，则使用 statsmodels 的普通最小二乘(ordinary Least Squares，OLS)函数进行训练，见代码 6-7。OLS 函数的参数和具体应用详见 statsmodels 的官方文档。

代码 6-7

```
# 解释性回归：调用 statsmodels.api 的 OLS 函数
import statsmodels.api as sm
# 为训练集添加常数项
X_train_sc = sm.add_constant(X_train_s)
# 应用训练集训练模型
stats_reg = sm.OLS(y_train, X_train_sc).fit()
# 呈现回归结果
stats_reg.summary()
```

输出结果：

OLS Regression Results

Dep. Variable:	MEDV	**R-squared:**	0.532
Model:	OLS	**Adj. R-squared:**	0.530
Method:	Least Squares	**F-statistic:**	227.9
Date:	Mon, 01 May 2023	**Prob (F-statistic):**	7.89e-67
Time:	20:02:51	**Log-Likelihood:**	−1308.3
No. Observations:	404	**AIC:**	2623.
Df Residuals:	401	**BIC:**	2635.
Df Model:	2		
Covariance Type:	nonrobust		

	coef	std err	t	P>|t|	[0.025	0.975]
const	22.6210	0.308	73.429	0.000	22.015	23.227
x1	5.5935	0.324	17.271	0.000	4.957	6.230
x2	−2.1398	0.324	−6.607	0.000	−2.776	−1.503

Omnibus:	128.265	**Durbin-Watson:**	2.041
Prob(Omnibus):	0.000	**Jarque-Bera (JB):**	562.197

Skew:	1.321	**Prob(JB):**	8.32e-123
Kurtosis:	8.140	**Cond. No.**	1.38

Notes:

[1] Standard Errors assume that the covariance matrix of the errors is correctly specified.

从代码 6-7 的输出结果来看，statsmodels 的 OLS 回归除了估计系数矩阵 β，还可以提供关于回归的各种统计值，如系数检验的 t 值、自相关检验的 Durbin-Waston 值等。

2) 基于 sklearn 的回归模型训练

若回归模型是预测型回归模型，则使用 sklearn 的 LinearRegression 函数进行训练，见代码 6-8。LinearRegression 仅估计回归系数矩阵 β，但可以通过 metrics 模块评估回归模型的性能。LinearRegression 的参数和具体应用详见官方文档。

代码 6-8

```
# 预测型回归：调用 sklearn 的 linear_model 函数
from sklearn import linear_model
boston_reg = linear_model.LinearRegression()
boston_reg.fit(X_train_s, y_train)
# 输出模型的回归系数
print("常数项: {}\n RM: {}\n NOX: {}".format(boston_reg.intercept_[0],
                            boston_reg.coef_[0][0], boston_reg.coef_[0][1]))
```

输出结果：

常数项：22.62103960396039

RM：　5.59350164269254

NOX：　-2.139818310061038

进一步地，比较基于最小二乘估计的 statsmodels(见代码 6-7)和 sklearn(见代码 6-8)所估计的回归模型系数可以发现，两者是一致的。

使用均方误差、平均绝对误差和 R 方分别评估模型在训练集和测试集中的表现，见代码 6-9。

代码 6-9

```
# 回归模型的评估
# 定义模型的评估函数
from sklearn import metrics
def perf(model, x, y):
    y_pre = model.predict(x)
    mse = metrics.mean_squared_error(y, y_pre)
    mae = metrics.mean_absolute_error(y, y_pre)
    r2 = metrics.r2_score(y, y_pre)
    return mse, mae, r2
```

金融数据挖掘

```
# 评估模型在训练集和测试集中的表现
performance = pd.DataFrame(index = ['均方误差','平均绝对误差', 'R 方'])
performance['训练集'] = perf(boston_reg, X_train_s, y_train)
performance['测试集'] = perf(boston_reg, X_test_s, y_test)
performance
```

输出结果:

	训练集	测试集
均方误差	38.06	44.05
平均绝对误差	4.22	4.47
R 方	0.53	0.54

从代码 6-9 的输出结果来看，在测试集中，模型的均方误差和平均绝对误差均高于其在训练集中的，但 R 方却从 0.53 提升到了 0.54。在本章的后续部分，我们将会对模型进行非线性改进，以提升模型在测试集中的表现。

6.3 非 线 性 回 归

线性回归的一个重要的前提是自变量和因变量之间的关系是线性的，但这并不意味着线性回归模型只能研究变量之间的线性关系。实际上，可以通过对变量进行数据变换，进而利用线性回归模型探究变量之间的非线性关系。常见的基于数据变换的非线性回归模型有对数线性回归(Log-Linear Regression)和多项式回归(Polynomial Regression)。

6.3.1 对数线性回归

对数线性回归是指在线性回归的基础上对因变量取对数，故对数线性回归的表达式为

$$\ln y = X\beta + \varepsilon \tag{6-7}$$

或

$$y = e^{X\beta+\varepsilon} \tag{6-8}$$

在公式(6-8)中，试图让 $e^{X\beta+\varepsilon}$ 逼近 y，探究是的 X 和 y 之间的非线性关系。

对房价数据取自然对数，之后将取对数后的房价数据用于线性回归模型的训练，并输出模型的常数项和自变量系数，见代码 6-10。

代码 6-10

```
# 对波士顿房价数据的对数线性回归
# 对房价数据取自然对数
ln_y_train = np.log(y_train)
# 调用 sklearn 的 linear_model 训练对数回归
```

```
boston_lnreg = linear_model.LinearRegression( )
boston_lnreg.fit(X_train_s, ln_y_train)
# 输出模型的回归系数
print("常数项：{}\n RM: {}\n NOX: {}".format(boston_lnreg.intercept_[0],
                                    boston_lnreg.coef_[0][0], boston_lnreg.coef_[0][1]))
```

输出结果：

常数项：3.0412736982143227

RM: 0.21324601068386745

NOX: −0.13843804860201428

由代码 6-10 的输出结果可得，对数线性回归模型的表达式为

$$\ln(MEDV) = 3.04 + 0.21 \times RM - 0.14 \times NOX$$

分别在训练集和测试集中评估对数线性回归模型的性能，见代码 6-11。值得注意的是，在对数线性回归模型中，predict 函数预测的是房价数据的对数值(ln(MEDV))，需要通过指数函数(np.exp 函数)计算得到房价数据(MEDV)。

代码 6-11

```
# 对数线性回归模型的评估
# 定义对数线性回归模型的评估函数
from sklearn import metrics
def lnperf(model, x, y):
    y_pre = np.exp(model.predict(x))
    mse = metrics.mean_squared_error(y, y_pre)
    mae = metrics.mean_absolute_error(y, y_pre)
    r2 = metrics.r2_score(y, y_pre)
    return mse, mae, r2

# 评估模型在训练集和测试集中的表现
ln_perf = pd.DataFrame(index = ['均方误差','平均绝对误差', 'R 方'])
ln_perf['训练集'] = lnperf(boston_lnreg, X_train_s, y_train)
ln_perf['测试集'] = lnperf(boston_lnreg, X_test_s, y_test)
ln_perf
```

输出结果：

	训练集	测试集
均方误差	33.94	38.00
平均绝对误差	3.89	4.11
R 方	0.58	0.61

观察代码 6-11 和代码 6-9 的输出结果，将多元线性回归模型和对数线性回归模型的性能进行比较可以发现，不论是在训练集还是在测试集中，对数线性回归模型的均方误差和

平均绝对误差均较低，但 R 方较大。也就是说，对数线性回归模型在数据集中的表现优于普通的多元线性回归模型。

6.3.2 多项式回归

多项式回归是线性回归的另一种形式，它是研究因变量与一个或多个自变量的多项式关系的回归分析方法。多项式回归的最大优点就是可以通过不断增加自变量 X 的高次项来对因变量 y 进行逼近，直至模型拟合为止。故多项式回归可以处理变量之间的非线性关系。

在 6.2.3 节的多元线性回归中，我们假定 RM 和 NOX 对 MEDV(波士顿房价)的影响是线性的，其表达式如下所示：

$$MEDV = \beta_0 + \beta_1 RM + \beta_2 NOX \tag{6-9}$$

若 RM 和 NOX 对 MEDV(波士顿房价)的影响是非线性的，并提出二次多项式回归模型，则其表达式如下所示：

$$MEDV = \beta_0 + \beta_1 RM + \beta_2 NOX + \beta_3 RM^2 + \beta_4 NOX^2 + \beta_5 RM \times NOX \tag{6-10}$$

在使用多项式回归中，随着多项式次数(Degree)的增加，多项式回归模型的拟合度会不断提升，最终会导致过拟合问题。如图 6-3 所示，当多项式次数从 1 增加到 15 时，模型从欠拟合变成了过拟合，使得模型对新数据的预测能力大幅度下降。故在多项式回归中，不可为追求高拟合度而不断提高多项式的次数，因为这会减弱模型的预测能力。

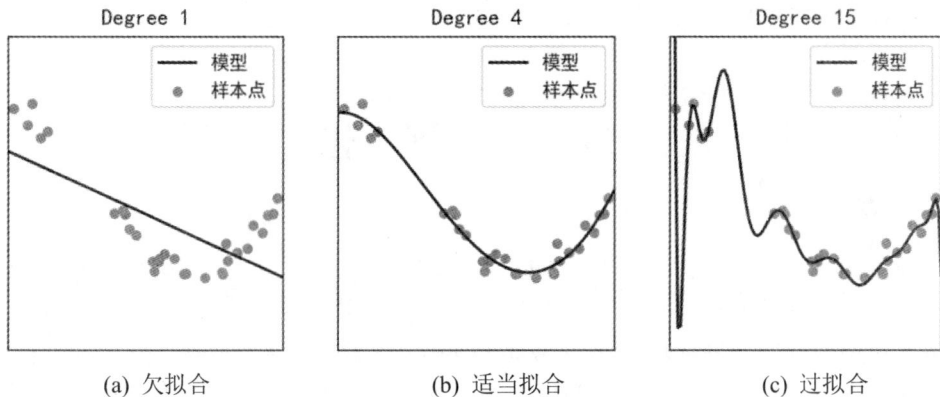

(a) 欠拟合　　　　　　　(b) 适当拟合　　　　　　　(c) 过拟合

图 6-3　欠拟合、适当拟合和过拟合

使用 PolynomialFeatures(degree = 2)将自变量转换为它们的二次多项式，见代码 6-12。在多项式回归模型训练完成之后，对其在训练集和测试集中的表现进行评估。

代码 6-12

```
# 多项式回归的 Python 实现
from sklearn.preprocessing import PolynomialFeatures
# 生成二次多项式实例，degree 表示使用多项式的次数
polynomial_features = PolynomialFeatures(degree = 2)
# 将训练集特征转换为二次多项式
X_train_spoly = polynomial_features.fit_transform(X_train_s)
# 将测试集特征转换为二次多项式
```

```
X_test_spoly = polynomial_features.fit_transform(X_test_s)
# 建立并训练多项式回归模型
boston_polyreg = linear_model.LinearRegression( )
boston_polyreg.fit(X_train_spoly, y_train)
# 评估模型在训练集和测试集中的表现
poly_perf = pd.DataFrame(index = ['均方误差','平均绝对误差', 'R 方'])
poly_perf['训练集'] = perf(boston_polyreg, X_train_spoly, y_train)
poly_perf['测试集'] = perf(boston_polyreg, X_test_spoly, y_test)
poly_perf
```

输出结果：

	训练集	测试集
均方误差	29.71	33.72
平均绝对误差	3.67	3.98
R 方	0.63	0.65

由代码 6-12 的输出结果可以看出，二次多项式回归模型的均方误差和平均绝对误差均较小，但 R 方较大。这表明二次多项式回归模型的性能均优于多元线性回归模型(见代码 6-9)和对数线性回归模型(代码 6-11)。

6.4 正 则 化

当模型的特征较多，过拟合问题严重，且有较大的估计方差时，正则化(Regularization)是一种有效、快速且易于实现的解决方案。正则化指的是在模型原有损失函数的基础上添加关于模型系数的正则化项(Regularization Term)或者惩罚项。一般而言，正则化项是模型复杂度的单调递增函数。对于回归模型的正则化，损失函数的一般形式可以表示为

$$J(\boldsymbol{\beta}) = |\boldsymbol{y} - \boldsymbol{X}\boldsymbol{\beta}|^2 + \lambda \| \boldsymbol{\beta} \|_p^p \tag{6-11}$$

$$\| \boldsymbol{\beta} \|_p = \left(\sum_{i=1}^{k+1} |\beta_i|^p \right)^{1/p} \tag{6-12}$$

$$\| \boldsymbol{\beta} \|_p^p = \left(\sum_{i=1}^{k+1} |\beta_i|^p \right)^{p/p} = \left(\sum_{i=1}^{k+1} |\beta_i|^p \right) \tag{6-13}$$

式中，$|\boldsymbol{y} - \boldsymbol{X}\boldsymbol{\beta}|^2$ 是回归模型的损失函数；$\| \boldsymbol{\beta} \|_p$ 表示 $\boldsymbol{\beta}$ 的 L_p 范数；$\| \boldsymbol{\beta} \|_p^p$ 是正则化项，表示 $\boldsymbol{\beta}$ 的 L_p 范数的 p 次方；λ 是正则化参数(Regularization Coefficient)，其取值大于 0，它可以平衡模型的损失函数和正则化项。

正则化项可以减小模型的回归系数，进而减弱模型的过拟合程度。对于过拟合模型，它在拟合过程中考虑每一个样本点，导致最终的拟合函数波动剧烈，如图 6-3(c)所示。对于一个波动剧烈的过拟合函数，其关于自变量的偏导数，也就是模型的回归系数的绝对值往往很大。而正则化则通过在损失函数中加入正则化项的方式来减小模型的回归系数，进而减弱模型的过拟合程度。

6.4.1 LASSO、岭回归和弹性网络正则化

基于正则化项的不同，常见的正则化回归一般可分为 LASSO(Least Absolute Shrinkage and Selection Operator)、岭 回 归 (Ridge Regression) 和弹性网络正则化 (Elastic Net Regularization)。在公式(6-11)中，若 p 取值为 1，则公式(6-11)可转化为 LASSO 的损失函数：

$$J(\boldsymbol{\beta}) = |\boldsymbol{y} - \boldsymbol{X}\boldsymbol{\beta}|^2 + \lambda \|\boldsymbol{\beta}\|_1^1 \tag{6-14}$$

若 p 取值为 2，则公式(6-11)可转换为岭回归的损失函数：

$$J(\boldsymbol{\beta}) = |\boldsymbol{y} - \boldsymbol{X}\boldsymbol{\beta}|^2 + \lambda \|\boldsymbol{\beta}\|_2^2 \tag{6-15}$$

弹性网络正则化是 LASSO 和岭回归的线性组合，其损失函数如下所示：

$$J(\boldsymbol{\beta}) = |\boldsymbol{y} - \boldsymbol{X}\boldsymbol{\beta}|^2 + \lambda[\rho \|\boldsymbol{\beta}\|_1^1 + (1-\rho)\|\boldsymbol{\beta}\|_2^2] \tag{6-16}$$

基于正则化的损失函数，需要估计使得损失函数最小化的 $\boldsymbol{\beta}$。以岭回归为例，从最优化的角度来看，岭回归的损失函数的最小化问题等价于 $|\boldsymbol{y} - \boldsymbol{X}\boldsymbol{\beta}|^2$ 在约束条件 $\|\boldsymbol{\beta}\|_2^2 < c$ (c 是某个大于 0 的常数)下的最小化问题。在这样的理解下，可以从几何的角度来理解正则化回归。在公式(6-11)中，p 取不同的值可以得到不同的正则化项。

假定特征 $\boldsymbol{X}$ 包含两个特征值 x_1 和 x_2，则 $\boldsymbol{\beta} = (\beta_1, \beta_2)$，若 p 值为 1，则 LASSO 的正则化项的等值线是一个正方形，如图 6-4(b)所示；若 p 值为 2，则岭回归的正则化项的等值线是一个圆形，如图 6-4(a)所示。在得到正则化项的等值线之后，可以进一步画出残差平方和 $|\boldsymbol{y} - \boldsymbol{X}\boldsymbol{\beta}|^2$ 的等值线。在二维平面中，残值平方和的等值线是一系列同心圆，如图 6-4 所示。在图 6-4 中，横轴和纵轴分别代表 β_1 和 β_2，$\boldsymbol{\beta}^*$ 是系数矩阵的最优值。比较岭回归和 LASSO 的正则化的几何解释可以发现，岭回归虽然能减小模型的系数值，使其接近 0，但无法使其等于 0。而 LASSO 的正则化项的等值线是正方形，它与残差平方和的等值线的交点有很大概率在坐标轴上，故 LASSO 可以让模型的某些特征的系数值为 0，从而实现特征选择。

尽管岭回归和 LASSO 能够在一定程度上缓解过拟合的问题，但它们仍然存在一定的缺陷。岭回归无法解决多重共线性问题，因为它会保留所有的特征，并给高度相关的特征赋予几乎一样的权重。对于"高纬度，小样本"的数据集，若样本数为 n，LASSO 会在梯度为 0 之前最多选择 n 个变量。此外，若存在一组高度自相关的特征，则 LASSO 会随机选择其中一个特征而忽略其他特征。为克服这些缺陷，Zou 和 Hastie 于 2005 年提出了弹性网络正则化，其损失函数的数学表达式见公式(6-16)。在弹性网络正则化中，ρ 的取值范围为 0~1。若 ρ 为 0，则弹性网络正则化是岭回归；若 ρ 为 1，则弹性网络正则化为 LASSO。

在正则化的损失函数中，λ 是正则化参数，它可以平衡模型的损失函数和正则化项。λ 越大，图 6-4 中的正则化项的等值线的内径越小，向坐标原点收缩的趋势越明显。对于 LASSO，较大的 λ 会增加模型的最优系数取 0 的概率。对于岭回归，较大的 λ 会使模型的最优系数的取值变得很小。故由此可知，λ 过大容易引起欠拟合，而 λ 过小容易引起过拟合。

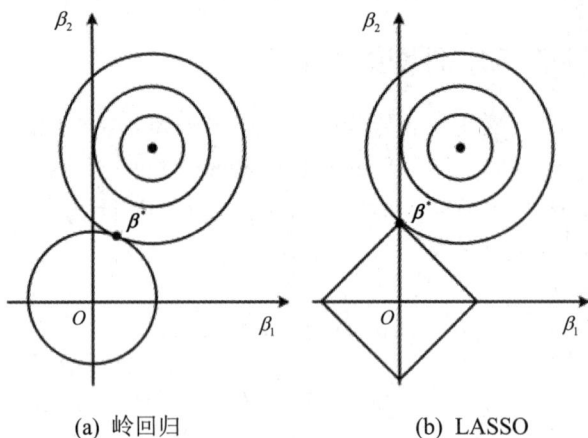

(a) 岭回归   (b) LASSO

图 6-4　岭回归和 LASSO 的正则化的几何理解

6.4.2　正则化的 Python 实现

在本小节，我们将使用 Pipeline 和 GridSearchCV 并结合多元线性回归、LASSO、岭回归和弹性网络正则化对波士顿房价数据集进行模型训练、预测和评估。

1. 读取并划分数据集

首先，导入相关模块和函数，包括 Pipeline 和 GridSearchCV 等，见代码 6-13。

代码 6-13

```python
# 导入相关模块和函数
import pandas as pd
import numpy as np
import sklearn.model_selection as ms
from sklearn.pipeline import Pipeline
from sklearn.preprocessing import StandardScaler
from sklearn.linear_model import LinearRegression
from sklearn.linear_model import LASSO
from sklearn.linear_model import Ridge
from sklearn.linear_model import ElasticNet
from sklearn.model_selection import GridSearchCV
from sklearn.metrics import mean_squared_error,\mean_absolute_error, r2_score
```

利用 read_excel 函数读取波士顿房价数据集，将数据集的全部 13 个特征作为 X，将波士顿的房价设为 y，并利用 train_test_split 函数将数据集划分为训练集和测试集，它们的占比分别为70%和30%，见代码6-14。此外，特征 CHAS 是一个虚拟变量，表示房屋的位置是否靠近查理斯河，且对房价有非常显著的影响。故需要设定参数 stratify=X['CHAS']，以保证在训练集和测试集中靠近查理斯河的房子的比例是相同的。

代码 6-14

```
# 读取数据，设定模型的 X 和 y
df = pd.read_excel("../演示数据/ch06_bostonhouse.xlsx", index_col=[0])
# 提取数据集的 13 个特征作为 X
X = df.iloc[:, :-1]
# 将房价设置为 y
y = df[['MEDV']]
# 将数据集划分为训练集和测试集
X_train, X_test, y_train, y_test = ms.train_test_split(X, y,
                              shuffle=True, stratify=X['CHAS']>0,
                              test_size=0.3, random_state=100)
```

2. 设置 Pipeline + GridSearchCV

若数据处理的步骤是固定的，例如数据标准化、特征选择以及分类或回归等，则可使用 sklearn 的 Pipeline 将多个估计器(Estimator)链接为一个估计器。在 Pipeline 中，除了最后一个估计器，其他估计器都必须实现 fit 方法和 transform 方法，而最后一个估计器仅需实现 fit 方法即可。故当使用 Pipeline 处理训练数据时，Pipeline 会逐个调用估计器的 fit 方法和 transform 方法，然后调用最后一个估计器的 fit 方法来拟合数据。分别设置 Lasso、Ridge 和 ElasticNet 的 Pipeline，见代码6-15。以 LASSO 为例，Pipeline 中有两个估计器，分别是数据标准化(StandardScaler 函数)和 LASSO(Lasso(random_state=100))。故当调用 lasso_pipe 训练数据时，Pipeline 先调用 StandardScaler 函数的 fit 方法和 transform 方法，再调用 Lasso(random_state=100)的 fit 方法训练数据。

代码 6-15

```
# 设置 LASSO 的 Pipeline
lasso_pipe = Pipeline([
                ('sc', StandardScaler()),
                ('lasso', Lasso(random_state = 100))
                ])
# 设置 Ridge 的 Pipeline
ridge_pipe = Pipeline([
                ('sc', StandardScaler()),
                ('ridge', Ridge(random_state = 100))
                ])
# 设置 ElasticNet 的 Pipeline
elasticnet_pipe = Pipeline([
```

```
                    ('sc', StandardScaler()),
                    ('elasticnet', ElasticNet(random_state = 100))
                    ])
# 定义 LinearRegression 的 Pipeline
linearreg_pipe = Pipeline([
                    ('sc', StandardScaler()),
                    ('linearreg', LinearRegression())
                    ])
```

Pipeline 可以与 GridSearchCV 结合，从而同时对 Pipeline 中所有估计器的参数进行调优。使用 Pipeline 训练模型可以很好地避免将测试数据中的统计信息泄露到交叉验证的训练模型中，不存在数据泄露的风险。

若要将 Pipeline 与 GridSearchCV 结合，则需要设置 Pipeline 中估计器的参数。因为在本小节中参数调优的重点是正则化参数，故不对多元线性回归的 Pipeline(linearreg_pipe)的参数进行调优。LASSO 和岭回归的正则化参数是公式(6-14)和公式(6-15)中的 λ，在参数设置中的键值分别为 lasso__alpha 和 ridge__alpha。弹性网络正则化的参数有两个，分别是公式(6-16)中的 λ 和 ρ，在参数设置中的键值分别为 elasticnet__alpha 和 elasticnet__l1_ratio。

这里需要注意的是，类似 elasticnet__alpha 这样的参数键值名称是不可随意更改的，可在运行弹性网络正则化的网格搜索(如 elasticnet_gs)后通过 elasticnet_gs.get_params().keys()来获取参数设置中的键值，详见代码 6-16。

代码 6-16

```
# 获取参数键值
elasticnet_gs.get_params().keys()
```

输出结果：

dict_keys(['cv', 'error_score',…, **'estimator__elasticnet__alpha'**,
'estimator__elasticnet__copy_X', 'estimator__elasticnet__fit_intercept',
'estimator__elasticnet__l1_ratio', …,'estimator__elasticnet__max_iter', 'pre_dispatch', 'refit',
'return_train_score', 'scoring', 'verbose'])

注：因篇幅有限，省略部分输出结果。

在代码 6-16 的输出结果中，加粗的 estimator__elasticnet__alpha 和 estimator__elasticnet__l1_ratio 就是弹性网络正则化参数的键值名称来源。

关于参数的取值范围，lasso__alpha、ridge__alpha 和 elasticnet__alpha 的取值范围是 0.01~10，每次增量为 0.1。elasticnet__l1_ratio 的取值范围则是 0.1~1，每次增量是 0.1，详见代码 6-17。

代码 6-17

```
# 设置 LASSO 的正则化参数的取值范围
lasso_grid_params = {'lasso__alpha': np.arange(0.01, 10, 0.1)}
# 设置 Ridge 的正则化参数的取值范围
```

```
ridge_params = {'ridge__alpha': np.arange(0.01, 10, 0.1)}
# 设置 ElasticNet 的正则化参数的取值范围
elasticnet_params = {'elasticnet__alpha': np.arange(0.01, 10, 0.1),
                     'elasticnet__l1_ratio': np.arange(0.1, 1, 0.1)}
```

设置 LASSO、岭回归和弹性网络正则化的 5 折交叉验证实例(见代码 6-18)，并对模型进行训练(见代码 6-19)。关于 GridSearchCV 参数的具体含义详见表 4-5。

```
# 设置 LASSO 的 GridSearchCV 实例
lasso_gs = GridSearchCV(lasso_pipe, lasso_grid_params,
                        scoring = 'r2', n_jobs = -1, cv = 5)
# 设置 Ridge 的 GridSearchCV 实例
ridge_gs = GridSearchCV(ridge_pipe, ridge_params,
                        scoring = 'r2', n_jobs = -1, cv = 5)
# 设置 ElasticNet 的 GridSearchCV 实例
elasticnet_gs = GridSearchCV(elasticnet_pipe, elasticnet_params,
                             scoring = 'r2', n_jobs = -1, cv = 5)
```

代码 6-19

```
# 训练 LASSO 模型
lasso_gs.fit(X_train, y_train)
# 训练 Ridge 模型
ridge_gs.fit(X_train, y_train)
# 训练 ElasticNet 模型
elasticnet_gs.fit(X_train, y_train)
# 训练 LinearRegression 模型
linearreg_pipe.fit(X_train, y_train)
```

对 GridSearchCV 进行训练之后，需要得到网格搜索法的结果，最完整的结果可通过 cv_results_ 属性进行查看。cv_results_ 会输出一个字典，其键值包括 mean_fit_time、std_fit_time、mean_test_score 和 std_test_score 等。其中，最重要的键值是 mean_test_score，它会输出每个参数或者参数组合所对应的平均分。至于平均分具体是什么，取决于代码 6-18 中 scoring 参数的设置。通过 cv_results_ 属性可得到 GridSearchCV 的所有结果，见代码 6-20。

代码 6-20

```
# 输出 LASSO 的 GridSearchCV 的所有结果
lasso_gs.cv_results_
```

因篇幅有限，此处省略输出结果。

此外，还有一个更直观的方法，就是使用 best_params_ 直接得到最优参数，详见代码 6-21。

```
# 输出最优参数
print(lasso_gs.best_params_)
print(ridge_gs.best_params_)
print(elasticnet_gs.best_params_)
```

输出结果：

       {'lasso__alpha': 0.01}

       {'ridge__alpha': 6.8100000000000005}

       {'elasticnet__alpha': 0.01, 'elasticnet__l1_ratio': 0.1}

从代码 6-21 输出的最优参数来看，LASSO 和弹性网络正则化的最优参数取值都在设定范围的左边界，例如 LASSO 选择的是 0.01。若要使参数的选择更严谨，则可以 0.01 为新的右边界，从 0～0.01 的范围内再次选择参数。

3. 最优参数模型训练

基于代码 6-21 输出的最优参数重新对模型进行，并通过 coef_ 获得各个模型的参数估计值，见代码 6-22。

```
# 最优参数模型训练
# 定义回归的系数矩阵
df_coef = pd.DataFrame(index = X.columns)
# 基于最优 alpha 的 LASSO 回归
lasso_pipe_best = Pipeline([
                ('sc', StandardScaler()),
                ('lasso', Lasso(alpha = 0.01, random_state = 100))
                ])
lasso_pipe_best.fit(X_train, y_train)
# 基于最优 alpha 的 Ridge 回归
ridge_pipe_best = Pipeline([
                ('sc', StandardScaler()),
                ('ridge', Ridge(alpha = 6.81, random_state = 100))
                ])
ridge_pipe_best.fit(X_train, y_train)
# 基于最优参数的 ElasticNet 回归
elasticnet_pipe_best = Pipeline([
                ('sc', StandardScaler()),
                ('elasticnet', ElasticNet(alpha = 0.01, l1_ratio=0.1, random_state = 100))
                ])
elasticnet_pipe_best.fit(X_train, y_train)
# 获取回归系数
df_coef['lasso_coef'] = lasso_pipe_best['lasso'].coef_
```

```
df_coef['ridge_coef'] = ridge_pipe_best['ridge'].coef_.reshape(13, 1)
df_coef['elasticnet_coef'] = elasticnet_pipe_best['elasticnet'].coef_
df_coef['linear_coef'] = linearreg_pipe['linearreg'].coef_.reshape(13, 1)
df_coef
```

输出结果：

	lasso_coef	ridge_coef	elasticnet_coef	linear_coef
CRIM	−0.8214	−0.7810	−0.8115	−0.8499
ZN	1.1072	1.0158	1.0771	1.1485
INDUS	0.0000	−0.1030	−0.0308	0.0581
CHAS	0.7458	0.7774	0.7616	0.7440
NOX	−1.6499	−1.4952	−1.5978	−1.7105
RM	2.6823	2.7394	2.7076	2.6698
AGE	−0.0000	−0.0564	−0.0271	0.0015
DIS	−3.1251	−2.9392	−3.0578	−3.1843
RAD	2.5126	2.1061	2.3626	2.6808
TAX	−2.0662	−1.6973	−1.9280	−2.2228
PTRATIO	−2.2573	−2.2065	−2.2397	−2.2758
B	1.0690	1.0696	1.0730	1.0771
LSTAT	−3.7264	−3.6120	−3.6726	−3.7290

从代码 6-22 的输出结果来看，仅在 LASSO 模型中，特征 INDUS 和 AGE 的参数估计值为 0。而在岭回归、弹性网络正则化和多元线性回归中，这两个特征参数的估计值虽然很小，但并不为 0。进一步观察代码 6-5 的输出结果中自相关度高达 0.91 的特征 RAD 和 TAX，可以发现 LASSO 并没有剔除这两个特征中的任何一个。由此可知，当正则化参数取值较小(alpha = 0.01)时，LASSO 对高度自相关的特征的排除能力较弱。

4. 各模型性能的评估

利用均方误差、平均绝对误差和 R 方三个指标评估各模型在训练集中的表现，见代码 6-23。

代码 6-23

```
# 评估各模型在训练集中的性能
# 定义正则化的模型评估函数
def reg_perf(model, x, y):
    y_pre = model.predict(x)
    mse = mean_squared_error(y, y_pre)
    mae = mean_absolute_error(y, y_pre)
    R2 = R2_score(y, y_pre)
    return mse, mae, R2
```

```
# 定义模型性能评价 DataFrame
metrics_index = ['均方误差', '平均绝对误差', 'R 方']
df_train_metric = pd.DataFrame(index=metrics_index)
# 模型在训练集上的性能
df_train_metric['lasso'] = reg_perf(lasso_pipe_best, X_train, y_train)
df_train_metric['ridge'] = reg_perf(ridge_pipe_best, X_train, y_train)
df_train_metric['elasticnet'] = reg_perf(elasticnet_pipe_best,X_train, y_train)
df_train_metric['linear_reg'] = reg_perf(linearreg_pipe,X_train, y_train)
df_train_metric
```

输出结果：

	lasso	ridge	elasticnet	linear_reg
均方误差	21.1384	21.2038	21.1534	21.1330
平均绝对误差	3.2319	3.2143	3.2247	3.2381
R 方	0.7570	0.7563	0.7569	0.7571

从代码 6-23 的输出结果来看，在训练集中拟合效果最好的模型是多元线性回归模型，其 R 方为 0.7571。

利用均方误差、平均绝对误差、R 方三个指标评估各模型在测试集中的性能，见代码 6-24。

代码 6-24

```
# 评估各模型在测试集中的性能
# 定义模型性能评价 DataFrame
metrics_index = ['均方误差', '平均绝对误差', 'R 方']
df_test_metric = pd.DataFrame(index=metrics_index)
# 模型在测试集上的性能
df_test_metric['lasso'] = reg_perf(lasso_pipe_best, X_test, y_test)
df_test_metric['ridge'] = reg_perf(ridge_pipe_best, X_test, y_test)
df_test_metric['elasticnet'] = reg_perf(elasticnet_pipe_best, X_test, y_test)
df_test_metric['linear_reg'] = reg_perf(linearreg_pipe, X_test, y_test)
df_test_metric
```

输出结果：

	lasso	ridge	elasticnet	linear_reg
均方误差	24.2121	24.2405	24.2134	24.2102
平均绝对误差	3.4625	3.4312	3.4493	3.4710
R 方	0.6909	0.6906	0.6909	0.6909

从代码 6-24 的输出结果来看，LASSO、岭回归和弹性网络正则化并没有显著提高模型在测试集中的表现。故要提高模型的拟合度并控制过拟合，一个可行的方法是使用多项式回归，将自变量转换为它的二次多项式，进而再使用正则化回归控制过拟合。

本 章 小 结

本章首先介绍回归模型的基本形成，解释型回归分析与预测型回归分析以及相关性、回归和因果关系；然后，通过矩阵方法描述多元线性回归，并用最小二乘估计解决多元线性回归的优化问题；接着，将多元线性回归扩展成对数线性回归和多项式回归，以探讨变量之间可能存在的非线性关系；最后，介绍回归的正则化，包括 LASSO、岭回归和弹性网络正则化。

习 题 六

1. 简述解释型回归分析与预测型回归分析的异同点。

2. 简述相关性、回归与因果关系的差异。

3. 假定多元线性回归的表达式为 $y = X\beta + \varepsilon$，请用最小二乘估计证明 β 的最优解为 $\beta^* = (X^TX)^{-1}X^Ty$。

4. 简述正则化减弱过拟合的原理。

5. 简述 LASSO、岭回归和弹性网络正则化的异同点。

6. 基于本章的示例数据，在 Jupyter Notebook 中输入本章的所有 Python 代码并运行。

7. 基于本章的示例数据，使用所有特征，将数据集划分为训练集和测试集，其中测试集占比 30%。然后选用一种回归方法(如多元线性回归、非线性回归与正则化)，以优化模型参数，使得模型在训练集中的 R 方超过 0.80，在测试集中的 R 方超过 0.75。

第7章 逻辑回归

分类问题是我们日常生活中最常遇到的一类问题，比如垃圾分类、买西瓜时辨别其甜度、看病时医生诊断病情等，这些问题都属于分类问题的范畴。在机器学习领域，分类问题属于监督学习(Supervised Learning)，它的目标是基于新样本的特征判断新样本所属的类别，即给样本"贴标签"。根据类别数量的不同，还可以进一步将分类问题划分为二分类(Binary Classification)和多分类(Multiclass Classification)。分类问题在金融数据挖掘中扮演着重要角色，许多经济和金融问题都涉及分类，如上市公司财务困境的预警分析、银行贷款风险预测、银行客户流失预测和信用卡欺诈识别等。在分类问题中，逻辑回归是最常用的机器学习算法之一。在本章中，我们将介绍逻辑回归算法并将逻辑回归算法应用于保险反欺诈预测。

本章包含以下内容：
(1) 逻辑回归的基本原理。
(2) 逻辑回归的多分类问题。
(3) 逻辑回归模型在保险反欺诈预测中的应用。

7.1 逻辑回归的基本原理

7.1.1 逻辑回归模型的基本形式

逻辑回归是一种广义的线性回归，可用于解决二分类与多分类问题。假定存在一个二分类的训练数据集 $D = \{(\boldsymbol{x}_1, y_1), (\boldsymbol{x}_2, y_2), \cdots, (\boldsymbol{x}_N, y_N)\}$，其中 $\boldsymbol{x}_i$ 包含 d 个特征，即 $\boldsymbol{x}_i = (x_{i1}, x_{i2}, \cdots, x_{id})$，$y_i \in \{0, 1\}$。进一步假定存在一个多元线性回归 $z_i = \boldsymbol{w}^{\mathrm{T}} \boldsymbol{x}_i + b = w_1 x_{i1} + w_2 x_{i2} + \cdots + w_d x_{id} + b$，$z_i$ 是多元线性回归的输出结果，$z_i \in \boldsymbol{z} = (z_1, z_2, \cdots, z_N)$，$\boldsymbol{w}$ 是回归系数，$\boldsymbol{w} = (w_1, w_2, \cdots, w_d)$，$b$ 是常数项。对于任意的 $z_i \in \boldsymbol{z}$，z_i 是连续值，无法拟合离散的样本标签 y_i，但可用 z_i 拟合同样是连续值的条件概率 $p(y_i = 1 | \boldsymbol{x}_i)$。尽管如此，对于 $|\boldsymbol{w}| \neq 0$，z_i 的取值范围为 $(-\infty, +\infty)$，不符合概率的取值范围 $[0, 1]$。因此，我们可以利用对数几率函数(Logistic Function)对 z_i 进行转化，即

$$p(y_i = 1 | \boldsymbol{x}_i) = \sigma(z_i) = \frac{1}{1 + \mathrm{e}^{-z_i}} \tag{7-1}$$

对数几率模型是一种 sigmoid 函数，可将 z_i 的取值范围转化为[0, 1]，如图 7-1 所示。在对数几率函数中，计算可得 $\sigma(-\infty) = 0$、$\sigma(+\infty) = 1$ 和 $\sigma(0) = 0.5$。当 $z_i > 0$ 时，$\sigma(z_i) > 0.5$，当 $z_i < 0$ 时，$\sigma(z_i) < 0.5$。故 $\sigma(z_i)$可以被理解为条件概率，z_i 值越大，条件概率越高。

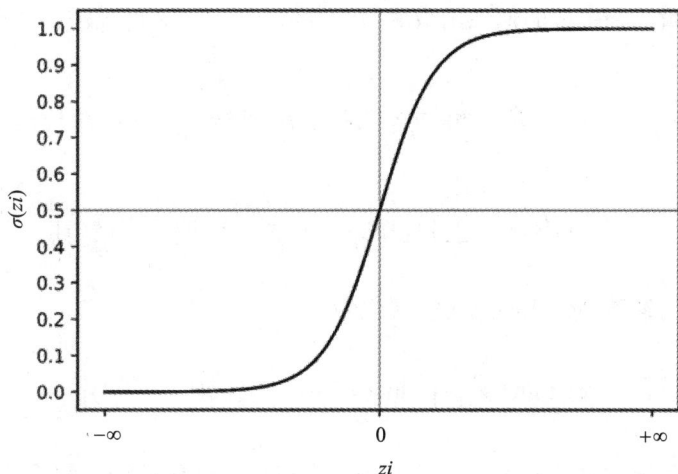

图 7-1 对数几率函数图

基于公式(7-1)，可以得到

$$p(y_i = 0 \mid \boldsymbol{x}_i) = 1 - p(y_i = 1 \mid \boldsymbol{x}_i) = \frac{\mathrm{e}^{-z_i}}{1 + \mathrm{e}^{-z_i}} \tag{7-2}$$

进一步地，我们可以得到

$$\ln \frac{p(y_i = 1 \mid \boldsymbol{x}_i)}{p(y_i = 0 \mid \boldsymbol{x}_i)} = z_i = \boldsymbol{w}^{\mathrm{T}} \boldsymbol{x}_i + b \tag{7-3}$$

式中，比值 $\dfrac{p(y_i = 1 \mid \boldsymbol{x}_i)}{p(y_i = 0 \mid \boldsymbol{x}_i)}$ 表示样本 $\boldsymbol{x}_i$ 作为正类的可能性与其作为反类可能性的比值，称为几率(Odds)。几率的对数是对数几率(Log Odds)。故公式(7-3)实际上是用线性回归模型的预测结果去逼近真实标记的对数几率，而这样的模型也被称作对数几率回归或者逻辑回归(Logistic Regression)模型。

7.1.2 逻辑回归的损失函数及最优解

在确定逻辑回归模型的基本形式之后，我们需要估计公式(7-3)中的模型参数 $\boldsymbol{w}$ 和 b。在统计学中，逻辑回归使用最大似然估计(Maximum Likelihood Estimation)来估计 $\boldsymbol{w}$ 和 b。即找到一组最优参数 $\boldsymbol{w}$ 和 b，使得在这组参数下样本结果出现的概率最大。给定数据集 $D = \left\{ (\boldsymbol{x}_i, y_i) \right\}_1^N$ 与 $y_i \in \{0, 1\}$，令 $\boldsymbol{\beta} = (\boldsymbol{w}, b)$，$\hat{\boldsymbol{x}}_i = (\boldsymbol{x}_i, 1) = (x_{i1}, x_{i2}, \cdots, x_{id}, 1)$，则 $z_i = \boldsymbol{w}^{\mathrm{T}} \boldsymbol{x}_i + b = \boldsymbol{\beta}^{\mathrm{T}} \hat{\boldsymbol{x}}_i$。

再令 $p(\hat{\boldsymbol{x}}_i) = p(y_i = 1 \mid \hat{\boldsymbol{x}}_i)$，$1 - p(\hat{\boldsymbol{x}}_i) = p(y_i = 0 \mid \hat{\boldsymbol{x}}_i)$。由此，可以得到逻辑回归模型的似然函

数为

$$L(\boldsymbol{\beta}) = \prod_{i=1}^{N} \left[p(\hat{\boldsymbol{x}}_i) \right]^{y_i} \left[1 - p(\hat{\boldsymbol{x}}_i) \right]^{1-y_i} \tag{7-4}$$

进一步对逻辑回归模型的似然函数取对数并添加负号，可将最大化问题转化为最小化问题，即

$$\boldsymbol{\beta}^* = \arg\max_{\boldsymbol{\beta}} L(\boldsymbol{\beta}) \Rightarrow \boldsymbol{\beta}^* = \arg\min_{\boldsymbol{\beta}} [-\ln L(\boldsymbol{\beta})] \tag{7-5}$$

$$-\ln L(\boldsymbol{\beta}) = \sum_{i=1}^{N} \left\{ -\left[y_i \ln p(\hat{\boldsymbol{x}}_i) + (1 - y_i) \ln(1 - p(\hat{\boldsymbol{x}}_i)) \right] \right\} \tag{7-6}$$

故逻辑回归模型的参数最优化问题可以转化为

$$\arg\min_{\boldsymbol{\beta}} \ \sum_{i=1}^{N} \left\{ -\left[y_i \ln p(\hat{\boldsymbol{x}}_i) + (1 - y_i) \ln(1 - p(\hat{\boldsymbol{x}}_i)) \right] \right\} \tag{7-7}$$

公式(7-7)是关于 $\boldsymbol{\beta}$ 的高阶可导连续凸函数，根据凸优化理论，利用经典的数值优化算法(如梯度下降法和牛顿法等)都可求得其最优解。

以梯度下降法为例求 $\boldsymbol{\beta}$ 的最优解。由于 $p(y_i = 1 \mid \boldsymbol{x}_i) = \sigma(z_i) = \dfrac{1}{1 + \mathrm{e}^{-z_i}}$ 是 z_i 的函数，而

$z_i = \boldsymbol{\beta}^{\mathrm{T}} \hat{\boldsymbol{x}}_i$ 是 $\boldsymbol{\beta}$ 的函数，故 $-\ln L(\boldsymbol{\beta})$ 对 $\beta_j (j = 1, 2, \cdots, d+1)$ 的一阶导数为

$$
\begin{aligned}
\frac{-\ln L(\boldsymbol{\beta})}{\partial \beta_j} &= \sum_{i=1}^{N} \left\{ -\left[y_i \frac{\ln p(\hat{\boldsymbol{x}}_i)}{\partial \beta_j} + (1 - y_i) \frac{\ln(1 - p(\hat{\boldsymbol{x}}_i))}{\partial \beta_j} \right] \right\} \\
&= \sum_{i=1}^{N} \left\{ -\left[y_i \frac{\partial \ln p(\hat{\boldsymbol{x}}_i)}{\partial z_i} \frac{\partial z_i}{\partial \beta_j} + (1 - y_i) \frac{\partial \ln(1 - p(\hat{\boldsymbol{x}}_i))}{\partial z_i} \frac{\partial z_i}{\partial \beta_j} \right] \right\} \\
&= \sum_{i=1}^{N} \left\{ -\left[y_i (1 - p(\hat{\boldsymbol{x}}_i)) \hat{x}_{ij} - (1 - y_i) p(\hat{\boldsymbol{x}}_i) \hat{x}_{ij} \right] \right\} \\
&= \sum_{i=1}^{N} \left\{ -\left[y_i - p(\hat{\boldsymbol{x}}_i) \right] \hat{x}_{ij} \right\}
\end{aligned} \tag{7-8}
$$

在公式(7-8)的推导中，我们使用的矩阵微分公式为

$$\frac{\partial \ln p(\hat{\boldsymbol{x}}_i)}{\partial z_i} = \frac{1}{p(\hat{\boldsymbol{x}}_i)} \frac{\partial p(\hat{\boldsymbol{x}}_i)}{\partial z_i} = \frac{1}{p(\hat{\boldsymbol{x}}_i)} p(\hat{\boldsymbol{x}}_i)[1 - p(\hat{\boldsymbol{x}}_i)] = 1 - p(\hat{\boldsymbol{x}}_i)$$

$$\frac{\partial \ln[1 - p(\hat{\boldsymbol{x}}_i)]}{\partial z_i} = -\frac{1}{1 - p(\hat{\boldsymbol{x}}_i)} p(\hat{\boldsymbol{x}}_i)[1 - p(\hat{\boldsymbol{x}}_i)] = -p(\hat{\boldsymbol{x}}_i)$$

$$\frac{\partial z_i}{\partial \beta_j} = \hat{x}_{ij}$$

基于公式(7-8)，假定梯度下降法的步长为 α，我们可以得到 β_j 在第 $t+1$ 轮迭代的参数更新公式为

$$\beta_j^{t+1} = \beta_j^t - \alpha \sum_{i=1}^{N} \left\{ -[y_i - p(\hat{x}_i)]\hat{x}_{ij} \right\} \tag{7-9}$$

7.1.3 逻辑回归的正则化

与多元线性回归一样，可以在逻辑回归的原有损失函数的基础上添加关于模型系数的正则化项。逻辑回归的损失函数可以改写为

$$-\ln L(\boldsymbol{\beta}) = \sum_{i=1}^{N} \left\{ -\left[y_i \ln p(\hat{x}_i) + (1 - y_i) \ln(1 - p(\hat{x}_i)) \right] \right\} + \lambda \|\boldsymbol{\beta}\|_p^p \tag{7-10}$$

式中，$\|\boldsymbol{\beta}\|_p^p$ 是正则化项，表示 $\boldsymbol{\beta}$ 的 L_p 范数的 p 次方；$\lambda > 0$ 是正则化参数。

若 p 为 2，则正则化项是 L_2 范数，与岭回归的正则化项一致。在这种情况下，仍然可以使用梯度下降法和牛顿法获得损失函数的最优解。若 p 为 1，则正则化项是 L_1 范数，与 LASSO 的正则化项一致。此时，损失函数不是连续可导的，无法使用梯度下降法和牛顿法，但可采用近端梯度下降法(Proximal Gradient Descent Method)获得损失函数的最优解。

7.1.4 逻辑回归结果的解释

与线性回归的直观性不同，逻辑回归是一种广义的线性回归，特征变量与标签之间是并不是线性相关的。尽管如此，从公式(7-3)可知，经过变换之后，$\boldsymbol{x}_i$ 与对数几率($\ln(\mathrm{Odds}(\boldsymbol{x}_i))$)是线性相关的，即

$$\ln(\mathrm{Odds}(\boldsymbol{x}_i)) = \ln \frac{p(y_i = 1 \mid \boldsymbol{x}_i)}{p(y_i = 0 \mid \boldsymbol{x}_i)} = \boldsymbol{w}^\mathrm{T} \boldsymbol{x}_i + b \tag{7-11}$$

要解释逻辑回归结果，首要问题是需要理解逻辑回归系数的含义。逻辑回归系数 $\boldsymbol{w}$ 代表特征变量对对数几率的影响程度。假定我们使用逻辑回归探究学习时间对考试通过率的影响，则得到的回归方程如下所示：

$$\ln\left(\frac{p}{1-p}\right) = -6.0 + 2.0h \tag{7-12}$$

式中，h 代表学习时间，$p = p(y = 1 \mid h)$ 代表考试通过的概率，$\ln\left(\dfrac{p}{1-p}\right)$ 是通过考试的对数几率。

在式(7-12)中，h 的系数为 2.0，这意味着学习时间增加 1 个小时，通过考试的几率(Odds)会增长 $\exp(2.0)$，即

$$\mathrm{Odds}(h+1) - \mathrm{Odds}(h) = \frac{\exp[-6.0 + 2.0 \times (h+1)]}{\exp(-6.0 + 2.0 \times h)} = \exp(2.0) \tag{7-13}$$

7.2　逻辑回归在多分类问题中的应用

虽然逻辑回归常用于解决二分类问题，但也可将逻辑回归扩展以解决多分类问题，常用的扩展方法包括 One-vs-Rest(简称 OvR)方法、One-vs-One(简称 OvO)方法和 Softmax 方法。

1. One-vs-Rest 方法

假定数据集 $D = \left\{ (\boldsymbol{x}_i, y_i) \right\}_1^N$，$y_i \in \{C_1, C_2, \cdots, C_K\}$ 且有 K 个类别。设测试点为 $(\boldsymbol{x}_t, y_t)$，OvR 方法的核心思想是分别将 K 个类别中的每一个类别作为正类，其余 $K-1$ 个类别作为负类，由此可以生成 K 个二分类器。在预测阶段，需要将测试样本 $\boldsymbol{x}_t$ 分别代入这 K 个二分类器，得到测试样本属于 C_k 的概率 $p(y_i = C_k | \boldsymbol{x}_t)$, $k = 1, 2, \cdots, K$。最终，选择预测概率最高的类别作为测试样本 $\boldsymbol{x}_t$ 所属的预测类别。

OvR 方法作为常用的二分类扩展方法，应用较为广泛，其优点是计算效率较高(标签 y 有多少个类别就训练多少个二分类器)，且易于理解。但是若标签 y 的类别较多，则在训练二分类器时就会出现严重的类别不平衡问题，即样本数据中正类的数量远小于负类的数量。在实际应用中，可以使用 sklearn 的 OneVsRestClassifier 函数将逻辑回归扩展以解决多分类问题。

2. One-vs-One 方法

假定数据集 $D = \left\{ (\boldsymbol{x}_i, y_i) \right\}_1^N$，$y_i \in \{C_1, C_2, \cdots, C_K\}$ 且有 K 个类别。OvO 方法的核心思想是将数据集 D 中的 K 个类别两两配对以生成二分类器，共可以生成 $K \times (K-1)/2$ 个二分类器。在预测阶段，需要将测试样本 $\boldsymbol{x}_t$ 分别代入这 $K \times (K-1)/2$ 个二分类器，得到 $K \times (K-1)/2$ 个预测结果，最后对所有预测结果投票，被投票次数最多的类别就是测试样本 $\boldsymbol{x}_t$ 所属类别的预测结果。如果在最终的统计结果中出现平局的情况(即两个类别被预测次数相等)，则可以通过将这两个类别在所有二分类器中的置信度求和，进而选择置信度求和较大的类别作为测试样本 $\boldsymbol{x}_t$ 所属的预测类别。

OvO 方法在计算过程中不会出现类别不平衡问题，但其计算速度通常会比 OvR 方法的慢。在实际应用中，可以使用 sklearn 的 OneVsOneClassifier 函数将逻辑回归扩展以解决多分类问题。

3. Softmax

假定数据集 $D = \left\{ (\boldsymbol{x}_i, y_i) \right\}_1^N$，$\hat{\boldsymbol{x}}_i = (\boldsymbol{x}_i, 1)$，$y_i \in \{C_1, C_2, \cdots, C_K\}$ 且有 K 个类别。对于每一个类别 C_k，都存在一个对应的参数向量 $\boldsymbol{\beta}_k$，使得 $\alpha_k = \boldsymbol{\beta}_k^{\mathrm{T}} \hat{\boldsymbol{x}}_i$。此时，利用 Softmax 函数可预测

$\hat{\boldsymbol{x}}_i$ 属于类别 C_k 的后验概率为

$$p(y_i = C_k \mid \hat{\boldsymbol{x}}_i) = p_k(\hat{\boldsymbol{x}}_i) = \frac{\mathrm{e}^{\alpha_k}}{\sum_{j=1}^{K} \mathrm{e}^{\alpha_j}} \tag{7-14}$$

此时，还可以使用最大似然估计找到参数向量 $\boldsymbol{\beta}_k$ 的最优解。逻辑回归模型的似然函数为

$$J(\boldsymbol{\beta}) = \prod_{i=1}^{N} \prod_{k=1}^{K} [p_k(\hat{\boldsymbol{x}}_i)]^{1\{y_i = C_k\}} \tag{7-15}$$

式中，$1\{y_i = C_k\}$ 是指示性函数，当 $y_i = C_k$ 为真时，$1\{y_i = C_k\}$ 的结果为 1，否则其结果为 0。进一步对似然函数取对数并添加负号，可将最大化问题转化为最小化问题，即

$$\boldsymbol{\beta}^* = \arg\max_{\boldsymbol{\beta}} J(\boldsymbol{\beta}) \Rightarrow \boldsymbol{\beta}^* = \arg\min_{\boldsymbol{\beta}}[-\ln J(\boldsymbol{\beta})] \tag{7-16}$$

$$-\ln J(\boldsymbol{\beta}) = -\sum_{i=1}^{N} \sum_{k=1}^{K} [1\{y_i = C_k\} \ln p(\hat{\boldsymbol{x}}_i)] \tag{7-17}$$

故逻辑模回归型的参数最优化问题可以转化为

$$\arg\max_{\boldsymbol{\beta}} - \sum_{i=1}^{N} \sum_{k=1}^{K} [1\{y_i = C_k\} \ln p(\hat{\boldsymbol{x}}_i)] \tag{7-18}$$

同样地，我们可以使用梯度下降法或者牛顿法求得 $\boldsymbol{\beta}$ 的最优解。下面以梯度下降法为例求 $\boldsymbol{\beta}$ 的最优解。$-\ln J(\boldsymbol{\beta})$ 对 β_j 的一阶导数为

$$\begin{aligned}
\frac{-\ln J(\boldsymbol{\beta})}{\partial \beta_j} &= -\sum_{i=1}^{N} \sum_{k=1}^{K} \left[1\{y_i = C_k\} \frac{\partial \ln p_k(\hat{\boldsymbol{x}}_i)}{\partial \beta_j} \right] \\
&= \sum_{i=1}^{N} \left\{ -\left[(1\{y_i = C_j\} - p_j(\hat{\boldsymbol{x}}_i))\hat{\boldsymbol{x}}_i \right] \right\}
\end{aligned} \tag{7-19}$$

基于公式(7-19)，假定梯度下降法的步长为 α，可以得到 β_j 在第 $t+1$ 轮迭代的参数更新公式为

$$\beta_j^{t+1} = \beta_j^t - \alpha \sum_{i=1}^{N} \left\{ -\left[(1\{y_i = C_j\} - p_j(\hat{\boldsymbol{x}}_i))\hat{\boldsymbol{x}}_i \right] \right\} \tag{7-20}$$

从公式(7-14)可以发现，在 Softmax 方法中，一个测试样本属于各类别的概率之和一定为 1，而在 OvO 方法或者 OvR 方法中，一个样本在多个二分类器上得到的概率和不一定为 1。因此，当类别之间互斥时(比如企业信用等级分类)，通常采用 Softmax 方法；当类别之间不互斥时(比如华语音乐、流行音乐、重金属音乐等)，则采用 OvO 方法或者 OvR 方法进行预测。在实际应用中，若要基于 Softmax 方法将逻辑回归进行扩展以解决多分类问题，则可以通过调用 sklearn 的 LogisticRegression 函数来设置模型的 multi_class 参数。

7.3 逻辑回归在保险反欺诈预测中的应用

保险欺诈自保险业诞生以来便一直是一个难以根治的难题，对保险公司的稳健运营构成了严重威胁。据国际保险监督官协会估计，全球每年约有 20%～30%的保险赔款涉嫌保险欺诈。因此，利用机器学习模型对保险欺诈进行识别成为金融数据挖掘在保险行业中的关键应用之一。在本小节中，我们将介绍如何使用逻辑回归模型预测保险欺诈客户，并评估该模型的性能。

保险反欺诈预测数据集来源于阿里云天池大赛——金融数据分析赛题 2：保险反欺诈预测。该数据集包含训练集和测试集，其中训练集包含 700 个样本和 38 个特征，这些特征的具体含义见表 7-1。其中，fraud 是表示客户索赔是否存在欺诈的标签特征，另外 37 个特征是与客户和事故相关的特征。

表 7-1　保险反欺诈预测数据集的特征

特　征	含　义	取值
policy_id	保险编号	数值
age	年龄	数值
customer_months	成为客户的时长，以月为单位	数值
policy_bind_date	保险绑定日期	日期
policy_state	上保险所在地区	字符串
policy_csl	组合单一限制(Combined Single Limit)	字符串
policy_deductable	保险扣除额	数值
policy_annual_premium	每年的保费	数值
umbrella_limit	保险责任上限	数值
insured_zip	被保人邮编	字符串
insured_sex	被保人性别：FEMALE 或者 MALE	字符串
insured_education_level	被保人学历	字符串
insured_occupation	被保人职业	字符串
insured_hobbies	被保人兴趣爱好	字符串
insured_relationship	被保人关系	字符串
capital-gains	资本收益	数值
capital-loss	资本损失	数值
incident_date	出险日期	日期
incident_type	出险类型	字符串
collision_type	碰撞类型	字符串

特　征	含　义	取值
incident_severity	事故严重程度	字符串
authorities_contacted	联系了当地的哪个机构	字符串
incident_state	出事所在的省份，已脱敏	字符串
incident_city	出事所在的城市，已脱敏	字符串
incident_hour_of_the_day	出事所在的小时(一天 24 小时的哪个时间)	数值
number_of_vehicles_involved	涉及的车辆数	数值
property_damage	是否有财产损失	字符串
bodily_injuries	身体伤害情况	字符串
witnesses	目击证人数量	数值
police_report_available	是否有警察记录的报告	字符串
total_claim_amount	整体索赔金额	数值
injury_claim	伤害索赔金额	数值
property_claim	财产索赔金额	数值
vehicle_claim	汽车索赔金额	数值
auto_make	汽车品牌，比如 Audi、BMW 等	字符串
auto_model	汽车型号，比如 A3、X5 等	字符串
auto_year	汽车购买的日期	日期
fraud	是否欺诈，1 或者 0	数值

导入 Pandas 和 NumPy、设置小数点的显示格式并过滤 FutureWarning，见代码 7-1。

代码 7-1

```python
# 导入 pandas&numpy
import pandas as pd
import numpy as np
# 设置小数点的显示格式且取后 2 位
pd.set_option("display.float_format", "{:.2f}".format)
# 设置 print 的小数点显示位数
np.set_printoptions(precision=2, suppress=True)
# 过滤 FutureWarning
import warnings
warnings.filterwarnings('ignore')
```

7.3.1 保险反欺诈预测数据集的读取与整理

将保险反欺诈预测数据集读取为 DataFrame，并观察数据的前 5 行，见代码 7-2。

代码 7-2

```
# 读取保险反欺诈预测数据集
df = pd.read_csv('Ch07_insurance_fraud_train.csv')
df.head(5)
```

输出结果：

	policy_id	customer_months	...	witnesses	police_report_available	auto_model	auto_year	fraud
0	122576	189	...	3	?	Maxima	2000	0
1	937713	234	...	1	YES	Civic	1996	0
2	680237	23	...	1	NO	Wrangler	2002	0
3	513080	210	...	2	YES	Legacy	2003	1
4	192875	81	...	1	YES	F150	2004	0

注：因篇幅有限，省略部分输出结果。

从代码 7-2 的输出结果可以发现，数据集中的一些数据是以"?"表示的，需要在后续的数据预处理中进行处理。

进一步地，使用 df.info 函数观察数据集的整体情况，见代码 7-3。

代码 7-3

```
# 查看数据集信息
df.info()
```

输出结果：

```
<class 'pandas.core.frame.DataFrame'>
RangeIndex: 700 entries, 0 to 699
Data columns (total 38 columns):
 #   Column                   Non-Null Count   Dtype
---  ------                   --------------   -----
 0   policy_id                700 non-null     int64
 1   age                      700 non-null     int64
 2   customer_months          700 non-null     int64
......              ......
 35  auto_model               700 non-null     object
 36  auto_year                700 non-null     int64
 37  fraud                    700 non-null     int64
dtypes: float64(1) , int64(18), object(19)
memory usage: 207.9+ KB
```

注：因篇幅有限，省略部分输出结果。

从代码 7-3 的输出结果可以发现，数据集共有 700 个样本和 38 个特征，其中标签特征是"fraud"。由于在原始数据集中以"？"代替空集，故输出结果显示没有缺失值。

7.3.2 保险反欺诈预测数据的探索性分析

数据的探索性分析可以帮助人们以可视化的方法识别影响保险客户欺诈的因素，并为后续机器学习模型的构建提供依据。导入探索性数据分析相关库并设置图片显示格式，见代码 7-4。

代码 7-4

```
# 导入探索性数据分析相关库并设置图片显示格式
# 导入相关库
import matplotlib.pyplot as plt
import datetime
from sklearn.model_selection import train_test_split
# 导入 seaborn
import seaborn as sns
sns.set_style('ticks')
%config InlineBackend.figure_format = 'svg'   # 矢量图设置
#设定中文显示字体及字体大小
plt.rcParams['font.family'] = ['sans-serif']
plt.rcParams['font.sans-serif'] = ['Microsoft Yahei']
font_size = 14
plt.rcParams['axes.labelsize'] = font_size
plt.rcParams['axes.titlesize'] = font_size + 2
plt.rcParams['xtick.labelsize'] = font_size - 2
plt.rcParams['ytick.labelsize'] = font_size - 2
plt.rcParams['legend.fontsize'] = font_size - 2
# 显示负号
plt.rcParams['axes.unicode_minus']=False
```

1. 划分数据集

在进行探索性数据分析前，需要先将数据集划分为训练集和测试集，且仅将测试集用于评估模型。这样的处理方法可以保护模型不受数据窥探偏差的影响，且确保能用未曾见过的测试数据评估模型。使用 sklearn 的 train_test_split 函数将数据集划分为训练集和测试集，其中测试集的占比为 30%，见代码 7-5。此外，考虑到标签特征 fraud 存在严重的类别不平衡问题，在 train_test_split 函数中引入参数 stratify = df['fraud']，以保证训练集和测试集中标签特征 fraud 的类别比例是一致的。

代码 7-5

```
# 划分训练集和测试集
```

```
train_df, test_df = train_test_split(df, test_size=0.3,
                                     stratify=df['fraud'],
                                     random_state=100)
# 重设训练集和测试集的 index
train_df.reset_index(drop=True, inplace=True)
test_df.reset_index(drop=True, inplace=True)
```

2. 问号与缺失值处理

在处理数据之前，需要对数据集中的"?"进行处理。使用 replace 方法将"?"替换为 np.nan，并使用 train_df.isna().sum() 查看各特征的缺失值数目总和，见代码 7-6。

代码 7-6

```
# 以 np.nan 替换"? "
Train_df.replace('?', np.nan, inplace = True)
# 查看各特征缺失值的数目总和
train_df.isna().sum()
```

输出结果：

policy_id	0
⋮	
collision_type	87
incident_severity	0
⋮	
number_of_vehicles_involved	0
property_damage	168
bodily_injuries	0
witnesses	0
police_report_available	173
total_claim_amount	0
⋮	
fraud	0
dtype: int64	

注：因篇幅有限，省略部分输出结果。

从代码 7-6 的输出结果来看，collision_type、property_damage 和 police_report_available 的缺失值数目分别为 87、168 和 173。

在表 7-1 中观察 collision_type、property_damage、police_report_available 这三个特征的定义，并查看这三个特征缺失值的频数统计(见代码 7-7)，可以发现，这三个特征都是类别特征。因为这三个特征的缺失值占比接近 1/3，所以若直接使用各个特征的众数(Mode)填充缺失值，则会完全改变特征的分布，故将这三个特征的缺失值作为单独的类别进行处理，并在代码 7-8 中以字符串"unknown"填充缺失值。

代码 7-7

```
# 查看类别特征缺失值的频数统计
nan_categroy = ['collision_type', 'property_damage',
                'police_report_available']
for i in nan_categroy:
    print(train_df[i].value_counts())
```

输出结果：

```
Rear Collision       153
Front Collision      127
Side Collision       123
Name: collision_type, dtype: int64
YES      166
NO       156
Name: property_damage, dtype: int64
NO       164
YES      153
Name: police_report_available, dtype: int64
```

代码 7-8

```
# 将缺失值作为单独一类处理，填充值为'unknown'
for i in nan_categroy:
    train_df[i] = train_df[i].fillna('unknown')
# 查看各特征缺失值的数量
train_df.isna().sum()
```

输出结果：

```
policy_id              0
age                    0
          ⋮
auto_model             0
auto_year              0
fraud                  0
dtype: int64
```

注：因篇幅有限，省略部分输出结果。

3. 标签特征分析

fraud 是数据集的标签特征，取值为 1 或 0，1 代表该客户是欺诈客户，0 则代表该客户是正常客户。使用饼图分析欺诈客户和正常客户的占比，画出欺诈客户与正常客户的占比分析图，见代码 7-9。

```
# 画出欺诈客户与正常客户的占比分析图
labels = '欺诈客户', '正常客户'
sizes = [train_df.fraud[train_df['fraud']==1].count(),
        train_df.fraud[train_df['fraud']==0].count()]
explode = (0, 0.01)
fig1, ax1 = plt.subplots(figsize=(6, 3), dpi=1000)
ax1.pie(sizes, explode=explode, labels=labels, autopct='%1.2f%%',
        colors=['lightgrey', 'grey'], shadow=False, startangle=90)
# ax1.axis('equal')
plt.title("欺诈客户与正常客户的占比分析图")
plt.show()
```

输出结果如图 7-2 所示。

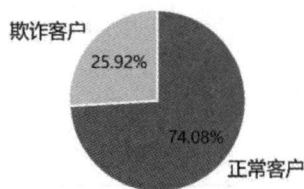

图 7-2　代码 7-9 的输出结果

从代码 7-9 的输出结果可以发现,欺诈客户的占比为 25.92%,正常客户的占比为 74.08%,正常客户的样本数量远远超过了欺诈客户的样本数量,故该数据集是类别不平衡数据集。因此,在这种情况下,准确性指标已经不是衡量模型性能的最佳指标,需要使用 AUC 值衡量模型性能。

4. 类别特征分析

查看各特征取值的频数,见代码 7-10。

代码 7-10

```
# 查看各特征取值的频数
train_df.nunique()
```

输出结果:

policy_id	490
age	43
customer_months	281
policy_bind_date	478
policy_state	3
policy_csl	3
policy_deductable	3

policy_annual_premium	489
umbrella_limit	11
insured_zip	489
insured_sex	2
insured_education_level	7
insured_occupation	14
insured_hobbies	20
insured_relationship	6
capital-gains	247
capital-loss	250
incident_date	109
incident_type	4
collision_type	4
incident_severity	4
authorities_contacted	5
incident_state	7
incident_city	7
incident_hour_of_the_day	24
number_of_vehicles_involved	4
property_damage	3
bodily_injuries	3
witnesses	4
police_report_available	3
total_claim_amount	486
injury_claim	467
property_claim	465
vehicle_claim	489
auto_make	14
auto_model	39
auto_year	21
fraud	2

dtype: int64

在对数据集进行特征分析之前，基于表 7-1 中各特征的定义和代码 7-10 输出的各特征取值的频数，将特征分为类别特征、连续特征和日期特征，见代码 7-11。

代码 7-11

```
# 划分类别特征、连续特征和日期特征
categorical = ['policy_id', 'policy_state', 'policy_csl',
        'insured_zip', 'insured_sex',
```

```
                'insured_education_level', 'insured_occupation',
                'insured_hobbies', 'insured_relationship',
                'incident_type', 'collision_type',
                'incident_severity', 'authorities_contacted',
                'incident_state', 'incident_city', 'property_damage',
                'bodily_injuries','witnesses',
                'police_report_available', 'auto_make',
                'auto_model', 'auto_year']

continuous = ['age', 'customer_months', 'policy_deductable',
                'policy_annual_premium', 'umbrella_limit',
                'capital-gains', 'capital-loss',
                'incident_hour_of_the_day', 'injury_claim',
                'number_of_vehicles_involved', 'total_claim_amount',
                'property_claim', 'vehicle_claim']

datetime_list = ['policy_bind_date','incident_date']
```

在类别特征分析中，使用 SciPy 的 chi2_contingency 函数(chi2_contingency 函数的原假设是两组客户的特征分布是一致的)来检验欺诈客户和正常客户的某个类别特征的分布是否一致，见代码 7-12。

代码 7-12

```
# 欺诈客户和正常客户的某个类别特征的分布是否一致的检验
from scipy.stats import chi2_contingency
chi2_array, p_array = [], []
for column in categorical:
    # 生成类别特征与 fraud 的列联表
    crosstab = pd.crosstab(train_df[column], train_df['fraud'])
    # 检验欺诈客户与正常客户的类别特征的独立性
    chi2, p, dof, expected = chi2_contingency(crosstab)
    chi2_array.append(chi2)
    p_array.append(p)

df_chi = pd.DataFrame({
    '类别特征': categorical,
    'Chi-square': chi2_array,
    'p-value': p_array
})
df_chi.sort_values(by='p-value',ascending=False)
```

输出结果：

	类别特征	Chi-square	p-value
14	incident_city	2.52	0.87
5	insured_education_level	2.57	0.86
8	insured_relationship	2.28	0.81
6	insured_occupation	9.36	0.75
19	auto_make	9.87	0.70
16	bodily_injuries	0.93	0.63
4	insured_sex	0.25	0.62
0	policy_id	490.00	0.48
3	insured_zip	490.00	0.47
18	police_report_available	1.55	0.46
21	auto_year	24.52	0.22
2	policy_csl	3.09	0.21
20	auto_model	44.75	0.21
13	incident_state	11.34	0.08
17	witnesses	6.89	0.08
1	policy_state	5.47	0.07
15	property_damage	6.58	0.04
12	authorities_contacted	15.88	0.00
9	incident_type	20.90	0.00
10	collision_type	24.95	0.00
7	insured_hobbies	73.00	0.00
11	incident_severity	113.00	0.00

从代码 7-12 的输出结果来看，incident_city 等 13 个特征的 p 值大于 0.1，故接受原假设。因此，需要在特征数据集中删除 incident_city 等 13 个特征，将 p 值小于 0.1 的类别特征保留下来并定义为 cat_remain，见代码 7-13。

代码 7-13

```
# 剔除 p 值大于 0.1 的类别特征，将剩余特征保留
cat_remain = ['policy_state', 'witnesses', 'incident_type',
        'incident_state', 'property_damage',
        'authorities_contacted','incident_severity',
        'collision_type', 'insured_hobbies']
```

5. 连续特征分析

1) 连续特征的相关系分析

首先分析连续特征的相关性，见代码 7-14。

代码 7-14

```
# 连续特征的相关性分析
df_con = train_df[continuous]
fig3, ax = plt.subplots(figsize=(9, 9), tight_layout=True)
sns.heatmap(df_con.corr(), annot=True, annot_kws={'fontsize': 10},
            fmt='.2f', cmap='gist_yarg', cbar=False, ax=ax)
ax.tick_params(axis='x', rotation=80)
ax.tick_params(axis='y', rotation=360)
fig3.suptitle("连续特征的相关性分析", fontsize=14, x=0.60, y=0.98)
plt.show()
```

输出结果如图 7-3 所示。

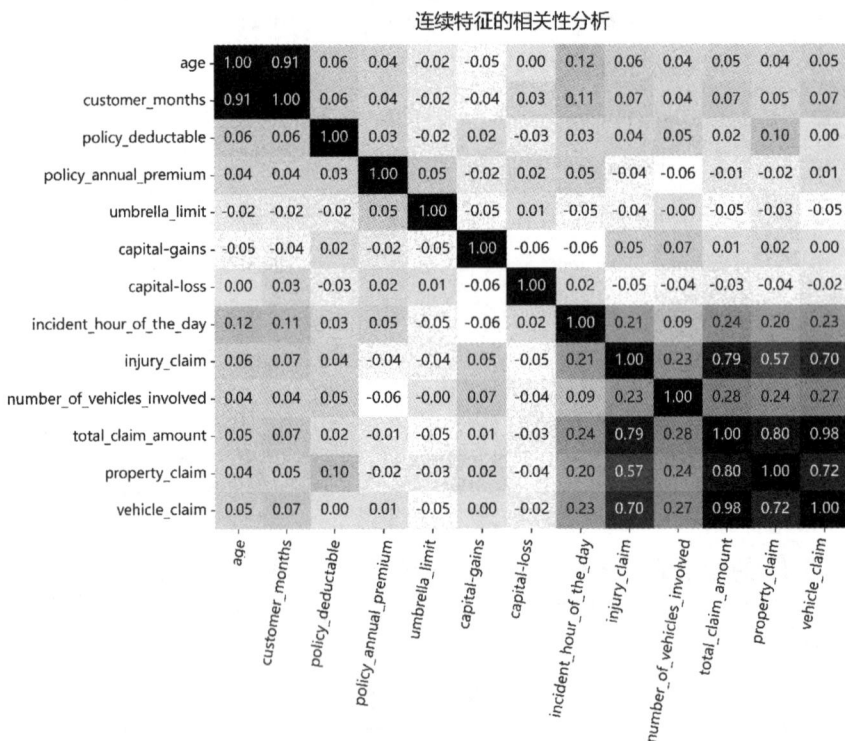

图 7-3 代码 7-14 的输出结果

从代码 7-14 的输出结果可以发现：(1) age 和 consumer_months 之间的相关系数高达 0.91；(2) total_claim_amount、vehicle_claim、injury_claim 和 property_claim 之间存在着高度相关性。故为了避免多重共线性问题，将 age、total_claim_amount 和 vehicle_claim 从数据集中删除，见代码 7-15。

代码 7-15

```
# 删除特征 age、total_claim_amount 和 vehicle_claim
con_del = ['age', 'total_claim_amount', 'vehicle_claim']
df_con = df_con.drop(con_del, axis=1)
```

2) 连续特征的分类箱形图分析

画出连续特征的分类箱形图，见代码 7-16，以观察欺诈客户和正常客户的连续特征的分布是否一致。

代码 7-16

```
# 画出连续特征的分类箱形图
fig, ax = plt.subplots(5, 2, figsize=(6, 14))
for index, column in enumerate(df_con.columns):
    plt.subplot(5, 2, index + 1)
    ax2 = sns.boxplot(x = 'fraud', y=column, hue = 'fraud',
                      data=train_df, palette='gray_r', saturation=0.6)
    plt.xticks([0, 1], ['No', 'Yes'])
    # 去除图例
    ax2.legend_.remove()
fig.suptitle("连续特征的分类箱形图", fontsize=16, x=0.50, y=1.0)
plt.tight_layout()
```

输出结果如图 7-4 所示。

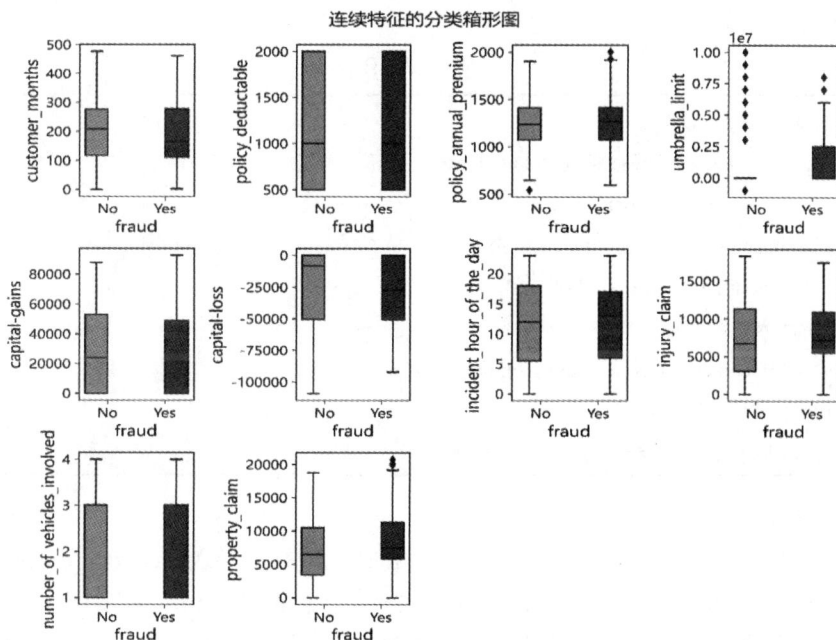

图 7-4　代码 7-16 的输出结果

从代码 7-16 的输出结果可以发现，欺诈客户与正常客户的 policy_deductable 和 number_of_vehicles_involved 这两个特征的分布几乎是一致的，故将这两个特征从连续特征数据集中删除，见代码 7-17。

代码 7-17

```
# 删除特征 policy_deductable 和 number_of_vehicles_involved
df_con = df_con.drop(['policy_deductable','number_of_vehicles_involved'], axis=1)
```

6. 时间特征分析

在时间特征中，主要分析 policy_bind_date(保险绑定日期)和 incident_date(出险日期)的时间差对客户欺诈行为的影响。先通过 to_datetime 函数将数据转化为日期格式，再将两者相减所得的天数(Days)作为时间差，见代码 7-18。

代码 7-18

```
# 计算 policy_bind_date(保险绑定日期)和 incident_date(出险日期)的时间差
for val in datetime_list:
    train_df[val] = pd.to_datetime(train_df[val],format='%Y-%m-%d')
train_df['detla_time'] = (train_df['incident_date'] - train_df['policy_bind_date']).dt.days
```

7.3.3 保险反欺诈预测数据的预处理

数据预处理可将原始数据集转换为适合于训练机器学习模型的数据集。本小节中的数据预处理过程主要包括类别特征数值化、连续特征标准化、类别不平衡问题处理和测试集数据的预处理。在进行数据预处理前，先通过 loc 方法将前面数据探索性分析时需要删除的特征删除，见代码 7-19。

代码 7-19

```
# 留存的类别变量
cat_remain = ['policy_state', 'witnesses', 'incident_type',
            'incident_state', 'property_damage',
            'authorities_contacted', 'incident_severity',
            'collision_type', 'insured_hobbies']
# 将'delta_time'加入连续变量
con_remain = list(df_con.columns) + ['detla_time']
# 将 train_df 中的其他变量删除
train_df = train_df.loc[:, cat_remain+con_remain+['fraud']]
```

1. 类别特征数值化

对所有类别特征使用目标编码的方法进行数值化。首先，导入 category_encoders 模块，构建 TargetEncoder 的编码模型，并选定所有类别特征(cat_remain)为需要编码的类别特征；然后，设定需要编码的数据集为 X_feature，目标变量为 y_target；最后，运用 fit 方法训练模型，用 transform 方法对类别特征进行目标编码，见代码 7-20。

代码 7-20

```
# 导入 category_encoders 模块
import category_encoders as ce
# 构建 TargetEncoder 的编码模型，为所有类别特征编码
encoder = ce.TargetEncoder(cols=cat_remain)
# 设定需要编码的数据集为 X_feature, 目标变量为 y_target
X_feature = train_df
y_target = train_df.loc[:, 'fraud']
# 训练目标编码模型并转化训练数据
target_encoder = encoder.fit(X_feature, y_target)
train_df = target_encoder.transform(X_feature)
```

2. 连续特征标准化

连续特征标准化可以减小不同特征的规模和分布差异等对模型的影响。使用 sklearn 的 StandardScaler 函数对连续特征进行 Z-Score 标准化，见代码 7-21。

代码 7-21

```
# 连续特征的标准化
from sklearn.preprocessing import StandardScaler
sdscaler = StandardScaler( )
train_df[con_remain] = sdscaler.fit_transform\(train_df.loc[:, con_remain])
```

3. 类别不平衡问题处理

类别不平衡问题指的是在分类任务中，不同类别的训练样本数目存在显著的差异，通常表现为样本的类别比例(即多数类样本的数量与少数类样本的数量之比)明显大于 1∶1。在处理类别不平衡问题之前，分别设置训练集的样本数据与样本类别为 X_train 和 y_train，以便后续进行相应的处理，见代码 7-22。

代码 7-22

```
# 设置 X_train 和 y_train
y_train = train_df['fraud']
X_train = train_df.drop('fraud', 1)
y_train.value_counts( )
```

输出结果：

```
0    363
1    127
Name: fraud, dtype: int64
```

从代码 7-22 的输出结果可以看出，样本的类别比例接近 3∶1，这表明存在明显的类别不平衡问题。故使用 imblearn 库中的合成少数类过采样技术(Synthetic Minority Over-sampling Technique，SMOTE)算法解决样本的类别不平衡问题，见代码 7-23。

```
# 基于 SMOTE 算法解决类别不平衡问题
from imblearn.over_sampling import SMOTE
over = SMOTE(sampling_strategy='auto', random_state=100)
X_train, y_train = over.fit_resample(X_train, y_train)
y_train.value_counts()
```

输出结果：

    0   363
    1   363
    Name: fraud, dtype: int64

从代码 7-23 的输出结果可以发现，当应用 SMOTE 算法后，样本的类别比例为 1∶1。

4. 测试集数据的预处理

对于在训练集中构建与优化的模型，需要在测试集中评估模型的性能，这就需要采用与处理训练集一样的方法对测试集中的数据进行预处理。具体方法是：首先，对测试集中的"？"进行处理，与处理训练集一样，将"？"作为类别特征的取值之一，用"unknown"替换；其次，计算 policy_bind_date 和 incident_date 之间的时间差并删除特征中不需要的类别特征和连续特征；再次，对测试集中的类别特征和连续特征分别进行数值化和标准化处理，值得注意的是，在测试集的类别特征数值化中，仍然使用在训练集中训练得到的目标编码模型进行目标编码；最后，设置 X_test 和 y_test。上述过程见代码 7-24。

代码 7-24

```
# 测试集数据的预处理
# 处理测试集中的问号，以"unknown"替换"？"
test_df.replace('?', 'unknown', inplace = True)
# 计算'policy_bind_date'和'incident_date'的时间差
for val in datetime_list:
    test_df[val] = pd.to_datetime(test_df[val],format='%Y-%m-%d')
test_df['detla_time'] = (test_df['incident_date'] - test_df['policy_bind_date']).dt.days
# 删除不需要的类别特征和连续特征
test_df = test_df.loc[:, cat_remain+con_remain+['fraud']]
# 类别特征数值化
test_df = target_encoder.transform(test_df)
# 连续特征标准化
sdscaler = StandardScaler()
test_df[con_remain] = sdscaler.fit_transform(test_df.loc[:, con_remain])
# 设置 X_test 和 y_test
y_test = test_df['fraud']
X_test = test_df.drop('fraud', 1)
```

7.3.4 构建逻辑回归模型并预测保险欺诈客户

构建逻辑回归模型并利用数据进行训练。在实际操作中，调用 sklearn 的 LogisticRegression 函数建模。LogisticRegression 函数如下所示：

LogisticRegression (penalty = 'l2', *, C = 1.0, class_weight = None, random_state = None, solver = 'lbfgs', max_iter = 100, multi_class = 'auto', n_jobs = None, l1_ratio = None)

LogisticRegression 函数的主要参数说明见表 7-2。

表 7-2 LogisticRegression 函数的主要参数说明

主要参数名称	参 数 说 明
penalty	正则化惩罚项，可选值是 l1、l2、elasticnet、None，默认取值是 l2
C	正则化参数倒数，浮点型数据。C 的取值必须严格大于 0，默认值为 1.0。C 取值越小，对于错误分类的样本的惩罚就越大
class_weight	每个类样本的权重，可选取值是字典(dict)或者 balanced，默认取值是 None。若选择 balanced，则样本权重为 n_samples / (n_classes * np.bincount(y))；若选择 None，则表示每个样本权重是一致的
random_state	随机种子，整数型数据，默认值是 None
solver	求解最优化问题所采用的算法，可选值是 lbfgs、liblinear、newton-cg、newton-cholesky、sag、saga，默认是 lbfgs。对于小型数据集，可以选择 liblinear，而 sag 和 saga 对于大型数据集更快。此外，不同的算法所支持的 penalty 是不一致的：lbfgs、newton-cg、newton-cholesky 和 sag 可支持的正则化惩罚项为 l2 和 None；liblinear 可支持的正则化惩罚项 l1 和 l2；saga 可支持的正则化惩罚项为 elasticnet、l1、l2 和 None
max_iter	模型的最大迭代次数，整数型数据，默认值是 100
multi_class	多元分类，可选值是 auto、ovr、multinomial，默认取值是 auto。若选择 ovr，则代表使用 One-vs-Rest 进行多元分类；若选择 multinomial，则代表使用 Softmax 进行多元分类；若选择 auto，则当问题是 0-1 分类或者 slver 为 liblinear 时使用 ovr，其他使用 multinomial
n_jobs	要使用的处理器数目，默认是 None，表示使用 1 个处理器；若为 -1，则使用 CPU 的所有处理器
l1_ratio	elasticnet 的混合参数，取值范围为 $0 \leqslant l1\_ratio \leqslant 1$。若 l1_ratio = 0，则相当于使用 penalty 为 l2；若 l1_ratio = 1，则相当于使用 penalty 为 l1；若 $0 < l1\_ratio < 1$，则惩罚项是 l1 和 l2 的组合

1. 逻辑回归模型的参数优化

使用 GridSearchCV 寻找逻辑回归模型相关参数的最优值，见代码 7-25。在 GridSearchCV 中，选择 5 折交叉验证(cv = 5)，选择评估指标为 AUC 值(scoring = 'roc_auc') 并输出逻辑回归模型的最优参数和最优逻辑回归模型。

代码 7-25

```
# 导入相关的机器学习库
from sklearn.model_selection import GridSearchCV
from sklearn.linear_model import LogisticRegression
from sklearn.metrics import accuracy_score, f1_score, roc_auc_score
# 逻辑回归模型的参数优化
param_grid = {
    'penalty': ['l1', 'l2'],
    'C': np.arange(0.01, 10, 100),
}


# 基于网格搜索的参数寻优
logit_clf = LogisticRegression(random_state=100, solver='liblinear')
logit_cv = GridSearchCV(logit_clf, param_grid=param_grid,
                        scoring='roc_auc', cv=5,
                        verbose=False, n_jobs=-1)
# 训练模型
logit_cv.fit(X_train, y_train)

print("逻辑回归模型的最优参数：", logit_cv.best_params_)
print("最优逻辑回归模型：", logit_cv.best_estimator_)
```

输出结果：

逻辑回归模型的最优参数： {'C': 0.01, 'penalty': 'l2'}

最优逻辑回归模型： LogisticRegression(C=0.01, random_state=100, solver='liblinear')

2. 参数优化后的逻辑回归模型训练与性能评估

基于代码 7-25 的输出结果，对参数优化后的逻辑回归模型进行训练，见代码 7-26。

代码 7-26

```
#参数优化后的逻辑回归模型的训练
logit_best_clf = LogisticRegression(C=0.01, random_state=100,penalty='l2', solver='liblinear')
logit_best_clf.fit(X_train, y_train)
```

模型性能评估主要是指对模型的泛化能力进行评估，这需要用测试集来评估模型对新样本的判别能力。逻辑回归模型在训练集与测试集中表现的比较分析见代码 7-27。

```
# 模型在训练集与测试集中表现的比较分析
# 定义模型评估整合函数
def perform(clf, x, y):
    y_pred = clf.predict(x)
    y_prob = clf.predict_proba(x)
    ac_score = accuracy_score(y, y_pred)
    f_score = f1_score(y, y_pred, average='weighted')
    auc_value = roc_auc_score(y, y_prob[:, 1])
    return ac_score, f_score, auc_value

# 评估模型在训练集和测试集中的性能
model_p = pd.DataFrame(index = ['Accuracy','f1_score', 'AUC 值'])
model_p["训练集"] = perform(logit_best_clf, X_train, y_train)
model_p["测试集"] = perform(logit_best_clf, X_test, y_test)
# 输出模型在训练集和测试集中的性能
model_p
```

输出结果:

	训练集	测试集
Accuracy	0.63	0.55
f1_score	0.63	0.58
AUC 值	0.69	0.60

从代码 7-27 的输出结果可以发现,在训练集中,逻辑回归模型的准确率(Accuracy)、F1 值(f1_score)和 AUC 值都在 0.60 左右,这说明该模型在训练集中的表现一般。在测试集中,逻辑回归模型的准确率、F1 值和 AUC 值分别为 0.55、0.58 和 0.60,均低于模型在训练集中的值。

本 章 小 结

逻辑回归是最常用的分类算法之一。本章主要介绍了逻辑回归的基本原理、逻辑回归在多分类问题中的应用和逻辑回归在保险反欺诈预测中的应用。在逻辑回归的基本原理部分,介绍了逻辑回归模型的基本形式、损失函数和最优解,逻辑回归的正则化和逻辑回归结果的解释。在逻辑回归在多分类问题的应用部分中,介绍了 OvR、OvO 和 Softmax 三种常用的扩展方法。在逻辑回归在保险反欺诈预测中的应用部分,介绍了如何使用逻辑回归模型预测保险欺诈客户,并评估了该模型的性能。

习 题 七

1. 什么是对数几率函数？它在逻辑回归中有什么作用？

2. 给定数据集 $D = \{(x_i, y_i)\}_1^N$ 与 $y_i \in \{0, 1\}$，令 $\boldsymbol{\beta} = (w, b)$，$\hat{x}_i = (x_i, 1) = (x_{i1}, x_{i2}, \cdots, x_{id}, 1)$，

$z_i = w^{\mathrm{T}} x_i + b = \boldsymbol{\beta}^{\mathrm{T}} \hat{x}_i$，$p(\hat{x}_i) = p(y_i = 1 \mid \hat{x}_i)$，$L(\boldsymbol{\beta})$ 是参数 $\boldsymbol{\beta}$ 的似然函数，请推导证明：

$$\frac{-\ln L(\boldsymbol{\beta})}{\partial \beta_j} = \sum_{i=1}^{N} \{-[y_i - p(\hat{x}_i)] \hat{x}_{ij}\}$$

3. 假定客户的工作时间(单位：年)对信用卡违约概率的影响的逻辑回归方程为

$$\ln\left(\frac{p}{1-p}\right) = -10.0 + 5.0 \times h$$

回答以下问题：

(1) 若某位客户信用卡违约的概率为 50%，则其工作时间为多少年？

(2) 若某位客户的工作时间增加 1 年，则其信用卡违约的概率会发生怎样的变化？

(3) 若某位客户的工作时间是 3 年，则其信用卡违约的概率为多少？

4. 简述将逻辑回归进行扩展以处理多分类问题的方法和原理。

5. 基于本章的示例数据，在 Jupyter Notebook 中输入本章的所有 Python 代码并运行。

6. 基于本章的示例数据，将数据集划分为训练集和测试集，其中测试集的占比为 30%。然后优化逻辑回归模型，使得它在训练集中的 AUC 值超过 0.80，在测试集中的 AUC 值超过 0.70。

第8章 决策树与集成学习

决策树与集成学习是两种常见的机器学习算法，它们可用于解决分类和回归问题。决策树模型是一种基于树形结构的分类或回归模型，它可以根据一系列规则将数据分割成不同的子树，从而实现预测。集成学习通过构建并组合多个个体学习器来完成学习任务，常可得到比单一个体学习器更准确且更稳健的预测性能。决策树与集成学习算法在金融领域有着很多应用，例如信用评分、风险管理、市场预测和客户分析等。本章将介绍利用决策树和集成学习解决分类问题的基本原理，并应用这些算法预测银行客户流失。

本章包含以下内容：

(1) 决策树。

(2) 集成学习。

(3) 基于决策树和集成学习模型预测银行客户流失。

8.1 决 策 树

8.1.1 决策树的定义

决策树(Decision Tree)是一种树状结构，用于对样本进行分类，它的主要优点是易于理解和解释，分类速度快。决策树由节点(Node)和有向边(Directed Edge)组成。节点有三种类型：根节点(Root Node)、内节点(Internal Node)和叶节点(Leaf Node)。在决策树中，根节点和内节点表示一个特征或属性，叶节点表示一个类。图 8-1 是银行贷款风险分类的决策树模型示意图。在图8-1 中，特征"有担保"是决策树的根节点，"工作""年龄""有房"三个特征是决策树的内节点，"低风险"和"高风险"是决策树的叶节点，而连接根节点、内节点与叶节点的线就是有向边。

当用图 8-1 中的决策树模型判断银行贷款的风险时，首先，从根节点"有担保"开始对样本进行测试，根据测试结果将样本分配到内节点；其次，根据内节点的特征继续对样本进行测试和分配；最后，持续递归，直到到达叶节点，此时可对样本进行分类。例如，若贷款风险样本中的某个样本特征为{有担保：否；工作：管理层；年龄：中年；有房：否}，则利用图 8-1 的决策树模型很容易判定该样本为低风险。

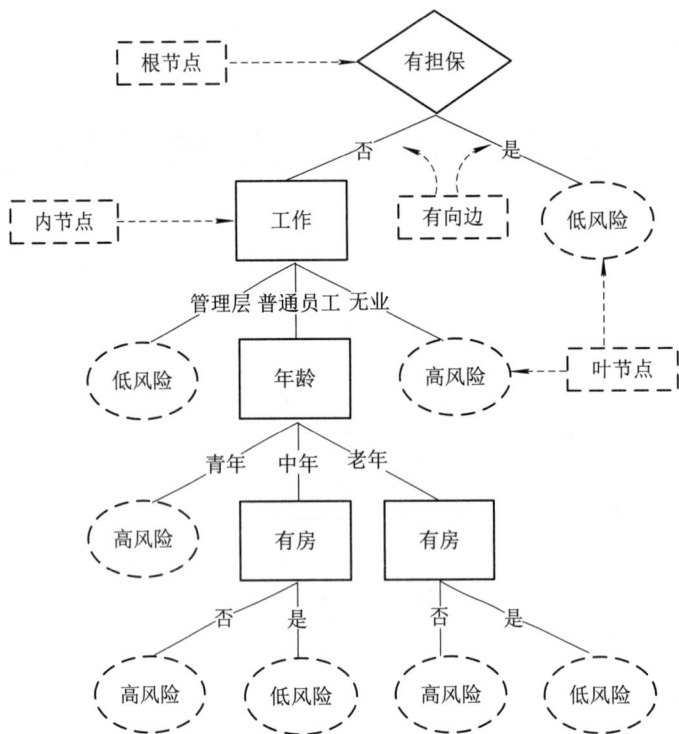

图 8-1　银行贷款风险分类的决策树模型示意图

8.1.2　决策树的特征选择

在决策树的生成过程中，需要对训练数据集的特征进行选择。在训练数据集中，样本的特征可能有很多个，不同特征的作用不同。故特征选择的目的就是筛选出分类能力较强的特征。常用的特征选择准则有信息增益(Information Gain)、信息增益率(Information Gain Ratio)和基尼系数(Gini Coefficient)。

表 8-1 是一个银行贷款风险分类数据集。从表 8-1 可以发现，数据集有"工作""有房""年龄"和"有担保"四个特征，最后一列"贷款风险"是标签，代表贷款风险的高低。若要利用这个数据集构建贷款风险分类的决策树模型，则需要基于特征选择准则(如信息增益)筛选出模型的根节点和每一层的内节点，进而构建决策树模型。

表 8-1　银行贷款风险分类数据集

序号	工作	有房	年龄	有担保	贷款风险
1	管理层	是	青年	是	低
2	普通员工	是	中年	是	低
3	无业	否	老年	否	高
4	无业	是	中年	是	低
5	管理层	是	中年	是	低
6	管理层	否	中年	否	低

序号	工作	有房	年龄	有担保	贷款风险
7	管理层	否	中年	是	低
8	管理层	否	老年	是	低
9	普通员工	是	老年	否	低
10	普通员工	是	青年	是	低
11	普通员工	否	中年	否	高
12	普通员工	否	青年	否	高
13	普通员工	否	老年	是	低
14	无业	是	青年	是	低
15	无业	是	老年	否	高

1. 信息增益

1986 年，Quinlan 提出了基于信息增益的 ID3 算法，该算法被广泛应用于构建决策树。信息增益是信息论中的概念。若要解释信息增益，则需要定义信息量和信息熵的概念。

1) 信息量

信息量度量的是一个随机变量的某一个具体事件发生时所带来的信息。信息量的大小与随机事件发生的概率密切相关。越小概率的事件发生，产生的信息量越大，如太阳从西边升起；越大概率的事情发生，产生的信息量越小，如太阳从东边升起。因此，一个具体事件的信息量是随着其发生概率的增加而递减的，且不能为负。

假定 X 是一个具有有限个取值 $x_1, x_2, \cdots, x_n$ 的离散随机变量，其概率分布为

$$P(X = x_i) = p(x_i) \quad i = 1, 2, \cdots, n \tag{8-1}$$

则事件 x_i 的信息量 $h(x_i)$ 定义为

$$h(x_i) = -\mathrm{lb}p(x_i) \tag{8-2}$$

因为 $0 < p(x_i) < 1$，所以为了确保信息量 $h(x_i)$ 不为负，需要在信息量的度量公式(8-2)中增加负号。

2) 信息熵

信息熵度量的是随机变量的信息量的期望值。随机变量 X 的信息熵 $H(X)$ 定义为

$$H(X) = -\sum_{i=1}^{n} p(x_i)\mathrm{lb}p(x_i) \tag{8-3}$$

对于训练数据集 D，若 D 存在 $C_1, C_2, \cdots, C_K$ 共 K 个类别，基于公式(8-3)，可以定义训练数据集 D 的经验信息熵 $H(D)$ 为

$$H(D) = -\sum_{k=1}^{K} \frac{|C_k|}{|D|} \mathrm{lb} \frac{|C_k|}{|D|} \tag{8-4}$$

式中，$|D|$ 表示样本容量，即样本个数；K 代表标签中类别的个数；C_k 表示训练数据集 D

中属于第 k 类别的样本子集；$|C_k|$ 代表属于子集 C_k 的样本个数；$|C_k|/|D|$ 代表样本属于第 k 类别的概率。

在表 8-1 所示的银行贷款风险分类数据集中，D 的样本容量 $|D|$ 为 15，贷款风险标签中类别个数 K 为 2，分别是高和低；高风险类别的样本个数 $|C_1|$ 为 4，低风险类别的样本个数 $|C_2|$ 为 11，故银行贷款风险分类数据集的经验信息熵为

$$H(D) = -\sum_{k=1}^{2} \frac{|C_k|}{|D|} \text{lb} \frac{|C_k|}{|D|} = -\left(\frac{4}{15}\text{lb}\frac{4}{15} + \frac{11}{15}\text{lb}\frac{11}{15}\right) = 0.8366$$

3）条件熵

假设有随机变量 X 和 Y，其联合概率分布为

$$P(X=x_i, Y=y_j) = p_{ij}, \qquad i = 1, 2, \cdots, n; \ j = 1, 2, \cdots, m \tag{8-5}$$

则条件熵 $H(Y|X)$ 表示在已知随机变量 X 的条件下，随机变量 Y 的不确定性。$H(Y|X)$ 定义为在 X 给定的条件下，Y 的条件概率分布的信息熵，即

$$
\begin{aligned}
H(Y|X) &= \sum_{x_i \in X} p(x_i) H(Y|X=x_i) \\
&= -\sum_{x_i \in X} p(x_i) \sum_{y \in Y} p(y|x_i)\text{lb}p(y|x_i) \\
&= -\sum_{x_i \in X}\sum_{y \in Y} p(x_i, y)\text{lb}p(y|x_i)
\end{aligned}
\tag{8-6}
$$

设特征 A 有 n 个不同的取值 $a_1, a_2, \cdots, a_n$，根据特征 A 的取值将 D 划分为 n 个子集 D_1, $D_2, \cdots, D_n$，$|D_i|$ 为 D_i 的样本个数。$D_{ik}\ (k=1,2,\cdots,K)$ 为子集 D_i 中属于 C_k 的样本集合，$|D_{ik}|$ 为 D_{ik} 的样本个数，那么特征 A 的经验条件熵的公式为

$$H(D|A) = \sum_{i=1}^{n} \frac{|D_i|}{|D|} H(D_i) = -\sum_{i=1}^{n} \frac{|D_i|}{|D|} \sum_{k=1}^{K} \frac{|D_{ik}|}{|D_i|} \text{lb} \frac{|D_{ik}|}{|D_i|} \tag{8-7}$$

基于表 8-1 中的银行贷款风险分类数据集和公式(8-7)，可以计算特征"年龄"的经验条件熵。特征"年龄"有三个可能的取值：青年、中年、老年，使用该特征的取值对 D 进行划分，可以得到 3 个子集：

D_1(年龄 = 青年) = {1, 10, 12, 14}，高风险占比为 1/4，低风险占比为 3/4；

D_2(年龄 = 中年) = {2, 4, 5, 6, 7, 11}，高风险占比为 1/6，低风险占比为 5/6；

D_3(年龄 = 老年) = {3, 8, 9, 13, 15}，高风险占比为 2/5，低风险占比为 3/5，

由此可得 3 个子集的经验信息熵分别为

$$H(D_1) = -\left(\frac{1}{4}\text{lb}\frac{1}{4} + \frac{3}{4}\text{lb}\frac{3}{4}\right) = 0.8113$$

$$H(D_2) = -\left(\frac{1}{6}\text{lb}\frac{1}{6} + \frac{5}{6}\text{lb}\frac{5}{6}\right) = 0.6500$$

$$H(D_3) = -\left(\frac{2}{5}\text{lb}\frac{2}{5} + \frac{3}{5}\text{lb}\frac{3}{5}\right) = 0.9710$$

进而得到特征"年龄"的经验条件熵为

$$H(D|\text{年龄}) = \sum_{i=1}^{3} \frac{|D_i|}{|D|} H(D_i) = \frac{4}{15} \times 0.8113 + \frac{6}{15} \times 0.6500 + \frac{5}{15} \times 0.9710 = 0.8000$$

4) 信息增益

特征 A 对训练数据集 D 的信息增益 $g(D, A)$ 定义为集合 D 的经验信息熵 $H(D)$ 与在特征 A 给定的条件下 D 的经验条件熵 $H(D|A)$ 之差，即

$$g(D, A) = H(D) - H(D|A) \tag{8-8}$$

给定训练数据集 D 和特征 A，经验信息熵 $H(D)$ 表示对数据集 D 进行分类的不确定性。而经验条件熵 $H(D|A)$ 表示在特征 A 给定的条件下对数据集 D 进行分类的不确定性，故信息增益表示由于特征 A 而使得数据集 D 分类不确定性的减少程度。因此，特征的信息增益越大，该特征的分类能力越强。

基于公式(8-8)可计算出特征"年龄"的信息增益为

$$g(D, \text{年龄}) = H(D) - H(D|\text{年龄}) = 0.8366 - 0.8000 = 0.0366$$

同样地，利用表 8-1 中的银行贷款风险分类数据集，可以计算出"工作""有房""有担保"等特征的信息增益，并将信息增益最大的特征作为根节点，以构建决策树模型。

2. 信息增益率

在具体的使用过程中，信息增益准则会偏向于选择可取值数目较多的特征。为了消除这种偏向所带来的不利影响，Quinlan 于 1993 年提出了 C4.5 决策树算法，该算法以信息增益率作为选择最优划分特征的标准。

特征 A 对训练数据集 D 的信息增益率 $g_R(D, A)$ 定义为特征 A 的信息增益 $g(D, A)$ 与训练数据集 D 关于特征 A 的经验信息熵 $H_A(D)$ 之比，即

$$g_R(D, A) = \frac{g(D, A)}{H_A(D)} \tag{8-9}$$

式中，$H_A(D)$ 是训练数据集 D 关于特征 A 的经验信息熵，且

$$H_A(D) = -\sum_{i=1}^{n} \frac{|D_i|}{|D|} \text{lb} \frac{|D_i|}{|D|} \tag{8-10}$$

其中，n 是特征 A 的取值个数。

在具体的使用中，C4.5 决策树算法并不会直接选择信息增益率最大的特征，而是先从候选特征中找出信息增益高于平均水平的特征，再从选出的特征中选择信息增益率最大的特征。

3. 基尼系数

Breiman 等人于 1984 年提出了分类回归树(Classification and Regression Trees，CART)算法，该算法既可用于回归任务，又可用于分类任务。CART 算法采用二分递归分割技术将当前样本集划分为两个子样本集，使得生成的每个非叶节点都有两个分支。非叶节点的特征取值为 True 和 False，左分支取值为 True，右分支取值为 False，因此 CART 算法生成的决策树是结构简单的二叉树。如果待预测数据是连续型数据，则使用平方误差最小化准

则，CART 算法生成回归决策树；如果待预测数据是离散型数据，则使用基尼系数最小化准则，CART 算法生成分类决策树。

在 CART 算法的分类过程中，假设有 K 个类别，样本属于第 k 个类别的概率为 p_k，则概率分布的基尼系数定义为

$$\text{Gini}(p) = \sum_{k=1}^{K} p_k(1 - p_k) = 1 - \sum_{k=1}^{K} p_k^2 \tag{8-11}$$

根据基尼系数的定义，假定训练数据集 D 的标签有 K 个类别，C_k 表示训练数据集 D 中属于第 k 类别的样本子集，$|C_k|$ 代表属于子集 C_k 的样本个数，由此可以得到训练数据集 D 的基尼系数为

$$\text{Gini}(D) = 1 - \sum_{k=1}^{K} \left(\frac{|C_k|}{|D|} \right)^2 \tag{8-12}$$

如果训练数据集 D 根据特征 A 在某一取值 a 上进行分割后得到 D_1 和 D_2 两部分，那么在特征 A 下训练数据集 D 的基尼系数如下所示：

$$\text{Gini}(D, A, a) = \frac{|D_1|}{|D|} \text{Gini}(D_1) + \frac{|D_2|}{|D|} \text{Gini}(D_2) \tag{8-13}$$

基尼系数 $\text{Gini}(D)$ 表示训练数据集 D 的不确定性，基尼系数越大，训练数据集的不确定性越大。而基尼系数 $\text{Gini}(D, A, a)$ 表示 $A = a$ 分割后训练数据集 D 的不确定性。

假定训练数据集 D 有三个特征，分别为 A_1、A_2、A_3，每个特征的取值分别为 a_{i1}、a_{i2}、a_{i3}（$i = 1, 2, 3$），那么，在 CART 分类树的构建过程中，会分别计算 $\text{Gini}(D, A_1, a_{11})$、$\text{Gini}(D, A_1, a_{12})$ 和 $\text{Gini}(D, A_1, a_{13})$ 的值，并选取其中的最小值作为特征 A_1 的最优二分方案。此后，CART 分类树会继续计算并寻找特征 A_2 和 A_3 的最小基尼系数，并与特征 A_1 的最小基尼系数比较，选择其中基尼系数最小的特征作为训练数据集 D 的最优二分方案。

8.1.3 决策树的剪枝

决策树算法以递归方法构建决策树，有时会导致决策树分支过多，进而产生过拟合问题。即决策树模型过度拟合训练集，但在新样本上的预测效果很差。为提升决策树模型的泛化能力，需对决策树模型进行剪枝(Pruning)，进而简化决策树模型。常用的决策树剪枝策略有预剪枝和后剪枝两种。

1. 预剪枝

预剪枝指的是在决策树生成之前设置一些参数，以限制决策树的复杂度。例如，sklearn 的 DecisionTreeClassifier 提供了相关参数以限制决策树的复杂度，具体如下。

(1) max_depth：限制决策树的最大深度，超过设定深度的树枝全部被剪掉，这是使用最广泛的预剪枝参数，在高维度低样本量时非常有效。

(2) min_samples_split：当对一个内节点进行划分时，该参数指定值为内节点上的最小样本数。也就是说，当内节点上的样本数小于该参数指定值时，该内节点的子节点将

被剪枝。

(3) min_samples_leaf：当尝试划分一个叶节点时，只有划分后其分支上的样本个数不小于该参数指定值时，才会考虑将该节点划分。也就是说，当叶节点上的样本数小于该参数指定值时，该叶节点及其兄弟节点将被剪枝。

(4) max_leaf_nodes：设置决策树的最大叶节点个数，该参数可与 max_depth 等参数一起使用，以限制决策树的复杂度。

在具体的应用中，可通过减少 max_depth 值和 max_leaf_nodes 值或者增加 min_samples_split 值和 min_samples_leaf 值对决策树进行预剪枝，以降低模型的过拟合问题。预剪枝技术抑制了很多分支的展开，虽能降低过拟合风险，但也会带来欠拟合风险。

2. 后剪枝

后剪枝是指先从训练集生成一棵完整的决策树，再基于某一判定标准对该决策树进行剪枝。常见的后剪枝方法有错误率降低剪枝(Reduced-Error Pruning，REP)和代价复杂度剪枝(Cost Complexity Pruning，CCP)。

1) 错误率降低剪枝

错误率降低剪枝的目的是减少决策树在验证集中的错误率。错误率降低剪枝从下往上依次遍历所有的非叶节点，若将某节点对应的子树替换成叶节点后能降低决策树在验证集中的错误率，则将该子树替换成叶节点。

假如存在一棵决策树，如图 8-2 所示，其错误率降低剪枝的步骤如下所示：

(1) 将节点 8 删除，将叶节点 10 和 11 合并成一个叶节点(假设为叶节点 X)，叶节点 X 的类别用叶节点 10 和 11 包含的样本中数量最多的类别来确定。测试替换后的决策树在验证集中的表现。若错误率降低，则将节点 8 删除并替换成叶节点 X，否则保留原树形状。

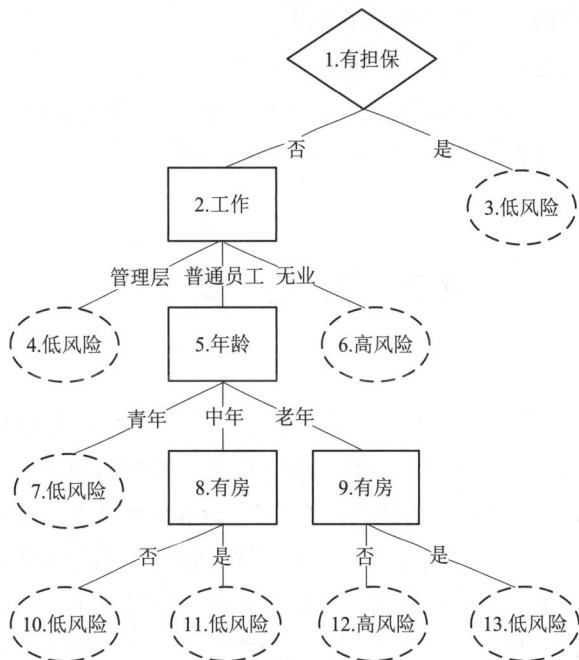

图 8-2　银行贷款风险分类的决策树剪枝示意图

(2) 将节点 9 删除，将叶节点 12 和 13 合并成一个叶节点(假设为叶节点 Y)，并测试替换后的决策树在验证集中的表现。若错误率降低，则将节点 9 删除并替换成叶节点 Y，否则保留原树形状。

(3) 将节点 5 删除，将叶节点 7、10、11、12 和 13 合并成一个叶节点(假设为叶节点 Z)，并测试替换后的决策树在验证集中的表现。若错误率降低，则将节点 5 删除并替换成叶节点 Z，否则保留原树形状。

(4) 将节点 2 删除，将叶节点 4、6、7、10、11、12 和 13 合并成一个叶节点(假设为叶节点 W)，并测试替换后的决策树在验证集中的表现。若错误率降低，则将节点 2 删除并替换成叶节点 W，否则保留原树形状。

错误率降低剪枝是最简单的后剪枝方法之一，但在运用中需要使用独立的验证集。如果样本数较少，那么在使用验证集进行剪枝时可能会出现这样一种情形：在训练集和测试集出现的稀有实例却在验证集中没有出现，这样就会产生过度剪枝的情况。故如果数据集较小，则通常不考虑采用错误率降低剪枝。

2) 代价复杂度剪枝

代价复杂度剪枝是通过极小化决策树整体的损失函数来实现的。假定存在决策树 T，复杂度参数为 α，则决策树 T 的损失函数 $R_\alpha(T)$ 定义为

$$R_\alpha(T) = R(T) + \alpha |\tilde{T}| \tag{8-14}$$

式中，$R(T)$ 代表决策树模型在训练数据集中的预测误差：对于 ID3 算法，$R(T)$ 是经验信息熵；对于 CART 算法，$R(T)$ 是基尼系数；$|\tilde{T}|$ 衡量的是决策树模型叶节点的数目，表示模型的复杂度；复杂度参数 $\alpha \geq 0$，表示在决策树的复杂度和模型的准确性之间进行权衡，α 取值越大，模型的复杂度越低，模型的准确性越小。

代价复杂度剪枝就是在 α 给定时，选择一个决策树，使得损失函数 $R_\alpha(T)$ 最小化。在具体的应用中，代价复杂度剪枝的思想已经被写入 sklearn 的 DecisionTreeClassifier，在对类进行实例化时，可通过设置复杂度超参数 ccp_alpha 实现。

8.2 集 成 学 习

集成学习(Ensemble Learning)通过构建并组合多个个体学习器(Individual Learner)来完成学习任务，常可获得比单一个体学习器更准确且更稳健的预测性能。图 8-3 是集成学习的一般结构示意图。集成学习的一般结构是先产生一组(N 个)个体学习器，再通过某种策略将这些个体学习器组合起来，以获得比单一个体学习器更优越的泛化性能。若这组个体学习器都是同种类型的，如所有个体学习器都是决策树，则这组个体学习器亦称为基学习器(Base Learner)，相应的集成学习被称作同质集成学习。当然集成学习也可以包含不同类型的个体学习器，如线性回归和决策树，此时这组个体学习器被称为组件学习器(Component

Learner)或者仍称为个体学习器，相应的集成学习则被称作异质集成学习。根据个体学习器生成方式的不同，目前的同质集成学习大致可分为并行化的 Bagging 和序列化的 Boosting 两大类。

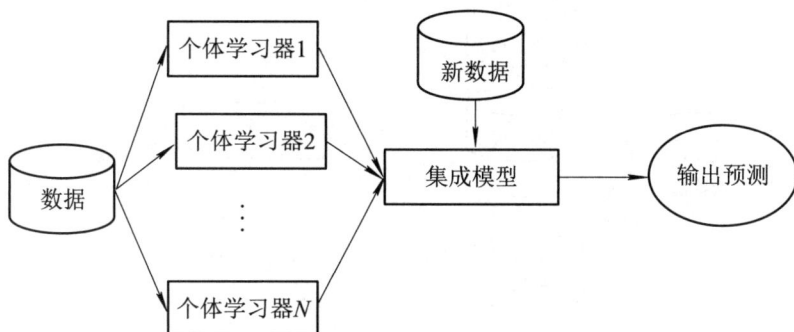

图 8-3　集成学习的一般结构示意图

在集成学习中，要解决以下三个基本问题

(1) 如何选择集成学习的个体学习器？决策树因其树状结构易于被理解和解释、能处理不同种类的输入数据和在测试集中有较快的运行速度等优势，已成为绝大多数集成学习的个体学习器。

(2) 当许多个体学习器都在同一个训练数据集中训练时，如何保证个体学习器之间的差异性？常见的保证个体学习器之间差异性的方法有两种：

① 从训练集中有放回地随机采样，产生若干个不同的训练数据子集，再从每个训练数据子集中训练出个体学习器。

② 在每一轮训练中，根据样本分布为每一个训练样本重新赋予一个权重，再基于调整后的样本分布训练下一个个体学习器。

(3) 如何组合个体学习器以保证集成学习达到最优的可能结果？常见的集成学习算法(如 Bagging 和 Boosting)都使用简单的加和算法。例如，在回归任务中使用简单平均法，即使用各个体学习器的预测结果的平均值，而在分类任务中则使用简单投票法。

8.2.1　Bagging 和随机森林

1. Bagging

Bagging 也叫 Bootstrap Aggregation，由 Breiman 在 1996 年首次提出。在 Bagging 中，基学习器之间不存在强依赖关系，是可以同时生成与并行的。图 8-4 是 Bagging 的一般结构示意图。Bagging 的基本流程为：首先，给定训练数据集 D，D 中包含 m 个样本。Bagging 会通过有放回的随机采样(Bootstrap Sample)生成 T 个训练子集，每个子集也包含 m 个样本，由于使用的是有放回的随机采样，故初始训练数据集 D 中的某些样本会多次出现在训练子集中，而另一些样本不会出现在训练子集中。其次，利用 T 个训练子集分别训练 T 个基学习器。最后，组合这 T 个基学习器并生成最终预测。在对基学习器的预测输出进行组合时，Bagging 通常对分类任务使用简单投票法，对回归任务使用简单平均法。

值得注意的是，研究显示，通过随机采样，初始训练数据集 D 中的数据大约有 63.2% 的数据会出现在训练子集中，而剩余的 36.8%的数据不会出现在训练子集中。这些未被采样的数据既可以作为验证集用于模型超参数寻优，又可以辅助决策树模型剪枝。

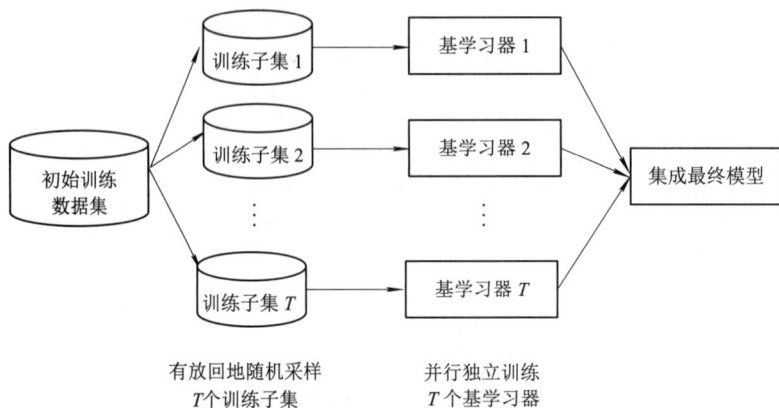

图 8-4 Bagging 的一般结构示意图

2. 随机森林

随机森林(Random Forest)是以决策树为基学习器而构建的扩展 Bagging 结构，是机器学习中最流行的 Bagging 算法。Bagging 算法的性能好坏很大程度上取决于各个基学习器的差异是否足够大。随机森林从以下两个方面提升基学习器的差异程度：(1) 利用有放回的随机抽样生成训练子集；(2) 在决策树的每一个节点特征划分中均引入随机特征选择。假定决策树的当前节点有 d 个候选特征，先从该节点的 d 个候选特征中随机选择包含 k 个特征的子集，再从这个子集的 k 个特征中选择一个最优特征划分该节点。在随机森林中，参数 k 至关重要，它控制了随机性的引入程度，一般情况下，推荐 $k = \text{lb}d$。

在随机森林中，特征的随机选择非常关键，可极大地减弱随机森林基学习器的相关性，提升子树的多样性，进而提升集成模型的整体性能。究其原因，若数据集中有一些特征对目标有很强的分类能力，那么这些特征就会被很多基学习器选中，进而生成基学习器高度相关的随机森林模型，使得随机森林模型的预测能力下降。而在特征的随机选择中，这种情况发生的概率相对较小。

8.2.2 Boosting

Boosting 可通过算法集合将弱学习器转换为强学习器。弱学习器指的是准确率略大于随机猜测的基学习器，而强学习器指的是准确率很高的基学习器。当把 Boosting 算法应用于分类问题时，弱学习器和强学习器也可分别称为弱分类器与强分类器。Boosting 将弱学习器线性组合成强学习器的加法模型为

$$F_M(\boldsymbol{x}) = \sum_{m=1}^{M} \alpha_m f_m(\boldsymbol{x}) \tag{8-15}$$

式中，$\boldsymbol{x}$ 是有 d 个特征的样本示例，$\boldsymbol{x} = (\boldsymbol{x}_1, \boldsymbol{x}_2, \cdots, \boldsymbol{x}_d)$，$\boldsymbol{x}_d$ 是 $\boldsymbol{x}$ 在第 d 个特征上的取值；$f_m(\boldsymbol{x})$ 是弱学习器；α_m 是弱学习器的权重；$F_M(\boldsymbol{x})$ 是由弱学习器通过 Boosting 组成而成的强学习

器。由于 Boosting 中的弱学习器之间存在强路径依赖，是序贯学习的，故在 Boosting 的每一步中，都试图学习一个新的弱学习器 $f_m(\boldsymbol{x})$ 和权重 α_m，并确保现有的强学习器 $F_{M-1}(\boldsymbol{x})$ 加上 $\alpha_m f_m(\boldsymbol{x})$ 所生成的新的强学习器 $F_M(\boldsymbol{x})$ 的性能优于 $F_{M-1}(\boldsymbol{x})$ 的性能。此后，就可以不断地重复这一序贯过程，直到生成一个强学习器，即

$$F_M(\boldsymbol{x}) = F_{M-1}(\boldsymbol{x}) + \alpha_m f_m(\boldsymbol{x}) \tag{8-16}$$

在将弱学习器转化为强学习器的过程中，每个 Boosting 算法都需要解决两个核心问题：(1) 在每一轮学习中如何训练弱学习器？(2) 通过什么方式组合弱学习器？针对这两个问题，不同的 Boosting 算法往往会有不同的答案。目前，主流的 Boosting 算法包括 AdaBoost、GBDT、XGBoost(eXtreme Gradient Boosting) 和 LightGBM(Light Gradient Booting Machine)等。

1. AdaBoost

AdaBoost 是最具代表性的自适应 Boosting 算法，由 Yoav Freund 和 Robert Schapire 在 1995 年提出。图 8-5 是 AdaBoost 分类器的一般结构示意图。针对如何训练弱分类器的问题，AdaBoost 会基于前一轮弱分类器在训练集中的分类误差率调整训练集的权重分布，提高在前一轮被错误分类样本的权重，降低正确分类样本的权重。至于弱学习器的组合方式，AdaBoost 会基于弱分类器在训练集中的分类误差率调整弱分类器在组合加权表决中的权重，增大分类误差率小的弱分类器的权重，减小分类误差率大的弱分类器的权重。

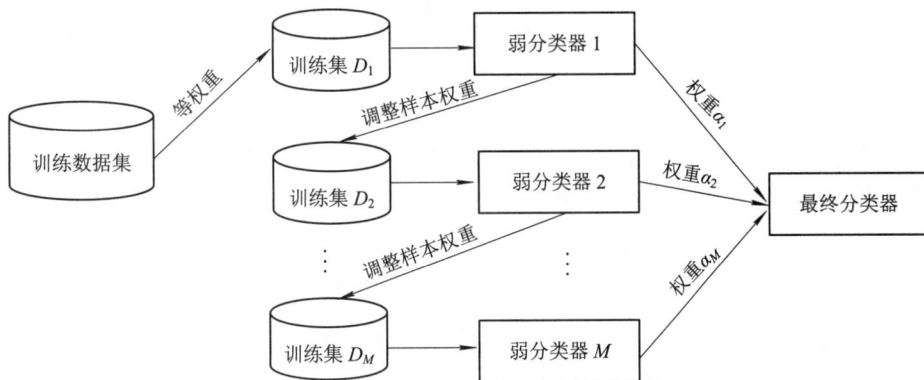

图 8-5　AdaBoost 分类器的一般结构示意图

假定存在一个二分类的训练数据集 $D = \{(\boldsymbol{x}_1, y_1), (\boldsymbol{x}_2, y_2), \cdots, (\boldsymbol{x}_N, y_N)\}$，$\boldsymbol{x}_i = (x_{i1}, x_{i2}, \cdots, x_{id})$，$y_i \in \{-1, +1\}$，弱分类器 $f_m(\boldsymbol{x}_i) \in \{-1, +1\}$，则最终分类器 $F(\boldsymbol{x}_i)$ 为

$$F(\boldsymbol{x}_i) = \text{sign}\left[\sum_{m=1}^{M} \alpha_m f_m(\boldsymbol{x}_i)\right] \tag{8-17}$$

式中，α_m 是弱分类器的权重；sign 是符号函数，当 $\sum_{m=1}^{M} \alpha_m f_m(\boldsymbol{x}_i) > 0$ 时，sign 函数值为 1，否则为 0。

Adaboost 算法的步骤如下所示。

(1) 假定在模型训练之初，训练数据集的权重为均匀分布，故训练数据集的初始权重为

$$w_1 = (w_{11}, \cdots, w_{1i}, \cdots, w_{1N}), \quad w_{1i} = \frac{1}{N}, \ i = 1, 2, \cdots, N \tag{8-18}$$

(2) 对于 $m(m = 1, 2, \cdots, M)$ 个弱分类器，AdaBoost 会基于以下步骤反复学习弱分类器 $f_m(\boldsymbol{x}_i)$：

① 使用当前权重分布 $\boldsymbol{w}_m$ 加权的训练数据集，得到弱分类器 $f_m(\boldsymbol{x}_i) \in \{-1, +1\}$。

② 计算弱分类器 $f_m(\boldsymbol{x}_i)$ 在加权训练集中的分类误差率 e_m：

$$e_m = P[f_m(\boldsymbol{x}_i) \neq y_i] = \sum_{i=1}^{N} w_{mi} I[f_m(\boldsymbol{x}_i) \neq y_i] = \sum_{f_m(\boldsymbol{x}_i) \neq y_i} w_{mi} \tag{8-19}$$

式中，w_{mi} 表示第 m 轮中第 i 个样本的权重，且 $\sum_{i=1}^{n} w_{mi} = 1$；$I[f_m(\boldsymbol{x}_i) \neq y_i]$ 是指示函数，若 $f_m(\boldsymbol{x}_i) \neq y_i$，则函数值为 1，否则为 0。

公式(8-19)表明，$f_m(\boldsymbol{x}_i)$ 在加权训练集中的分类误差率是被 $f_m(\boldsymbol{x}_i)$ 错误分类的样本的权重之和。

③ 基于分类误差率 e_m 计算弱分类器 $f_m(\boldsymbol{x}_i)$ 的权重 α_m：

$$\alpha_m = \frac{1}{2} \ln \frac{1 - e_m}{e_m} \tag{8-20}$$

由公式(8-20)可知，当 $e_m \leq 0.5$ 时，$\alpha_m \geq 0$，且 α_m 随着 e_m 的减小而不断增大，所以弱分类器的分类误差率越小，其在最终分类器中的权重越大，在最终分类器中的作用也越大。

④ 更新训练数据集的权重分布 $\boldsymbol{w}_{m+1}$，为下一轮弱分类器 $f_{m+1}(\boldsymbol{x}_i)$ 的学习做准备：

$$\boldsymbol{w}_{m+1} = (w_{m+1,1}, \cdots, w_{m+1,i}, \cdots, w_{m+1,N}) \tag{8-21}$$

$$w_{m+1,i} = \frac{w_{mi}}{Z_m} \exp[-\alpha_m y_i G_m(\boldsymbol{x}_i)] = \begin{cases} \dfrac{w_{mi}}{Z_m} \exp(-\alpha_m), f_m(\boldsymbol{x}_i) = y_i \\ \dfrac{w_{mi}}{Z_m} \exp(\alpha_m), f_m(\boldsymbol{x}_i) \neq y_i \end{cases} \tag{8-22}$$

式中，Z_m 是规范化因子，其表达式为

$$Z_m = \sum_{i=1}^{N} w_{mi} \exp[-\alpha_m y_i G_m(\boldsymbol{x}_i)] \tag{8-23}$$

由公式(8-22)可知，被弱分类器 $f_m(\boldsymbol{x}_i)$ 错误分类的样本 $(f_m(\boldsymbol{x}_i) \neq y_i)$ 的权重得以扩大，而被 $f_m(\boldsymbol{x}_i)$ 正确分类的样本 $(f_m(\boldsymbol{x}_i) = y_i)$ 的权重却缩小。

(3) 基于加法模型构建弱分类器的加权线性组合 $F_M(\boldsymbol{x}_i)$，并得到最终分类器 $F(\boldsymbol{x}_i)$：

$$F_M(\boldsymbol{x}_i) = \sum_{m=1}^{M} \alpha_m f_m(\boldsymbol{x}_i) \tag{8-24}$$

$$F(\boldsymbol{x}_i) = \text{sign}\left[F_M(\boldsymbol{x}_i)\right] = \text{sign}\left[\sum_{m=1}^{M}\alpha_m f_m(\boldsymbol{x}_i)\right] \tag{8-25}$$

AdaBoost 是最著名的 Boosting 算法之一，它提供了一种 Boosting 框架，在框架内可以构建分类的弱模型，最终得到预测准确度较高的强学习器。AdaBoost 的主要缺点是在训练过程中对异常值敏感，难以准确分类的异常值在迭代中可能获得较高的权重，进而影响最终的强学习器的预测准确性。此外，AdaBoost 依赖于弱分类器的性能，如果弱分类器的训练时间很长，那么 AdaBoost 的整体训练时间也会相应增加。

2. GBDT

提升树(Boosting Trees)以决策树(通常是 CART 回归树)作为弱学习器，通过拟合前面模型的残差来训练下一个弱学习器，从而达到逐步减少误差的目的。同样地，梯度提升决策树(GBDT)也以 CART 回归树作为弱学习器，但进行了一定的改进，通过拟合前面模型的损失函数的负梯度值来训练下一个弱学习器，以降低弱学习器的优化难度，提升弱学习器的学习速度。

下面以 GBDT 为例介绍回归问题。

假定存在训练数据集 $D = \{(\boldsymbol{x}_1, y_1), (\boldsymbol{x}_2, y_2), \cdots, (\boldsymbol{x}_N, y_N)\}$，对于输入样本 $\boldsymbol{x}_i$，GBDT 以加法模型预测其标签值为 $\hat{y}_i$：

$$\hat{y}_i = F_M(\boldsymbol{x}_i) = \sum_{m=1}^{M} f_m(\boldsymbol{x}_i) \tag{8-26}$$

式中，$f_m(\boldsymbol{x}_i)$是弱学习器，GBDT 的弱学习器固定为 CART 回归树；常数 M 表示弱学习器的数目。

基于前向分布算法的基本思想，假定每一步只学习一个弱学习器，从前往后迭代，故在第 m 步，若要得到 $F_M(\boldsymbol{x}_i)$，由于 $F_{M-1}(\boldsymbol{x}_i)$已知，则只需学习弱学习器$f_m(\boldsymbol{x}_i)$，即

$$F_M(\boldsymbol{x}_i) = F_{M-1}(\boldsymbol{x}_i) + f_m(\boldsymbol{x}_i) \tag{8-27}$$

若假定 GBDT 的损失函数为 $l[y_i, F(\boldsymbol{x}_i)]$，则在给定 $F_{M-1}(\boldsymbol{x}_i)$的情况下，第 m 步的 $F(\boldsymbol{x}_i) = F_M(\boldsymbol{x}_i) = F_{M-1}(\boldsymbol{x}_i) + f_m(\boldsymbol{x}_i)$，则第 m 步 GBDT 的损失函数为

$$\min_F \sum_{i=1}^{N} l[y_i, F(\boldsymbol{x}_i)] = \min_f \sum_{i=1}^{N} l\left[y_i, F_{M-1}(\boldsymbol{x}_i) + f_m(\boldsymbol{x}_i)\right] \tag{8-28}$$

$l[y_i, F(\boldsymbol{x}_i)]$在 $F(\boldsymbol{x}_i) = F_{m-1}(\boldsymbol{x}_i)$处的一阶泰勒展开近似为

$$l[y_i, F(\boldsymbol{x}_i)] \approx l[y_i, F_{M-1}(\boldsymbol{x}_i)] + f_m(\boldsymbol{x}_i)\left\{\frac{\partial l[y_i, F(\boldsymbol{x}_i)]}{\partial F(\boldsymbol{x}_i)}\right\}_{F(\boldsymbol{x}_i) = F_{m-1}(\boldsymbol{x}_i)} \tag{8-29}$$

由于一阶泰勒展开公式为$l(z) \approx l(a) + (z-a)\left[\dfrac{\partial l(z)}{\partial z}\right]_{z=a}$，因此，在公式(8-29)中，$z$ 相当于 $F(\boldsymbol{x}_i)$，

a 相当于 $F_{M-1}(\boldsymbol{x}_i)$。$\left[\dfrac{\partial l[y_i, F(\boldsymbol{x}_i)]}{\partial F(\boldsymbol{x}_i)}\right]_{F(\boldsymbol{x}_i)=F_{m-1}(\boldsymbol{x}_i)}$ 是在给定 $F_{M-1}(\boldsymbol{x}_i)$ 的情况下,损失函数 $l[y_i, F(\boldsymbol{x}_i)]$

对 $F(\boldsymbol{x}_i)$ 的偏导数,也就是损失函数在 $F(\boldsymbol{x}_i)=F_{M-1}(\boldsymbol{x}_i)$ 时的梯度值,用 g_i 表示。在 $F_{M-1}(\boldsymbol{x}_i)$ 已知的情况下,$l[y_i, F_{M-1}(\boldsymbol{x}_i)]$ 是常数项,去除该常数项后,式(8-29)可转换为

$$f_m \approx \arg\min_h \sum_{i=1}^{n} f_m(\boldsymbol{x}_i) g_i \tag{8-30}$$

当 f_m 等于负梯度值 $(-g_i)$ 时,可使公式(8-30)最小化。假定损失函数为 $L(y, F(\boldsymbol{x}_i))$,把强学习器 $F(\boldsymbol{x}_i)$ 视作参数,为使得 L 最小,令学习率 $\alpha = 1$,梯度下降法的参数更新公式为

$F_M(\boldsymbol{x}_i) = F_{M-1}(\boldsymbol{x}_i) - \dfrac{\mathrm{d}L}{\mathrm{d}F}$。而基于 GBDT 的 $F_M(\boldsymbol{x}_i) = F_{M-1}(\boldsymbol{x}_i) + f_m(\boldsymbol{x}_i)$,所以当 $f_m(\boldsymbol{x}_i) = -\dfrac{\mathrm{d}L}{\mathrm{d}F}$ 时,$F_M(\boldsymbol{x}_i)$ 以负梯度值持续更新,直到损失函数 $L(y, F(\boldsymbol{x}_i))$ 为最小。因此,在 GBDT 的每次迭代中,弱学习器需要拟合的是前面模型的损失函数的负梯度值,且梯度值在每次迭代后都会更新,这在某种程度上可以被认为是函数空间中的梯度下降。值得注意的是,当损失函数是平方损失函数时,负梯度值就是残差值。

GBDT 既可以用于回归问题,也可以用于分类问题。当把 GBDT 用于二分类问题时,$F_M(\boldsymbol{x}_i) = \sum_{m=1}^{M} f_m(\boldsymbol{x}_i)$ 无法直接进行分类,需使用 sigmoid 函数进行变换:

$$P(y=1 \mid \boldsymbol{x}_i) = \frac{1}{1+\mathrm{e}^{-F_M(\boldsymbol{x}_i)}} \tag{8-31}$$

在具体使用过程中,GBDT 可以灵活处理各种类型的数据,包括连续型、离散型和非线性数据,预测精度较高。当使用稳健的损失函数(比如 Huber 损失函数和 Quantile 损失函数)时,GBDT 对异常值有较强的鲁棒性。尽管如此,当数据维度较高时,GBDT 的计算复杂度会增大。此外,由于 GBDT 的弱学习器之间存在依赖关系,因此其难以并行地训练数据。

3. XGBoost 与 LightGBM

XGBoost 是 eXtreme Gradient Boosting 的简称,最初是陈天奇等人开发的一个开源机器学习项目。2015 年,XGBoost 成了 Kaggle 竞赛传奇,在当年的 29 个 Kaggle 竞赛冠军队伍中,有 17 队伍在他们的解决方案中使用了 XGBoost。XGBoost 在 Gradient Boosting 框架下实现了优化的分布式梯度增强算法。相比于 GBDT,XGBoost 能够更快、更高效率地训练模型,是 GBDT 的一个改进版本。

相对于 GBDT,XGBoost 的优势主要体现在以下几个方面:

(1) GBDT 只能以 CART 回归树作为弱学习器,而 XGBoost 除了以 CART 回归树作为弱学习器,还支持以线性模型作为弱学习器。

(2) XGBoost 在损失函数中引入了正则项,用于控制模型的复杂度,降低了模型过拟合的风险。

(3) GBDT 在损失函数优化中使用的是一阶泰勒展开,而 XGBoost 使用的是二阶泰勒展开,既可以提高精度,又可以支持自定义损失函数,因为二阶泰勒展开可以近似大量损失函数。

(4) XGBoost 借鉴了随机森林的做法,支持列抽样(特征随机抽样),不仅能降低过拟合,还能减少计算量。

(5) 对于缺失值,XGBoost 采用的稀疏感知算法极大地加快了节点分裂的速度。

(6) 在特征分割时,除了使用贪心法枚举所有可能的分割点,XGBoost 还提出了一种可并行的近似直方图算法,用于高效地生成候选的分割点。

(7) XGBoost 的块结构支持并行计算。XGBoost 在训练之前,预先对数据特征进行排序,并保存为块结构。在此后的迭代中重复使用该块结构,极大地减小了计算量。每一个块结构包括一个或多个已经排序好的特征,使并行计算成为可能。在进行节点的分裂时,需要计算每个特征的增益,最终选择增益最大的特征作为分裂特征,此时各个特征的增益计算是可以并行的,这也是 XGBoost 能够实现分布式或者多线程计算的原因。

LightGBM 是一个开源的、分布式的、高性能的梯度提升框架,最初由微软于 2017 年在 GitHub 上开源,主要用于解决 GBDT 和 XGBoost 在处理海量数据时遇到的问题,以便其可以更好、更快地应用于实践中。

相对于 GBDT,LightGBM 的主要优势体现在以下几个方面:

(1) LightGBM 使用基于直方图的算法,将连续特征分桶为离散区间,减少了计算量和内存占用。

(2) LightGBM 使用了基于梯度的单边采样(GOSS)和互斥特征捆绑(EFB)两种技术,提高了训练速度和准确度,降低了过拟合的风险。

(3) LightGBM 支持多种提升算法,包括 GBDT、AdaBoost、DART 和 GOSS,可以根据不同的场景选择合适的算法。

(4) LightGBM 支持 GPU 加速和并行训练,可以处理大规模的数据集。

相比于 XGBoost,LightGBM 的预测准确率较高、训练速度快和内存占用低。2020 年 2 月,LightGBM 官方文档在 Higgs、Yahoo LTR、MS LTR、Expo 和 Allstate 五个数据集中对 XGBoost、XGBoost_hist(利用梯度直方图的 XGBoost) 和 LightGBM 进行了测试。测试结果显示,LightGBM 的预测准确率最高、训练速度最快且内存占用最低。

8.3 基于决策树和集成学习模型预测银行客户流失

近些年来,互联网金融服务与金融产品犹如雨后春笋般层出不穷,客户对银行的忠实度和依赖性不断下降,如何处理客户流失问题俨然成了摆在各大银行面前的一大挑战。对于银行而言,客户是最具价值的资产,了解影响客户流失的因素,可以帮助银行识别客户服务的短板,制定忠诚度计划和客户保留活动,以尽可能多地保留客户。本章后续章节将基于 Kaggle 竞赛的银行客户流失数据集(Bank Turnover Dataset),利用决策树和集成学习算法对银行客户流失数据集建模,分析影响银行客户流失的因素并基于测试样本预测哪些客户会流失。

Kaggle 竞赛的银行客户流失数据集有 10 000 个样本和 14 个特征,这些特征的具体含义详见表 8-2。其中,Exited 是表示客户是否已流失的标签特征,另外 13 个特征是客户特征。

表 8-2 银行客户流失数据集的特征

特 征	含 义	取 值
RowNumber	行号	数值
CustomerId	ID	数值
Surname	姓氏	字符串
CreditScore	信用评分	数值
Geography	地理位置	字符串，包括 German、Spain、France
Gender	性别	字符串，包括 Male、Female
Age	年龄	数值
Tenure	成为银行客户的年限	数值
Balance	账户余额	数值
NumOfProducts	购买的产品数量	数值
HasCrCard	是否有信用卡	1：是；0：否
IsActiveMember	是否为活跃客户	1：是；0：否
EstimatedSalary	估计工资	数值
Exited	标签特征，客户是否已流失	1：是；0：否

8.3.1 银行客户流失数据的探索性分析

数据的探索性分析可以帮助人们以可视化的方法识别导致客户流失的影响因素，并为后续机器学习模型的构建提供依据。

1. 银行客户流失数据集的读取与整理

将数据集读取为 DataFrame，并使用 info 函数观察数据的整体情况，见代码 8-1。

代码 8-1

```
# 导入 pandas 和 numpy
import pandas as pd
import numpy as np
# 设置小数点取后 2 位
pd.options.display.precision=2
# 过滤 FutureWarning
import warnings
warnings.filterwarnings('ignore')
# 读取银行客户流失数据集
df = pd.read_csv('../演示数据/ch08_churn.csv')
# 查看数据集信息
df.info()
```

输出结果：

<class 'pandas.core.frame.DataFrame'>

RangeIndex: 10000 entries, 0 to 9999

Data columns (total 14 columns):

#	Column	Non-Null Count	Dtype
0	RowNumber	10000 non-null	int64
1	CustomerId	10000 non-null	int64
2	Surname	10000 non-null	object
3	CreditScore	10000 non-null	int64
4	Geography	10000 non-null	object
5	Gender	10000 non-null	object
6	Age	10000 non-null	int64
7	Tenure	10000 non-null	int64
8	Balance	10000 non-null	float64
9	NumOfProducts	10000 non-null	int64
10	HasCrCard	10000 non-null	int64
11	IsActiveMember	10000 non-null	int64
12	EstimatedSalary	10000 non-null	float64
13	Exited	10000 non-null	int64

dtypes: float64(2) , int64(9), object(3)

memory usage: 1.1+ MB

从代码 8-1 的输出结果可以发现，数据集包含 14 个特征和 10 000 个样本数据，且每个特征均没有缺失值。

进一步地，使用 nunique 函数获取每个特征取值的频数，详见代码 8-2。

代码 8-2

```
# 获取每个特征取值的频数
df.nunique()
```

输出结果：

RowNumber	10 000
CustomerId	10 000
Surname	2932
CreditScore	460
Geography	3
Gender	2
Age	70
Tenure	11

Balance	6382
NumOfProducts	4
HasCrCard	2
IsActiveMember	2
EstimatedSalary	9999
Exited	2

dtype: int64

　　由于每个客户都有一个特定的 RowNumber、CustomerId 和 Surname，故这三个特征对客户是否流失是没有影响的，可优先删除这三个特征，详见代码 8-3。此后，观察剩下各个特征取值的频数可以发现，CreditScore、Age、Balance 和 EstimatedSalary 等特征是连续特征，而 Geography、Gender、Tenure、NumOfProducts、HasCrCard 和 IsActiveMember 等特征是类别特征。

代码 8-3

```
# 删除 RowNumber、CustomerId 和 Surname 三个特征
df.drop(["RowNumber", "CustomerId", "Surname"], axis = 1, inplace=True)
```

　　对数据进行描述性统计，见代码 8-4。

代码 8-4

```
# 数据的描述性统计
df.describe().T
```

输出结果：

	count	mean	std	min	25%	50%	75%	max
CreditScore	10000.0	650.53	96.65	350.00	584.00	652.00	718.00	850.00
Age	10000.0	38.92	10.49	18.00	32.00	37.00	44.00	92.00
Tenure	10000.0	5.01	2.89	0.00	3.00	5.00	7.00	10.00
Balance	10000.0	76485.89	62397.41	0.00	0.00	97198.54	127644.24	250898.09
NumOfProducts	10000.0	1.53	0.58	1.00	1.00	1.00	2.00	4.00
HasCrCard	10000.0	0.71	0.46	0.00	0.00	1.00	1.00	1.00
IsActiveMember	10000.0	0.52	0.50	0.00	0.00	1.00	1.00	1.00
EstimatedSalary	10000.0	100090.24	57510.49	11.58	51002.11	100193.91	149388.25	199992.48
Exited	10000.0	0.20	0.40	0.00	0.00	0.00	0.00	1.00

　　从代码 8-4 的输出结果可以看出：(1) 客户的 Tenure 的 25%分位数是 3.00，也就是说有 75%的客户成为银行客户的时间是大于或等于 3 年的；(2) HasCrCard 的均值为 0.71，也就是说大约有 71%的客户是拥有银行信用卡的；(3) IsActiveMember 的均值是 0.52，也就是说大约有 52%的客户处于活跃状态。

2. 划分数据集与特征

在进行更深入的探索性数据分析前，需要先将数据集划分为训练集和测试集，且仅将测试集用于评估机器学习模型。这样的处理方法可以保护模型不受数据窥探偏差（Data Snooping Bias）的影响，且确保能用未曾见过的测试数据评估模型。首先，使用 sklearn 的 train_test_split 函数将数据集划分为训练集和测试集，其中测试集的占比为 30%；然后使用 reset_index 方法将划分后的数据重新编码，详见代码 8-5。

代码 8-5

```
# 画图设置
import matplotlib.pyplot as plt
# 导入 seaborn
import seaborn as sns
sns.set_style('ticks')
%config InlineBackend.figure_format = 'svg'   # 矢量图设置
#设定中文显示字体及字体大小
plt.rcParams['font.family'] = ['sans-serif']
plt.rcParams['font.sans-serif'] = ['Microsoft Yahei']
font_size = 14
plt.rcParams['axes.labelsize'] = font_size
plt.rcParams['axes.titlesize'] = font_size + 2
plt.rcParams['xtick.labelsize'] = font_size - 2
plt.rcParams['ytick.labelsize'] = font_size – 2
plt.rcParams['legend.fontsize'] = font_size - 2
# 显示负号
plt.rcParams['axes.unicode_minus'] = False
# 划分训练集和测试集
from sklearn.model_selection import train_test_split
train_df, test_df = train_test_split(df, test_size = 0.3, random_state = 100)
# 重设训练集和测试集的 index
train_df.reset_index(drop = True, inplace = True)
test_df.reset_index(drop = True, inplace = True)
```

此后，基于特征的属性将 CreditScore、Age、Balance 和 EstimatedSalary 等特征划分为连续特征，而把 Geography、Gender、Tenure、NumOfProducts、HasCrCard 和 IsActiveMember 等特征划分为类别特征，见代码 8-6。在特征分析中，对不同类型的特征使用不同的可视化分析方法。

代码 8-6

```
# 划分类别特征和连续特征
categorical = ['Geography', 'Gender', 'Tenure',
```

```
                    'NumOfProducts', 'HasCrCard', 'IsActiveMember']
continuous = ['Balance', 'Age', 'EstimatedSalary', 'CreditScore']
```

3. 特征分析

1) 标签特征分析

Exited 是数据集的标签特征，取值为 1 或 0，1 代表该客户是流失客户，0 则代表该客户是留存客户。使用饼图分析流失客户和留存客户的占比，画出流失客户与留存客户的占比分析图，见代码 8-7。

代码 8-7

```
# 标签特征的统计分析
labels = '流失客户', '留存客户'
sizes = [train_df.Exited[train_df['Exited'] == 1].count(),
        train_df.Exited[train_df['Exited'] == 0].count()]
explode = (0, 0.01)
fig1, ax1 = plt.subplots(figsize = (3, 2.5), tight_layout = True)
ax1.pie(sizes, explode = explode, labels = labels, autopct = '%1.2f%%',
        colors = ['lightgrey', 'grey'], shadow = False, startangle = 90)
plt.title("流失客户与留存客户的占比分析图", x = 0.5, y = 1.0)
plt.show()
```

输出结果如图 8-6 所示。从代码 8-7 的输出结果可以发现，流失客户的占比为 20.19%，留存客户的占比为 79.81%，留存客户的样本数量远远超过了流失客户的样本数量，故该数据集是类别不平衡数据集。

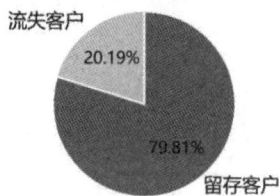

图 8-6　代码 8-7 的输出结果

2) 类别特征分析

在类别特征分析中，首先对类别特征中的各个特征取值的频数进行统计分析。画出类别特征的频数统计图，见代码 8-8。

代码 8-8

```
# 画出类别特征的频数统计图
df_cat = train_df[categorical]
fig, ax = plt.subplots(2, 3, figsize = (8.5, 5))
for index, column in enumerate(df_cat.columns):
```

```
    plt.subplot(2, 3, index + 1)
    sns.countplot(x=column, data = train_df, palette = 'gray_r', saturation = 0.8)
    plt.ylabel('频数')
    if (column == 'HasCrCard' or column == 'IsActiveMember'):
        plt.xticks([0, 1], ['No', 'Yes'])
fig.suptitle("类别特征的频数统计图", fontsize=16, x = 0.50, y = -0.005)
plt.tight_layout()
plt.show()
```

输出结果如图 8-7 所示。

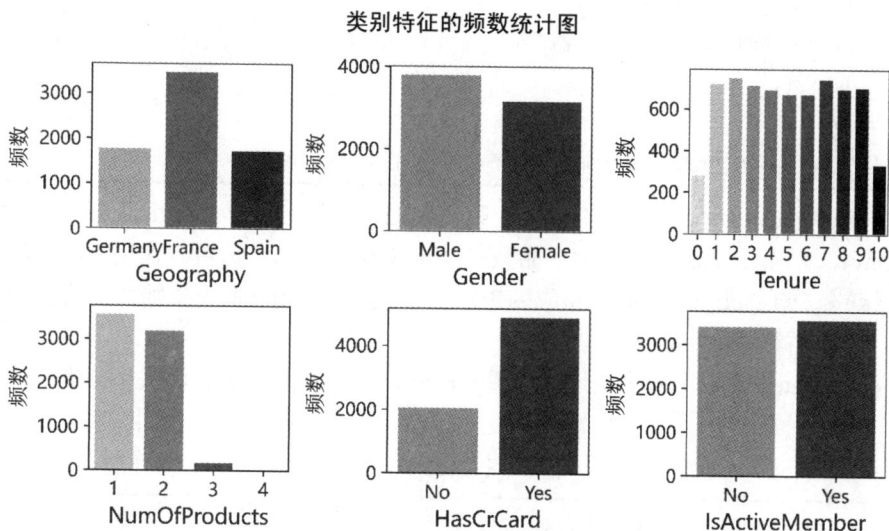

图 8-7　代码 8-8 的输出结果

从代码 8-8 的输出结果可以发现：① 银行在德国(German)、法国(France)和西班牙(Spain)有客户，且大多数客户都在法国；② 男性客户的数量多于女性客户的数量；③ 成为银行客户的年限在 1 年以下或者 10 年的客户数量偏少，而年限为 2～9 年的客户数量几乎相同；④ 绝大多数客户仅仅购买了 1 种或 2 种银行产品；⑤ 绝大多数客户持有银行信用卡；⑥ 接近 50%的客户是不活跃客户。

在对具体的类别特征进行详细分析之前，先定义类别特征的画图函数 plot_categorical，见代码 8-9。利用 plot_categorical 函数可画出两个图形：一个是运用 countplot 描述特征取值与标签(Exited)的频数统计图，另一个是运用 barplot 分析特征取值与客户流失率的关系图。

代码 8-9

```
# 定义类别特征的画图函数
def plot_categorical(feature, figsize=(7, 4), loc=0):
    fig, (ax1, ax2) = plt.subplots(1, 2, figsize=figsize)
    # 特征取值与标签 (Exited)的频数统计图
    sns.countplot(x=feature, hue='Exited',data=train_df, palette='gray_r', ax=ax1)
```

```
ax1.set_ylabel('频数')
ax1.legend(labels=['流失', '留存'], loc=loc)
# 特征取值与客户流失率的关系图 sns.barplot(x=feature, y='Exited', data=train_df,palette='gray_r',
ci=None, ax=ax2)
ax2.set_ylabel('客户流失率')
if (feature == 'HasCrCard' or feature == 'IsActiveMember'):
    ax1.set_xticklabels(['No', 'Yes'])
    ax2.set_xticklabels(['No', 'Yes'])
# 添加标题
fig.suptitle(feature+"的频数与客户流失率分类统计图",
                    fontsize=16, x=0.50, y=0.98)
plt.tight_layout()
# 保存图片
fig.savefig(feature+"的频数与客户流失率分类统计图.png", dpi=1000)
```

在完成 plot_categorical 函数的定义之后，我们将运用 plot_categorical 函数对地理位置
(Geography)、性别(Gender)、购买的产品数量(NumOfProducts)、是否有信用卡(HasCrCard)、
是否为活跃客户(IsActiveMember)和成为银行客户的年限(Tenure)等类别特征进行分析。

(1) 地理位置(Geography)。

利用 plot_categorical 函数画出地理位置(Geography)的频数与客户流失率分类统计图,见代
码 8-10。

代码 8-10

```
# 地理位置(Geography)的频数与客户流失率分类统计图
plot_categorical('Geography', figsize=(6.5, 3.5))
```

输出结果如图 8-8 所示。

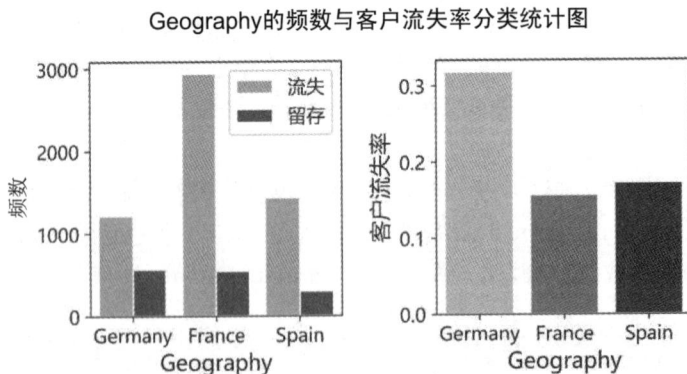

图 8-8　代码 8-10 的输出结果

从代码 8-10 的输出结果可以发现，德国客户的流失率几乎是法国和西班牙客户流失率
的两倍。究其原因，可能是银行在德国面临着更激烈的竞争，也可能是在客户较少的国家，
银行提供的服务有所欠缺。

(2) 性别(Gender)。

利用 plot_categorical 函数画出性别(Gender)的频数与客户流失率分类统计图,见代码8-11 流失率。

代码 8-11

```
# 性别(Gender)的频数与客户流失率分类统计图
plot_categorical('Gender')
```

输出结果如图 8-9 所示。

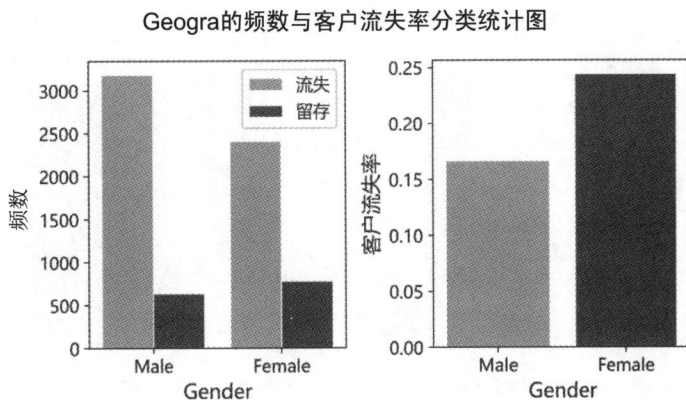

图 8-9　代码 8-11 的输出结果

从代码 8-11 的输出结果可以发现,女性客户的流失率高于男性客户的流失率。

(3) 购买的产品数量(NumOfProducts)。

利用 plot_categorical 函数画出购买的产品数量(NumOfProducts)的频数与客户流失率分类统计图,见代码 8-12。

代码 8-12

```
#购买的产品数量(NumOfProducts)的频数与客户流失率分类统计图
plot_categorical('NumOfProducts')
```

输出结果如图 8-10 所示。

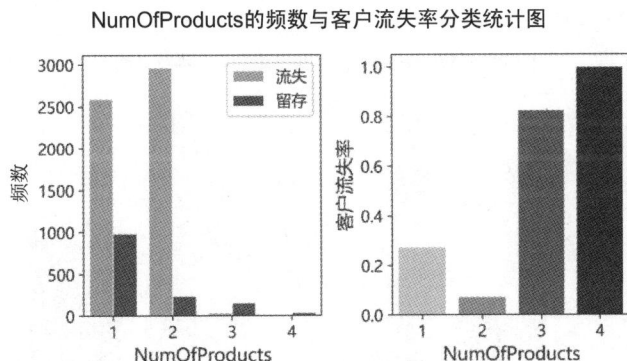

图 8-10　代码 8-12 的输出结果

从代码 8-12 的输出结果可以发现一个有趣但又难以理解的现象,当客户在银行购买的产品数量为 3 或 4 时,客户流失率会大幅提升。

(4) 是否有信用卡(HasCrCard)。

利用 plot_categorical 函数画出是否有信用卡(HasCrCard)的频数与客户流失率分类统计图，见代码 8-13。

代码 8-13

```
# 是否有信用卡(HasCrCard)的频数与客户流失率分类统计图
plot_categorical('HasCrCard')
```

输出结果如图 8-11 所示。

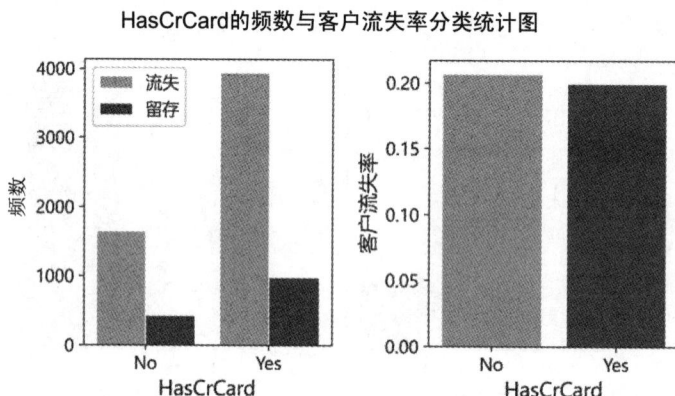

图 8-11　代码 8-13 的输出结果

从代码 8-13 的输出结果可以发现，无论客户是否有信用卡，客户的流失率几乎相同。故是否有信用卡对客户流失率几乎没有影响。

(5) 是否为活跃客户(IsActiveMember)。

利用 plot_categorical 函数画出是否为活跃客户(IsActiveMember)的频数与客户流失率分类统计图，见代码 8-14。

代码 8-14

```
# 是否为活跃客户(IsActiveMember)的频数与客户流失率分类统计图
plot_categorical('IsActiveMember')
```

输出结果如图 8-12 所示。

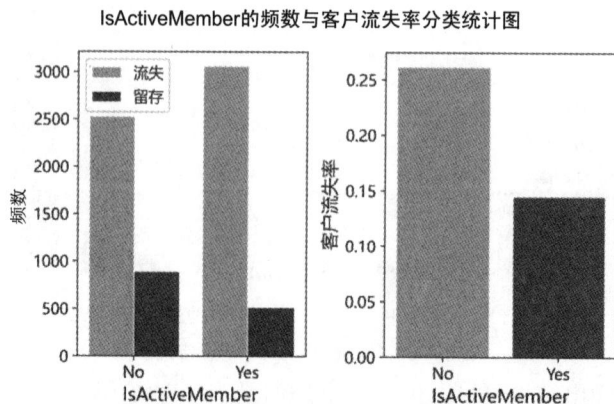

图 8-12　代码 8-14 的输出结果

从代码 8-14 的输出结果可以发现，不活跃客户的流失率较高。由于银行有接近 50% 的不活跃客户，因此银行需要采取措施将不活跃客户转化为活跃客户，以降低客户流失率。

(6) 成为银行客户的年限(Tenure)。

利用 plot_categorical 函数画出成为银行客户的年限(Tenure)的频数与客户流失率分类统计图，见代码 8-15。

代码 8-15

```
# 成为银行客户的年限(Tenure)的频数与客户流失率分类统计图
plot_categorical('Tenure', figsize=(8.5,5.5), loc='upper center')
```

输出结果如图 8-13 所示。

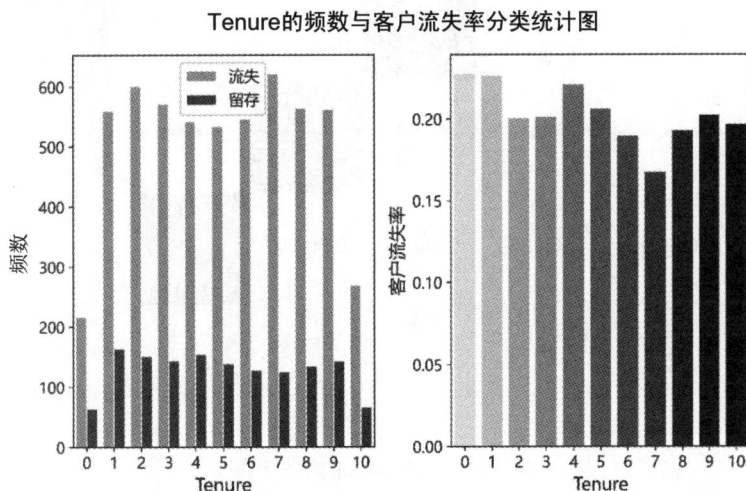

图 8-13　代码 8-15 的输出结果

从代码 8-15 的输出结果可以发现，当成为银行客户的年限为 0 或 1 时，客户流失率会稍微高一点。尽管如此，随着成为银行客户的年限的增加，客户流失率的变化并不大。故可以认为成为银行客户的年限对客户流失率的影响并不大。

3) 连续特征分析

(1) 分析连续特征的相关性，见代码 8-16。

代码 8-16

```
# 连续特征的相关性分析
fig, ax = plt.subplots(figsize=(6, 6))
sns.heatmap(train_df[continuous].corr(),
            annot=True,
            annot_kws={'fontsize': 14},
            cmap='gist_yarg',
            ax=ax)
ax.tick_params(axis='x', rotation=45)
```

```
ax.tick_params(axis='y', rotation=360)
fig.suptitle("连续特征的相关性分析", fontsize=16, x=0.50, y=0.98)
plt.tight_layout()
```

输出结果如图 8-14 所示。

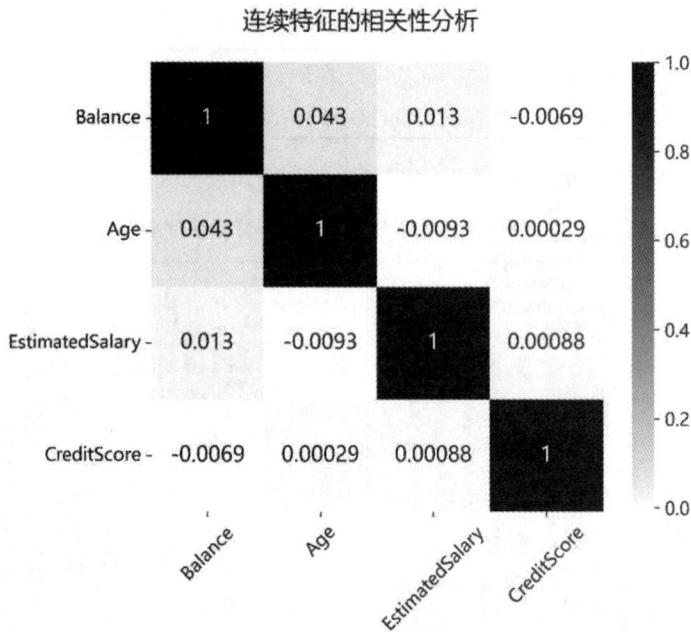

图 8-14　代码 8-16 的输出结果

从代码 8-16 的输出结果可以发现，连续特征之间的相关性非常低，因此在建模过程中无须担心多重共线性问题。

(2) 画出连续特征的分类箱形图，见代码 8-17。

代码 8-17

```
# 画出连续特征的分类箱形图
fig, ax = plt.subplots(2, 2, figsize=(9, 6))
for index, column in enumerate(df_con.columns):
    plt.subplot(2, 2, index + 1)
    sns.boxplot(x = 'Exited', y=column, hue = 'Exited',
                data=train_df, palette='gray_r', saturation=0.6)
    plt.xticks([0, 1], ['No', 'Yes'])
fig.suptitle("连续特征的分类箱形图", fontsize=16, x=0.50, y=0.98)
plt.tight_layout()
```

输出结果如图 8-15 所示。

金融数据挖掘

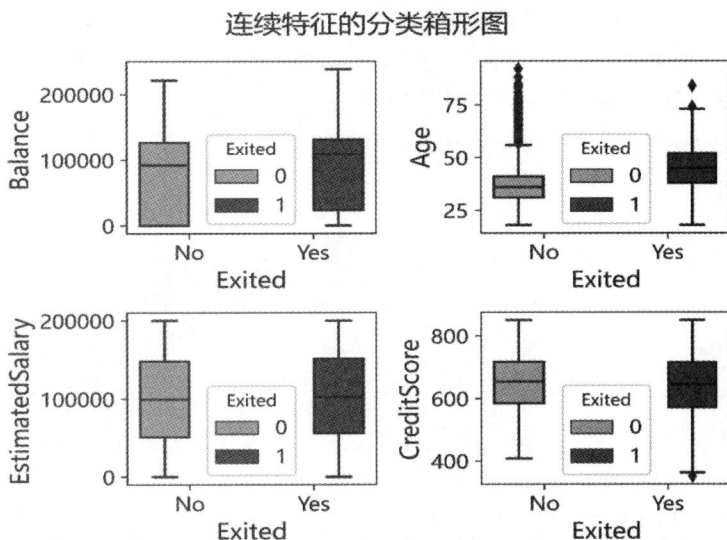

图 8-15　代码 8-17 的输出结果

从代码 8-17 的输出结果可以发现：

(1) 流失客户的账户余额(Balance)高于留存客户的。特别要注意的是，流失客户的账户余额的 25%分位数远高于留存客户的账户余额的 25%分位数。

(2) 年龄(Age)较大的客户的流失率高于年龄较小的客户的流失率。

(3) 流失客户的估计工资(EstimatedSalary)和信用评分(CreditScore)的分布状况与留存客户的是一致的。

8.3.2　银行客户流失数据的预处理

数据预处理可将原始数据集转换为适合于构建和训练机器学习模型的数据集。本小节中的数据预处理过程主要包含特征选择与特征变换、类别特征数值化、连续特征标准化、类别不平衡问题处理和测试集数据的预处理。

1. 特征选择与特征变换

在特征选择过程中，我们致力于寻找并构造对客户流失率有显著影响的特征。在探索性分析之初，我们已经删除了 RowNumber、CustomerId 和 Surname 这三个特征。此后，在类别特征分析中可以发现，是否有信用卡(HasCrCard)或者成为银行客户的年限(Tenure)对客户流失率基本没有影响。进一步地，使用 SciPy 的 chi2_contingency 函数(chi2_contingency 函数的原假设是两组客户的特征分布是一致的)检验流失客户和留存客户的某个类别特征的分布是否一致，见代码 8-18。

代码 8-18

```
# 流失客户和留存客户的某个类别特征的分布是否一致的检验
from scipy.stats import chi2_contingency
chi2_array, p_array = [], []
for column in categorical:
```

```
    # 生成类别特征与 Exited 的列联表
    crosstab = pd.crosstab(train_df[column], train_df['Exited'])
    # 检验流失客户与留存客户的类别特征的独立性
    chi2, p, dof, expected = chi2_contingency(crosstab)
    chi2_array.append(chi2)
    p_array.append(p)


df_chi = pd.DataFrame({
    '类别特征': categorical,
    'Chi-square': chi2_array,
    'p-value': p_array
})
df_chi.sort_values(by='Chi-square', ascending=False)
```

输出结果：

	类别特征	Chi-square	p-value
3	NumOfProducts	1052.98	5.77e-228
0	Geography	203.16	7.65e-45
5	IsActiveMember	146.16	1.20e-33
1	Gender	64.60	9.19e-16
2	Tenure	12.05	2.81e-01
4	HasCrCard	0.38	5.38e-01

从代码 8-18 的输出结果来看，Tenure 和 HasCrCard 的 p 值均大于 0.1，故接受原假设，即流失客户和留存客户的特征 Tenure 和 HasCrCard 的分布是一致的。因此，从特征数据集中删除 Tenure 和 HasCrCard 这两个特征，见代码 8-19。

代码 8-19

```
# 删除特征 Tenure 和 HasCrCard
train_df = train_df.drop(['Tenure', 'HasCrCard'], axis=1)
```

在图 8-15 所示的连续特征的分类箱形图中可以发现，流失客户的估计工资(EstimatedSalary)和信用评分(CreditScore)的分布状况与留存客户的是一致的。也就是说，估计工资和信用评分对客户流失率的影响较小。但是，由于估计工资对账户余额存在一定的影响，且信用评分可能取决于客户年龄，因此构建两个新的特征，分别是账户余额工资比例(BalanceSalaryRatio)和信用评分年龄比(CreditScoreGivenAge)，见代码 8-20。

代码 8-20

```
# 特征变换
# 构建账户余额工资比例和信用评分年龄比
```

```
train_df['BalanceSalaryRatio'] = train_df.Balance / train_df.EstimatedSalary
train_df['CreditScoreGivenAge'] = train_df.CreditScore/(train_df.Age)
new_col = ['BalanceSalaryRatio', 'CreditScoreGivenAge']
# 特征变换后的分类箱形图
fig, ax = plt.subplots(1, 2, figsize=(5, 3.5))
for index, column in enumerate(new_col):
    plt.subplot(1, 2, index + 1)
    sns.boxplot(x='Exited', y=column, hue = 'Exited',
                data=train_df, palette='gray_r', saturation=0.6)
    plt.xticks([0, 1], ['No', 'Yes'])
    if index == 0:
        plt.ylim(-1, 6)
fig.suptitle("特征变换后的分类箱形图", fontsize=16, x=0.50, y=0.98)
plt.tight_layout()
plt.show()
```

输出结果如图 8-16 所示。

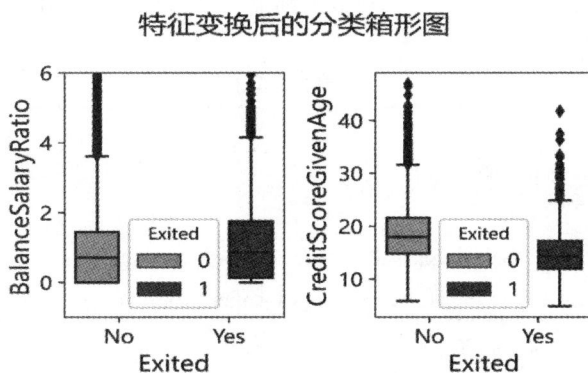

图 8-16 代码 8-20 的输出结果

从代码 8-20 的输出结果可以发现，流失客户的账户余额工资比例高于留存客户的，而留存客户的信用评分年龄比高于流失客户的。此后，从特征集中删除 EstimatedSalary 和 CreditScore 这两个特征，见代码 8-21。

代码 8-21

```
# 删除特征 EstimatedSalary 和 CreditScore
train_df = train_df.drop(['EstimatedSalary', 'CreditScore'], axis=1)
```

2. 类别特征数值化

机器学习算法要求所有的输入特征必须是数值型特征，故在建模前需要将类别特征性别(Gender)和地理位置(Geography)转换为数值型特征。对于性别，使用 sklearn 的

LabelEncoder 函数将男性(Male)和女性(Female)分别映射为 1 和 0。对于地理位置，由于西班牙和法国的客户流失率基本相同，且显著低于德国的，因此使用 map 函数将客户的地理位置映射为两类：(1) 住在德国的客户的地理位置映射为 1；(2) 不住在德国的客户的地理位置映射为 0，详见代码 8-22。

代码 8-22

```
# 类别特征数值化
from sklearn.preprocessing import LabelEncoder
train_df['Gender'] = LabelEncoder().fit_transform(train_df['Gender'])
train_df['Geography'] = train_df['Geography'].map({
    'Germany': 1,
    'Spain': 0,
    'France': 0
})
```

3. 连续特征标准化

连续特征标准化可以减小不同特征的规模和分布差异等对模型的影响。使用 sklearn 的 StandardScaler 函数对连续特征进行 Z-Score 标准化(Z-Score 标准化的内容详见 3.2.2 节)，见代码 8-23。

代码 8-23

```
# 连续特征的标准化
from sklearn.preprocessing import StandardScaler
sdscaler = StandardScaler()
scl_columns = ['Age', 'Balance', 'BalanceSalaryRatio','CreditScoreGivenAge']
train_df[scl_columns] = sdscaler.fit_transform(train_df[scl_columns])
```

4. 类别不平衡问题处理

分别设置训练集的样本数据和样本类别为 X_train 和 y_train，见代码 8-24。

代码 8-24

```
# 设置 X_train 和 y_train
y_train = train_df['Exited']
X_train = train_df.drop('Exited', 1)
y_train.value_counts()
```

输出结果：

```
0    5587
1    1413
Name: Exited, dtype: int64
```

从代码 8-24 的输出结果可以看出，样本的类别比例接近 4：1，这表明存在明显的类别不平衡问题。故使用 imblearn 库中的 SMOTE 算法解决样本的类别不平衡问题，见代码 8-25。

代码 8-25

```
# 基于 SMOTE 算法解决类别不平衡问题
from imblearn.over_sampling import SMOTE
over = SMOTE(sampling_strategy='auto', random_state=random_state)
X_train, y_train = over.fit_resample(X_train, y_train)
y_train.value_counts()
```

输出结果：

  0 5587

  1 5587

   Name: Exited, dtype: int64

从代码 8-25 的输出结果可以发现，当应用 SMOTE 算法后，样本的类别比例为 1∶1。

5. 测试集数据的预处理

对于在训练集中构建与优化的模型，需要在测试集中评估模型的性能，这就需要采用与处理训练集一样的方法对测试集中的数据进行预处理。首先，对测试集中的数据进行特征变换；其次，删除无关特征；再次，对测试集中的类别特征和连续特征分别进行数值化和标准化处理；最后，设置 X_test 和 y_test。上述过程见代码 8-26。

代码 8-26

```
# 测试集数据的预处理
# 测试集中数据的特征变换
test_df['BalanceSalaryRatio'] = test_df.Balance/test_df.EstimatedSalary
test_df['CreditScoreGivenAge'] = test_df.CreditScore/(test_df.Age)
# 删除无关特征
test_df = test_df.drop(['Tenure', 'HasCrCard', 'EstimatedSalary', 'CreditScore'], axis=1)
# 类别特征数值化
test_df['Gender'] = LabelEncoder().fit_transform(test_df['Gender'])
test_df['Geography'] = test_df['Geography'].map({
    'Germany': 1, 'Spain': 0, 'France': 0
})
# 连续特征标准化
sdscaler = StandardScaler()
scl_columns = ['Age', 'Balance', 'BalanceSalaryRatio', 'CreditScoreGivenAge']
test_df[scl_columns] = sdscaler.fit_transform(test_df[scl_columns])
# 设置 X_test 和 y_test
y_test = test_df['Exited']
X_test = test_df.drop('Exited', 1)
```

8.3.3 决策树模型的构建

下面以决策树模型作为基准模型并利用数据进行训练。在实际操作中，调用 sklearn 的

DecisionTreeClassifier 函数实现决策树的建模。DecisionTreeClassifier 函数如下所示：

sklearn.tree.DecisionTreeClassifier(criterion='gini', max_depth=None, min_samples_split=2, min_samples_leaf=1, max_features=None, random_state=None, class_weight=None, ccp_alpha=0.0)

DecisionTreeClassifier 函数的主要参数说明见表 8-3。

表 8-3　DecisionTreeClassifier 函数的主要参数说明

主要参数名称	参　数　说　明
criterion	特征选择准则，可选值是 gini、entropy、log_loss，默认是 gini，即基尼系数，entropy 和 log_loss 是信息熵
max_depth	决策树的最大深度，整数型数据，默认为空值，即不限制决策树的深度。一般在样本和特征较少的情况下，可以不对决策树的最大深度做限制。但在样本过多或者特征过多的情况下，可以通过网格搜索法设定决策树最大深度的上限，以减少决策树的过拟合问题
min_samples_split	决策树的节点再划分时所需的最少样本数，整数型或者浮点型数据，默认是 2。若节点上的样本数低于阈值，则不会再寻找最优的划分点进行划分，且以该节点作为叶节点。若数据为浮点型数据，则意味着所需的最少样本数为 min_samples_split × min_samples_split。值得注意的是，在样本数量较大的情况下，可以通过网格搜索法设定决策树的节点再划分时所需的最少样本数，以减少决策树的过拟合问题
min_samples_leaf	叶节点所需的最少样本数，整数型或者浮点型数据，默认是 1。如果叶节点上的样本数达不到这个阈值，则同一内节点的所有叶节点均会被剪枝，这是一个防止过拟合的参数
max_features	寻找最优划分特征时所使用的最大特征数，可选的值是 auto、sqrt、log2 以及整数型或浮点型数据
random_state	随机状态，默认是 None
class_weight	类别权重，在样本存在类别不平衡问题时使用，一般是字典 {class_label: weight} 或者 balanced，默认是 None。若选择 balanced，则模型会自动根据样本的数量分布计算类别权重。样本数少的类别的权重高
ccp_alpha	代价复杂度剪枝参数，非负浮点型数据，默认为 0，表示不进行代价复杂度剪枝

1. 决策树的参数优化

使用 RandomizedSearchCV 函数寻找 criterion、max_depth、min_samples_split 和 min_samples_leaf 四个参数的最优值，见代码 8-27。在 RandomizedSearchCV 函数中选择

5 折交叉验证(cv = 5)，评估指标选择 AUC 值(scoring = 'roc_auc')，并输出决策树模型的最优模型。

代码 8-27

```
# 决策树的参数优化
# 导入相关的机器学习库
from sklearn.model_selection import    GridSearchCV, RandomizedSearchCV
from sklearn.tree import DecisionTreeClassifier
from sklearn.ensemble import RandomForestClassifier
from sklearn.ensemble import AdaBoostClassifier
from sklearn.ensemble import GradientBoostingClassifier
from xgboost import XGBClassifier
from lightgbm import LGBMClassifier
from sklearn.metrics import accuracy_score, f1_score, roc_auc_score
from sklearn.metrics import confusion_matrix


# 决策树参数设置
param_grid = {
    'criterion': ['gini', 'entropy'],
    'max_depth': list(range(5, 15)),
    'min_samples_leaf': list(range(1, 15)),
    'min_samples_split': [2, 3, 4, 5, 6, 7],
    }
# 基于随机网格搜索的参数寻优
tree_clf = DecisionTreeClassifier(random_state=100)
tree_cv = RandomizedSearchCV(tree_clf, param_distributions=param_grid,
                            scoring='roc_auc', cv=5, verbose=False,
                            n_jobs=-1, random_state=100)
tree_cv.fit(X_train, y_train)


# 定义最优模型输出函数
def best_model(model):
    print("最优模型：", model.best_estimator_)


# 输出最优模型
best_model(tree_cv)
```

输出结果：

　　最优模型：　DecisionTreeClassifier(criterion='entropy', max_depth=13, min_samples_ leaf=6,

```
min_samples_split=4, random_state=100)
```
基于代码 8-27 的输出结果对参数优化后的模型进行训练，见代码 8-28。

代码 8-28

```
# 参数优化后的模型的训练
tree_best_clf = DecisionTreeClassifier(criterion='entropy',
                                       max_depth=13, min_samples_leaf=6,
                                       min_samples_split=4, random_state=100)
tree_best_clf.fit(X_train, y_train)
# 输出模型在训练集中的 AUC 值
roc_auc_score(y_train, tree_best_clf.predict_proba(X_train)[:, 1])
```

输出结果：

0.9593084081987485

从代码 8-28 的输出结果可以看出，模型在训练集中的 AUC 值约为 0.9593。由此可见，决策树模型在训练集中的拟合效果极好。

2. 决策树的后剪枝

在决策树建模完成之后，利用 DecisionTreeClassifier 函数的参数 ccp_alpha 对决策树模型进行后剪枝，具体方法是：首先，获取优化后的决策树模型的所有 ccp_alphas；其次，使用 GridSearchCV 寻找最优的 ccp_alpha；最后，基于最优的 ccp_alpha 训练模型并得到最优的后剪枝决策树模型。上述过程见代码 8-29。

代码 8-29

```
# 获取优化后的决策树的所有 ccp_alphas
tree_best_clf = DecisionTreeClassifier(criterion='gini', max_depth=14, min_samples_leaf=8,
            min_samples_split=6, random_state=100)
path = tree_best_clf.cost_complexity_pruning_path(X_train, y_train)
ccp_alphas, impurities = path.ccp_alphas, path.impuritie

# 使用 GridSearchCV 寻找最优的 ccp_alpha
param_grid = {'ccp_alpha': ccp_alphas}
posttree_cv = GridSearchCV(tree_best_clf, param_grid=param_grid,
                           scoring='roc_auc', cv=5, verbose=False, n_jobs=-1)
# 最优模型的训练
posttree_cv.fit(X_train, y_train)
best_model(posttree_cv)
```

输出结果：

最优模型： DecisionTreeClassifier(ccp_alpha=0.00017, max_depth=14, min_samples_leaf=8,
min_samples_split=6,　random_state=100)

将准确率(Accuracy)、F1 值(f1_score)和 AUC 值(roc_auc_score)三个评估指标整合进 perf_test 函数，并定义 DataFrame 用于存储不同模型在训练集上的表现，见代码 8-30。

代码 8-30

```python
# 定义模型评估整合函数并评估后剪枝决策树模型在训练集中的表现
# 定义模型评估整合函数
def perf_test(clf, x, y):
    y_pred = clf.predict(x)
    y_prob = clf.predict_proba(x)
    ac_score = accuracy_score(y, y_pred)
    f_score = f1_score(y, y_pred, average='weighted')
    auc_value = roc_auc_score(y, y_prob[:, 1])
    return ac_score, f_score, auc_value

# 定义 DataFrame 存储模型在训练集中的表现
train_perf = pd.DataFrame(index = ['Accuracy', 'f1_score', 'AUC 值'])
# 设置小数点取后位
pd.options.display.precision = 4
# 评估后剪枝决策树模型在训练集中的表现
train_perf['后剪枝决策树'] = perf_test(posttree_cv, X_train, y_train)
train_perf[['后剪枝决策树']]
```

输出结果：

	后剪枝决策树
Accuracy	0.8575
f1_score	0.8575
AUC 值	0.9394

从代码 8-30 的输出结果可以发现，后剪枝决策树模型在训练集中的准确率为 0.8575，F1 值为 0.8575，AUC 值为 0.9394。

8.3.4 集成学习模型的构建

在集成学习模型中，分别构建随机森林、AdaBoost、GBDT、XGBoost 和 LightGBM 等机器学习模型并对它们的性能进行比较分析。

1. 随机森林

调用 sklearn 的 RandomForestClassifier 函数实现随机森林的建模，RandomForestClassifier 函数如下所示：

sklearn.ensemble.RandomForestClassifier(n_estimators = 100, *, criterion = 'gini', max_depth = None, min_samples_split = 2, min_samples_leaf = 1, max_features = 'sqrt', bootstrap = True, n_jobs = None, random_state = None, class_weight = None, ccp_alpha = 0.0, max_samples = None)

RandomForestClassifier 函数主要参数说明见表 8-4。

表 8-4　RandomForestClassifier 函数的主要参数说明

主要参数名称	参 数 说 明
n_estimators	随机森林树的个数，默认为 100
criterion	特征选择准则，可选值是 gini、entropy、log_loss，默认是 gini，即基尼系数，entropy 和 log_loss 是信息熵
max_depth	决策树的最大深度，整数型数据，默认为空值，即不限制决策树的深度。一般在样本和特征较少的情况下，可以不对决策树的最大深度做限制。但在样本过多或者特征过多的情况下，可以通过网格搜索法设定决策树最大深度的上限，以减少决策树的过拟合问题
min_samples_split	决策树的节点再划分时所需的最少样本数，整数型或者浮点型数据，默认是 2
min_samples_leaf	叶节点所需的最少样本数，整数型或者浮点型数据，默认是 1
max_features	寻找最优划分特征时所使用的最大特征数，可选值是 auto、sqrt、log2 及整数型或浮点型数据
bootstrap	随机采样或有放回采样，默认是 True。若是 False，则每个决策树模型都用全部数据集进行训练
n_jobs	模型训练估计所使用的 CPU 内核数量，默认是 None。n_jobs=None 表示使用单核或后端库配置的默认值；n_jobs = −1 表示使用所有可用的 CPU 内核
random_state	随机状态，默认是 None
class_weight	类别权重，在样本存在类别不平衡问题时使用，一般是字典{class_label: weight}或者 balanced，默认是 None。若选择 balanced，则模型会自动根据样本的数量分布计算类别权重。样本数少的类别的权重高
ccp_alpha	代价复杂度剪枝参数，非负浮点型数据，默认为 0，表示不进行代价复杂度剪枝
max_samples	若 bootstrap 为 True，则 max_samples 为从数据集 X 中抽取的以训练每个基本学习器的样本数。若 max_samples 为默认的 None，则抽取 X.shape [0] 个样本；若 max_samples 为整数型数据，则抽取 max_samples 个样本；若 max_samples 为浮点型数据，则抽取 max_samples × X.shape [0]个样本。此时，浮点型数据格式的 max_samples 的取值应该在(0.0, 1.0]内

使用 RandomizedSearchCV 函数寻找 n_estimators、criterion 和 bootstrap 等参数的最优值，见代码 8-31。同样地，在 RandomizedSearchCV 函数中，选择 5 折交叉验证(cv=5)，评估指标选择 AUC 值(scoring='roc_auc')，并输出随机森林的最优模型。

```
# 随机森林的参数寻优
# 设定需寻优的参数及其取值范围
param_grid = {
    'n_estimators': list(range(10, 300, 10)),
    'criterion': ['gini', 'entropy'],
    'bootstrap': [True, False],
    'max_depth': list(range(5, 15)),
    'max_features': ['auto', 'sqrt'],
    'min_samples_leaf': list(range(1, 15)),
    'min_samples_split': [2, 3, 4, 5, 6, 7],
}


# 基于随机网格搜索的参数寻优
random_forest = RandomForestClassifier(random_state=100)
random_forest_cv = RandomizedSearchCV(random_forest,
                          param_distributions=param_grid,
                          scoring='roc_auc', cv=5, verbose=False,
                          n_jobs=-1, random_state=100)
random_forest_cv.fit(X_train, y_train)
# 输出随机森林的最优模型
best_model(random_forest_cv)
```

输出结果：

最优模型： RandomForestClassifier(bootstrap=False, max_depth=14, min_samples_leaf=8,
n_estimators=210, random_state=100)

评估随机森林模型在训练集中的表现，见代码 8-32。

代码 8-32

```
# 评估随机森林模型在训练集中的表现
train_perf['随机森林'] = perf_test(random_forest_cv, X_train, y_train)
train_perf[['随机森林']]
```

输出结果：

	随机森林
Accuracy	0.9244
f1_score	0.9244
AUC 值	0.9800

从代码 8-32 的输出结果可以看出，随机森林在训练集中的准确率为 0.9244，F1 值为 0.9244，AUC 值为 0.9800，这三个指标均高于剪枝后决策树的。

2. AdaBoost

调用 sklearn 的 AdaBoostClassifier 函数实现 AdaBoost 的建模。AdaBoostClassifier 函数如下所示：

sklearn.ensemble.AdaBoostClassifier(base_estimator = None, n_estimators = 50, learning_rate = 1.0, algorithm = 'SAMME.R', random_state = None)

AdaBoostClassifier 函数的主要参数说明见表 8-5。

表 8-5　AdaBoostClassifier 函数的主要参数说明

主要参数名称	参 数 说 明
base_estimator	基分类器，默认是 None，意味着基分类器是决策树，最大深度是 1。值得注意的是，使用其他基分类器时必须指明样本的权重
n_estimators	基分类器的个数，整数型数据，取值范围为[1, inf)，默认为 50。若基分类器的个数过大，则模型容易过拟合；若基分类器的个数过小，则模型容易欠拟合
learning_rate	学习率，也可以说是弱分类器的权重，取值范围为[0.0, inf)，默认为 1。学习率越高，每个基分类器的贡献率越高。对于同样的训练集拟合效果，较小的权重缩减系数意味着需要更多的弱分类器的迭代次数
algorithm	boosting 算法，选项有 SAMME 和 SAMME.R，默认选项是 SAMME.R。SAMME 和 SAMME.R 的主要区别是基分类器权重的度量方式不一致。SAMME 使用样本集分类效果调整弱分类器权重。SAMME.R 使用样本集分类的预测概率调整弱学习器权重，迭代一般比 SAMME 快，但要求基分类器 base_estimator 必须限制使用支持概率预测的分类器
random_state	随机状态，默认是 None

使用 RandomizedSearchCV 函数寻找 AdaBoost 的框架参数 n_estimators 和 learning_rate 以及基分类器(base_estimator)的参数 criterion、max_depth、min_samples_leaf 和 min_samples_split 的最优值(其中基分类器参数的含义见表 8-3)，并输出 AdaBoost 的最优模型，见代码 8-33。

代码 8-33

```
# AdaBoost 的参数寻优
from sklearn.ensemble import AdaBoostClassifier
param_grid = {
    'n_estimators': [10, 30, 50, 100, 150, 200],
    'learning_rate': np.linspace(0, 1, 10),
    'base_estimator__criterion': ['gini', 'entropy'],
    'base_estimator__max_depth': list(range(1, 8)),
    'base_estimator__min_samples_leaf': list(range(1, 15)),
```

```
'base_estimator__min_samples_split': [2, 3, 4, 5, 6, 7],
}
# 定义基分类器
DTC = DecisionTreeClassifier(random_state = 100)
adaboost = AdaBoostClassifier(base_estimator=DTC, random_state=100)
adaboost_cv = RandomizedSearchCV(adaboost,
                            param_distributions=param_grid,
                            scoring='roc_auc',
                            cv=5,
                            verbose=False,
                            n_jobs=-1,
                            random_state=100)
adaboost_cv.fit(X_train, y_train)
best_model(adaboost_cv)
```

输出结果:

最优模型: AdaBoostClassifier(base_estimator = DecisionTreeClassifier(criterion = 'entropy', max_depth = 6, min_samples_leaf = 9, random_state = 100), learning_rate = 0.1111, n_estimators = 150, random_state = 100)

评估 AdaBoost 模型在训练集中的表现, 见代码 8-34。

代码 8-34

```
# 评估 AdaBoost 模型在训练集中的表现
train_perf['AdaBoost'] = perf_test(adaboost_cv, X_train, y_train)
train_perf[['AdaBoost']]
```

输出结果:

	AdaBoost
Accuracy	0.9776
f1_score	0.9776
AUC 值	0.9986

从代码 8-34 的输出结果可以看出, AdaBoost 在训练集中的准确率为 0.9776, F1 值为 0.9776, AUC 值为 0.9986, 这表明 AdaBoost 在目前所有模型中表现最好。

3. GBDT

调用 sklearn 的 GradientBoostingClassifier 函数实现 GBDT 的建模, GradientBoosting Classifier 函数如下所示:

sklearn.ensemble.GradientBoostingClassifier(loss = 'log_loss', learning_rate = 0.1, n_estimators = 100, subsample = 1.0, criterion = 'friedman_mse', min_samples_split = 2, min_samples_leaf = 1, max_depth = 3, random_state = None, max_features = None, ccp_alpha = 0.0)

GradientBoostingClassifier 函数的主要参数说明见表 8-6。

表 8-6　GradientBoostingClassifier 函数的主要参数说明

主要参数名称	参 数 说 明
loss	GBDT 的损失函数，可选值为 log_loss、exponential，默认取值是 log_loss。log_loss 是对数损失函数，与逻辑回归的损失函数一致，可用于二分类和多分类问题；exponential 是指数损失函数，与 AdaBoost 的损失函数一致
learning_rate	弱分类器的权重缩减系数，取值范围为[0.0, inf)，默认为 0.1
n_estimators	基分类器的数目，默认为 100
subsample	子采样比例，用于训练基分类器的样本比例，取值范围为(0.0, 1.0]，默认取值为 1.0。若 subsample 小于 1，则算法采用的是随机梯度提升树
criterion	特征选择准则，可选值是 friedman_mse、squared_error、mse，默认为 friedman_mse
min_samples_split	决策树的节点再划分时所需的最少样本数，整数型或者浮点型数据，默认是 2
min_samples_leaf	叶节点所需的最少样本数，整数型或者浮点型数据，默认是 1
max_depth	决策树的最大深度，整数型数据，默认取值为 3
random_state	随机状态，默认是 None
max_features	寻找最优划分特征时所使用的最大特征数，可选的值是 auto、sqrt、log2，以及整数型或浮点型数据
ccp_alpha	代价复杂度剪枝参数，非负浮点型数据，默认为 0，表示不进行代价复杂度剪枝

使用 RandomizedSearchCV 函数寻找 GBDT 的框架参数 n_estimators、learning_rate 和 subsample 以及基分类器(base_estimator)的参数 min_samples_split、max_depth、min_samples_leaf、min_samples_split 和 max_features 的最优值，并输出 GBGT 的最优模型，见代码 8-35。

代码 8-35

```
# GBDT 的参数寻优
from sklearn.ensemble import GradientBoostingClassifier
param_grid = {
    'n_estimators': [10, 30, 50, 100, 150, 200],
    'learning_rate': np.linspace(0, 1, 10),
    'subsample': np.linspace(0.3, 1, 10),
    'max_depth': list(range(1, 10)),
    'min_samples_leaf': list(range(1, 15)),
    'min_samples_split': [2, 3, 4, 5, 6, 7],
    'max_features': ['sqrt', 'log2', None],
```

```
}
Gradient_Tree_Boosting = GradientBoostingClassifier(random_state=100)
Gradient_Tree_Boosting_cv = RandomizedSearchCV(Gradient_Tree_Boosting,
                            param_distributions=param_grid,
                            scoring='roc_auc',
                            cv=5,
                            verbose=False,
                            n_jobs=-1,
                            random_state=100)
Gradient_Tree_Boosting_cv.fit(X_train, y_train)
best_model(Gradient_Tree_Boosting_cv)
```

输出结果：

最优模型： GradientBoostingClassifier(learning_rate = 0.4444, max_depth = 6, min_samples_leaf = 2, min_samples_split = 4, n_estimators = 30, random_state = 100, subsample = 0.9222)

评估 GBDT 模型在训练集中的表现，见代码 8-36。

代码 8-36

```
# 评估 GBDT 模型在训练集中的表现
train_perf['GBDT'] = perf_test(Gradient_Tree_Boosting_cv, X_train, y_train)
train_perf[['GBDT']]
```

输出结果：

	GBDT
Accuracy	0.9314
f1_score	0.9314
AUC 值	0.9812

在代码 8-36 的输出结果可以看出，GBDT 在训练集中的准确率和 F1 值都为 0.9314，AUC 值为 0.9812。

4. XGBoost

在调用 XGBoost 之前，需要先在 Anaconda Prompt 中输入以下命令以安装 XGBoost：pip install xgboost。在运行 XGBoost 之前，需要设置三种类型的参数：通用参数(General Parameters)、提升器参数(Booster Paramter)和任务参数(Task Parameter)。XGBoost 的主要参数说明详见表 8-7。更详细的参数说明请参考 XGBoost 的官方文档。

表 8-7 XGBoost 的主要参数说明

主要参数名称	参 数 说 明
通 用 参 数	
booster	XGBoost 的基分类器或提升器，可选值为 gbtree、gblinear、dart，默认值为 gbtree

主要参数名称	参 数 说 明
提 升 器 参 数	
eta	提升器的权重缩减系数，取值范围为[0, 1]，默认值为 0.3
max_depth	决策树的最大深度，整数型数据，默认值为 6
gamma	在树的叶节点上进行进一步分区所需的最小损失减少，取值范围是[0，∞]，默认值为 6。gamma 值越大，算法就越保守
min_child_weight	进一步分裂时，树的叶节点的样本点的权重之和的最小值，取值范围是[0，∞]，默认值是 1。min_child_weight 值越大，算法越保守
subsample	子采样比例，用于训练提升器的样本比例，取值范围为[0.0，1.0]，默认值为 1.0
criterion	特征选择准则，可选值是 friedman_mse、squared_error、mse，默认值为 friedman_mse
min_samples_split	决策树的节点再划分时所需的最少样本数，整数型或者浮点型数据，默认值是 2
min_samples_leaf	叶节点所需的最少样本数，整数型或者浮点型数据，默认值是 1
colsample_bytree	在构建提升树时列特征的采样率，取值范围为[0.0，1.0]，默认值为 1.0
lambda	L_2 正则化项参数，默认值是 1。lambda 值越大，模型越不容易过拟合
alpha	L_1 正则化项参数，默认值是 0。alpha 值越大，模型越不容易过拟合
n_estimators	基分类器的数目，默认为 100
任 务 参 数	
objective	用于指定 XGBoost 的学习任务及相应的学习目标，默认为 reg: squarederror，表示线性回归并使用平方和损失。其他常用的取值有 binary:logistic，表示二分类的逻辑回归，返回预测的概率；multi:softmax，表示使用 Softmax 执行多分类任务，返回预测的类别
seed	随机数的种子，默认取值为 0

使用 RandomizedSearchCV 函数寻找 XGBoost 的 eta、max_depth、gamma 和 subsample 等参数的最优值，并输出 XGBoost 的最优模型，见代码 8-37。

代码 8-37

```
# XGBoost 的参数寻优
param_grid = {
    'eta': np.linspace(0.0, 1, 10),
    'max_depth': list(range(1, 15)),
    'gamma': list(range(1, 15)),
```

```
    'subsample': np.linspace(0.0, 1.0, 10),
    'min_child_weight': list(range(1, 15)),
    'colsample_bytree': np.linspace(0.0, 1, 10),
    'lambda': [0.001, 0.01, 0.1, 1, 10, 100],
    'n_estimators': [10, 30, 50, 100, 150, 200]
}
xgboost = XGBClassifier(random_state=100)
xgboost_cv = RandomizedSearchCV(xgboost,
                                param_distributions=param_grid,
                                scoring='roc_auc', cv=5, verbose=False,
                                n_jobs=-1, random_state=100)
xgboost_cv.fit(X_train, y_train)
best_model(xgboost_cv)
```

输出结果：

最优模型：　XGBClassifier(base_score = 0.5, booster = 'gbtree',colsample_bylevel = 1, colsample_bynode = 1, colsample_bytree = 0.5555, enable_categorical = False, eta = 0.8888, gamma = 1, gpu_id = -1, importance_type = None, interaction_constraints = '', lambda = 10, learning_rate = 0.8888, max_delta_step = 0, max_depth=10, min_child_weight = 6, missing = nan, monotone_constraints = '()', n_estimators = 50, n_jobs = 8, num_parallel_tree = 1, predictor = 'auto', random_state = 100, reg_alpha = 0, reg_lambda = 10, scale_pos_weight = 1, subsample = 0.6666, tree_method = 'exact', validate_parameters = 1, verbosity = None)

评估 XGBoost 模型在训练集中的表现，见代码 8-38。

代码 8-38

```
# 评估 XGBoost 模型在训练集中的表现
train_perf['XGBoost'] = perf_test(xgboost_cv, X_train, y_train)
train_perf[['XGBoost']]
```

输出结果：

	XGBoost
Accuracy	0.9397
f1_score	0.9397
AUC 值	0.9843

从代码 8-38 的输出结果可以看出，XGBoost 在训练集中的准确率为 0.9397，F1 值为 0.9397，AUC 值为 0.9843。

5. LightGBM

在调用 LightGBM 之前，需要先在 Anaconda Prompt 中输入以下命令以安装 LightGBM：pip install lightgbm。LightGBM 的主要参数说明详见表 8-8。

表 8-8　LightGBM 的主要参数说明

主要参数名称	参 数 说 明
num_leaves	LightGBM 的 leaf-wise 树的叶子数目，是控制 LightGBM 复杂度的主要参数，默认值是 31。num_leaves 的取值应该小于 2^{max_depth}。比如，当 max_depth=7 时，若设置 num_leaves 等于 128，则有可能导致过拟合，而设置 num_leaves 为 70 或 80 能得到较好的结果
min_data_in_leaf	叶子必须具有的最少样本数，这是处理 leaf-wise 树的过拟合问题中一个非常重要的参数。min_data_in_leaf 的值取决于训练数据的样本数目和 num_leaves 的值。min_data_in_leaf 取值较大可以避免生成一个复杂的树，但有可能导致欠拟合。在实际应用中，对于大数据集，设置 min_data_in_leaf 为几百或几千就足够了
max_depth	决策树的最大深度，整数型数据，默认值为-1，意味着对树的深度没有限制
max_bin	特征的最大分桶个数，整数型数据，默认是为 255。较小的 max_bin 会降低训练集的准确性，提升模型训练速度，但可能会提升模型的泛化能力
learning_rate	提升树的权重缩减系数，取值要求大于 0，默认值是 0.1
num_iterations	提升树的数目，整数型数据，默认值是 100，其作用与 n_estimators 的类似
feature_fraction	特征列采样比例，取值范围为[0.0, 1.0]，默认值为 1.0。如果将 feature_fraction 设置为 0.6，则 LightGBM 将在训练每棵树之前随机选择 60%的特征用于训练。feature_fraction 可用于加快模型训练速度，也可以用于处理过拟合问题
bagging_fraction	样本子采样比例，取值范围为[0.0, 1.0]，默认值为 1.0。若要启用子采样，则必须将参数 bagging_fraction 设置为非零值。bagging_fraction 可用于加快模型训练速度，也可以用于处理过拟合问题
bagging_freq	整数型数据，默认值为 0，意味着不启用样本子采样。若将 bagging_freq 设为 K，则意味着每 K 次迭代，LightGBM 会为以后的 K 次迭代随机选择 bagging_fraction×100 %的数据
min_sum_hessian_in_leaf	树的叶节点的hessian和，默认值是1e-3，类似于XGBoost的min_child_weight。min_sum_hessian_in_leaf 越大，模型得到泛化能力越好
lambda_l1	L_1 正则化项参数，默认值是 0.0
lambda_l2	L_2 正则化项参数，默认值是 0.0
save_binary	默认是 false，若将 save_binary 设为 True，则 LightGBM 将数据集(包括验证数据)保存到二进制文件中，可以加快数据加载速度

使用 RandomizedSearchCV 函数寻找 LightGBM 的 num_leaves、min_data_in_leaf、

金融数据挖掘

max_depth 和 max_bin 等参数的最优值，并输出 LightGBM 的最优模型，见代码 8-39。

代码 8-39

```
# LightGBM 的参数寻优
from scipy.stats import uniform, randint
param_grid = {
    'num_leaves': randint(16, 128),
    'min_data_in_leaf': [10, 30, 50, 100, 150, 200, 500],
    'max_depth': list(range(1, 15)),
    'max_bin': [50, 100, 150, 200, 500, 800],
    'learning_rate': np.linspace(0, 1, 10),
    'num_iterations': [10, 30, 50, 100, 150, 200],
    'feature_fraction': uniform(loc=0.4, scale=0.6),
    'bagging_fraction': uniform(loc=0.2, scale=0.8),
    'bagging_freq': list(range(5, 10)),
    'min_sum_hessian_in_leaf': [1e-5, 1e-3, 1e-2, 1e-1, 1, 1e1, 1e2, 1e3, 1e4],
    'lambda_l1': [0, 1e-1, 1, 2, 5, 7, 10, 50, 100],
    'lambda_l2': [0, 1e-1, 1, 5, 10, 20, 50, 100],
    'save_binary': [False]
}
LGBM = LGBMClassifier(random_state=100)
LGBM_cv = RandomizedSearchCV(LGBM,
                             param_distributions=param_grid,
                             scoring='roc_auc', cv=5, verbose=False,
                             n_jobs=-1, random_state=100)
LGBM_cv.fit(X_train, y_train)
best_model(LGBM_cv)
```

输出结果：

最优模型：LGBMClassifier(bagging_fraction = 0.6347, bagging_freq = 8, feature_fraction = 0.6472, lambda_l1=0, lambda_l2 = 1, learning_rate = 0.4444, max_bin = 150, max_depth = 6, min_data_in_leaf = 50, min_sum_hessian_in_leaf = 0.01, num_iterations = 50, num_leaves = 40, random_state = 100, save_binary = False)

评估 LightGBM 模型在训练集中的表现，见代码 8-40。

代码 8-40

```
# 评估 LightGBM 模型在训练集中的表现
train_perf['LightGBM'] = perf_test(LGBM_cv, X_train, y_train)
train_perf[['LightGBM']]
```

输出结果：

	LightGBM
Accuracy	0.9117
f1_score	0.9117
AUC 值	0.9700

从代码 8-40 的输出结果可以看出，LightGBM 在训练集中的准确率为 0.9177，F1 值为 0.9177，AUC 值为 0.9700。

8.3.5 模型性能的评估

1. 比较模型在训练集中的表现

模型性能评估主要是指对模型的泛化能力进行评估，需要用测试集来检验模型对新样本的判别能力。比较各模型在训练集中的表现，见代码 8-41。

代码 8-41

```
# 比较各模型在训练集中的表现
train_perf
```

输出结果：

	后剪枝决策树	随机森林	AdaBoost	GBDT	XGBoost	LightGBM
Accuracy	0.8575	0.9244	0.9776	0.9314	0.9397	0.9117
f1_score	0.8575	0.9244	0.9776	0.9314	0.9397	0.9117
AUC 值	0.9394	0.9800	0.9986	0.9812	0.9843	0.9700

从代码 8-41 的输出结果可以发现，在训练集中，除了后剪枝决策树，其余所有模型的准确率(Accuracy)、F1 值(f1_score)和 AUC 值都在 0.90 以上，其中表现最好的是 AdaBoost 模型。

2. 比较模型在测试集中的表现

比较各模型在测试集中的表现，见代码 8-42。

代码 8-42

```
# 比较各模型在测试集中的表现
test_perf = pd.DataFrame(index = ['Accuracy','f1_score', 'AUC 值'])
all_model = {
    '后剪枝决策树': posttree_cv,
    '随机森林': random_forest_cv,
    'AdaBoost': adaboost_cv,
    'GBDT': Gradient_Tree_Boosting_cv,
    'XGBoost': xgboost_cv,
    'LGBM': LGBM_cv,

}
```

```
for labels, model in all_model.items( ):
    test_perf[labels] = perf_test(model, X_test, y_test)
test_perf
```

输出结果：

	后剪枝决策树	随机森林	AdaBoost	GBDT	XGBoost	LGBM
Accuracy	0.6793	0.8157	0.5153	0.3887	0.4787	0.4483
f1_score	0.7082	0.8209	0.5518	0.3910	0.5063	0.4705
AUC 值	0.7007	0.8309	0.7208	0.7562	0.7763	0.7393

从代码 8-42 的输出结果可以看出，在测试集中，表现最好的模型是随机森林模型，但所有模型的准确率、F1 值和 AUC 值均低于它们在训练集中的相应值。另外，值得注意的是，在测试集中，虽然 AdaBoost、GBDT、XGBoost 和 LGBM 模型的 AUC 值均在 0.7 以上，但模型的准确率和 F1 值却都在 0.5 左右。由此可见，AdaBoost、GBDT、XGBoost 和 LGBM 模型在训练过程中存在一定的过拟合问题。若要改善这几个模型在测试集中的表现，则需要对模型的相关参数进行调整。

本 章 小 结

本章首先介绍决策树的定义、特征选择和剪枝，决策树的特征选择一般有信息增益、信息增益率和基尼系数三种特征选择准则，而决策树剪枝则有预剪枝与后剪枝两种方法；其次，介绍 Bagging 和 Boosting 两类集成学习算法的原理，随机森林是目前机器学习中最流行的 Bagging 算法，而常见的 Boosting 算法包括 AdaBoost、GBDT、XGBoost 和 LightGBM 等；最后，运用参数调优的决策树和集成学习模型预测银行客户流失，并比较不同模型在测试集中的性能优劣。

习 题 八

1. 简述以下基本术语的含义：
(1) 根节点；(2) 内节点；(3) 叶节点；(4) 有向边。
2. 基于表 8-1 中的银行贷款风险分类数据集计算特征"工作"的信息增益。
3. 基于表 8-1 中的银行贷款风险分类数据集计算特征"年龄"的信息增益率。
4. 简述 Bagging 和 Boosting 两类集成学习算法的原理。
5. 简述随机森林提升基学习器差异性的方法。
6. 简述 AdaBoost 调整样本权重和弱学习器权重的方法。

7. 对于 GBDT，请证明当 f_m 等于负梯度值 $-g_i = -\left\{\dfrac{\partial l\big[y_i, F(\boldsymbol{x}_i)\big]}{\partial F(\boldsymbol{x}_i)}\right\}_{F(\boldsymbol{x}_i)=F_{M-1}(\boldsymbol{x}_i)}$ 时，可以使

得第 m 步 GBDT 的损失函数 $\displaystyle\sum_{i=1}^{N} l\big[y_i, F_{M-1}(\boldsymbol{x}_i) + f_m(\boldsymbol{x}_i)\big]$ 最小。

8. 基于本章的示例数据，在 Jupyter Notebook 中输入本章的所有 Python 代码并运行。

9. 基于本章的示例数据，将数据集划分为训练集和测试集，其中测试集的占比为 30%。然后优化 AdaBoost、GBDT、XGBoost 和 LGBM 模型的参数，使得它们在训练集中的 AUC 值超过 0.90，在测试集中的 AUC 值超过 0.80。

第9章 支持向量机

支持向量(Support Vector)的概念起源于20世纪60年代，Boser等人于1992年将核函数引入支持向量机，并在2000年前后掀起了机器学习的高潮。支持向量机的基本模型是定义在特征空间中的间隔最大的线性分类器，最初主要用于二分类问题，后来逐渐扩展到多分类和回归问题。一般使用支持向量机的拓展算法——支持向量回归(Support Vector Regression)算法来解决回归问题。由于其在解决小样本、非线性和高维数据的回归和分类问题中有着优异的学习能力与泛化性能，因此支持向量机及其拓展算法在金融领域也有着较为广泛的应用，比如金融时间序列的预测、企业财务危机的预计和优质股票的选择等。本章将介绍支持向量机的原理，并利用支持向量机模型预测企业财务危机。

本章包含以下内容：

(1) 线性可分支持向量机。

(2) 软间隔线性支持向量机。

(3) 核方法与非线性支持向量机。

(4) 基于支持向量机预测企业财务危机。

9.1 线性可分支持向量机

根据模型繁简程度的不同，支持向量机可以分为线性可分支持向量机、软间隔线性支持向量机和非线性支持向量机。

当训练数据集线性可分(如图 9-1(a)所示)时，线性可分支持向量机通过硬间隔(Hard Margin)最大化来学习一个线性分类器，故线性可分支持向量机又称为硬间隔支持向量机；

当训练数据集近似线性可分(如图 9-1(b)所示)时，软间隔线性支持向量机通过软间隔(Soft Margin)最大化来学习一个线性分类器；

当训练数据集线性不可分(如图 9-1(c)所示)时，非线性支持向量机可通过核方法(Kernel Method)和软间隔最大化来学习非线性支持向量机。

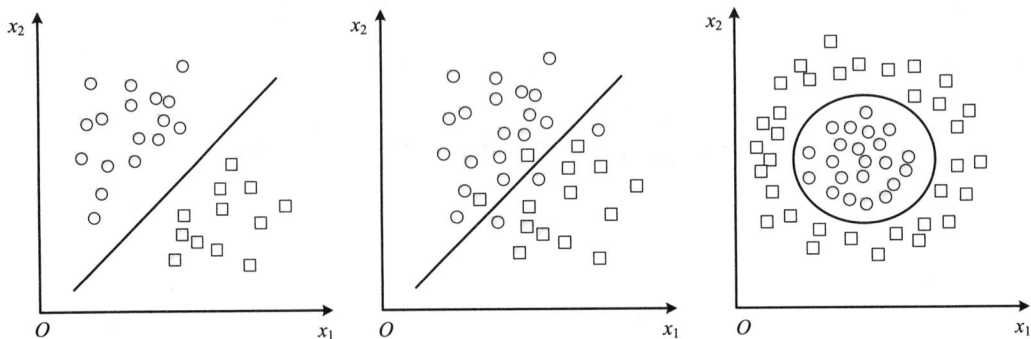

(a) 线性可分数据集　　　(b) 近似线性可分数据集　　　(c) 线性不可分数据集

图 9-1　不同类型的训练数据集

9.1.1　超平面与间隔

无论是哪种类型的支持向量机，都试图找到一个超平面以将所有训练样本按类别分隔开，且该超平面具有最大间隔的性质。故要理解支持向量机的原理，必须先了解超平面和间隔的定义与性质。

1. 超平面与分隔超平面

假定存在一个二分类的训练数据集用 $D = \{(\boldsymbol{x}_1, y_1), (\boldsymbol{x}_2, y_2), \cdots, (\boldsymbol{x}_N, y_N)\}$，其中，$\boldsymbol{x}_i = (x_{i1}, x_{i2}, \cdots, x_{id})$ $(i = 1, 2, \cdots, N)$，$y_i \in \{-1, +1\}$，则数据集 D 在特征空间中的超平面可以定义为

$$\boldsymbol{w}^{\mathrm{T}}\boldsymbol{x} + b = 0 \tag{9-1}$$

式中，$\boldsymbol{w} = (w_1, w_2, \cdots, w_d)$，它是超平面的法向量，决定了超平面的方向；$\boldsymbol{x} = (x_1, x_2, \cdots, x_d)$ 为超平面上的点；b 是位移项，通常是一个实数，决定了超平面到原点的距离。

在二维空间中，超平面是一条直线；在三维空间中，超平面是一个二维平面；在 n 维空间中，超平面是一个 $n-1$ 维的线性空间。

对于二分类的训练数据集 D，若超平面 $\boldsymbol{w}^{\mathrm{T}}\boldsymbol{x} + b = 0$ 是一个分隔超平面，则参数 $\boldsymbol{w}$ 和 b 需要满足以下两个条件：

(1) 对于所有 $y_i = +1$ 的样本，有 $\boldsymbol{w}^{\mathrm{T}}\boldsymbol{x}_i + b > 0$；

(2) 对于所有 $y_i = -1$ 的样本，有 $\boldsymbol{w}^{\mathrm{T}}\boldsymbol{x}_i + b < 0$。

进一步地，可以将上述两个条件整合为

$$y_i(\boldsymbol{w}^{\mathrm{T}}\boldsymbol{x}_i + b) > 0 \tag{9-2}$$

2. 函数间隔与几何间隔

在机器学习中，将样本点 $(\boldsymbol{x}_i, y_i)$ 到超平面 $\boldsymbol{w}^{\mathrm{T}}\boldsymbol{x} + b = 0$ 的函数间隔定义为

$$\hat{\gamma}_i = y_i(\boldsymbol{w}^{\mathrm{T}}\boldsymbol{x}_i + b) \tag{9-3}$$

若超平面 $\boldsymbol{w}^{\mathrm{T}}\boldsymbol{x} + b = 0$ 是一个分隔超平面，则由公式(9-2)可知，所有的样本点 $(\boldsymbol{x}_i, y_i)$ 到

超平面的函数间隔 $\hat{\gamma}_i > 0$。

对于分隔超平面 $w^{\mathrm{T}}x + b = 0$，函数间隔 $\hat{\gamma}_i$ 的符号可以代表分隔超平面的分类是否准确。若分隔超平面分类准确，则函数间隔 $\hat{\gamma}_i$ 必然会大于 0。此外，函数间隔 $\hat{\gamma}_i$ 的大小可以表示预测的确信程度。因为函数间隔 $\hat{\gamma}_i$ 的绝对值越大，意味着样本点距离超平面越远，分类的确信程度就越高。

对于线性可分的二分类的训练数据集 D，样本点 (x_i, y_i) 到分隔超平面 $w^{\mathrm{T}}x + b = 0$ 的几何间隔可以定义为

$$\hat{d}_i = \frac{\left| w^{\mathrm{T}}x_i + b \right|}{\| w \|} \tag{9-4}$$

式中，$\| w \|$ 是法向量 w 的 L$_2$ 范数。因为 $w^{\mathrm{T}}x + b = 0$ 是分隔超平面，所以若 $w^{\mathrm{T}}x_i + b > 0$，则 $y_i = 1$，$\left| w^{\mathrm{T}}x_i + b \right| = y_i(w^{\mathrm{T}}x_i + b)$；若 $w^{\mathrm{T}}x_i + b < 0$，则 $y_i = -1$，$\left| w^{\mathrm{T}}x_i + b \right| = y_i(w^{\mathrm{T}}x_i + b)$，由此可得 $\left| w^{\mathrm{T}}x_i + b \right| = y_i(w^{\mathrm{T}}x_i + b)$。故公式(9-4)可以转化为

$$\hat{d}_i = \frac{\left| w^{\mathrm{T}}x_i + b \right|}{\| w \|} = \frac{y_i(w^{\mathrm{T}}x_i + b)}{\| w \|} \tag{9-5}$$

进一步观察公式(9-3)和公式(9-5)可以发现，当 $\| w \| = 1$ 时，函数间隔等于几何间隔。

9.1.2 间隔最大化

若训练数据集存在分隔超平面，则训练数据集必然是线性可分的。对于线性可分的数据集，可以找到无数个分隔超平面来划分不同类别的样本，如图 9-2 所示。然而，在这些分隔超平面中，哪一个是最优的分隔超平面呢？直观上看，在两类样本正中间的超平面是最优的，即图 9-2 中的黑色实线，因为该分隔超平面对训练样本的局部扰动的容忍性最好，有着最好的泛化能力。

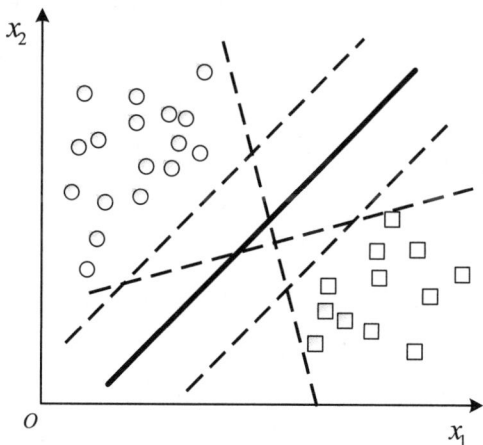

图 9-2　线性可分的数据集存在无数个分隔超平面

对于线性可分的数据集，在众多分隔超平面中，支持向量机的最优分隔超平面的判定

标准是使离分隔超平面最近的样本点与分隔超平面的几何间隔最大。图 9-3 中描述了仅有两维特征的二分类问题的支持向量机的主要组成部分。离分隔超平面最近的样本点是支持向量(Support Vector)，在图 9-3 中以黑色实心图形标记。w 决定超平面的方向，在 w 所指方向上，圆形样本位于分隔超平面的上方，而正方形样本则位于分隔超平面的下方。与分隔超平面平行，且穿过位于其上方与下方的支持向量的两个超平面是间隔边界，间隔边界在图 9-3 中以虚线表示。分隔超平面位于间隔边界的正中央。间隔(Margin)指的是分隔超平面上方与下方的两个间隔边界之间的距离。间隔由且仅由支持向量界定，其他的样本点，特别是更远的样本点对界定支持向量机的最优分隔超平面并没有影响，故支持向量机对训练样本中的异常值并不敏感。若想实现间隔最大化，只需最大化支持向量和分隔超平面的几何距离。

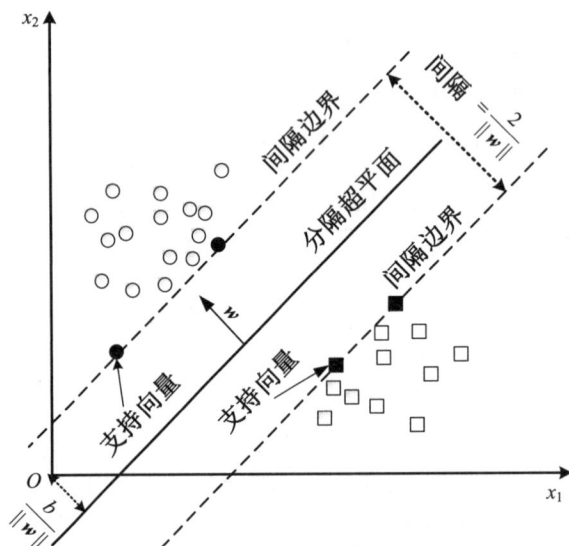

图 9-3　支持向量机与间隔

从上述文字描述可知，支持向量机的最优分隔超平面就是最大间隔超平面(Maximum-Margin Hyperplane)。对于一个二分类的训练数据集 $D = \{(x_1, y_1), (x_2, y_2), \cdots, (x_N, y_N)\}$，$y_i \in \{-1, +1\}$，最大间隔超平面需要满足以下两个约束条件：

(1) 能够将样本类别正确分类，或者说样本点到超平面的函数间隔大于零，该约束条件可以表示为

$$y_i(w^{\mathrm{T}}x_i + b) > 0, \quad i = 1, 2, \cdots, N \tag{9-6}$$

(2) 间隔最大化，或者说离超平面最近的样本点(即支持向量)与分隔超平面的几何间隔最大，即

$$\max_{w,b}\left(\min_{x_i} \frac{y_i(w^{\mathrm{T}}x_i + b)}{\|w\|}\right) \tag{9-7}$$

式(9-7)中，间隔最大化包含两层含义：

① $\min\limits_{\boldsymbol{x}_i}\dfrac{y_i(\boldsymbol{w}^{\mathrm{T}}\boldsymbol{x}_i+b)}{\|\boldsymbol{w}\|}$ 通过最小化样本点到分隔超平面的几何间隔来确定支持向量

到分隔超平面的几何间隔；

② $\max\limits_{\boldsymbol{w},b}\left(\min\limits_{\boldsymbol{x}_i}\dfrac{y_i(\boldsymbol{w}^{\mathrm{T}}\boldsymbol{x}_i+b)}{\|\boldsymbol{w}\|}\right)$ 通过选择合适的 $\boldsymbol{w}$ 和 b 使得支持向量到分隔超平面的几

何间隔最大。

进一步地，需要对公式(9-7)进行进一步简化。对于超平面，以任意倍数 λ 缩放法向量 $\boldsymbol{w}$ 和位移项 b 并不会改变原有的超平面，即 $\lambda(\boldsymbol{w}^{\mathrm{T}}\boldsymbol{x}_i+b)=0$ 与 $\boldsymbol{w}^{\mathrm{T}}\boldsymbol{x}_i+b=0$ 表示的是相同的超平面，且样本点到分隔超平面的几何间隔并不会因为超平面参数的缩放而发生变化，即

$$\frac{y_i(\boldsymbol{w}^{\mathrm{T}}\boldsymbol{x}_i+b)}{\|\boldsymbol{w}\|}=\frac{y_i\lambda(\boldsymbol{w}^{\mathrm{T}}\boldsymbol{x}_i+b)}{\lambda\|\boldsymbol{w}\|} \tag{9-8}$$

因此，若不消除超平面的倍数缩放对超平面表达式的影响，则利用公式(9-7)的几何间隔最大化得到的最优超平面将对应无数个 $\boldsymbol{w}$ 和 b，无法得到唯一的 $\boldsymbol{w}$ 和 b。若要使最优超平面所对应的 $\boldsymbol{w}$ 和 b 是唯一的，则需要添加限制条件。支持向量机选用的限制条件是 $\min\limits_{\boldsymbol{x}_i} y_i(\boldsymbol{w}^{\mathrm{T}}\boldsymbol{x}_i+b)=1$，即样本点到分隔超平面的最小函数间隔为 1。也就是说，支持向量到分隔超平面的函数间隔为 1。此外，也可令 $\min\limits_{\boldsymbol{x}_i} y_i(\boldsymbol{w}^{\mathrm{T}}\boldsymbol{x}_i+b)$ 等于任意常数 C 为限制条件，其实际效果与令最小函数间隔为 1 的效果是一致的，都可以消除超平面的倍数缩放的影响。

在限定 $\min\limits_{\boldsymbol{x}_i} y_i(\boldsymbol{w}^{\mathrm{T}}\boldsymbol{x}_i+b)=1$ 之后，公式(9-7)及其约束条件(9-6)可以进一步简化为

$$\begin{cases} \max\limits_{\boldsymbol{w},b}\dfrac{1}{\|\boldsymbol{w}\|} \\ \mathrm{s.t.}\ y_i(\boldsymbol{w}^{\mathrm{T}}\boldsymbol{x}_i+b)\geqslant 1, \quad i=1,2,\cdots,N \end{cases} \tag{9-9}$$

为了最大化间隔，仅需最大化 $\|\boldsymbol{w}\|^{-1}$，这等价于最小化 $\dfrac{1}{2}\|\boldsymbol{w}\|^2$，故公式(9-9)的最大化问题可以改写为

$$\begin{cases} \min\limits_{\boldsymbol{w},b}\dfrac{1}{2}\|\boldsymbol{w}\|^2 \\ \mathrm{s.t.}\ y_i(\boldsymbol{w}^{\mathrm{T}}\boldsymbol{x}_i+b)\geqslant 1, \quad i=1,2,\cdots,N \end{cases} \tag{9-10}$$

式(9-10)就是线性可分支持向量机间隔最大化问题的基本型。

9.1.3 拉格朗日对偶性

我们需要最优化公式(9-10)的最小化问题，以获得最大间隔超平面所对应的 w 和 b。针对公式(9-10)这种有约束条件的最优化问题，可以应用拉格朗日乘子法构造拉格朗日函数(Lagrange Function)，再通过拉格朗日对偶性(Lagrange Duality)得到原始问题(公式(9-10))的最优解。之所以在求解过程使用拉格朗日对偶性，是因为：① 对偶性可以将支持向量机间隔最大化的原始问题中的不等式约束转化为等式约束，从而更容易求解；② 原始问题的对偶问题能更自然地引入核函数，进而将算法推广到非线性问题。

首先，基于原始问题(公式(9-10))构建拉格朗日函数：

$$\begin{cases} L(w,b,\lambda) = \dfrac{1}{2}\|w\|^2 + \sum_{i=1}^{N}\lambda_i\left[1 - y_i(w^{\mathrm{T}}x_i + b)\right] \\ \text{s.t. } \lambda_i \geqslant 0, \quad i = 1,2,\cdots,N \end{cases} \tag{9-11}$$

式中，$\lambda = (\lambda_1, \lambda_2, \cdots, \lambda_N)$，$\lambda_i$ 是拉格朗日乘子，每个约束条件需要对应一个拉格朗日乘子。

其次，基于拉格朗日函数(公式(9-11))，将原始问题(公式(9-10))转化为最小最大问题（$\min\limits_{w,b}\max\limits_{\lambda} L(w,b,\lambda)$）。为此，设计函数 $\max\limits_{\lambda} L(w,b,\lambda)$，即以 λ 为参数求 $L(w,b,\lambda)$ 最大化。此时，$\max\limits_{\lambda} L(w,b,\lambda)$ 是关于 w、b 的函数，且函数 $\max\limits_{\lambda} L(w,b,\lambda)$ 的最小值（$\min\limits_{w,b}\max\limits_{\lambda} L(w,b,\lambda)$）问题与原始问题(公式(9-10))是等价的。对此，分以下两种情况来讨论：

(1) 若公式(9-10)的某个约束条件不满足，即存在某个 (x_i, y_i) 使得 $y_i(w^{\mathrm{T}}x_i + b) < 1$，此时令 $\lambda_i = +\infty$，则 $\max\limits_{\lambda} L(w,b,\lambda) = +\infty$；

(2) 若公式(9-10)的约束条件都满足，即 $y_i(w^{\mathrm{T}}x_i + b) \geqslant 1$，此时令 $\lambda_i = 0$，则 $\max\limits_{\lambda} L(w,b,\lambda) = \dfrac{1}{2}\|w\|^2$。

由此可得，

$$\max\limits_{\lambda} L(w,b,\lambda) = \begin{cases} \dfrac{1}{2}\|w\|^2, & y_i(w^{\mathrm{T}}x_i + b) \geqslant 1, \ i = 1,2,\cdots,N \\ +\infty, & y_i(w^{\mathrm{T}}x_i + b) < 1, \ i = 1,2,\cdots,N \end{cases} \tag{9-12}$$

进一步可得，$\min\limits_{w,b}\max\limits_{\lambda}(w,b,\lambda)$ 与公式(9-10)所述问题是完全等价的。故求公式(9-10)的最优解就是求 $\min\limits_{w,b}\max\limits_{\lambda}(w,b,\lambda)$ 的最优解。

根据拉格朗日对偶性，$\min\limits_{w,b}\max\limits_{\lambda} L(w,b,\lambda)$ 的对偶问题是 $\max\limits_{\lambda}\min\limits_{w,b} L(w,b,\lambda)$。为求得对偶问题的解，需要先求得 $L(w,b,\lambda)$ 对 w 和 b 的极小值，再求对 λ 的极大值。故令 $L(w,b,\lambda)$ 分

别对 w 和 b 求偏导并令其偏导数为 0，即

$$\nabla_w L(w,b,\lambda) = w - \sum_{i=1}^{N} \lambda_i y_i x_i = \mathbf{0}$$

$$\nabla_b L(w,b,\lambda) = -\sum_{i=1}^{N} \lambda_i y_i = 0$$

可得

$$w = \sum_{i=1}^{N} \lambda_i y_i x_i \tag{9-13}$$

$$\sum_{i=1}^{N} \lambda_i y_i = 0 \tag{9-14}$$

将式(9-13)和式(9-14)代入 $L(w, b, \lambda)$ 并消去 w 和 b，可得 $L(w, b, \lambda)$ 的最小值为

$$
\begin{aligned}
\min_{w,b} L(w,b,\lambda) &= \frac{1}{2} \| w \|^2 + \sum_{i=1}^{N} \lambda_i \left[1 - y_i(w^T x_i + b) \right] \\
&= \frac{1}{2} \sum_{i=1}^{N} \lambda_i y_i x_i^T \sum_{j=1}^{N} \lambda_j y_j x_j - \sum_{i=1}^{N} \lambda_i y_i x_i^T \sum_{j=1}^{N} \lambda_j y_j x_j - b\sum_{i=1}^{N} \lambda_i y_i + \sum_{i=1}^{N} \lambda_i \\
&= \sum_{i=1}^{N} \lambda_i - \frac{1}{2} \sum_{i=1}^{N} \lambda_i y_i x_i^T \sum_{j=1}^{N} \lambda_j y_j x_j \\
&= \sum_{i=1}^{N} \lambda_i - \frac{1}{2} \sum_{i=1}^{N} \sum_{j=1}^{N} \lambda_i \lambda_j y_i y_j x_i^T x_j
\end{aligned}
\tag{9-15}
$$

根据公式(9-14)，原始问题(公式(9-10))的对偶问题转化为

$$
\begin{cases}
\max_{\lambda} \sum_{i=1}^{N} \lambda_i - \frac{1}{2} \sum_{i=1}^{N} \sum_{j=1}^{N} \lambda_i \lambda_j y_i y_j x_i^T x_j \\
\text{s.t. } \lambda_i \geq 0, \ \sum_{i=1}^{n} \lambda_i y_i = 0, \ i = 1,2,\cdots,N
\end{cases}
\tag{9-16}
$$

如何求解公式(9-16)是一个典型的二次规划问题，即目标函数是变量的二次函数，而约束条件是变量的不等式。二次规划问题可用常用的算法求解，但算法的复杂度通常与训练数据样本量成正比。故在实际应用中需要寻求更高效的算法，例如 SMO(Sequential Minimal Optimization)算法，以加快求解速度。

假定公式(9-16)的二次规划问题的最优解是 $\hat{\lambda} = (\hat{\lambda}_1, \hat{\lambda}_2, \cdots, \hat{\lambda}_N)$，则 $\hat{\lambda}$ 需满足 KKT (Karush-Kuhn-Tucker)条件，即要求

$$
\begin{cases}
(1) \ \hat{\lambda}_i \geq 0, \ i = 1,2,\cdots,N \\
(2) \ y_i(w^T x_i + b) - 1 \geq 0, \ i = 1,2,\cdots,N \\
(3) \ \hat{\lambda}_i[y_i(w^T x_i + b) - 1] = 0, \ i = 1,2,\cdots,N
\end{cases}
\tag{9-17}
$$

由 KKT 条件(1)可知，$\hat{\lambda}_i \geq 0$。再根据公式(9-13)可求得 w 的最优解 $\hat{w}$ 为

$$\hat{\boldsymbol{w}} = \sum_{i=1}^{N} \hat{\lambda}_i y_i \boldsymbol{x}_i \qquad (9\text{-}18)$$

基于公式(9-18)可知，至少存在一个 $\hat{\lambda}_i > 0$。若所有的 $\hat{\lambda}_i$ 均为 0，则 $\hat{\boldsymbol{w}} = 0$，此时支持向量到分隔超平面的几何间隔 $\dfrac{1}{\|\boldsymbol{w}\|} = \infty$，显然不符合要求。

由 KKT 条件(3)可知，至少存在一个样本点$(\boldsymbol{x}_j, y_j)$，使得 $y_j(\hat{\boldsymbol{w}}^{\mathrm{T}}\boldsymbol{x}_j + b) - 1 = 0$，求解可得最优的 $\hat{b}$ 为

$$\hat{b} = \frac{1}{y_j} - \hat{\boldsymbol{w}}^{\mathrm{T}}\boldsymbol{x}_j = y_j - \sum_{i=1}^{N} \hat{\lambda}_i y_i \boldsymbol{x}_i^{\mathrm{T}} \boldsymbol{x}_j \qquad (9\text{-}19)$$

在得到 $\hat{\boldsymbol{w}}$ 和 $\hat{b}$ 后，可以得到线性可分支持向量机的间隔最大的分隔超平面为

$$\sum_{i=1}^{N} \hat{\lambda}_i y_i \boldsymbol{x}_i^{\mathrm{T}} \boldsymbol{x} + \hat{b} = 0 \qquad (9\text{-}20)$$

最终可以得到线性可分支持向量机的决策函数为

$$f(\boldsymbol{x}) = \mathrm{sign}\left(\sum_{i=1}^{N} \hat{\lambda}_i y_i \boldsymbol{x}_i^{\mathrm{T}} \boldsymbol{x} + \hat{b} \right) \qquad (9\text{-}21)$$

此外，值得关注的是，考虑 KKT 条件(3)$\left(\hat{\lambda}_i \left[y_i(\boldsymbol{w}^{\mathrm{T}}\boldsymbol{x}_i + b) - 1 \right] = 0 \right)$，对于任意样本点 $(\boldsymbol{x}_i, y_i)$，若 $\hat{\lambda}_i = 0$，则该样本点不会在公式(9-20)中出现，对最优分隔超平面不会有任何影响；若 $\hat{\lambda}_i > 0$，则有 $y_i(\boldsymbol{w}^{\mathrm{T}}\boldsymbol{x}_i + b) = 1$，该样本点位于最大间隔边界上，是支持向量。这显示出支持向量机的一个重要性质，即模型训练完成后，最终模型仅与支持向量有关。

9.2　软间隔线性支持向量机

到目前为止，我们考虑的训练数据集都是完全线性可分的，但现实中的很多数据集并非完全线性可分的。故当训练数据集不是完全线性可分，而是如图 9-1(b)所示的近似线性可分时，需要引入软间隔线性支持向量机，如图 9-4 所示。所谓软间隔，指的是允许支持向量机(SVM)在少量样本上犯错，即允许少量样本不满足公式(9-10)的约束条件 $y_i(\boldsymbol{w}^{\mathrm{T}}\boldsymbol{x}_i + b) \geqslant 1$。也就是说，允许某些样本位于间隔边界之内，如图 9-4 中的黑色实心样本点。

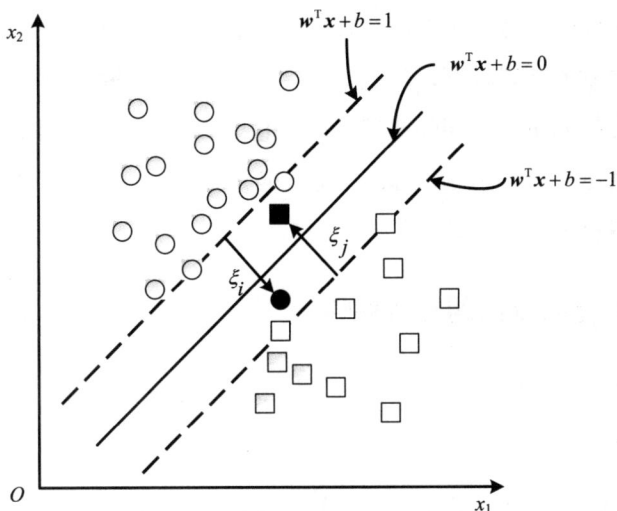

图 9-4 软间隔线性支持向量机

9.2.1 软间隔最大化

在软间隔支持向量机中，通过引入松弛变量(Slack Variable) $\xi_i \geqslant 0$，将公式(9-10)的约束条件转化为

$$\begin{cases} y_i(\boldsymbol{w}^{\mathrm{T}}\boldsymbol{x}_i + b) \geqslant 1 - \xi_i, & i = 1, 2, \cdots, N \\ \xi_i \geqslant 0 \end{cases} \tag{9-22}$$

对于任意的样本点$(\boldsymbol{x}_i, y_i)$，若其能使得约束条件(9-22)的等式成立，则该样本点就是支持向量。若样本点$(\boldsymbol{x}_i, y_i)$的松弛变量ξ_i的值小于1，则此时样本点虽然在间隔边界之内，但仍然是被正确分类的。若样本点的松弛变量ξ_i的值大于1，则样本点会被错误分类。

虽然在软间隔支持向量机中，允许一些样本点被错误分类，但被错误分类的样本点越少越好。故在公式(9-10)的最小化问题中引入正则化参数C和错误被分类样本的损失函数，如 Hinge 损失函数 $f(x) = \max(0, 1 - x)$。

若采用 Hinge 损失函数，则公式(9-10)变为

$$\min_{\boldsymbol{w},b} \frac{1}{2} \| \boldsymbol{w} \|^2 + C \sum_{i=1}^{N} \max\left[0, 1 - y_i(\boldsymbol{w}^{\mathrm{T}}\boldsymbol{x}_i + b) \right] \tag{9-23}$$

通过引入松弛变量ξ_i，可将公式(9-23)重写为

$$\begin{cases} \min_{\boldsymbol{w},b} \dfrac{1}{2} \| \boldsymbol{w} \|^2 + C \sum_{i=1}^{N} \xi_i \\ \text{s.t. } y_i(\boldsymbol{w}^{\mathrm{T}}\boldsymbol{x}_i + b) \geqslant 1 - \xi_i, \ \xi_i \geqslant 0, \ i = 1, 2, \cdots, N \end{cases} \tag{9-24}$$

这就是常见的软间隔支持向量机。在公式(9-24)中，C 是一个大于 0 的正则化参数。C 可以被理解为错误样本的惩罚程度，C 值越小，对错误样本的惩罚程度越轻，可以容忍的错误样本就越多，支持向量机的间隔就越大；C 值越大，对错误样本的惩罚程度越重，可以容忍的错误样本就越小，支持向量机的间隔就越小。当 C 为无穷大时，ξ_i 必然为无穷小，此时软间隔支持向量机又变成了硬间隔支持向量机。

9.2.2 软间隔最大化的拉格朗日对偶性

显然，公式(9-24)仍然是一个二次规划问题。类似于公式(9-10)，先构建公式(9-24)的拉格朗日函数：

$$\begin{cases} L\big(\boldsymbol{w},b,\boldsymbol{\xi},\boldsymbol{\lambda},\boldsymbol{\mu}\big) = \frac{1}{2}\|\boldsymbol{w}\|^2 + C\sum_{i=1}^{N}\xi_i + \sum_{i=1}^{N}\lambda_i\Big[1 - \xi_i - y_i\big(\boldsymbol{w}^{\mathrm{T}}\boldsymbol{x}_i + b\big)\Big] - \sum_{i=1}^{N}\mu_i\xi_i \\ \text{s.t. } \lambda_i \geqslant 0, \ \mu_i \geqslant 0, \ i=1,2,\cdots,N \end{cases} \tag{9-25}$$

式中，λ_i 和 μ_i 是拉格朗日乘子，$\boldsymbol{w}$、b 和 ξ_i 是参数。

根据拉格朗日对偶性，可以得到原问题(公式(9-24))的对偶问题为

$$\begin{cases} \max\limits_{\boldsymbol{\lambda},\boldsymbol{\mu}}\ \min\limits_{\boldsymbol{w},b,\boldsymbol{\xi}} L\big(\boldsymbol{w},b,\boldsymbol{\xi},\boldsymbol{\lambda},\boldsymbol{\mu}\big) \\ \text{s.t. } \lambda_i \geqslant 0, \ \mu_i \geqslant 0, \ i=1,2,\cdots,N \end{cases} \tag{9-26}$$

令 $L(\boldsymbol{w},b,\boldsymbol{\xi},\boldsymbol{\lambda},\boldsymbol{\mu})$ 分别对参数 $\boldsymbol{w}$、b 和 ξ_i 求偏导并令偏导数为 0，可得

$$\boldsymbol{w} = \sum_{i=1}^{N}\lambda_i y_i \boldsymbol{x}_i \tag{9-27}$$

$$\sum_{i=1}^{N}\lambda_i y_i = 0 \tag{9-28}$$

$$C = \lambda_i + \mu_i \tag{9-29}$$

将公式(9-27)、公式(9-28)和公式(9-29)代入公式(9-26)中的拉格朗日函数，可获得其最小值，即

$$\min_{\boldsymbol{w},b,\boldsymbol{\xi}} L\big(\boldsymbol{w},b,\boldsymbol{\xi},\boldsymbol{\lambda},\boldsymbol{\mu}\big) = \sum_{i=1}^{N}\lambda_i - \frac{1}{2}\sum_{i=1}^{N}\sum_{j=1}^{N}\lambda_i\lambda_j y_i y_j\big(\boldsymbol{x}_i^{\mathrm{T}}\boldsymbol{x}_j\big) \tag{9-30}$$

观察公式(9-30)可以发现，$\min\limits_{\boldsymbol{w},b,\boldsymbol{\xi}} L(\boldsymbol{w},b,\boldsymbol{\xi},\boldsymbol{\lambda},\boldsymbol{\mu})$ 中仅有参数 $\boldsymbol{\lambda}$，并没有参数 $\boldsymbol{\mu}$。由此，结合公式(9-28)和公式(9-29)，可以将公式(9-26)转化为

$$\begin{cases} \max_{\lambda} \sum_{i=1}^{N} \lambda_i - \frac{1}{2} \sum_{i=1}^{N} \sum_{j=1}^{N} \lambda_i \lambda_j y_i y_j (\boldsymbol{x}_i^{\mathrm{T}} \boldsymbol{x}_j) \\ \text{s.t.} \sum_{i=1}^{N} \lambda_i y_i = 0, \ 0 \leqslant \lambda_i \leqslant C, \ i = 1, 2, \cdots, N \end{cases} \tag{9-31}$$

与公式(9-16)的硬间隔问题相比，公式(9-31)的软间隔问题仅仅多了一个约束条件($\lambda_i \leqslant C$)，故该问题仍然是一个二次规划问题。同样地，可以使用 SMO 算法求得公式(9-31)的最优解 $\hat{\boldsymbol{\lambda}} = (\hat{\lambda}_1, \hat{\lambda}_2, \cdots, \hat{\lambda}_N)$，$\hat{\boldsymbol{\lambda}}$ 需满足 KKT 条件，即要求

$$\begin{cases} (1) \ \hat{\lambda}_i \geqslant 0, \ \mu_i \geqslant 0, \ i =, 2, \cdots, N \\ (2) \ y_i(\boldsymbol{w}^{\mathrm{T}} \boldsymbol{x}_i + b) - 1 + \xi_i \geqslant 0, \ i = 1, 2, \cdots, N \\ (3) \ \hat{\lambda}_i [y_i(\boldsymbol{w}^{\mathrm{T}} \boldsymbol{x}_i + b) - 1 + \xi_i] = 0, \ i = 1, 2, \cdots, N \\ (4) \ \xi_i \geqslant 0, \ \mu_i \xi_i = 0, \ i = 1, 2, \cdots, N \end{cases} \tag{9-32}$$

由 KKT 条件可知，最优解 $\hat{\lambda}_i \geqslant 0$，与硬间隔 SVM 类似，可求得 $\boldsymbol{w}$ 的最优解 $\hat{\boldsymbol{w}}$ 为

$$\hat{\boldsymbol{w}} = \sum_{i=1}^{N} \hat{\lambda}_i y_i \boldsymbol{x}_i \tag{9-33}$$

由式(9-33)可知，$\hat{\boldsymbol{\lambda}}$ 中必然存在一个 $\hat{\lambda}_j$ 符合条件 $0 < \hat{\lambda}_j < C$，此时由式(9-29)可知，$\hat{\mu}_j > 0$，故基于公式(9-32)的条件(4)必然有 $\xi_j = 0$，计算可得 b 的最优解 $\hat{b}$ 为

$$\hat{b} = \frac{1 - \xi_j}{y_j} \hat{\boldsymbol{w}}^{\mathrm{T}} \boldsymbol{x}_j = y_j - \sum_{i=1}^{N} \hat{\lambda}_i y_i \boldsymbol{x}_i^{\mathrm{T}} \boldsymbol{x}_j \tag{9-34}$$

要注意的是，$\boldsymbol{w}$ 的最优解 $\hat{\boldsymbol{w}}$ 是唯一的，而 b 的最优解 $\hat{b}$ 不是唯一的，$\hat{b}$ 存在于一个区间中。

对于任意的样本点$(\boldsymbol{x}_i, y_i)$，若 $\hat{\lambda}_i = 0$，则该样本点不会在公式(9-33)中出现，对最优分隔超平面不会有任何影响。若 $\hat{\lambda}_i > 0$，基于公式(9-32)的条件(3)有 $y_i(\boldsymbol{w}^{\mathrm{T}} \boldsymbol{x}_i + b) = 1 - \xi_i$，则该样本点是支持向量(软间隔支持向量)。若 $0 < \hat{\lambda}_i < C$，由公式(9-29)可知必有 $\mu_i > 0$，由公式(9-32)的条件(4)可知 $\xi_i = 0$，则有 $y_i(\boldsymbol{w}^{\mathrm{T}} \boldsymbol{x}_i + b) = 1$，即该样本点位于最大间隔边界上，是支持向量；若 $\hat{\lambda}_i = C$，则有 $\mu_i = 0$。若 ξ_i 满足条件 $0 < \xi_i \leqslant 1$，则该样本点位于最大间隔内部，被正确分类，是软间隔支持向量；若 $\xi_i > 1$，则该样本点位于错误分类一侧。

9.3　核方法与非线性支持向量机

在本章前面的讨论中，无论是硬间隔支持向量机还是软间隔支持向量机，都假定训练数据是完全线性可分或者近似线性可分。然而，在现实任务中，初始样本空间中可能并不

存在一个能正确划分两类样本的超平面，如图 9-5(a)所示。在这种情况下，我们需要使用非线性支持向量机。

假定存在一个二分类的训练数据集 $D = \{(\boldsymbol{x}_1, y_1), (\boldsymbol{x}_2, y_2), \cdots, (\boldsymbol{x}_N, y_N)\}$，其中 $\boldsymbol{x}_i = (x_{i1}, x_{i2}, \cdots, x_{id})$，$y_i \in \{-1, +1\}$。非线性支持向量机的核方法可以通过一个特定的映射 $\phi: \boldsymbol{x}_i \rightarrow \phi(\boldsymbol{x}_i)$ 将原特征空间中的训练样本 $\boldsymbol{x}_i$ 映射成更高维特征空间中的训练样本 $\phi(\boldsymbol{x}_i) = (z_{i1}, z_{i2}, \cdots, z_{ik})$，而在更高维的特征空间中，训练样本是线性可分的。例如，在图 9-5(a)中的数据有 2 个特征，其在二维空间是线性不可分的，通过映射 ϕ 将训练样本 $\boldsymbol{x}_i = (x_{i1}, x_{i2})$ 映射为三维空间中的样本 $\phi(\boldsymbol{x}_i) = (z_{i1}, z_{i2}, z_{i3}) = (x_{i1}^2, x_{i2}^2, \sqrt{2}x_{i1}x_{i2})$。观察图 9-5(b)可以发现，映射之后的训练样本在三维空间中是线性可分的。

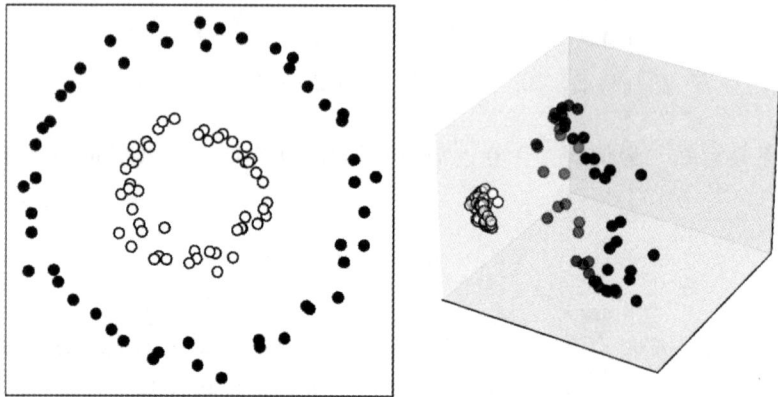

(a) 线性不可分训练集　　　　　(b) 映射后线性可分的训练集

图 9-5　支持向量机核方法演示

在 ϕ 映射之后的高维特征空间中，超平面可以定义为

$$\boldsymbol{w}^{\mathrm{T}}\phi(\boldsymbol{x}) + b = 0 \tag{9-35}$$

式中，$\boldsymbol{w} = (w_1, w_2, \cdots, w_k)$ 是超平面的法向量，决定了超平面的方向；$\phi(\boldsymbol{x}) = (z_1, z_2, \cdots, z_k)^{\mathrm{T}}$ 是高维空间中超平面上的点；b 是位移项，通常是一个实数，决定了超平面到原点的距离。

若训练数据在该高维特征空间是线性可分的，那么与公式(9-10)类似，高维特征空间的线性可分支持向量机的间隔最大化问题为

$$\begin{cases} \min\limits_{\boldsymbol{w},b} \dfrac{1}{2}\|\boldsymbol{w}\|^2 \\ \text{s.t. } y_i[\boldsymbol{w}^{\mathrm{T}}\phi(\boldsymbol{x}_i) + b] \geqslant 1, \quad i = 1, 2, \cdots, N \end{cases} \tag{9-36}$$

故公式(9-36)的对偶问题为

$$\begin{cases} \max\limits_{\lambda} \sum\limits_{i=1}^{N}\lambda_i - \dfrac{1}{2}\sum\limits_{i=1}^{N}\sum\limits_{j=1}^{N}\lambda_i\lambda_j y_i y_j \phi(\boldsymbol{x}_i)^{\mathrm{T}}\phi(\boldsymbol{x}_j) \\ \text{s.t. } \lambda_i \geqslant 0, \quad \sum\limits_{i=1}^{N}\lambda_i y_i = 0, \ i = 1, 2, \cdots, N \end{cases} \tag{9-37}$$

这又是一个典型的二次规划问题，假定 λ 的最优解 $\hat{\lambda} = (\hat{\lambda}_1, \hat{\lambda}_2, \cdots, \hat{\lambda}_N)$，可求得 $\hat{w}$ 的最优解 $\hat{w}$ 为

$$\hat{w} = \sum_{i=1}^{N} \hat{\lambda}_i y_i \phi(x_i) \qquad (9\text{-}38)$$

进而假定 b 的最优解为 $\hat{b}$，可求得高维空间的最优分隔超平面为

$$\sum_{i=1}^{N} \hat{\lambda}_i y_i \phi(x_i)^{\mathrm{T}} \phi(x) + \hat{b} = 0 \qquad (9\text{-}39)$$

观察式(9-37)可以发现，在高维空间的线性支持向量机中，对偶问题目标函数的最优化涉及计算高维特征的内积 $\phi(x_i)^{\mathrm{T}} \phi(x_j)$。由于经过 ϕ 映射后的特征维度可能很高，甚至可能是无穷维，因此直接计算 $\phi(x_i)^{\mathrm{T}} \phi(x_j)$ 通常比较困难。为了避开这个问题，需要引入核函数：

$$\kappa(x_i, x_j) = \phi(x_i)^{\mathrm{T}} \phi(x_j) \qquad (9\text{-}40)$$

此时，对偶问题(公式(9-37))可以转化为

$$\begin{cases} \max_{\lambda} \sum_{i=1}^{N} \lambda_i - \frac{1}{2} \sum_{i=1}^{N} \sum_{j=1}^{N} \lambda_i \lambda_j y_i y_j \kappa(x_i, x_j) \\ \text{s.t. } \lambda_i \geqslant 0, \quad \sum_{i=1}^{N} \lambda_i y_i = 0, i = 1, 2, \cdots, N \end{cases} \qquad (9\text{-}41)$$

进一步地，最优分隔超平面为

$$\sum_{i=1}^{N} \hat{\lambda}_i y_i \kappa(x_i, x) + \hat{b} = 0 \qquad (9\text{-}42)$$

最终我们可以得到决策函数为

$$f(x) = \mathrm{sign}\left(\sum_{i=1}^{N} \hat{\lambda}_i y_i \kappa(x_i, x) + \hat{b} \right) \qquad (9\text{-}43)$$

表 9-1 常见的核函数

名称	表达式	参 数 含 义
线性核	$x_i^{\mathrm{T}} x_j$	—
多项式核	$(\gamma x_i^{\mathrm{T}} x_j + r)^d$	r 是常数；d 是多项式次数，$d \geqslant 1$；γ 是一个缩放参数
RBF 核	$\exp(-\gamma \| x_i - x_j \|)$	γ 定义了支持向量的影响范围
sigmoid 核	$\tanh(\gamma x_i^{\mathrm{T}} x_j + r)$	r 是常数，γ 是一个缩放参数

(1) 线性核是最基本的核函数，无须设定参数，运行高效且不易过拟合，但无法解决非线性可分问题。当数据集很大，且特征很多，或特征维度远大于样本数量时，线性核往往能够取得很不错的效果。

(2) 多项式核是线性核的一种更广义的表示，可解决非线性可分问题，但是多项式核的参数较多。特别是当多项式的阶数比较高时，核矩阵的元素值将趋于无穷大或者无穷小，导致计算复杂度急剧增加，效率和准确度都较低。

(3) RBF 核是支持向量机中最常用的核函数之一。径向基函数(Radial Basis Function，RBF)核可以将特征映射到无限维空间，使决策边界更为多样。无论是大样本还是小样本，RBF 核都有比较好的性能。RBF 核可解决非线性可分问题，且仅有一个参数 γ，比多项式核的参数要少。当缺乏训练样本的先验知识，且不知道使用什么核函数时，可以优先使用 RBF 核。

在使用 RBF 核时要注意的是，γ 的取值会影响支持向量机中每个支持向量的高斯作用范围，从而影响模型的泛化性能。若 γ 取值太大，则支持向量的高斯作用范围就较小，仅影响其附近的样本，对未知样本的分类效果较差，会导致过拟合问题。若 γ 取值太小，则支持向量的高斯作用范围就较大，影响的样本较多，模型无法在训练集中得到较高的准确率，会导致欠拟合问题。

(4) sigmoid 核起源于神经网络，使用 sigmoid 核的 SVM 模型相当于一个使用两层感知机的神经网络模型。

在选用核函数的时候，如果对训练样本有一定的先验知识，则利用先验知识来选择符合数据分布的核函数；如果对训练样本没有一定的先验知识，则通常使用交叉验证的方法检验不同核函数的效果。

9.4 基于支持向量机预测企业财务危机

企业财务危机并不是突然产生的，而是一个逐步积累的过程。这个过程包含了许多不利因素，所以人们有机会预先感知企业的财务危机，并在财务危机发生质变之前提前预警并挽回损失。在过去很长一段时间内，国内外学者都使用传统的统计模型来预警财务危机，如单变量预警模型、多变量预警模型和逻辑回归模型。近些年来，将机器学习运用于财务危机预警领域的人工智能模型逐渐发展并应用起来，其中支持向量机在财务危机预警领域发挥了巨大的作用。在本小节中，我们将介绍如何使用支持向量机模型预测企业财务危机，并评估该模型的财务危机预警性能。

企业财务危机数据集共包含 1481 个样本和 18 个特征，这些特征的具体含义见表 9-2。其中，Fin_crisis 是表示企业是否处于财务危机的标签特征，另外 17 个特征是企业特征。

表 9-2　企业财务危机数据集的特征

特　征	含　义	取值
ID	样本序号	数值
Cost_profit	成本费用利润率	数值
Inventory_ratio	存货周转率	数值
Bail_ratio	担保总额占净资产比例	数值
Money_ratio	货币资金/短期债务	数值
Cashflow_ratio	经营活动产生的现金流量净额/净债务	数值
Asset_turnover	总资产周转率	数值
Debt_ratio	资产负债率	数值
Profit_ratio	净利润/营业总收入	数值
Receiv_ratio	应收账款/营业总收入	数值
W_ca_ratio	营运资金周转率	数值
Pro_sa_ratio	销售毛利率	数值
Related	向关联方提供资金发生额	数值
Roe	净资产收益率	数值
Stock_ratio	前十大股东持股比例合计	数值
Quick_ratio	速动比率	数值
Ebit	息税前利润	数值
Fin_crisis	标签特征，企业是否处于财务危机	1 为是，0 为否

9.4.1　企业财务危机数据的探索性分析

数据的探索性分析可以帮助人们以可视化的方法识别影响企业财务危机的因素，并为后续机器学习模型的构建提供依据。

1. 企业财务危机数据集的读取与整理

将数据集读取为 DataFrame，并使用 info 函数观察数据的整体情况，见代码 9-1。

代码 9-1

```
# 画图设置
import matplotlib.pyplot as plt
# 导入 seaborn
import seaborn as sns
sns.set_style('ticks')
%config InlineBackend.figure_format = 'svg'   # 矢量图设置
#设定中文显示字体及字体大小
plt.rcParams['font.family'] = ['sans-serif']
```

```python
plt.rcParams['font.sans-serif'] = ['Microsoft Yahei']
font_size = 14
plt.rcParams['axes.labelsize'] = font_size
plt.rcParams['axes.titlesize'] = font_size + 2
plt.rcParams['xtick.labelsize'] = font_size - 2
plt.rcParams['ytick.labelsize'] = font_size - 2
plt.rcParams['legend.fontsize'] = font_size - 2
# 显示负号
plt.rcParams['axes.unicode_minus']=False
# 设置小数点的显示格式且取后 2 位
pd.set_option("display.float_format", "{:.2f}".format)
# 设置 print 的小数点显示位数
np.set_printoptions(precision=2, suppress=True)
# 过滤 FutureWarning
import warnings
warnings.filterwarnings('ignore')

# 导入 pandas&numpy
import pandas as pd
import numpy as np
# 读取数据
df = pd.read_excel('../演示数据/ch09_fin_distress_prediction.xlsx')
df.info()
```

输出结果：

```
<class 'pandas.core.frame.DataFrame'>
RangeIndex: 1481 entries, 0 to 1480
Data columns (total 18 columns):
 #   Column           Non-Null Count   Dtype
---  ------           --------------   -----
 0   ID               1481 non-null    int64
 1   Cost_profit      1481 non-null    float64
 2   Inventory_ratio  1481 non-null    float64
 3   Bail_ratio       1481 non-null    float64
 4   Money_ratio      1481 non-null    float64
 5   Cashflow_ratio   1481 non-null    float64
 6   Asset_turnover   1481 non-null    float64
 7   Debt_ratio       1481 non-null    float64
 8   Profit_ratio     1481 non-null    float64
```

9	Receiv_ratio	1481 non-null	float64
10	W_ca_ratio	1481 non-null	float64
11	Pro_sa_ratio	1481 non-null	float64
12	Related	1481 non-null	float64
13	Roe	1481 non-null	float64
14	Stock_ratio	1481 non-null	float64
15	Quick_ratio	1481 non-null	float64
16	Ebit	1481 non-null	float64
17	Fin_crisis	1481 non-null	int64

dtypes: float64(16), int64(2)

memory usage: 208.4 KB

从代码 9-1 的输出结果可以发现，数据集共包含 18 个特征和 1481 个样本数据，且每个特征均没有缺失值。

进一步地，使用 nunique 函数获取每个特征取值的频数，详见代码 9-2。

代码 9-2

```
# 获取每个特征取值的频数
df.nunique()
```

输出结果：

```
ID                1481
Cost_profit       1438
Inventory_ratio   1429
Bail_ratio         914
Money_ratio       1270
Cashflow_ratio    1361
Asset_turnover    1364
Debt_ratio        1443
Profit_ratio      1437
Receiv_ratio      1440
W_ca_ratio        1439
Pro_sa_ratio      1440
Related            135
Roe               1436
Stock_ratio       1293
Quick_ratio       1364
Ebit              1444
Fin_crisis           2
dtype: int64
```

由于每个客户都有一个特定的 ID，故特征 ID 对企业财务危机是没有影响的，可优先删除该特征，详见代码 9-3。此后，观察剩下各个特征取值的频数可以发现，除了标签特征 Fin_crisis 是类别特征，其他所有特征都是连续特征。

代码 9-3

```
# 删除特征 ID
df.drop(["ID"], axis = 1, inplace=True)
```

对数据进行描述性统计，见代码 9-4。

代码 9-4

```
# 数据的描述性统计
df.describe(percentiles=[0.5]).T
```

输出结果：

	count	mean	std	min	50%	max
Cost_profit	1481.00	0.05	0.17	-1.70	0.04	1.44
Inventory_ratio	1481.00	0.08	0.23	0.00	0.06	8.09
Bail_ratio	1481.00	0.29	0.68	-2.05	0.09	12.10
Money_ratio	1481.00	0.30	0.26	0.00	0.24	4.34
Cashflow_ratio	1481.00	5.37	103.88	-25.09	0.23	3158.87
Asset_turnover	1481.00	0.76	0.39	0.00	0.70	3.28
Debt_ratio	1481.00	0.54	0.19	0.15	0.53	2.39
Profit_ratio	1481.00	-0.02	1.01	-26.53	0.03	1.69
Receiv_ratio	1481.00	0.14	0.14	0.00	0.10	1.07
W_ca_ratio	1481.00	-0.03	1.41	-21.98	-0.01	39.44
Pro_sa_ratio	1481.00	0.18	0.12	-1.51	0.17	0.71
Related	1481.00	8105456.85	116688152.20	-880718900.00	0.00	3161907300.00
Roe	1481.00	-0.01	0.97	-31.06	0.05	8.72
Stock_ratio	1481.00	0.54	0.16	0.13	0.53	1.00
Quick_ratio	1481.00	0.71	0.47	0.02	0.59	4.73
Ebit	1481.00	381954750.57	993163359.71	-4125208048.86	159113266.89	17574364348.57
Fin_crisis	1481.00	0.08	0.26	0.00	0.00	1.00

从代码 9-4 的输出结果可以看出：

(1) 标签特征 Fin_crisis 的均值仅为 0.08，这意味着标签特征存在严重的类别不平衡问题。

(2) 经营活动产生的现金流量净额/净债务(Cashflow_ratio)、向关联方提供资金发生额(Related)和息税前利润(Ebit)这三个特征的均值和标准差与其他特征的均值和标准差相差较大，这意味着数据集存在一定的量纲问题，需在后续的数据预处理中进行处理。

2. 划分数据集

在进行探索性数据分析前，需要先将数据集划分为训练集和测试集，且仅将测试集用于评估模型。这样的处理方法可以保护模型不受数据窥探偏差的影响。

使用 sklearn 的 train_test_split 函数将数据集划分为训练集和测试集，其中测试集的占比为 30%，见代码 9-5。此外，考虑到标签特征 Fin_crisis 存在严重的类别不平衡问题，在 train_test_split 函数中引入参数 stratify = df['Fin_crisis']，以保证训练集和测试集中标签特征 Fin_crisis 的类别比例是一致的。

代码 9-5

```
# 划分训练集和测试集
from sklearn.model_selection import train_test_split
train_df, test_df = train_test_split(df, test_size=0.3,
                                     stratify=df['Fin_crisis'],
                                     random_state=100)
# 重设训练集和测试集的 index
train_df.reset_index(drop=True, inplace=True)
test_df.reset_index(drop=True, inplace=True)
```

3. 特征分析与特征选择

1) 标签特征分析

Fin_crisis 是数据集的标签特征，取值为 1 或 0，1 代表财务危机企业，0 则代表正常运营企业。我们使用饼图分析财务危机企业和正常运营企业的占比，画出财务危机企业与正常运营企业的占比分析图，见代码 9-6。

代码 9-6

```
# 标签特征的统计分析
labels = '财务危机企业', '正常运营企业'
sizes = [train_df.Fin_crisis[train_df['Fin_crisis']==1].count(),
        train_df.Fin_crisis[train_df['Fin_crisis']==0].count()]
explode = (0, 0.05)
fig1, ax1 = plt.subplots(figsize = (6, 2.5), dpi = 1000)
ax1.pie(sizes, explode = explode, labels = labels, autopct = '%1.2f%%',
        colors = ['lightgrey', 'grey'], shadow = False, startangle = 90)
plt.title("财务危机企业与正常运营企业的占比分析图")
plt.tight_layout()
plt.show()
```

输出结果如图 9-6 所示。从代码 9-6 的输出结果可以发现，财务危机企业的占比为 7.53%，正常运营企业的占比为 92.47%，正常运营企业的样本数量远远超过了财务危机企业的样本数量，故该数据集是类别不平衡数据集。

图 9-6　代码 9-6 的输出结果

2）连续特征分析

（1）连续特征的相关性分析。

连续特征的相关性分析见代码 9-7。

代码 9-7

```
# 连续特征的相关性分析
continuous = train_df.columns[0:-1]
fig, ax = plt.subplots(figsize=(7.5, 7))
sns.heatmap(train_df[continuous].corr(),
            annot=True, annot_kws={'fontsize': 10}, fmt='.2f',
            cmap='gist_yarg', cbar=False, ax=ax)
ax.tick_params(axis='x', rotation=85)
ax.tick_params(axis='y', rotation=360)
fig.suptitle("连续特征的相关性分析", fontsize=16, x=0.50, y=0.98)
plt.tight_layout()
```

输出结果如图 9-7 所示。

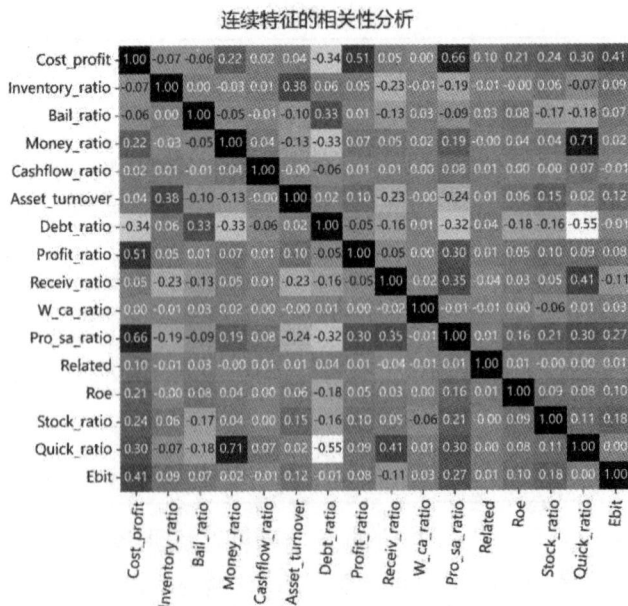

图 9-7　代码 9-7 的输出结果

从代码 9-7 的输出结果可以发现：Cost_profit 与 Profit_ratio 和 Pro_sa_ratio 之间的相关系数均超过 0.5；Quick_ratio 与 Money_ratio 和 Debt_ratio 之间相关系数的绝对值也超过了 0.5。故为了避免多重共线性问题，将 Cost_profit 和 Quick_ratio 从数据集中删除，见代码 9-8。

代码 9-8

```
# 删除 Cost_profit 和 Quick_ratio
train_df = train_df.drop(['Cost_profit', 'Quick_ratio'], axis=1)
```

(2) 连续特征的正态性检验与曼-惠特尼 U 检验。

在特征选择中，一种常见的方法是先将样本数据按照标签特征的类别进行分类，比如将样本数据分为财务危机企业与正常运营企业两类，再检验各个特征在两类数据中的分布是否一致。若特征的分布一致，则认为该特征对标签特征没有影响；若特征的分布不一致，则认为该特征对标签特征有影响。故首先使用 SciPy 的 shapiro 函数检验各个连续特征的正态性。若连续特征符合正态分布，则使用 t 检验判断各个连续特征在财务危机企业与正常运营企业样本数据中的分布是否一致，否则使用曼-惠特尼 U 检验(Mann-Whitney U Test)。

使用 shapiro 函数检验各个连续特征的正态性，见代码 9-9。shapiro 函数执行的是 Shapiro-Wilk 正态性检验，其原假设为数据来自正态分布。

代码 9-9

```
# 连续特征的正态性检验
from scipy import stats
np.random.seed(12345678)
normality_test = pd.DataFrame(index=train_df.columns,columns=['t 值', 'p 值'])
t=[]
p=[]
for i in train_df.columns:
    shapiro_test = stats.shapiro(df[i])
    t.append(shapiro_test[0])
    p.append(shapiro_test[1])
# 输出正态性检验结果
normality_test['t 值'] = t
normality_test['p 值'] = p
normality_test
```

输出结果：

	t 值	p 值
Inventory_ratio	0.11	0.00
Bail_ratio	0.42	0.00
...	...	...
Ebit	0.50	0.00
Fin_crisis	0.29	0.00

注：因篇幅有限，省略部分输出结果。

从代码 9-9 的输出结果来看，所有连续特征的 p 值均为 0.00，这表明检验结果都不支持原假设，故认为样本数据不符合正态分布。

由于连续特征不符合正态分布，因此需要使用曼-惠特尼 U 检验来判断各个连续特征在财务危机企业和正常运营企业样本数据中的分布是否一致，见代码 9-10。曼-惠特尼 U 检验的原假设是样本数据的分布是相同的，即该特征不能显著区分财务危机企业与正常运营企业。

代码 9-10

```
# 连续特征的曼-惠特尼 U 检验
# 将样本划分为财务危机企业与正常运营企业
data_crisis = train_df[train_df.Fin_crisis==1]
data_nocrisis = train_df[train_df.Fin_crisis==0]
# 曼-惠特尼 U 检验
from scipy.stats import mannwhitneyu
manu_t=[]
manu_p=[]

for i in train_df.columns[:-1]:
    manu_test = mannwhitneyu(data_crisis[i], data_nocrisis[i])
    manu_t.append(manu_test[0])
    manu_p.append(manu_test[1])

manuw_test = pd.DataFrame(index=train_df.columns[:-1], columns=['manu_t', 'manu_p'])
manuw_test['manu_t'] = manu_t
manuw_test['manu_p'] = np.around(manu_p, 4)
manuw_test
```

输出结果：

	manu_t	manu_p
Inventory_ratio	38031.50	0.79
Bail_ratio	38253.00	0.72
Money_ratio	24794.50	0.00
…	…	…
Receiv_ratio	32089.00	0.04
Related	38641.50	0.33
…	…	…
Ebit	12031.00	0.00

注：因篇幅有限，省略部分输出结果。

从代码 9-10 的输出结果来看，Inventory_ratio、Bail_ratio 和 Related 三个特征的 p 值大于 0.1，这表明这三个特征并不能显著区分企业是否有财务危机。故将 Inventory_ratio、Bail_ratio 和 Related 三个特征从数据集中删除，见代码 9-11。

代码 9-11

```
# 删除 Inventory_ratio、Bail_ratio 和 Related 三个特征
train_df = train_df.drop(['Inventory_ratio', 'Bail_ratio','Related'], axis=1)
```

9.4.2 企业财务危机数据的预处理

数据预处理可将原始数据集转换为适合于构建和训练机器学习模型的数据集。本小节中的数据预处理过程主要包含连续特征标准化、类别不平衡问题处理、主成分分析和测试集数据的预处理。

1. 连续特征标准化

连续特征标准化可以减小不同特征的规模和分布差异等对模型的影响。使用 sklearn 的 StandardScaler 函数对连续特征进行 Z-Score 标准化，见代码 9-12。

代码 9-12

```
# 连续特征的标准化
from sklearn.preprocessing import StandardScaler
sdscaler = StandardScaler()
scl_columns = train_df.columns[0:-1]
train_df[scl_columns] = sdscaler.fit_transform(train_df[scl_columns])
```

2. 类别不平衡问题处理

分别设置训练集的样本数据和样本类别为 X_train 和 y_train，见代码 9-13。

代码 9-13

```
# 设置 X_train 和 y_train
y_train = train_df['Fin_crisis']
X_train = train_df.drop('Fin_crisis', 1)
y_train.value_counts()
```

输出结果：

```
0    958
1     78
Name: Fin_crisis, dtype: int64
```

从代码 9-13 的输出结果可以看出，样本的类别比例接近 12：1，这表明存在明显的类别不平衡问题。故使用 imblearn 库中的 SMOTE 算法解决样本的类别不平衡问题，见代码 9-14。

代码 9-14

```
# 基于 SMOTE 算法解决类别不平衡问题
from imblearn.over_sampling import SMOTE
over = SMOTE(sampling_strategy='auto', random_state=100)
X_train, y_train = over.fit_resample(X_train, y_train)
y_train.value_counts()
```

输出结果：

    0   958

    1   958

    Name: Fin_crisis, dtype: int64

从代码 9-14 的输出结果可以发现，当应用 SMOTE 算法后，样本的类别比例为 1：1。

3. 主成分分析

主成分分析(PCA)主要用于线性降维。使用主成分分析的方法进行降维，见代码 9-15，关于主成分分析更详细的介绍参见 10.2 节。在 PCA 的参数设定中，仅设定 n_components 为 mle，由模型自动选取主成分。

代码 9-15

```
# 主成分分析
from sklearn.decomposition import PCA
# 建立 PCA 模型
pca = PCA(n_components = 'mle')
pca.fit(X_train)
# 拟合模型并获取模型的主成分
X_train_pca = pca.transform(X_train)
# 主成分分析方差贡献汇总表
pca_result = pd.DataFrame({ "方差值": pca.explained_variance_,
                "方差贡献率": pca.explained_variance_ratio_,
                "累计方差贡献率": np.cumsum(pca.explained_variance_ratio_)})
pca_result
```

输出结果：

	方差值	方差贡献率	累计方差贡献率
0	4.08	0.25	0.25
1	2.64	0.16	0.41
2	1.98	0.12	0.53
3	1.60	0.10	0.63
4	1.20	0.07	0.70
5	0.80	0.05	0.75
6	0.65	0.04	0.79
7	0.60	0.04	0.82
8	0.58	0.04	0.86
9	0.55	0.03	0.89
10	0.54	0.03	0.93
11	0.52	0.03	0.96
12	0.41	0.02	0.98

从代码 9-15 输出结果来看，仅 10 个主成分的累计方差贡献率就达到了 93%，这意味着选择 10 个主成分能够解释原始数据集中大约 93%的方差。因此，模型最终选择 10 个主成分用于后续的建模过程。

4. 测试集数据的预处理

对于在训练集中构建与优化的模型，需要在测试集中评估模型的性能，这就需要采用与处理训练集一样的方法对测试集中的数据进行预处理。具体方法是：首先，删除 Cost_profit、Quick_ratio、Inventory_ratio、Bail_ratio 和 Related 这五个特征；其次，对测试集中的连续特征进行标准化处理；最后，使用在训练集中训练得到的主成分模型对测试集进行主成分分析，见代码 9-16。之所以使用在训练集中训练得到的主成分模型，是因为这样可以保证测试集和训练集的主成分的数目和构成是一致的。

代码 9-16

```
# 测试集数据的预处理
# 删除特征
test_df = test_df.drop(['Cost_profit', 'Quick_ratio','Inventory_ratio',
                        'Bail_ratio', 'Related'], axis=1)
# 连续特征的标准化
sdscaler = StandardScaler()
scl_columns = test_df.columns[0:-1]
test_df[scl_columns] = sdscaler.fit_transform(test_df[scl_columns])
# 设置 X_test 和 y_test
y_test = test_df['Fin_crisis']
X_test = test_df.drop('Fin_crisis', 1)
# 主成分分析
X_test_pca = pca.transform(X_test)
```

9.4.3 构建支持向量机模型并预测企业财务危机

利用支持向量机对数据进行预测。支持向量机既可用于回归问题，也可以用于分类问题。在 sklearn 中，svm.SVC 函数用于分类问题，svm.SVR 函数用于回归问题。在实际操作中，调用 sklearn 的 svm.SVC 函数来构建支持向量机模型。

svm.SVC 函数如下所示：

sklearn.svm.SVC(*, C = 1.0, kernel = 'rbf', degree = 3, gamma = 'scale', coef0 = 0.0, shrinking = True, probability = False, tol = 0.001, cache_size = 200, class_weight = None, verbose = False, max_iter = -1, decision_function_shape = 'ovr', break_ties = False, random_state = None)

svm.SVC 函数的主要参数说明见表 9-3。

表 9-3　svm.SVC 函数的主要参数说明

主要参数名称	参　数　说　明
C	正则化参数，浮点型数据。C 的取值必须严格大于 0，默认值为 1.0，正则化项默认为 L_2 范数。正则化参数越小，对错误分类样本的惩罚就越小
kernel	核函数，可选值是 linear、poly、rbf、sigmoid、precomputed，默认取值是 rbf
degree	多项式核(poly)的阶数，非负整数型数据，默认值是 3
gamma	核函数 rbf、poly 和 sigmoid 的核系数，可选值是 scale、auto 或者 float，默认值是 scale。若 gamma 等于 scale，则 gamma 取值为 1/(n_features × X.var())；若 gamma 等于 auto，则 gamma 取值为 1/n_features；若 gamma 等于 float，则需自定义非负浮点型数据
coef0	核函数中的独立项，浮点型数据，仅对核函数 poly 和 sigmod 有用，默认值为 0.0
shrinking	表示是否使用缩小的启发式方法，默认是 True。如果模型迭代次数大，则 shrinking 可以缩短训练时间。但如果以松散的方式解决优化问题(例如设置较大的停止公差)，则不使用 shrinking 的模型可能要快得多
probability	表示是否通过交叉验证预测概率，默认值是 False
tol	表示支持向量机停止训练的容忍度，默认值是 0.0001
cache_size	模型训练所需要的内存，以 MB 为单位，浮点型数据，默认值为 200
class_weight	每个类样本的权重，可选取值是字典(dict)或者 balanced，默认取值是 None。若选择 balanced，则样本权重为 n_samples / (n_classes × np.bincount(y))；若选择 None，则表示每个样本的权重是一致的
verbose	表示是否输出工作日志，默认值是 0
max_iter	模型的最大迭代次数，整数型数据，默认值是-1，表示无迭代次数限制
decision_function_shape	决策函数类型，可选值是 ovo、ovr，默认是 ovr。ovr 常用于二分类问题，ovo 常用于多分类问题
break_ties	表示在多分类问题处理中，当样本预测的结果出现多个类别的预测概率相同时，打破这种平衡的机制，默认值是 False。若 break_ties 的取值为 False，则将根据类名排序的第一个类作为样本的预测结果；若 break_ties 的取值为 True，则根据 decision_function 的置信度决定样本的预测结果
random_state	随机种子，整数型数据，默认值是 None

1. 支持向量机的参数优化

分别设置线性核(linear)、多项式核(poly)和 RBF 核(rbf)及相关参数，并使用 RandomizedSearchCV 函数寻找支持向量机核函数及相关参数的最优值，见代码 9-17。在 RandomizedSearchCV 函数中选择 5 折交叉验证(cv = 5)，并输出支持向量机模型的最优参数。

代码 9-17

```
# 导入相关的机器学习库
from sklearn.svm import SVC
from sklearn.model_selection import RandomizedSearchCV
```

```
from sklearn.metrics import roc_auc_score, roc_curve
from sklearn.metrics import accuracy_score, f1_score
#支持向量机的参数设置
params = [
            {'kernel': ['linear'], 'C': [0.1, 1, 10, 100]},
            {'kernel': ['poly'], 'C': [0.1, 1, 10, 100],
             'degree': [1, 2, 3], 'gamma':[1, 0.1, 0.01, 0.001],
             'coef0': np.arange(-10, 10)},
            {'kernel': ['rbf'], 'C': [0.1, 1, 10, 100],
             'gamma':[1, 0.1, 0.01, 0.001], 'coef0': np.arange(-10, 10)}
            ]
# 基于随机网格搜索的参数寻优
svm_clf=SVC(class_weight='balanced',cache_size=3000, random_state=100)
svm_cv = RandomizedSearchCV(svm_clf, params, refit=True,
                                    cv=5, random_state=100)
svm_cv.fit(X_train_pca, y_train)
print("SVM 模型的最优参数： ", svm_cv.best_params_)
```

输出结果：

SVM 模型的最优参数： {'kernel': 'rbf', 'gamma': 1, 'coef0': 2, 'C': 100}

2. 参数优化后的支持向量机模型的训练

基于代码 9-17 的输出结果对参数优化后模型进行训练，见代码 9-18。

代码 9-18

```
# 优化后 SVM 模型的训练
tree_best_clf = SVC(C=100, coef0=2, gamma=1,
                cache_size=3000, class_weight='balanced',
                probability=True, random_state=100)
tree_best_clf.fit(X_train, y_train)
# 输出 SVM 模型在训练集中的 AUC 值
roc_auc_score(y_train, tree_best_clf.predict_proba(X_train)[:, 1])
```

输出结果：

0.999 773 362 215 122 8

从代码 9-18 的输出结果可以看出，模型在训练集中的 AUC 值约为 0.9998。由此可见，支持向量机模型在训练集中的拟合效果极好。

9.4.4 支持向量机模型的财务危机预警性能评估

模型性能评估主要是指对模型的泛化能力进行评估，需要用测试集来评估模型对新样本的判别能力。比较模型在训练集与测试集中的表现，见代码 9-19。

代码 9-19

```
# 比较模型在训练集与测试集中的表现
# 定义模型评估整合函数
def perform(clf, x, y):
    y_pred = clf.predict(x)
    y_prob = clf.predict_proba(x)
    ac_score = accuracy_score(y, y_pred)
    f_score = f1_score(y, y_pred, average='weighted')
    auc_value = roc_auc_score(y, y_prob[:, 1])
    return ac_score, f_score, auc_value


# 评估模型在训练集和测试集中的性能
model_p = pd.DataFrame(index = ['Accuracy','f1_score', 'AUC 值'])
model_p["训练集"] = perform(svm_best_clf, X_train_pca, y_train)
model_p["测试集"] = perform(svm_best_clf, X_test_pca, y_test)
# 输出模型在训练集和测试集中的性能
pd.set_option("display.float_format", "{:.4f}".format)
model_p
```

输出结果：

	训练集	测试集
Accuracy	0.9990	0.9056
f1_score	0.9990	0.8962
AUC 值	0.9998	0.8695

从代码 9-19 的输出结果可以发现，在训练集中，支持向量机模型的准确率(Accuracy)、F1 值(f1_score)和 AUC 值都在 0.99 以上，这说明该模型在训练集中表现极好。在测试集中，支持向量机模型的准确率、F1 值和 AUC 值分别为 0.9056、0.8962 和 0.8695，这些值虽然低于其在训练集中的值，但支持向量机在测试集中的表现仍然是相当不错的。

画出支持向量机模型在训练集和测试集中的 ROC 曲线对比图，见代码 9-20。

代码 9-20

```
# 画出支持向量机模型在训练集和测试集中的 ROC 曲线对比图
# 分别计算训练集和测试集的 FPR 和 TPR
ytrain_prob = svm_best_clf.predict_proba(X_train_pca)
ytest_prob = svm_best_clf.predict_proba(X_test_pca)
fpr_train, tpr_train, threshold = roc_curve(y_train, ytrain_prob[:,1])
fpr_test, tpr_test, threshold = roc_curve(y_test, ytest_prob[:,1])
```

```
# 画出支持向量机模型在训练集和测试集中的 ROC 曲线
plt.figure()
fig2, ax2 = plt.subplots(figsize=(6, 4), dpi=1000)
plt.plot(fpr_train, tpr_train, color='black',lw=2,
         label='训练集 ROC 曲线 (AUC = %0.4f)' % model_p.iloc[2, 0])
plt.plot(fpr_test, tpr_test, color='grey',lw=2,
         label='测试集 ROC 曲线 (AUC = %0.4f)' % model_p.iloc[2, 1] )
plt.plot([0, 1], [0, 1], color='black', lw=2, linestyle='--')
plt.xlim([0.0, 1.0])
plt.ylim([0.0, 1.02])
plt.xlabel('False Positive Rate(假阳率)')
plt.ylabel('True Positive Rate(真阳率)')
plt.title('支持向量机模型在训练集和测试集中的 ROC 曲线对比图')
plt.legend(loc="lower right")
plt.show()
```

输出结果如图 9-8 所示。

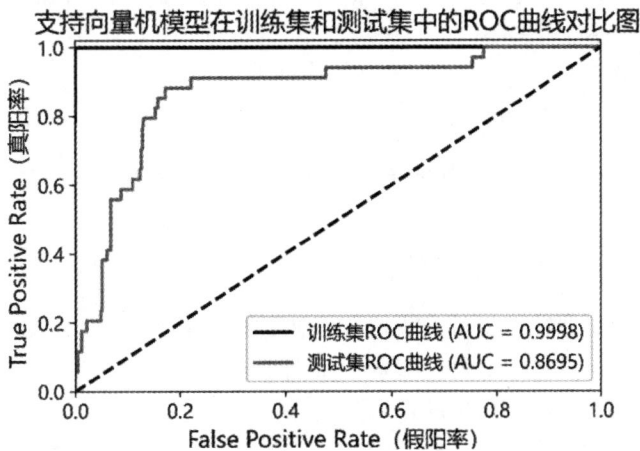

图 9-8 代码 9-20 的输出结果

本 章 小 结

本章主要介绍了线性可分支持向量机、软间隔线性支持向量机、核方法与非线性支持向量机，并将支持向量机应用于企业财务危机的预警。在具体应用中，我们需要了解支持向量机的优劣势。支持向量机的主要优势是：

（1）支持向量机是一种基于坚实理论基础的小样本机器学习方法，其可解释性较强。

（2）支持向量机的决策函数仅由少数支持向量确定，计算相对简单，可以解决高维特征问题，且有较好的鲁棒性。

（3）支持向量机可利用核函数解决各种非线性的分类与回归问题。

支持向量机的主要劣势是：

（1）如果数据量很大，则支持向量机需要消耗大量的内存和运算时间，导致效率较低。故支持向量机仅适合小批量样本的任务，无法应用于百万甚至上亿样本的任务。

（2）支持向量机对核函数及其相关参数的选择高度敏感，需要根据实际问题选择合适的核函数与参数，从而构建性能较好的支持向量机模型。

习 题 九

1. 简述以下基本术语的含义：

（1）支持向量；（2）间隔；（3）间隔边界；（4）超平面。

2. 简述函数间隔与几何间隔的差别。

3. 在支持向量机的优化过程中，为什么要将支持向量与分隔超平面的函数间隔设为1？

4. 支持向量机的最优化问题为

$$
\begin{cases}
\min\limits_{w,b} \dfrac{1}{2}\|w\|^2 \\
\text{s.t.} \quad y_i\left(w^{\mathrm{T}}x_i + b\right) \geqslant 1, \quad i = 1, 2, \cdots, N
\end{cases}
$$

请推导证明 $\min\limits_{w,b}\max\limits_{\lambda} L(w,b,\lambda)$ 与该问题是完全等价的。

5. 简述拉格朗日对偶性在支持向量机最优化过程中的作用。

6. 在软间隔支持向量机中，惩罚参数 C 有什么作用？

7. 简述核函数在支持向量机中的作用。

8. 基于本章的示例数据，在 Jupyter Notebook 中输入本章的所有 Python 代码并运行。

9. 基于本章的示例数据，将数据集划分为测试集合训练集，其中测试集的占比为30%，但无须进行主成分分析，比较进行主成分分析和不进行主成分分析的支持向量机模型在测试集中的表现。

第 10 章　无监督学习

无监督学习(Unsupervised Learning)的训练数据是不带标签的，其目标是通过对无标签样本的学习发现数据内在的性质和规律。无监督学习的典型任务包括聚类、降维和关联规则挖掘等。无监督学习方法在金融领域有着很多应用：聚类可用于客户分类、市场细分和贷款风险评估等；降维可用于特征选择、信用评分和股价预测等；关联规则挖掘可用于交叉销售和金融产品的智能推荐等。本章将着重介绍聚类、降维和关联规则挖掘算法的原理及其在金融领域应用的 Python 实现。

本章包含以下内容：

(1) 聚类(*K*-Means 算法与 DBSCAN 算法)。

(2) 降维(主成分分析与核主成分分析)。

(3) 关联规则挖掘(Apriori 算法与 FP-Growth 算法)。

10.1　聚　　类

聚类(Clustering)算法是无监督学习算法的一种。聚类算法会按照某个特定标准(如距离或者相似度)将无标签的数据集分割成不同的类或簇，使得同一类内的数据的相似度尽可能高，而不同类间的数据的相似度尽可能低。

聚类算法可分为基于划分的聚类算法、基于层次的聚类算法、基于密度的聚类算法和基于概率模型的聚类算法等。基于划分的聚类算法根据样本之间的距离进行划分，使得每个类别内的样本距离最小化，不同类别间的样本距离最大化，如 *K*-Means 算法；基于层次的聚类算法假设类别之间存在层次结构，根据样本之间的相似度进行合并或分割，进而形成具有层次结构的聚类结果，如层次聚类算法；基于密度的聚类算法根据样本分布的密度进行划分，将密度高的区域划分为一个类别，将密度低的区域划分为噪声或边界，如 DBSCAN(Density-Based Spatial Clustering of Applications with Noise)算法；基于概率模型的聚类算法根据样本是否服从某种概率分布进行划分，使得每个类别内的样本能最大化该概率分布的后验概率，如高斯混合模型。

在对不同类型的聚类算法的代表性算法进行介绍之前，我们首先介绍聚类算法中的距离计算和性能评价方法等基本概念。

10.1.1 聚类距离计算

在聚类算法中，距离的度量方法是指计算样本点之间相似性或者相异性所用的方法。距离的度量方法会影响聚类的效果，而不同的距离度量方法适用于不同的数据类型和应用场景，故具体选择哪种距离度量方法取决于实际应用问题的特性。

假定数据集 $D = \{x_1, x_2, \cdots, x_n\}$ 包含 n 个无标记的样本，每个样本 $x_i = (x_{i1}, x_{i2}, \cdots, x_{im})$ $(i = 1, 2, \cdots, n)$ 包含 m 个特征，故数据集 D 可用矩阵 X 表示为

$$X = (x_{ij})_{n \times m} = \begin{pmatrix} x_{11} & \cdots & x_{1m} \\ \vdots & & \vdots \\ x_{n1} & \cdots & x_{nm} \end{pmatrix} \tag{10-1}$$

给定样本 $x_i = (x_{i1}, x_{i2}, \cdots, x_{im})$ 与 $x_j = (x_{j1}, x_{j2}, \cdots, x_{jm})$，聚类算法中最常用的距离度量方法有以下几种。

1. 欧氏距离

欧氏距离(Euclidean Distance)是最易于理解的一种距离计算方法，源自欧氏空间中两点之间的直线距离。欧氏距离适用于求解连续型数据和球形簇之间的距离，其计算公式为 L_2 范数，即

$$d_{ij} = \| x_i - x_j \|_2 = \sqrt{\sum_{k=1}^{m} (x_{ik} - x_{jk})^2} \tag{10-2}$$

2. 曼哈顿距离

曼哈顿距离(Manhattan Distance)也称为城市街区距离，是两点在标准坐标系上的绝对轴距总和。曼哈顿距离适用于求解两点之间沿着坐标轴方向的距离，常用于离散型数据和正方形簇距离的计算，其计算公式为 L_1 数式，即

$$d_{ij} = \| x_i - x_j \|_1 = \sum_{k=1}^{m} \left| x_{ik} - x_{jk} \right| \tag{10-3}$$

3. 切比雪夫距离

切比雪夫距离(Chebyshev Distance)是两点之间各个坐标数值差的最大值。切比雪夫距离常用于棋盘类游戏，适用于求解两点之间沿着任意方向的最远距离，其计算公式为

$$d_{ij} = \| x_i - x_j \|_p = \max_{K=1}^{m} \left| x_{ik} - x_{jk} \right| \tag{10-4}$$

4. 闵可夫斯基距离

闵可夫斯基距离(Minkowski Distance)是一种广义的距离度量方法，它可以根据参数 p 的不同转化为不同的距离度量方法。当 $p = 1$ 时，闵可夫斯基距离为曼哈顿距离；当 $p = 2$ 时，闵可夫斯基距离为欧氏距离；当 $p = \infty$ 时，闵可夫斯基距离则为切比雪夫距离。闵可夫斯基距离的计算公式为 L_p 范数，即

$$d_{ij} = \left(\sum_{k=1}^{m} \left| x_{ik} - x_{jk} \right|^{p} \right)^{1/p} \tag{10-5}$$

5. 马哈拉诺比斯距离

马哈拉诺比斯距离(Mahalanobis Distance)简称马氏距离,是一种考虑样本分布特征和协方差矩阵的距离度量方法。马氏距离可以消除样本的不同特征之间的量纲和相关性影响,使得样本的各个特征维度具有可比性。马氏距离越大,相似度越小。马氏距离的计算公式为

$$d_{ij} = [(\boldsymbol{x}_i - \boldsymbol{x}_j)^{\mathrm{T}} \boldsymbol{S}^{-1} (\boldsymbol{x}_i - \boldsymbol{x}_j)]^{1/2} \tag{10-6}$$

式中,$\boldsymbol{S}$ 为 $\boldsymbol{X}$ 的协方差矩阵。

马氏距离的优点是它可以更好地反映数据的分布特征,适用于各种统计应用,例如异常值检测、聚类分析、分类问题和金融市场分析等。马氏距离的缺点是计算量大,而且不能直接比较不同分布的马氏距离。

6. 余弦相似度

余弦相似度(Cosine Similarity)是一种基于向量空间的相似度度量方法,它是两个向量夹角的余弦值,反映了向量之间的方向性差异。余弦相似度的计算公式为

$$s_{ij} = \frac{\boldsymbol{x}_i \boldsymbol{x}_j}{\| \boldsymbol{x}_i \| \| \boldsymbol{x}_j \|} = \frac{\sum_{k=1}^{m} x_{ik} x_{jk}}{\left[\sum_{k=1}^{m} x_{ik}^2 \sum_{k=1}^{m} x_{jk}^2 \right]^{1/2}} \tag{10-7}$$

式中,$\| \boldsymbol{x}_i \|$ 和 $\| \boldsymbol{x}_j \|$ 代表分别向量 $\boldsymbol{x}_i$ 和 $\boldsymbol{x}_j$ 的模长。

余弦相似度的取值范围是[-1, 1],当两个向量完全重合时,余弦相似度为 1;当两个向量垂直时,余弦相似度为 0;当两个向量反向时,余弦相似度为 -1。一般来说,余弦相似度越大,两个向量越相似。

余弦相似度适用于文本、图形和音频等数据,可以用于度量文本之间的语义相似度、图像之间的视觉相似度以及音频之间的声音相似度等。余弦相似度的优点是不受向量长度的影响,只关注向量的方向;其缺点是对样本数值的绝对大小不敏感。

10.1.2 聚类性能评价

假定样本集 $D = \{\boldsymbol{x}_1, \boldsymbol{x}_2, \cdots, \boldsymbol{x}_n\}$ 可以划分为 K 个类或簇($C_1, C_2, \cdots, C_K$)。聚类的性能评价指标是用于衡量聚类结果好坏的一些量化指标,如簇内距离、簇间距离和轮廓系数等。

1. 簇内距离

簇内距离(Within Cluster Distance,WCD)衡量的是每个簇中所有样本点与簇心间的距离之和,反映了簇内的紧密程度,其值越小越好。簇内距离的计算公式为

$$\mathrm{WCD} = \sum_{i=1}^{K} \sum_{\boldsymbol{x} \in C_i} d(\boldsymbol{x}, \boldsymbol{\mu}_i) \tag{10-8}$$

式中，K 是簇的个数，C_i 是第 i 个簇，$\pmb{\mu}_i$ 是第 i 个簇的簇心，$d(\pmb{x}, \pmb{\mu}_i)$ 是样本点 $\pmb{x}$ 和簇心 $\pmb{\mu}_i$ 之间的距离。

2. 簇间距离

簇间距离(Between Cluster Distance，BCD)表示不同簇的簇心间的距离之和，反映了簇间的分离程度，其值越大越好。簇间距离的计算公式为

$$\text{BCD} = \sum_{i=1}^{K} \sum_{j=i+1}^{K} d(\pmb{\mu}_i, \pmb{\mu}_j) \tag{10-9}$$

式中，K 是簇的个数，$\pmb{\mu}_i$ 和 $\pmb{\mu}_j$ 分别是第 i 个和第 j 个簇的簇心，$d(\pmb{\mu}_i, \pmb{\mu}_j)$ 是簇心 $\pmb{\mu}_i$ 和 $\pmb{\mu}_j$ 之间的距离。

3. 轮廓系数

轮廓系数(Silhouette Coefficient，SC)最早由 Peter J. Rousseeuw 在 1986 年提出，其综合考虑了簇内的紧密程度和簇间的分离程度，取值范围为 [-1, 1]。SC 的值越大，表示聚类效果越好。轮廓系数的计算公式为

$$\text{SC} = \frac{1}{n} \sum_{i=1}^{n} \frac{b_i - a_i}{\max(a_i, b_i)} \tag{10-10}$$

式中，n 是样本的个数，a_i 是样本点 $\pmb{x}_i$ 与其所属簇内其他样本点间的平均距离，b_i 是样本点 $\pmb{x}_i$ 与其他最近的簇内样本点间的平均距离。

10.1.3 *K*-Means 算法

1. *K*-Means 算法的原理

K-Means 算法是最常见的聚类算法之一，最早由 MacQueen 于 1965 年提出。*K*-Means 算法接受一个未标记的样本集，然后将样本聚类成 K 个不同的簇，使得同一簇内的数据的相似度尽可能高，而不同簇间的数据的相似度尽可能低。

给定样本集 $D = \{\pmb{x}_1, \pmb{x}_2, \cdots, \pmb{x}_n\}$，若 *K*-Means 算法的距离选择为欧氏距离，则其对簇 $(C_1, C_2, \cdots, C_K)$ 的损失函数为

$$L = \sum_{i=1}^{K} \sum_{\pmb{x} \in C_i} |\pmb{x} - \pmb{\mu}_i|^2 \tag{10-11}$$

式中，C_i 是第 i 个簇，$\pmb{\mu}_i$ 是第 i 个簇的簇心。

要使得损失函数达到最小值，需要对簇划分 $(C_1, C_2, \cdots, C_K)$ 和簇心 $(\pmb{\mu}_1, \pmb{\mu}_2, \cdots, \pmb{\mu}_K)$ 进行优化。要找到公式(10-11)的最优解，需要考察样本集 D 的所有可能的簇划分，而这是一个 NP 难问题，故一般使用迭代算法近似求解公式(10-11)的最优解。

K-Means 算法的基本步骤是：

(1) 随机选择 K 个样本作为初始簇心。

(2) 计算每个样本点到每一个簇心的距离，并将其分配到最近的簇心所在的簇中。

(3) 根据每个簇内的样本重新计算每个簇的簇心。

(4) 重复步骤(2)和(3)，直到簇心不再变化或达到最大迭代次数，这样得到的簇划分和簇心就是 K-Means 算法的局部最优解。

在具体的应用中，K-Means 算法的优点是：算法简单，易于实现和理解，且算法效率高，适用于大样本数据集和高维数据集。K-Means 算法的缺点为：① K-Means 算法需要事先指定簇的个数 K，但是 K 的选择往往不容易确定；② K-Means 算法对初始簇心的选择敏感，不同的初始值可能导致不同的聚类结果；③ K-Means 算法对异常值和噪声敏感，容易受到这些因素的影响；④ K-Means 算法假设簇是凸形的且具有相似的大小和密度，对于非凸形或者大小与密度差异大的簇，效果不佳；⑤ K-Means 算法不能保证找到全局最优解，只能找到局部最优解。

2. K-Means 算法的最优 K 值选择

对于 K 值的选择，可以通过数据的先验经验选择合适的 K 值。如果没有先验经验，则可以使用下面的常用方法选择合适的 K 值：

(1) 轮廓系数法。轮廓系数法是指计算不同 K 值下的轮廓系数，选择使得轮廓系数最大的 K 值。

(2) 手肘法(Elbow Method)。手肘法可与簇内距离或者聚类误差平方和(SSE)结合使用，通过绘制不同 K 值下的 SSE 曲线，选择使得曲线出现拐点或肘部的 K 值作为最优 K 值。在图 10-1 中，SSE 在 K 值等于 3 时出现拐点，故选择最优 K 值为 3。

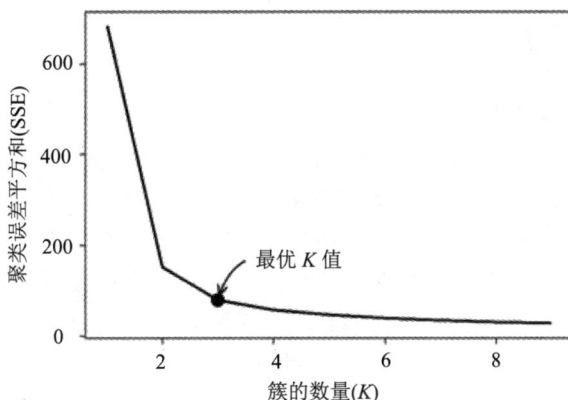

图 10-1　SSE 与手肘法

3. K-Means 算法的优化

1) K-Means++ 算法

K-Means++ 是针对 K-Means 中初始簇心选取的优化算法，其流程和 K-Means 算法的类似，不同之处仅在于初始簇点的选取方法。K-Means++ 算法的流程如下：

(1) 随机选择一个样本点 x_i 作为第一个簇心。

(2) 若已选择的簇心数量小于 K，则对于每个未被选为簇心的样本点 x_j，计算它与最近的簇心间的距离，记为 $d(x_i, x_j)$。

(3) 按照距离平方$[d(x_i, x_j)]^2$的概率分布选择下一个簇心，即距离当前簇心越远的点越有可能被选为下一个簇心。具体来说，选择下一个簇心的概率可以用以下公式表示：

$$P(x_i) = \frac{[d(x_i, x_j)]^2}{\sum\limits_{i=1}^{n}[d(x_i, x_j)]^2} \tag{10-12}$$

(4) 重复上述步骤，直到选出 K 个簇心。

(5) 使用选出的 K 个簇心进行 K-Means 聚类。

基于上述初始簇心的选取流程，K-Means++ 算法可以保证初始簇心尽可能地分散，从而降低了陷入局部最优解的风险，减少了初始簇心的选择对聚类结果的影响，提高了聚类的质量和稳定性。

2) Elkan K-Means 算法

Elkan K-Means 算法优化了传统 K-Means 算法的距离计算方法，它利用三角不等式来减少距离计算的次数。在传统 K-Means 算法中，每次迭代时都要计算所有样本点和所有簇心之间的距离。而 Elkan K-Means 算法通过利用三角形两边之和大于第三边以及两边之差小于第三边的特性，判断某些样本点是否一定属于某个簇，或者一定不属于某个簇，从而避免重复计算样本点和簇心间的距离，加快算法的收敛速度。

Elkan K-Means 算法的优点是它可以比 K-Means 算法更快地收敛，但也需要额外的存储空间来存储样本点和簇心之间的距离。

10.1.4 DBSCAN 算法

1. DBSCAN 算法的原理

DBSCAN 算法是一种著名的基于密度的聚类算法，最早由 Ester 等人于 1996 年提出。基于密度的聚类算法假设聚类结构可以通过样本分布的紧密程度确定，将密集的样本点归为一类，将稀疏的样本点标记为噪声点或边界点。DBSCAN 算法的原理是对于每个样本点，计算其 ϵ-邻域(Neighborhood)内的样本点的数量，如果样本点数量超过某个阈值(如最小样本点数 Minpts)，则将该样本点标记为核心点；否则，将其标记为边界点或噪声点。此后，可以将所有核心点之间通过一系列邻域连接的样本点聚类成一个簇。

给定一个数据集 $D = \{x_1, x_2, \cdots, x_n\}$，其中样本点 x_i 是一个 m 维向量，DBSCAN 算法定义了以下几个基本概念。

(1) ϵ-邻域。对于任意样本点 $x_i \in D$，其 ϵ-邻域是指与 x_i 间的距离不超过 ϵ 的所有样本点的集合，即 $N_\epsilon(x_i) = \{x_j \in D \mid d(x_i, x_j) \leqslant \epsilon\}$，其中 $d(x_i, x_j)$ 是样本点 x_i 和样本点 x_j 之间的距离，图 10-2 中虚线所标记的部分即为 ϵ。

(2) 核心点(Core Point)。如果一个样本点 x_i 的 ϵ-邻域内至少有 Minpts 个点(包括样本点 x_i)，即 $|N_\epsilon(x_i)| \geqslant \text{Minpts}$，则称 x_i 为核心点，如图 10-2 中的 x_1。

(3) 边界点(Border Point)。如果一个样本点 x_i 不是核心点，但其 ϵ-邻域内至少有一个核心点，则称 x_i 为边界点，如图 10-2 中的 x_3。

(4) 噪声点(Noise Point)。如果一个样本点 x_i 既不是核心点，也不是边界点，则称 x_i 为噪声点，如图 10-2 中的 x_7。

(5) 直接密度可达(Directly Density-Reachable)。如果一个核心点 x_i 到一个样本点 x_j 的距离不超过 ϵ，则称 x_j 从 x_i 直接密度可达，即 $d(x_i, x_j) \leqslant \epsilon$。例如，图 10-2 中的 x_3 是从 x_1 直接密度可达的。

(6) 密度可达(Density-Reachable)。对于样本点 x_i 和 x_j，如果存在一系列样本点 $p_1, p_2, \cdots, p_n$，其中 $p_1 = x_i, p_n = x_j$，且对于 $k = 1, 2, \cdots, n-1$，p_{k+1} 可由 p_k 直接密度可达，则称 x_j 从 x_i 密度可达。例如，图 10-2 中的 x_6 是从 x_1 密度可达的。

(7) 密度相连(Density-Connected)。如果存在一个样本点 x_k，使得 x_i 和 x_j 都从 x_k 密度可达，则称 x_i 和 x_j 密度相连。例如，图 10-2 中的 x_3 和 x_6 是密度相连的。

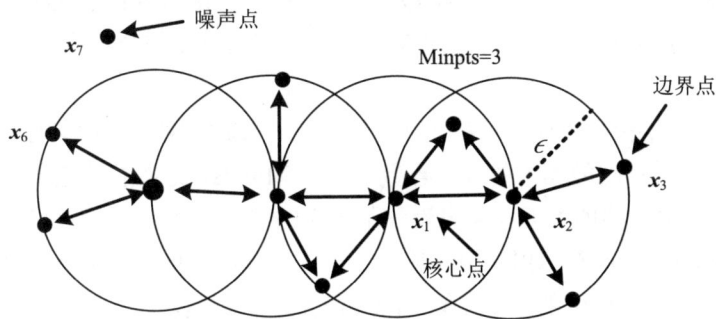

图 10-2　DBSCAN 算法的基本概念

基于上述概念，DBSCAN 算法将簇定义为由密度可达关系得到的最大密度相连样本集合。DBSCAN 算法的步骤如下：

(1) 选择两个参数，即邻域 ϵ 值和最小样本点数 Minpts。ϵ 定义了一个样本点邻域的半径，最小样本点数 Minpts 定义了邻域内样本点数量的阈值。

(2) 对于数据集中的每个样本点，计算其 ϵ-邻域中的样本点的数量。

(3) 如果一个样本点的 ϵ-邻域内的样本点的数量大于或等于最小样本点数 Minpts，那么该点被标记为核心点。如果一个样本点的 ϵ-邻域内的样本点的数量小于最小样本点数 Minpts，但是该点位于某个核心点的 ϵ-邻域内，那么该样本点将被标记为边界点。否则，该样本点被标记为噪声点。

(4) 对于每个核心点，找出所有与其直接密度可达的核心点和边界点，这些核心点和边界点形成了一个最大密度相连(Maximally Density-Connected)样本集合，即簇。

(5) 把所有不属于任何簇的噪声点赋予一个特殊的标签。

2. DBSCAN 算法参数的确定

DBSCAN 算法需要选择邻域 ϵ 值和最小样本点数 Minpts 这两个参数。对于 Minpts，可以根据数据集的维度 m 来确定，通常 Minpts$\geqslant m + 1$ 或者 Minpts $= 2m$。

对于邻域 ϵ 值，可用 K-距离图(K-Distance Graph)确定。首先，假定 Minpts 为 5，对于

每一个样本点 x_i，计算离该点第 $K(K=5)$ 近的样本点到该点的距离，得到一组第 5 近邻距离数组；其次，将第 5 近邻距离数组进行降序排序，并画出排序–距离的折线图，横轴是排序的位次，纵轴是第 5 近邻距离；最后，在折线图中找到一个拐点，即第 5 近邻距离值突然减小的点，这个点对应的距离就是合适的邻域 ϵ 值。拐点对应的第 5 近邻距离值之所以是合适的邻域 ϵ 值，是因为超过该距离的样本点常被归类为噪声点。

3. DBSCAN 算法的优劣势及优化

在具体的应用中，DBSCAN 算法的优势为：① 不需要事先指定簇的个数，它可以根据数据和参数自动检测簇的个数；② 对异常点不敏感，它可以将异常点标记为噪声点，而不会影响簇的形成；③ DBSCAN 算法基于密度的概念，可以发现任意形状的簇，而 K-Means 算法只能发现球形或凸形的簇。

DBSCAN 算法的劣势为：① DBSCAN 算法对邻域 ϵ 值和最小样本点数 Minpts 的选择比较敏感，若这两个参数选择不合适，则可能会导致簇的过分合并或分裂；② DBSCAN 算法对高维数据的处理效率比较低，因为高维空间中的密度和距离的计算比较复杂；③ DBSCAN 算法是基于全局密度的聚类算法，如果簇的密度差异不明显，则 DBSCAN 算法难以区分它们。

在 DBSCAN 算法中，使用了统一的邻域 ϵ 值，当数据密度不均匀时，如果设置了较小的邻域 ϵ 值，则较稀疏的簇中的样本点数会小于 Minpts，这些样本会被认为是边界点或异常点而不被用于进一步的扩展；如果设置了较大的邻域 ϵ 值，则密度较大且离得比较近的簇容易被划分为同一个簇。如图 10-3 所示，簇 A、B 和 C 的密度并不一致，若使用较大的邻域 ϵ 值，则会将簇 C 中的簇 C_1、C_2 和 C_3 合并成一个簇。

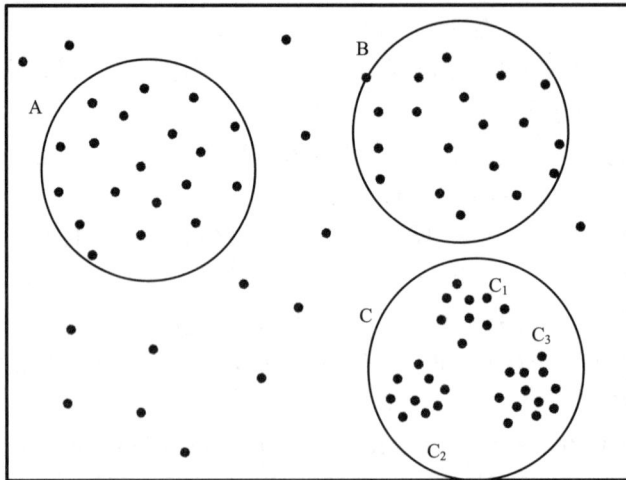

图 10-3　DBSCAN 算法的缺陷

对于密度不均匀的数据，选取一个合适的邻域 ϵ 值是很困难的，OPTICS(Ordering Points to Identify the Clustering Structure)算法实际上是 DBSCAN 算法的一种有效扩展，主要解决 DBSCAN 算法对输入参数敏感的问题。OPTICS 算法不需要指定一个全局的邻域 ϵ 值，而使用一个可变的邻域 ϵ 值来适应不同密度的数据，这样就能得到不同邻域参数下的聚类结果。

10.1.5 聚类算法综合案例：商场客户的分类分析

在大数据时代，消费者需求呈现出日益差异化和个性化的趋势。客户的分类分析有助于企业更好地进行资源整合、价值发掘以及关系管理，从而实现企业利益最大化。在本小节中，我们将使用聚类算法对商场客户进行分类，为销售人员进行精准营销提供依据。

商场客户分类数据集来源于 Kaggle 的 Mall Customer Segmentation Data。该数据集包含 200 个样本和 5 个特征，这些特征的含义详见表 10-1。

表 10-1 商场客户分类数据集的特征

特 征	含 义	取值
CustomerID	客户编号	数值
Gender	性别	字符串
Age	年龄	数值
Annual Income (k$)	客户年收入	数值
Spending Score (1~100)	支出得分	数值

1. 商场客户分类数据集的读取与整理

将数据集读取为 DataFrame，并使用 info 函数观察数据的整体情况，见代码 10-1。

代码 10-1

```
# 导入 pandas&numpy
import pandas as pd
import numpy as np
# 设置小数点取后 2 位
pd.options.display.precision=2
pd.set_option( 'display.float_format', lambda x : '%.2f %x)
# 过滤 FutureWarning
import warnings
warnings.filterwarnings('ignore')
# 读取商场客户分类数据集
df = pd.read_csv('ch10_Mall_Customers.csv')
df.info( )
```

输出结果：

```
<class 'pandas.core.frame.DataFrame'>
RangeIndex: 200 entries, 0 to 199
Data columns (total 5 columns):
 #   Column              Non-Null Count   Dtype
---  ------              --------------   -----
```

0	CustomerID	200 non-null	int64
1	Gender	200 non-null	object
2	Age	200 non-null	int64
3	Annual Income (k$)	200 non-null	int64
4	Spending Score (1~100)	200 non-null	int64

dtypes: int64(4) , object(1)

memory usage: 7.9+ KB

从代码 10-1 的输出结果可以发现，数据集共有 200 个样本数据和 5 个特征，且每个特征均没有缺失值。

进一步地，使用 nunique 函数获取每个特征取值的频数，见代码 10-2。

代码 10-2

```
# 获取每个特征取值的频数
df.nunique()
```

输出结果：

CustomerID	200
Gender	2
Age	51
Annual Income (k$)	64
Spending Score (1~100)	84

dtype: int64

由于每个客户都有一个特定的 CustomerID，因此特征 CustomerID 对客户分类没有影响，可优先删除该特征，详见代码 10-3。观察剩下各个特征取值的频数可以发现，Gender 是类别特征，其他特征都是连续特征。

代码 10-3

```
# 删除特征 CustomerID
df = df.drop('CustomerID', axis=1)
```

对数据进行描述性统计，见代码 10-4。

代码 10-4

```
# 数据的描述性统计
df.describe().T
```

输出结果：

	count	mean	std	min	25%	50%	75%	max
Age	200.00	38.85	13.97	18.00	28.75	36.00	49.00	70.00
Annual Income (k$)	200.00	60.56	26.26	15.00	41.50	61.50	78.00	137.00
Spending Score (1~100)	200.00	50.20	25.82	1.00	34.75	50.00	73.00	99.00

从代码 10-4 的输出结果可以看出，特征 Age 的均值和标准差与其他特征的均值和标准差有较大差别，这意味着数据集存在一定的量纲问题，需在后续的数据预处理中进行处理。

2. 商场客户分类数据的探索性分析

数据的探索性分析可以帮助人们深入地了解数据的特征，并为后续机器学习模型的构建提供依据。

1) 划分特征

在对数据进行特征分析之前，基于表 10-1 中各特征的含义，导入探索性数据分析的相关库，并将特征分为类别特征和连续特征，见代码 10-5。

代码 10-5

```
# 导入相关库
import matplotlib.pyplot as plt
import datetime
from sklearn.model_selection import train_test_split
# 导入 seaborn
import seaborn as sns
sns.set_style('ticks')
%config InlineBackend.figure_format = 'svg'   # 矢量图设置
#设定中文显示字体及字体大小
plt.rcParams['font.family'] = ['sans-serif']
plt.rcParams['font.sans-serif'] = ['Microsoft Yahei']
plt.rcParams['axes.unicode_minus']=False
# 将特征分为分类变量和连续变量
cat_var = ['Gender']
con_var = ['Age', 'Annual Income (k$)', 'Spending Score (1～100)']
```

2) 客户性别频数的统计分析

对客户性别的频数进行统计分析，见代码 10-6。

代码 10-6

```
# 客户性别频数的统计分析
fig, ax = plt.subplots(1, 1, figsize=(4, 4.5))
ax = sns.countplot(x='Gender', data=df, palette='gray_r')
ax.bar_label(container=ax.containers[0],
            labels = df[cat_var].value_counts(ascending = True))
plt.title('客户性别频数的统计分析')
plt.tight_layout()
plt.show()
```

输出结果如图 10-4 所示。从代码 10-6 的输出结果可以发现，在 200 个样本中，88 个样本被标记为男性(Male)，112 个样本被标记为女性(Female)。

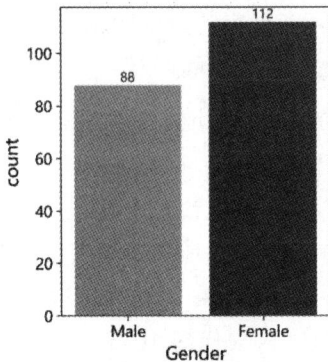

图 10-4　代码 10-6 的输出结果

3) 连续特征的相关性分析

连续特征的相关性分析见代码 10-7。

代码 10-7

```
# 连续特征的相关性分析
Fig3, ax = plt.subplots(figsize=(6, 5))
sns.heatmap(df_con.corr(), annot=True, annot_kws={'fontsize': 14},
          fmt='.2f', cmap='gist_yarg', cbar=False, ax=ax)
ax.tick_params(axis='x', rotation=45)
ax.tick_params(axis='y', rotation=360)
fig3.suptitle("连续特征的相关性分析", fontsize=16, x=0.65, y=0.98)
plt.tight_layout()
plt.show()
```

输出结果如图 10-5 所示。

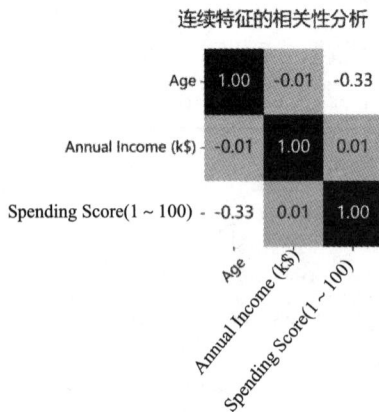

图 10-5　代码 10-7 的输出结果

从代码 10-7 的输出结果可以发现，各特征之间相关系数的绝对值均不超过 0.5，故不存在多重共线性问题。

金融数据挖掘

4) 连续特征的箱形图分析

画出连续特征的箱形图，见代码 10-8。

代码 10-8

```
# 连续特征的箱形图分析
fig4, ax = plt.subplots(figsize=(8, 5))
for index, column in enumerate(df_con.columns):
    plt.subplot(1, 3, index + 1)
    ax2 = sns.boxplot(y=column,data=df, palette='gray_r', saturation=0.6)
fig4.suptitle("连续特征的箱形图", fontsize=16, x=0.50, y=0.97)
plt.tight_layout()
plt.show()
```

输出结果如图 10-6 所示。

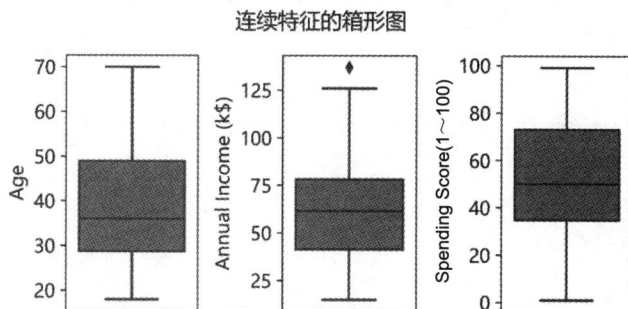

图 10-6 代码 10-8 的输出结果

从代码 10-8 的输出结果可以发现，各个特征并不存在明显的异常值。

3. 数据预处理

数据预处理可将原始数据集转换为适合于构建和训练机器学习模型的数据集。本小节中的数据预处理过程主要包含缺失值处理、重复值处理、类别特征数值化和连续特征标准化。

1) 缺失值处理

利用 isnull 函数检验数据集的缺失值，见代码 10-9。

代码 10-9

```
# 缺失值处理
df.isnull().sum()
```

输出结果：

```
Gender                    0
Age                       0
Annual Income (k$)        0
Spending Score (1~100)    0
dtype: int64
```

从代码 10-9 的输出结果可以发现，数据集中不存在缺失值，故无须处理缺失值。

2）重复值处理

利用 duplicated 函数检验数据集的重复值，见代码 10-10。

代码 10-10

```
# 重复值处理
df.duplicated().any()
```

输出结果：

False

从代码 10-10 的输出结果可以发现，数据集不存在重复值，故无须处理重复值。

3）类别特征数值化

类别特征 Gender 的取值为 Male 或 Female,利用 map 函数将 Male 映射为 1，将 Female 映射为 0，见代码 10-11。

代码 10-11

```
# 类别特征数值化
df['Gender'] = df['Gender'].map({
    'Male': 1, 'Female': 0
})
```

4）连续特征标准化

连续特征标准化可以减小不同特征的规模和分布差异等对 *K*-Means 算法中的距离(具体使用哪个距离可自行设定)计算的影响。使用 sklearn 的 StandardScaler 函数对连续特征进行 Z-Score 标准化，见代码 10-12。

代码 10-12

```
# 连续特征的标准化
from sklearn.preprocessing import StandardScaler
sdscaler = StandardScaler()
df[con_var] = sdscaler.fit_transform(df.loc[:, con_var])
```

4. 基于 *K*-Means 算法的客户聚类分析

这里利用 *K*-Means 算法对数据进行聚类。在实际操作中，调用 sklearn 的 KMeans 函数建模。KMeans 函数如下所示：

KMeans(n_clusters = 8, *, init = 'k-means++', max_iter = 300, tol = 0.0001, random_state = None, algorithm = 'lloyd', **args)

KMeans 函数的主要参数说明见表 10-2。

表 10-2　KMeans 函数的主要参数说明

主要参数名称	参 数 说 明
n_clusters	生成的簇数或簇心数，整数型数据，默认取值是 8
init	初始簇心的选择方法，可选值是 k-means++、random，或者传递一个 ndarray 数组，默认值是 k-means++。k-means++：使用 K-Means++ 算法选取初始簇心；random：随机从训练数据中选取初始簇心；ndarray 数组：如果传递的是一个 ndarray 数组，则 ndarray 的格式应该为(n_clusters, n_features)，并且要并给出初始簇心
max_iter	模型的最大迭代次数，整数型数据，默认值是 300
tol	在连续两次迭代中，簇心之间的欧氏距离能容忍的最小误差，浮点型数据，默认值是 0.0001
random_state	随机种子，整数型数据，默认值是 None
algorithm	聚类优化的算法，可选值是 lloyd、elkan、auto、full，默认值是 lloyd。lloyd：使用传统的最大期望 K-Means 算法；elkan：使用 Elkan K-Means 算法；auto 和 full：它们都是 lloyd 的别名(aliases)，将在 sklearn 1.3 中废弃

1) 最优 K 值的选择

在使用 K-Means 算法进行聚类之前，需要提前确定簇的个数 K 的数值。使用轮廓系数法选择使得轮廓系数最大的 K 作为簇的个数，见代码 10-13。

代码 10-13

```
# 导入相关的机器学习库
from sklearn.cluster import KMeans
from sklearn.metrics import silhouette_score
# 基于轮廓系数法选择最优的 K 值
silhouette_scores = []
for n_cluster in range(2, 11):
    kmeans = KMeans(n_clusters=n_cluster,init='k-means++', random_state=100)
    kmeans.fit(sd_df)
    label = kmeans.labels_
    sil_coeff = silhouette_score(sd_df, label, metric='euclidean')
    silhouette_scores.append(sil_coeff)

fig4, ax = plt.subplots(figsize=(5, 3.5))
plt.plot(range(2, 11), silhouette_scores, 'o--', color='black')
plt.title('轮廓系数法')
plt.xlabel('簇的数量')
plt.ylabel('轮廓系数')
plt.tight_layout()
plt.show()
```

输出结果如图 10-7 所示。

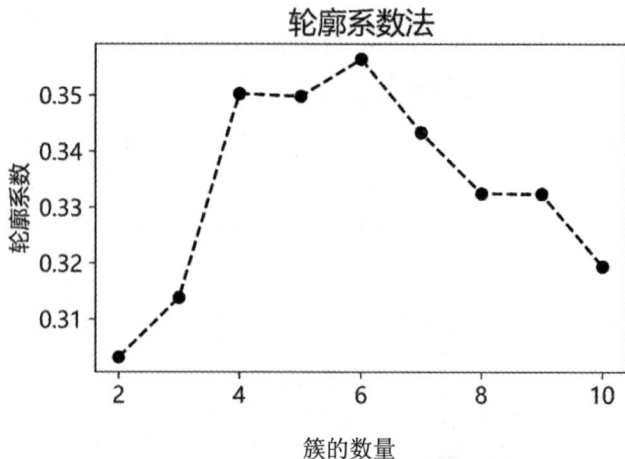

图 10-7　代码 10-13 的输出结果

从代码 10-13 的输出结果可以发现，当簇的数量为 6 时，轮廓系数最大，故最优的 K 值为 6。

使用手肘法选择最优的 K 值，见代码 10-14。通过绘制不同 K 值下的聚类误差平方和 (SSE) 曲线，选择使得曲线出现拐点或肘部的 K 值作为最优 K 值。

代码 10-14

```
# 基于手肘法选择最优的 K 值
wcss_with = []
for i in range(2, 11):
    kmeans = KMeans(n_clusters=i, init='k-means++', random_state=100)
    kmeans.fit(sd_df)
    wcss_with.append(kmeans.inertia_)

fig5, ax = plt.subplots(figsize=(5, 3.5))
plt.plot(range(2, 11), wcss_with, 'o--', color='black')
plt.title('手肘法')
plt.xlabel('簇的数量')
plt.ylabel('聚类误差平方和(SSE)')
plt.tight_layout()
plt.show()
```

输出结果如图 10-8 所示。

从代码 10-14 的输出结果来看，聚类误差平方和在 K 值等于 6 时出现拐点，故选择最优 K 值为 6。

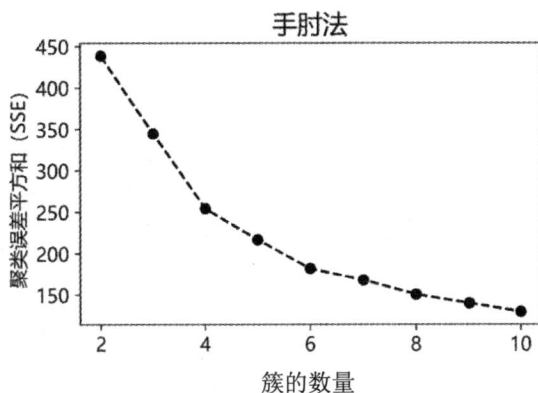

图 10-8　代码 10-14 的输出结果

2) 基于最优 *K* 值的 *K*-Means 聚类

将聚类的簇数设定为 6(n_clusters = 6)，并运用 KMeans 函数对数据集进行聚类分析，然后输出模型的轮廓系数，见代码 10-15。

代码 10-15

```
# 基于最优 K 值的 K-Means 聚类
best_kmeans = KMeans(n_clusters = 6, init = 'k-means++',random_state = 100)
best_kmeans.fit_predict(sd_df)
df['Cluster'] = best_kmeans.labels_
# 输出模型的轮廓系数
silhouette_score(sd_df, df['Cluster'], metric='euclidean')
```

输出结果：

0.356 485 834 425 401

从代码 10-15 的输出结果可以看出，模型的轮廓系数约为 0.3565。

3) 商场客户聚类结果分析

在聚类完成之后，需要对商场客户分类数据集的聚类结果进行一定的分析，以便为商场制定客户营销策略提供指导。因此，对聚类得到的各类别的出现频数进行统计分析，见代码 10-16。

代码 10-16

```
# 各聚类类别的统计分析
# 计算各聚类类别的频数
frequency = []
for i in list(set(df.Cluster)):
    frequency.append(df[df.Cluster == i].shape[0])

fig6, ax = plt.subplots(1, 1, figsize=(6, 4.8))
ax = sns.countplot(x='Cluster', data=df, palette='gray_r')
```

```
ax.bar_label(container=ax.containers[0], labels = frequency)
plt.title('各聚类类别频数的统计分析')
plt.tight_layout()
plt.show()
```

输出结果如图 10-9 所示。

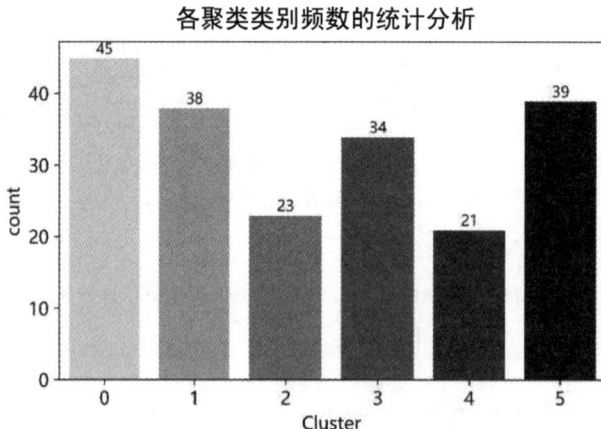

图 10-9　各聚类类别频数的统计分析

从代码 10-16 的输出结果可以发现，在所有聚类中，聚类 0 的样本数目最多，达到 46 个；而聚类 4 的样本数目最少，仅有 21 个。

基于 pivot_table 函数统计各聚类类别的频数与特征的均值，见代码 10-17。

代码 10-17

```
# 各聚类类别的频数与特征的均值
df2 = pd.pivot_table(df, index = ['Cluster'])
df2['frequency'] = frequency
df2
```

输出结果：

Cluster	Age	Annual Income (k$)	Gender	Spending Score (1～100)	frequency
0	56.33	54.27	0.42	49.07	45
1	27.00	56.66	0.34	49.13	38
2	25.00	25.26	0.43	77.61	23
3	41.26	88.50	0.59	16.76	34
4	45.52	26.29	0.38	19.38	21
5	32.69	86.54	0.46	82.13	39

从代码 10-17 的输出结果可以发现：

(1) 聚类 0 的客户人数最多，他们的收入可观，消费能力也较强。从客户特征来看，聚类 0 的客户年龄较大，女性客户占比接近 60%，商场可以定期给他们推送老年女性感兴趣的商品信息。

(2) 聚类 1 的客户收入可观，消费能力也较强。从客户特征来看，聚类 1 的客户较年轻，女性客户占比高达 66%，商场应定期给他们推送年轻女性感兴趣的商品信息。

(3) 聚类 2 的客户虽然收入较少，但消费能力却很强。从客户特征来看，聚类 2 的客户较年轻，女性客户占比为 57%，商场可以定期给他们推送更多的折扣信息。

(4) 聚类 3 的客户收入最高，但消费能力却最弱。从客户特征来看，聚类 3 的客户是中年人，男性客户占比接近 60%，这类客户是商场的目标客户，因为他们的消费潜力是最大的。商场需要仔细研究这类客户的过往消费数据，提供更多的商品和服务以赢得客户。

(5) 聚类 4 的客户数量较少，收入低，消费意愿也较低。在资源有限的情况下，商场可以暂时减少针对这类客户的营销活动。

(6) 聚类 5 的客户是商场的优质客户。从客户特征来看，他们属于中青年，收入高，消费意愿强烈。商场应为他们提供持续的产品更新，并考虑提升他们的会员等级以维持和增强他们的忠诚度。

5. 基于 DBSCAN 算法的客户聚类分析

这里利用 DBSCAN 算法对数据进行聚类。在实际操作中，调用 sklearn 的 DBSCAN 函数建模。DBSCAN 函数如下所示：

DBSCAN(eps = 0.5, *, min_samples = 5, metric = 'euclidean', metric_params = None, algorithm = 'auto', p = None, n_jobs = None, **args)

DBSCAN 函数的主要参数说明见表 10-3。

表 10-3 DBSCAN 函数的主要参数说明

主要参数名称	参 数 说 明
eps	邻域 ϵ 值，浮点型数据，默认取值是 0.5，这是 DBSCAN 函数中最重要的一个参数
min_samples	最小样本点数 Minpts，整数型数据，默认值为 5
metric	样本点之间距离的计算方法，可以是字符串或者可调用对象，默认值为 euclidean。如果 metric 取值是字符串或可调用对象，则必须是 sklearn.metrics.pairwise_distances 允许的选项之一
metric_params	度量函数的其他关键字参数，字典，默认值为 None
algorithm	用于计算近邻点的方法，可选值有 auto、ball_tree、kd_tree、brute，默认值为 auto，表示算法会根据输入数据的特性自动选择最合适的计算方法
p	计算闵可夫斯基距离的参数，浮点型数据，默认取值是 None
n_jobs	要使用的处理器数目，默认是 None，表示使用 1 个处理器；若为 -1，则使用 CPU 的所有处理器

1) 邻域 ϵ 值与最小样本点数的选择

在使用 DBSCAN 算法进行聚类之前，需要提前确定邻域 ϵ 值与最小样本点数(Minpts)。因为样本的特征数为 4，基于经验法则，所以将最小样本点数(Minpts)设为 5(Minpts $\geqslant m + 1$)。对于邻域 ϵ 值，可用 K-距离图确定。在代码 10-18 中，首先，导入 NearestNeighbors，计算每个样本点到其第 5 近邻样本点的距离；之后，将第 5 近邻距离数组进行降序排序，并画出排序-距离的折线图。

代码 10-18

```
# 基于 K-距离图确定邻域
# 导入相关的机器学习库
from sklearn.cluster import DBSCAN
from sklearn.neighbors import NearestNeighbors
# 计算每个样本点到其第 k 个近邻样本点的距离
k = 5
neigh = NearestNeighbors(n_neighbors=k)
nbrs = neigh.fit(sd_df)
distances, indices = nbrs.kneighbors(sd_df)
# 绘制 K-距离图
fig7, ax = plt.subplots(1, 1, figsize=(5, 3.5))
distances = sorted(distances[:, k-1], reverse=True)
plt.plot(distances, color='black')
plt.title(f'第{k}近邻距离图')
plt.xlabel(f'第{k}近邻距离排序的位次')
plt.ylabel(f'第{k}近邻距离')
plt.tight_layout()
plt.show()
```

输出结果如图 10-10 所示。

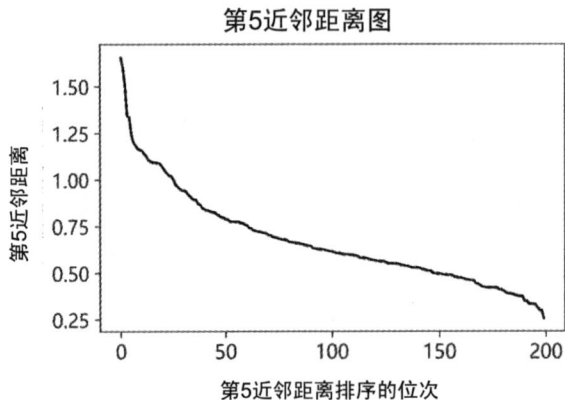

图 10-10　代码 10-18 的输出结果

在代码 10-18 的输出结果中并没有找到一个明显的拐点，邻域 ϵ 值大概在 0.8～1.1 之间。

2) 基于 DBSCAN 算法的聚类

将最小样本点数设定为 5(min_samples = 5)，将邻域 ϵ 值设定为 0.8(eps = 0.8)，并运用 DBSCAN 函数对数据集进行聚类分析，然后输出模型的轮廓系数，见代码 10-19。

代码 10-19

```
# 基于 DBSCAN 算法的聚类
DBS_clustering = DBSCAN(eps=0.8, min_samples=5)
DBS_clustering.fit_predict(sd_df)
df['Dbs_Cluster'] = DBS_clustering.labels_


# 输出模型的轮廓系数
silhouette_score(sd_df, df['Dbs_Cluster'], metric='euclidean')
```

输出结果：

0.033 333 448 669 810 55

从代码 10-19 的输出结果可以看出，模型的轮廓系数约为 0.333，这个值远小于基于 *K*-Means 算法输出的模型的轮廓系数(约为 0.3565)。由此可见，DBSCAN 算法在商场客户分类数据集中的表现并不好。

10.2　降　　维

金融数据的维度较高，包含了很多相关或无关的特征，这导致了数据冗余、复杂且难以解释。所谓降维，就是降低数据的维度。在第 3 章中，我们介绍了基于特征选择的降维方法。而在本小节中，我们将介绍基于特征变换的降维方法。

基于特征变换的降维，是指通过特定的数学变换方法，将一组特征的数据点从高维空间映射至低维空间，进而以这些映射后的新特征来代表原始特征。这些新特征并非直接对应原始特征，而是原始特征在多个维度上经过转换或映射后得到的综合表达。

目前，基于特征变换的降维总体上可以分为两类：① 线性降维方法，包括主成分分析(PCA)、独立成分分析(ICA)和线性判别分析(LDA)等；② 非线性降维方法，包括核主成分分析(KPCA)、核独立成分分析(KICA)、核判别分析(KDA)、等距特征映射(ISMMAP)、局部线性嵌入(LLE)和拉普拉斯特征映射(LE)。其中，核主成分分析(KPCA)、核独立成分分析(KICA)和核判别分析(KDA)是基于核函数的非线性降维方法；等距特征映射(ISMMAP)、局部线性嵌入(LLE)和拉普拉斯特征映射(LE)是基于特征值的非线性降维方法。在本小节的后续内容中，我们将重点介绍线性降维方法中的主成分分析(PCA)和基于核函数的非线性降维方法中的核主成分分析(KPCA)。

10.2.1　主成分分析

主成分分析最早是由 Pearson 于 1901 年提出的，它的思想是利用正交变换将 n 维线性相关的特征转换为 $k(k \leqslant n)$ 个线性无关的新特征。这些线性无关的新特征即为主成分，它们既是原始特征的线性组合，又是正交变换后具有最大方差的特征。方差越大，表示新特征中包含的原始数据的信息量越多。因此，基于新特征的方差大小，可以将新特征排序，方差最大的特征称为第一主成分，方差次大的特征称为第二主成分，依次类推，直至第 k 个主成分。

在进行更详细的介绍之前，先用一个简单的例子介绍 PCA 降维的用法。考虑具有如图 10-11 所示特征(x_1 和 x_2)的数据，如果要基于特征选取方法选择 x_1 作为新特征，虽可以降维，但明显损失了特征 x_2 所提供的信息。

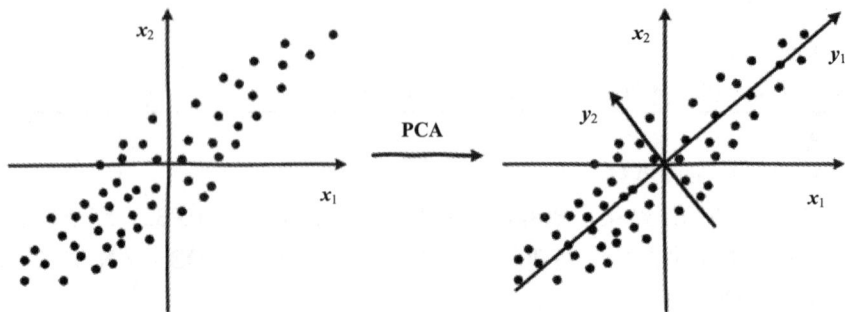

图 10-11　主成分分析示意图

考虑对原始特征 x_1 和 x_2 进行正交变换，构建新的特征 y_1 和 y_2，这些新特征是由原始特征 x_1 和 x_2 的线性组合得出的，即

$$y_1 = a_1 x_1 + a_2 x_2 \tag{10-13}$$
$$y_2 = b_1 x_1 + b_2 x_2 \tag{10-14}$$

式中，a_1、a_2、b_1、b_2 是线性组合的系数。

主成分分析选中方差最大的特征 y_1 作为第一主成分，方差次大的特征 y_2 作为第二主成分，且第一主成分和第二主成分是线性无关的。

在实际运用中，样本主成分分析的计算步骤如下：

(1) 假定样本数据有 n 个观测值和 m 个特征，则样本数据的矩阵为

$$X = \begin{bmatrix} x_{11} & x_{12} & \cdots & x_{1m} \\ x_{21} & x_{22} & \cdots & x_{2m} \\ \vdots & \vdots & & \vdots \\ x_{n1} & x_{n2} & \cdots & x_{nm} \end{bmatrix}$$

(2) 计算每一列的均值和标准差。假设 μ_j 和 σ_j 分别是列向量 $x_j = (x_{1j}, x_{2j}, \cdots, x_{nj})$ 的均值和标准差。对数据进行标准处理，得到矩阵 Z：

$$Z = (z_1, z_2, \cdots, z_m) = \begin{bmatrix} z_{11} & z_{12} & \cdots & z_{1m} \\ z_{21} & z_{22} & \cdots & z_{2m} \\ \vdots & \vdots & & \vdots \\ z_{n1} & z_{n2} & \cdots & z_{nm} \end{bmatrix}$$

式中，$z_{ij} = \dfrac{x_{ij} - \mu_j}{\sigma_j} (i = 1, 2, \cdots, n; j = 1, 2, \cdots, m)$。

(3) 假定 z_j 和 z_k 分别代表 $\boldsymbol{Z}$ 的第 j 列和第 k 列，μ_j 和 μ_k 分别是 z_j 和 z_k 的均值。因为 $\boldsymbol{Z}$ 为标准化后的矩阵，故 μ_j 和 μ_k 等于 0。由此可得 z_j 和 z_k 的协方差

$$r_{jk} = \frac{1}{n-1}\sum_{i=1}^{n}(z_{ij}-\mu_j)(z_{ik}-\mu_k) = \frac{1}{n-1}\sum_{i=1}^{n}z_{ij}z_{ik} \quad (j,k=1,2,\cdots,m)$$

并得到协方差矩阵 $\boldsymbol{R}$：

$$\boldsymbol{R} = \begin{bmatrix} r_{11} & r_{12} & \cdots & r_{1m} \\ r_{21} & r_{22} & \cdots & r_{2m} \\ \vdots & \vdots & & \vdots \\ r_{m1} & r_{m2} & \cdots & r_{mm} \end{bmatrix}$$

(4) 计算 $\boldsymbol{R}$ 的特征方程 $\det(\boldsymbol{R}-\lambda\boldsymbol{E})=0$ 的特征根 $\lambda_1 \geqslant \lambda_2 \geqslant \cdots \geqslant \lambda_m > 0$，并计算特征根所对应的特征向量：

$$\boldsymbol{\beta}_1 = \begin{pmatrix} \beta_{11} \\ \beta_{21} \\ \vdots \\ \beta_{m1} \end{pmatrix}, \boldsymbol{\beta}_2 = \begin{pmatrix} \beta_{12} \\ \beta_{22} \\ \vdots \\ \beta_{m2} \end{pmatrix}, \cdots, \boldsymbol{\beta}_m = \begin{pmatrix} \beta_{1m} \\ \beta_{2m} \\ \vdots \\ \beta_{mm} \end{pmatrix}$$

(5) 计算第 k 个样本的主成分：

$$\boldsymbol{y}_k = \beta_{1k}z_1 + \beta_{2k}z_2 + \cdots + \beta_{mk}z_m \tag{10-15}$$

主成分分析的优点是：① 主成分分析是一种非监督学习的降维方法，不需要数据标签；② 在主成分分析的计算过程中，无须人为设定参数，分析结果只与数据相关；③ 在主成分分析中，数据分析师可以根据主成分的方差贡献率自主控制主成分的数量，从而在降维的同时最大程度地保留数据的原有信息；④ 各主成分之间相互独立，可消除原始特征之间的相关性。

主成分分析的缺点是：① 主成分分析仅能处理特征之间的线性关系，而对特征之间可能存在的非线性关系无能为力；② 原始数据的特征在经过 PCA 变换后会丧失其原有的解释性；③ 主成分分析降维后会存在少量的数据损失，方差贡献率小的主成分往往可能含有对样本差异具有重要影响的信息。

10.2.2 核主成分分析

一般来说，主成分分析适用于数据的线性降维。核主成分分析(KPCA)最早由 Schölkopf 等人于 1997 年提出，它通过引入核函数来实现数据的非线性降维，可用于处理线性不可分的数据集。核主成分分析的核心思想是：首先，通过一个非线性映射(即核函数)把原始空间中的数据投影到高维特征空间中，使得数据在这个高维特征空间中线性可分；然后，在高维特征空间中执行主成分分析，以实现数据的降维。

在核主成分分析中，常用的核函数包括线性核、多项式核、RBF 核和 sigmoid 核，其表达式和参数详见表 9-1。

10.2.3　主成分分析与核主成分分析的 Python 实现

在进行特征变换的降维前先读取数据,并将数据的第 1 列和第 2 列设置为行索引(index),详见代码 10-20。

代码 10-20

```
# 读取数据,将第 1 列和第 2 列设置为行索引
import pandas as pd
import numpy as np
# 将 numpy 数据小数点精确度设为 4,并限制使用科学记数法
np.set_printoptions(precision=4, suppress=True)
dim_df = pd.read_excel('..\演示数据\ch10_dim_redu.xlsx',index_col=[0, 1])
dim_df.head()
```

输出结果:

symbol	date	return	industry	pe	market_cap	market_num1	market_num2	market_num3
000001.SZ	2020-01-03	−0.03	0.50	0.76	0.74	2	2	0
	2020-01-06	0.14	0.50	0.34	1.00	3	3	2
	2020-01-07	−0.04	0.50	0.93	0.91	3	3	2
	2020-01-08	−0.01	0.50	1.00	0.98	3	3	2
	2020-01-09	−0.05	0.50	0.57	0.57	2	2	0

1. 主成分分析的 Python 实现

在 Python 中,主成分分析的 PCA 函数位于 sklearn 库中,其使用格式如下:

sklearn.decomposition.PCA(n_components=None, whiten=False, svd_solver='auto', **args)

PCA 函数的主要参数说明见表 10-4。

表 10-4　PCA 函数的主要参数说明

参数名称	参 数 说 明
n_components	代表返回的主成分的个数,默认为 None,即返回所有主成分。n_components＝2 代表返回前两个主成分;n_components＝mle 代表自动选取主成分个数;0＜n_components＜1 代表返回满足最低主成分累计方差贡献率的主成分,其中,n_components＝0.98 指返回满足主成分累计方差贡献率达到 98% 的主成分
whiten	表示是否对数据进行标准化处理,默认是 False
svd_solver	选定奇异值分解(SVD)的方法。 svd_solver＝'auto':默认值,PCA 类自动选择下述三种算法权衡。 svd_solver＝'full':传统意义上的 SVD,使用 SciPy 库的 linalg.svd 实现; svd_solver＝'arpack':直接使用 SciPy 库的 sparse.linalg.svds 实现; svd_solver＝'randomized':适用于数据量大,数据维度多同时主成分数目比例又较低的 PCA 降维

使用主成分分析的方法进行降维，见代码10-21。在 PCA 函数的参数设定中，仅设定 n_components 为 mle，由模型自动选取主成分。

代码 10-21

```
# 导入 PCA 函数
from sklearn.decomposition import PCA
# 定义需要降维的数据集
X = dim_df[['industry', 'pe', 'market_cap',
            'market_num1', 'market_num2', 'market_num3']]
# 建立 PCA 模型
pca = PCA(n_components='mle')
# 拟合模型并获取模型的主成分
X_pca = pca.fit_transform(X)
X_pca
```

输出结果：

```
array([[-1.007 ,  1.422 ,  0.1789,  0.0109, -0.0897],
       [-2.0153, -0.7537, -0.5118,  0.0172, -0.1902],
       [-2.0977, -0.7774,  0.0396,  0.0149,  0.0166],
       ...,
       [ 0.9947, -1.2853, -0.1537,  0.017 ,  0.0863],
       [ 2.1187,  0.9223, -0.1142,  0.0133,  0.0621],
       [ 2.1053,  0.919 , -0.0719,  0.0132,  0.0322]])
```

从代码 10-21 的输出结果可知，模型选了 5 个主成分。

输出各主成分的方差(explained_variance)以及方差贡献率(explained_variance_ratio)，见代码 10-22。

代码 10-22

```
# 输出各个主成分的方差
print("各主成分的方差：", pca.explained_variance_)
# 输出各个主成分的方差贡献率
print("各主成分的方差贡献率：", pca.explained_variance_ratio_)
```

输出结果：

```
各主成分的方差：   [2.7248 1.3172 0.0218 0.0141 0.0039]
各主成分的方差贡献率：  [0.6672 0.3225 0.0053 0.0035 0.001 ]
```

从代码 10-22 的输出结果可知，当选取前两个主成分时，它们的累计方差贡献率已达到 98.97%。进一步地，画出各个主成分的累计方差贡献率图，见代码 10-23。

代码 10-23

```
# 画出各个主成分的累计方差贡献率图
fig8, ax = plt.subplots(1, 1, figsize=(5, 3.5))
```

```
plt.plot(range(1, 6), np.cumsum(pca.explained_variance_ratio_),color='black')
plt.xticks(range(1, 6))
plt.title('主成分分析累计方差贡献率')
plt.xlabel("主成分个数", fontsize=14)
plt.ylabel("累计方差贡献率", fontsize=14)
plt.tight_layout()
plt.show()
```

输出结果如图 10-12 所示。

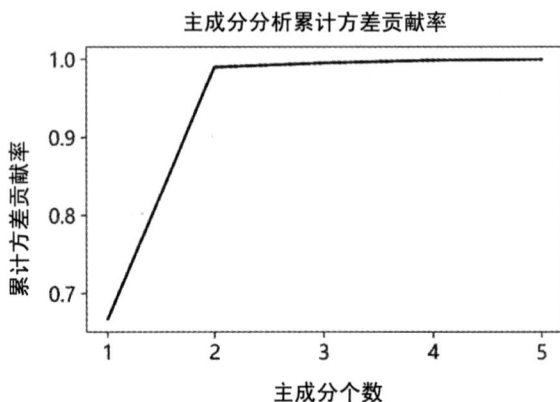

图 10-12　代码 10-23 的输出结果

从代码 10-23 的输出结果中可以发现，仅前两个主成分就贡献了原始数据 98%以上的特征信息。

2. 核主成分分析的 Python 实现

在 Python 中，核主成分分析的 KernelPCA 函数位于 sklearn 库中，其使用格式如下：

sklearn.decomposition.KernelPCA(n_components = None, kernel = 'linear', gamma = None, degree = 3, coef0 = 1, **args)

KernelPCA 函数的主要参数说明如表 10-5 所示。

表 10-5　KernelPCA 函数的主要参数说明

主要参数名称	参 数 说 明
n_components	代表返回的主成分的个数，默认为 None，即返回所有非零主成分
kernel	代表 PCA 使用的核函数，包括 linear、poly、rbf、sigmoid、cosine 和 precomputed，默认是 linear
gamma	RBF 核、Poly 核和 sigmoid 核的核系数，其他核自动忽略，默认为特征个数的倒数
degree	Poly 核的最高阶数，其他核自动忽略，默认为 3
coef0	Poly 核和 sigmoid 核的正则化系数，默认为 1

使用核主成分分析的方法进行降维，见代码 10-24。在 KernelPCA 函数的参数设定中，设定 n_components 为 None，模型会输出所有非零主成分；核函数选择 RBF 核，RBF 的 gamma 设定为 10。

```python
# 导入 KernelPCA 函数
from sklearn.decomposition import KernelPCA
# 定义需要降维的数据集 X
X = dim_df[['industry', 'pe', 'market_cap',
            'market_num1', 'market_num2', 'market_num3']]
# 定义数据集所需的标签
ret_category = [1 if x>0 else 0 for x in dim_df['return']]
y = np.array(ret_category)
# 建立 KPCA 模型
kernel_pca = KernelPCA(n_components=None, kernel="rbf", gamma=10)
# 拟合模型并获取模型的核主成分
X_kpca = kernel_pca.fit_transform(X)
print(X_kpca.shape)
X_kpca
```

第 10 章 无监督学习

输出结果：(283, 213)

```
array([[-0.1877, -0.4894, -0.3717, ...,  0.    ,  0.    , -0.    ],
       [-0.039 ,  0.0137,  0.0051, ..., -0.    , -0.    ,  0.    ],
       [-0.4693,  0.6905, -0.1782, ..., -0.    ,  0.    ,  0.    ],
       ...,
       [ 0.5563,  0.1005, -0.0545, ..., -0.    , -0.    , -0.    ],
       [-0.1281, -0.1752,  0.6133, ..., -0.    ,  0.    ,  0.    ],
       [-0.1344, -0.1847,  0.6485, ..., -0.    , -0.    ,  0.    ]])
```

从代码 10-24 的输出结果可知，在核主成分分析的输出结果中，非零主成分的数量为 213 个。

3. 核主成分分析的参数调优

由于 KPCA 将特征映射到高维空间，无法像 PCA 那样得到各个主成分的方差和方差贡献率。故在 KPCA 的参数优化和最优核主成分的选择过程中，需要将 KPCA 选出的主成分用于模型预测，并基于 GridSearchCV 选择主成分分析的最优参数和核主成分数据。

首先，使用 Pipeline 将 KernelPCA 函数和分类函数 SVC 进行串联处理；其次，设定 KernelPCA 函数的参数范围；最后，利用 GridSearchCV 进行 5 折交叉验证，寻找并输出最优参数。上述过程见代码 10-25。

```
# 导入 GridSearchCV、Pipeline 和 SVM 中的分类函数 SVC
from sklearn.model_selection import GridSearchCV
from sklearn.pipeline import Pipeline
from sklearn.svm import SVC
# 设定一个 Pipeline
clf = Pipeline([
            ("kpca", KernelPCA()),
            ("svc_reg", SVC(class_weight='balanced'))
])
# 设定 KernelPCA 函数的参数
param_grid = [{
            "kpca__gamma": [0.05, 0.1, 0.5, 1, 3, 5, 7, 9, 11, 13, 15],
            "kpca__kernel": ["sigmoid"],
            "kpca__n_components": range(1, 10, 1)
    }]
#设定一个 GridSearchCV，cv 为 5 表示 5 折交叉验证
grid_search = GridSearchCV(clf, param_grid, cv=5)
# 训练 GridSearch
grid_search.fit(X, y)
# 获取核主成分分析的最优参数
grid_search.best_params_
```

输出结果：
　　{'kpca__gamma': 3, 'kpca__kernel': 'sigmoid', 'kpca__n_components': 1}
　　基于最优参数再次进行核主成分分析，并获得唯一的核主成分，见代码 10-26。

代码 10-26

```
# 基于最优参数进行核主成分分析
X_kpca_best = KernelPCA(kernel="sigmoid", n_components=1, gamma=3)
Kpca_X = X_kpca_best.fit_transform(X)
Kpca_X[: 5]
```

输出结果：
　　array([[-0.129],
　　　　　　[0.0068],
　　　　　　[0.0068],
　　　　　　[0.0068],
　　　　　　[-0.1363]])

10.3 关联规则挖掘

关联规则挖掘(Associate Rule Mining)是一种无监督数据挖掘技术，其通过分析大量的数据集找出数据项之间的依赖关系，这些依赖关系可以用 if/then 的形式表示。例如，"如果一个客户购买了鸡蛋，那么他有 80%的可能性也会购买牛奶"就是一个关联规则。在金融领域中，关联规则挖掘可以用来分析客户的消费行为，优化产品推荐策略，从而提高营销效果。例如，在基金营销中，一个关联规则可能是"如果一个客户购买了基金 A，那么他有 80%的可能性也会购买基金 B"。客户经理可基于该关联规则向购买基金 A 的客户推荐基金 B，以此提高营销效果。在关联规则挖掘中，常用的算法有 Apriori 算法和 FP-Growth 算法。在后面的章节中，我们将以表 10-6 中的客户购买基金数据集(一)为例介绍 Apriori 算法。

表 10-6　客户购买基金数据集(一)

客户编号	购买的基金
1	基金 A、基金 B
2	基金 A、基金 C、基金 D
3	基金 B、基金 C
4	基金 A、基金 B、基金 C

10.3.1 Apriori 算法及其 Python 实现

1. Apriori 算法

Apriori 算法通过不断生成候选项集(Candidate Itemset)和剪枝，找出所有的频繁项集(Frequent Itemset)。在介绍 Apriori 算法前，首先需要了解关联规则挖掘算法的一些基本概念。

(1) 项集。项集(Itemset)可以是一个或者多个商品的集合。例如，{基金 A}、{基金 A，基金 B}和{基金 A，基金 B，基金 C}都是项集。我们用 k-项集表示大小为 k 的项集。例如，{基金 A}是 1-项集，{基金 A，基金 B}是 2-项集，{基金 A，基金 B，基金 C}是 3-项集。

(2) 支持度(Support)。支持度是指某一项集在数据集中出现的概率，其计算公式为

$$\text{Support}(X) = P(X) = \frac{\text{Count}(X)}{N} \tag{10-16}$$

式中，X 是一个项集，$\text{Count}(X)$是 X 在数据集中出现的次数，N 是数据集的样本数。在表 10-6 的数据集中，1-项集{基金 A}出现 3 次，$\text{Count}(\{基金 A\}) = 3$，而 N 是 4，故 1-项集{基金 A}的支持度 $\text{Support}(\{基金 A\}) = 3/4 = 0.75$。最小支持度是用户或专家定义的衡量支持度的一个阈值，它表示项集在统计意义上的最低重要性。

(3) 频繁项集。频繁项集指的是支持度大于或等于最小支持度阈值的项集。故若某一项集的支持度小于最小支持度，则该项集是非频繁项集。

(4) 置信度(Confidence)。置信度是指由一个项集 A 推导出另一个项集 B 的可信程度。也就是说，置信度是个条件概率，表示在客户购买了项集 A 的条件下购买项集 B 的概率。置信度的计算公式为

$$\text{Confidence}(X \rightarrow Y) = \frac{\text{Support}(X \bigcup Y)}{\text{Support}(X)} \tag{10-17}$$

在表 10-6 的数据集中，2-项集{基金 A, 基金 B}的支持度 Support(基金 A∪基金 B) = 2/4，Confidence(基金 A→基金 B) $= \dfrac{2/4}{3/4} = 2/3$。由此可得，若客户购买了基金 A，则客户有 2/3 的概率购买基金 B。最小置信度是用户或专家定义的衡量置信度的一个阈值，表示关联规则的最低可靠性。

下面将以表 10-6 中的客户购买基金数据集为基础，设定最小支持度为 0.5，最小置信度为 0.6，使用 Apriori 算法对数据集进行关联分析。

Apriori 算法的流程为：

(1) 根据所有商品生成候选 1-项集：{基金 A}、{基金 B}、{基金 C}和{基金 D}，并计算每个候选 1-项集的支持度，见表 10-7。基于候选 1-项集的支持度，可以得到{基金 A}、{基金 B}和{基金 C}的支持度均大于或等于最小支持度 0.5，故候选 1-项集的频繁 1-项集为{基金 A}、{基金 B}和{基金 C}。

表 10-7　候选 1-项集的支持度

候选 1-项集	支持度
{基金 A}	3/4 = 0.75
{基金 B}	3/4 = 0.75
{基金 C}	3/4 = 0.75
{基金 D}	1/4 = 0.25

(2) 根据频繁 1-项集生成候选 2-项集：{基金 A, 基金 B}、{基金 A, 基金 C}和{基金 B, 基金 C}。遍历数据集求得候选 2-项集的支持度，见表 10-8。故候选 2-项集的频繁 2-项集为{基金 A, 基金 B}、{基金 A, 基金 C}和{基金 B, 基金 C}。

表 10-8　候选 2-项集的支持度

候选 2-项集	支持度
{基金 A, 基金 B}	2/4 = 0.5
{基金 A, 基金 C}	2/4 = 0.5
{基金 B, 基金 C}	2/4 = 0.5

(3) 由频繁 1-项集和频繁 2-项集生成候选 3-项集：{基金 A, 基金 B, 基金 C}。此后，剪枝掉那些包含非频繁项集的候选 3-项集。由于候选 3-项集{基金 A, 基金 B, 基金 C}中

不包含非频繁的 1-项集和 2-项集，故确认候选 3-项集为{基金 A，基金 B，基金 C}。计算候选 3-项集的支持度，见表 10-9。从表 10-9 可以发现，{基金 A，基金 B，基金 C}的支持度为 0.25，小于最小支持度，故{基金 A，基金 B，基金 C}是非频繁 3-项集。

表 10-9 候选 3-项集的支持度

候选 3-项集	支持度
{基金 A，基金 B，基金 C}	1/4 = 0.25

因此，可以得到数据集的频繁项集为{基金 A}、{基金 B}、{基金 C}、{基金 A，基金 B}、{基金 A，基金 C}和{基金 B，基金 C}。

(4) 基于频繁项集计算置信度，并生成关联规则，详见表 10-10。

$$\text{Confidence}(\text{基金A} \rightarrow \text{基金B}) = \frac{2/4}{3/4} = 2/3$$

$$\text{Confidence}(\text{基金B} \rightarrow \text{基金A}) = \frac{2/4}{3/4} = 2/3$$

$$\text{Confidence}(\text{基金A} \rightarrow \text{基金C}) = \frac{2/4}{3/4} = 2/3$$

$$\text{Confidence}(\text{基金C} \rightarrow \text{基金A}) = \frac{2/4}{3/4} = 2/3$$

$$\text{Confidence}(\text{基金B} \rightarrow \text{基金C}) = \frac{2/4}{3/4} = 2/3$$

$$\text{Confidence}(\text{基金C} \rightarrow \text{基金B}) = \frac{2/4}{3/4} = 2/3$$

由此根据最小置信度筛选出满足条件的关联规则为: {基金 A}→{基金 B}、{基金 B}→{基金 A}、{基金 A}→{基金 C}、{基金 C}→{基金 A}、{基金 B}→{基金 C}和{基金 C}→{基金 B}。

表 10-10 候选 3-项集的置信度

关联规则	置信度
{基金 A}→{基金 B}	2/3
{基金 B}→{基金 A}	2/3
{基金 A}→{基金 C}	2/3
{基金 C}→{基金 A}	2/3
{基金 B}→{基金 C}	2/3
{基金 C}→{基金 B}	2/3

2. Apriori 算法的 Python 实现

在 Python 中，使用 mlxtend 模块实现 Apriori 算法，以选择数据集的频繁项集。读者需要在 Anaconda Prompt 中输入 pip install mlxtend 以安装 mlxtend 模块。在 mlxtend 模块中，apriori 函数的使用格式如下：

apriori(df, min_support = 0.5, use_colnames = False, max_len = None, **args)

apriori 函数的主要参数说明如表 10-11 所示。

表 10-11　apriori 函数的主要参数说明

主要参数名称	参 数 说 明
df	需输入的数据集，数据格式为 DataFrame，但是数据集允许的数据取值仅为 0/1 或者 True/False
min_support	最小支持度，浮点型数据，取值范围为[0.0, 1.0]，默认取值为 0.5
use_colnames	表示是否使用 df 的列名称作为输出结果的列名称，默认取值为 False
max_len	生成项集的最大长度，整数型数据，默认取值为 None，表示使用所有可能的项集

1）基于 Apriori 算法生成频繁项集

首先，定义一个与表 10-6 相同的客户购买基金数据集(一)；其次，通过 TransactionEncoder 函数将数据集进行独热编码；最后，将最小支持度设为 0.5(min_support = 0.5)，并基于 apriori 函数得到数据集的所有频繁项集。上述过程见代码 10-27。

代码 10-27

```
# 基于 Apriori 算法生成频繁项集
# 导入相关库
import pandas as pd
from mlxtend.preprocessing import TransactionEncoder
from mlxtend.frequent_patterns import apriori
# 生成与表 10-6 相同的客户购买基金数据集(一)
dataset=[['基金 A','基金 B'],
        ['基金 A','基金 C','基金 D'],
        ['基金 B','基金 C'],
        ['基金 A','基金 B','基金 C']]

# 对数据集进行 0/1 独热编码
te = TransactionEncoder()
te_ary = te.fit(dataset).transform(dataset)
# 将数据集格式转化为 DataFrame
df = pd.DataFrame(te_ary, columns=te.columns_)
# 基于 apriori 函数生成所有的频繁项集
frequent_itemsets = apriori(df, min_support=0.5, use_colnames=True)
# 输出所有的频繁项集
frequent_itemsets
```

输出结果：

	support	itemsets
0	0.75	(基金 A)
1	0.75	(基金 B)
2	0.75	(基金 C)
3	0.50	(基金 B, 基金 A)
4	0.50	(基金 C, 基金 A)
5	0.50	(基金 C, 基金 B)

从代码 10-27 的输出结果可知，基于 apriori 函数得到的频繁项集及其支持度与通过计算得到的结果是一致的。

2) 基于 association_rules 函数生成关联规则

在 Python 中，可以利用 mlxtend 模块的 association_rules 函数生成关联规则。association_rules 函数的使用格式如下：

association_rules(df, metric = 'confidence', min_threshold = 0.8, support_only = False)

association_rules 函数的主要参数说明如表 10-12 所示。

表 10-12   association_rules 函数的主要参数说明

主要参数名称	参 数 说 明
df	需输入的频繁项数据集，数据格式为 DataFrame，列名称为 support 和 itemsets
metric	度量关联规则的指标，字符串，可选值为 support、confidence、lift、leverage、conviction。若参数 support_only 为 True，则 metric 自动设为 support，其他情况下默认取值是 confidence
min_threshold	metric 的最小值，浮点型数据。根据 metric 的不同，min_threshold 的取值范围也不同
support_only	表示是否仅计算支持度，默认取值是 False。若 support_only 为 True，则表示仅计算支持度，其他度量指标以 NaNs 填充

基于代码 10-27 生成的频繁项集，以置信度为判定标准(metric = "confidence")，将最小置信度设为 0.6(min_threshold = 0.6)，运用 association_rules 函数得到所有满足条件的关联规则，见代码 10-28。

```
# 基于 association_rules 函数生成关联规则
from mlxtend.frequent_patterns import association_rules
association_rules(frequent_itemsets, metric="confidence",min_threshold=0.6)
```

输出结果：

	antecedents	consequents	antecedent support	consequent support	support	confidence	lift	leverage	conviction	zhangs_metric
0	(基金 B)	(基金 A)	0.75	0.75	0.50	0.67	0.89	−0.06	0.75	−0.33

第 10 章 无监督学习

1	(基金 A)	(基金 B)	0.75	0.75	0.50	0.67	0.89	−0.06	0.75	−0.33
2	(基金 C)	(基金 A)	0.75	0.75	0.50	0.67	0.89	−0.06	0.75	−0.33
3	(基金 A)	(基金 C)	0.75	0.75	0.50	0.67	0.89	−0.06	0.75	−0.33
4	(基金 C)	(基金 B)	0.75	0.75	0.50	0.67	0.89	−0.06	0.75	−0.33
5	(基金 B)	(基金 C)	0.75	0.75	0.50	0.67	0.89	−0.06	0.75	−0.33

Apriori 算法是最简单和容易理解的关联规则挖掘算法之一。但 Apriori 算法在计算过程中可能会产生大量的候选集，且每次迭代都需要重新扫描整个数据集以计算每个项集的支持度，这会导致计算效率较低。针对 Apriori 算法的这一劣势，Han 等人于 2000 年提出了 FP-Growth 算法作为替代方案。

10.3.2 FP-Growth 算法及其 Python 实现

1. FP-Growth 算法

FP-Growth(Frequent Pattern Growth)算法是一种用于发现频繁项集的算法，它将数据集存储在一种称作 FP 树(Frequent Pattern Tree)的紧凑数据结构中，仅需对数据集进行两次扫描，即可找到所有的频繁项集。故相较于 Apriori 算法，FP-Growth 算法的效率高很多。

FP-Growth 算法的流程主要包含两个步骤。

1) 构建 FP 树

构建 FP 树包含以下几个步骤：

(1) 第一次扫描数据集，对所有 1-项集出现的次数进行计数，去掉不满足最小支持度的 1-项集，并创建项头表。

(2) 第二次扫描数据集，对每个样本对应的集合进行过滤和排序，即过滤掉不满足最小支持度的 1-项集，并基于项头表中 1-项集的出现次数对过滤后的集合进行排序。

(3) 创建只包含空集的根节点，将过滤和排序后的每个项集依次添加到 FP 树中。如果 FP 树中不存在该集合的路径，则创建一条至 FP 树根节点的新路径。如果 FP 树中已存在该集合的路径，则将该路径上所有已存在的 1-项集的计数加 1。

2) 从 FP 树中挖掘频繁项集

从 FP 树中挖掘频繁项集包含以下几个步骤：

(1) 从项头表底部的 1-项集开始依次向上挖掘。基于该 1-项集构建它的 FP 子树，将子树中每个节点的计数设置为叶节点的计数，并删除计数低于支持度的节点，得到该 1-项集的条件模式基。

(2) 基于上述条件模式基，挖掘得到上述 1-项集的所有频繁项集。

(3) 重复步骤(1)和(2)，直到得到数据集的所有频繁项集。

假定有 6 个客户，其购买基金数据集如表 10-13 所示，下面基于 FP-Growth 算法的流程来挖掘这些客户购买基金的频繁模式。假定最小支持度为 1/3，故若各项集要成为频繁项集，则其出现的次数至少为 2。

表 10-13 客户购买基金数据集(二)

客户编号	购买的基金
1	基金 A、基金 B、基金 D
2	基金 B、基金 C、基金 E
3	基金 A、基金 B、基金 D、基金 E
4	基金 B、基金 C、基金 E
5	基金 A、基金 B、基金 D、基金 E
6	基金 B、基金 C、基金 D、基金 F

1) 构建客户购买基金数据集(二)的 FP 树

(1) 创建项头表。

扫描数据集,对所有 1-项集出现的次数进行计数,得到 1-项集{基金 A}出现的次数是 3,1-项集{基金 B}出现的次数是 6,1-项集{基金 C}出现的次数是 3,1-项集{基金 D}出现的次数是 4,1-项集{基金 E}出现的次数是 4,1-项集{基金 F}出现的次数是 1,简记为{A:3, B:6, C:3, D:4, E:4, F:1}。去掉不满足最小支持度的 1-项集{基金 F},得到{A:3, B:6, C:3, D:4, E:4},并创建项头表,见表 10-14。

表 10-14 项 头 表

1-项集	出现的次数
{基金 B}	6
{基金 D}	4
{基金 E}	4
{基金 A}	3
{基金 C}	3

(2) 过滤并对数据集排序

再次扫描数据集,对每位客户购买基金的集合进行过滤和排序,删除集合中不满足最小支持度的 1-项集{基金 F},再基于项头表中 1-项集的出现次数对集合中的 1-项集由大到小进行排序。由此,得到过滤与排序后的数据集,见表 10-15。

表 10-15 过滤与排序后的客户购买基金数据集

客户编号	购买的基金
1	基金 B、基金 D、基金 A
2	基金 B、基金 E、基金 C
3	基金 B、基金 D、基金 E、基金 A
4	基金 B、基金 E、基金 C
5	基金 B、基金 D、基金 E、基金 A
6	基金 B、基金 D、基金 C

(3) 构建 FP 树

首先，基于表 10-15 中客户 1 购买的基金，构建如图 10-13(a)所示的 FP 树；之后，基于客户 2 购买的基金，构建如图 10-13(b)所示的 FP 树。值得注意的是，在构建客户 2 的 FP 树时，因为路径上的 1-项集{基金 B}已经存在，故将 1-项集{基金 B}的计数加 1 取为 2。由此，依次添加各客户购买的基金，可以得到最终的 FP 树，如图 10-13(c)所示。在图 10-13(c) 中，Null 为根节点，{A:1}、{A:2}、{C:1}和{C:2}为叶节点，根节点和叶节点以外的其他节点则是内节点。在 FP 树中，还有一个需要注意的概念是祖先节点，如在路径{B:6,D:4, E:2, A:2}中(见图 10-13(c))，{B:6}、{D:4}和{E:2}都是叶节点{A:2}的祖先节点。

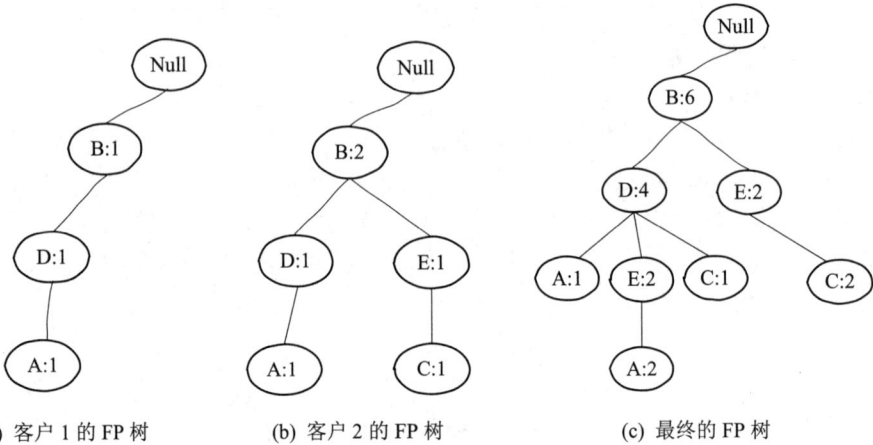

| (a) 客户 1 的 FP 树 | (b) 客户 2 的 FP 树 | (c) 最终的 FP 树 |

图 10-13　构建 FP 树

2) 从 FP 树中挖掘客户购买基金数据集(二)的频繁项集

(1) 构建基金 C 的 FP 子树、条件模式基并挖掘基金 C 的频繁项集。

基于项头表的最后一项基金 C 从最终的 FP 树中构建基金 C 的 FP 子树，基金 C 的 FP 子树有两个叶节点，其对应的路径为{B:6,D:4, C:1, E:2, C:2}，见图 10-14(a)。接着，将所有祖先节点的计数设置为叶节点的计数，即 FP 子树变成{B:3,D:1, C:1, E:2, C:2}。节点基金 D 在条件模式基里面的支持度低于阈值 2，故删除节点基金 D，可得到不包括叶节点的基金 C 的条件模式基为{B:3, E:2}，见图 10-14(b)。

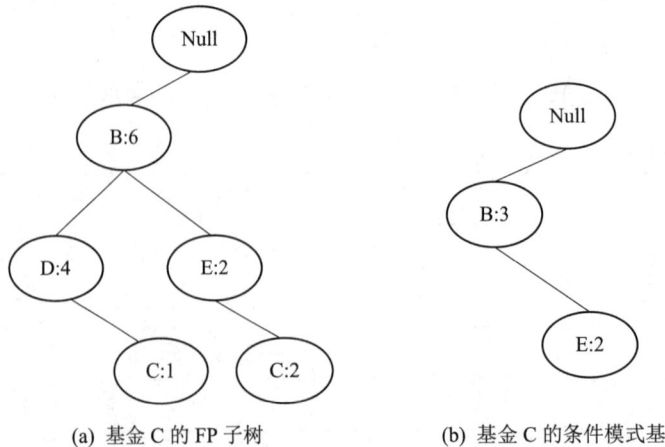

| (a) 基金 C 的 FP 子树 | (b) 基金 C 的条件模式基 |

图 10-14　基金 C 的 FP 子树与条件模式基

金融数据挖掘

基于条件模式基，可得基金 C 的频繁 2-项集为{B:3, C:3}和{E:2, C:2}。递归合并频繁 2-项集，可得基金 C 的频繁 3-项集为{B:2, E:2, C:2}。

(2) 构建基金 A 的 FP 子树、条件模式基并挖掘基金 A 的频繁项集。

与基金 C 一样，基金 A 的 FP 子树也存在两个叶节点，其对应的路径为{B:6, D:4, A:1, E:2, A:2}，见图 10-15(a)。接着，将所有祖先节点的计数设置为叶节点的计数，即 FP 子树变成{B:3, D:3, A:1, E:2, A:2}，故可得到不包括叶节点的基金 A 的条件模式基为{B:3, D:3, E:2}，详见图 10-15(b)。

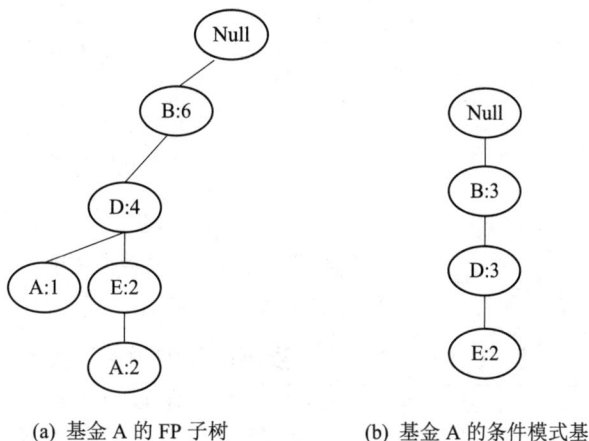

(a) 基金 A 的 FP 子树　　　　(b) 基金 A 的条件模式基

图 10-15　基金 A 的 FP 子树与条件模式基

基于条件模式基，可得基金 A 的频繁 2-项集为{B:3, A:3}、{D:3, A:3}和{E:2, A:2}。递归合并频繁 2-项集，可得基金 A 的频繁 3-项集为{B:3, D:3, A:3}、{B:2, E:2, A:2}和{D:2, E:2, A:2}，递归合并频繁 3-项集，可得基金 A 的频繁 4-项集为{B:2, D:2, E:2, A:2}。

(3) 构建基金 E 的 FP 子树、条件模式基并挖掘基金 E 的频繁项集。

在挖掘完基金 C 和基金 A 的频繁项集之后，开始挖掘基金 E 的频繁项集。基金 E 的 FP 子树对应的路径为{B:6, D:4, E:2, E:2}，见图 10-16(a)。接着，将所有祖先节点的计数设置为其对应的叶节点的计数，可得到不包括叶节点的基金 E 的条件模式基为{B:4, D:2}，见图 10-16(b)。

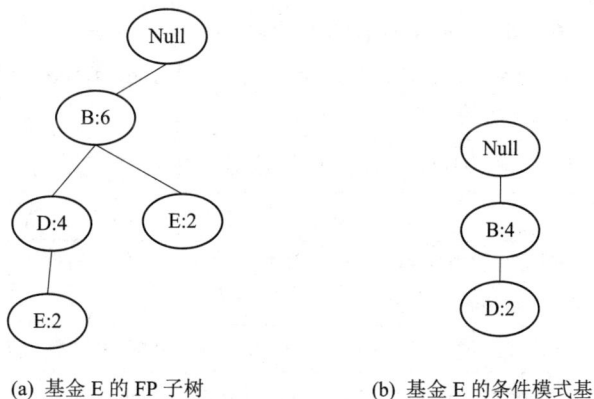

(a) 基金 E 的 FP 子树　　　　(b) 基金 E 的条件模式基

图 10-16　基金 D 的 FP 子树与条件模式基

基于条件模式基，可得基金 E 的频繁 2-项集为{B:4, E:4}和{D:2, E:2}。递归合并频繁

2-项集，可得基金 E 的频繁 3-项集为{B:2, D:2, E:2}。

(4) 构建基金 D 的 FP 子树、条件模式基并挖掘基金 D 的频繁项集。

基金 D 的 FP 子树对应的路径为{B:6, D:4}，见图 10-17(a)。接着，将所有祖先节点的计数设置为其对应的叶节点的计数，可得到不包括叶节点的基金 D 的条件模式基为{B:4}，见图 10-17(b)。基于条件模式基，可得基金 D 的频繁 2-项集为{B:4, D:4}

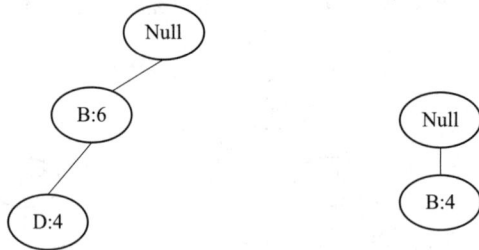

(a) 基金 D 的 FP 子树　　　　　(b) 基金 D 的条件模式基

图 10-17　基金 D 的 FP 子树与条件模式基

将所有除频繁 1-项集以外的频繁项集汇总，见表 10-16。

表 10-16　除频繁 1-项集以外的频繁项集汇总

基金名称	频 繁 项 集
基金 C	{B:3, C:3}、{E:2, C:2}； {B:2, E:2, C:2 }
基金 A	{B:3, A:3}、{D:3, A:3}、{E:2, A:2}； {B:3, D:3, A:3}、{B:2, E:2, A:2}、{D:2, E:2, A:2}； { B: 2, D:2, E:2,A:2}
基金 E	{B:4, E:4}、{D:2, E:2}； {B:2, D:2, E:2}
基金 D	{B:4,D:4}

2. FP-Growth 算法的 Python 实现

在 mlxtend 模块中，fpgrowth 函数的使用格式如下所示：

fpgrowth(df, min_support = 0.5, use_colnames = False, max_len = None, **args)

fpgrowth 函数的主要参数说明如表 10-17。

表 10-17　fpgrowth 函数的主要参数说明

主要参数名称	参 数 说 明
df	需输入的数据集，数据格式为 DataFrame，但是数据集允许的数据取值仅为 0/1 或者 True/False
min_support	最小支持度，浮点型数据，取值范围为[0.0, 1.0]，默认取值为 0.5
use_colnames	表示是否使用 df 的列名称作为输出结果的列名称，默认取值为 False
max_len	生成项集的最大长度，整数型数据，默认取值为 None，表示使用所有可能的项集

1) 基于 FP-Growth 算法生成频繁项集

首先,定义一个与表10-13相同的客户购买基金数据集(二);其次,通过TransactionEncoder函数对数据集进行独热编码;最后,将最小支持度设为 0.333(min_support=0.333),并基于fpgrowth 函数得到数据集的所有频繁项集。上述过程见代码 10-29。

代码 10-29

```
# 基于 FP-Growth 算法生成频繁项集
# 导入相关库
import pandas as pd
from mlxtend.preprocessing import TransactionEncoder
from mlxtend.frequent_patterns import fpgrowth
# 生成与表 10-13 相同的客户购买基金数据集(二)
dataset=[['基金 A','基金 B','基金 D'],
        ['基金 B','基金 C','基金 E'],
        ['基金 A','基金 B','基金 D','基金 E'],
        ['基金 B','基金 C','基金 E'],
        ['基金 A','基金 B','基金 D','基金 E'],
        ['基金 B','基金 C','基金 D','基金 F']]
# 对数据集进行 0/1 独热编码,并转化为 DataFrame
te = TransactionEncoder()
te_ary = te.fit(dataset).transform(dataset)
df = pd.DataFrame(te_ary, columns=te.columns_)
# 基于 fpgrowth 函数生成所有的频繁项集,并输出
frequent_itemsets = fpgrowth(df, min_support=0.333, use_colnames=True)
frequent_itemsets
```

输出结果:

	support	itemsets
0	1.00	(基金 B)
1	0.67	(基金 D)
2	0.50	(基金 A)
3	0.67	(基金 E)
4	0.50	(基金 C)
5	0.67	(基金 B, 基金 D)
6	0.33	(基金 E, 基金 D)
7	0.33	(基金 B, 基金 E, 基金 D)
8	0.50	(基金 A, 基金 D)
9	0.50	(基金 B, 基金 A)

10	0.33	(基金 E, 基金 A)
11	0.50	(基金 B, 基金 A, 基金 D)
12	0.33	(基金 E, 基金 A, 基金 D)
13	0.33	(基金 B, 基金 E, 基金 A)
14	0.33	(基金 B, 基金 E, 基金 A, 基金 D)
15	0.67	(基金 B, 基金 E)
16	0.50	(基金 B, 基金 C)
17	0.33	(基金 E, 基金 C)
18	0.33	(基金 B, 基金 E, 基金 C)

从代码 10-29 的输出结果可知，除了频繁 1-项集，基于 fpgrowth 函数得到的频繁项集及其支持度与在表 10-16 中计算得到的结果是一致的。

2) 基于 association_rules 函数生成关联规则

基于代码 10-29 生成的频繁项集，以置信度为判定标准(metric = "confidence")，将最小置信度设为 0.75(min_threshold = 0.75)，运用 association_rules 函数得到所有满足条件的关联规则，见代码 10-30。

代码 10-30

```
# 基于 association_rules 函数生成关联规则
association_rules(frequent_itemsets, metric = "confidence",min_threshold = 0.75)
```

输出结果：

	antecedents	consequents	antecedent support	consequent support	support	confidence	lift	leverage	conviction	zhangs_metric
0	(基金 D)	(基金 B)	0.67	1.00	0.67	1.00	1.00	0.00	inf	0.00
1	(基金 E, 基金 D)	(基金 B)	0.33	1.00	0.33	1.00	1.00	0.00	inf	0.00
2	(基金 A)	(基金 D)	0.50	0.67	0.50	1.00	1.50	0.17	inf	0.67
	...									
19	(基金 C)	(基金 B)	0.50	1.00	0.50	1.00	1.00	0.00	inf	0.00
20	(基金 E, 基金 C)	(基金 B)	0.33	1.00	0.33	1.00	1.00	0.00	inf	0.00

注：因篇幅有限，省略部分输出结果。

10.3.3 基于关联规则挖掘的产品关联分析

产品关联分析数据集源自阿里云天池大赛——数据分析达人赛 2：产品关联分析。产品关联分析以购物篮分析为背景，旨在基于品牌的历史订单数据挖掘频繁项集与关联规则。通过产品关联分析，学习者可以利用订单数据为企业提供销售策略和产品关联组合建议，从而既帮助企业提升销量，也为消费者提供更适合的商品推荐。

1. 数据集的读取与整理

将数据集读取为 DataFrame，选取客户 ID、订单日期和产品名称三个特征，并使用 head 函数观察数据集前 5 行的数据，见代码 10-31。

代码 10-31

```
# 读取数据集
import pandas as pd
df_order = pd.read_csv('../演示数据/ch10_order.csv', encoding='gbk')
df_product = df_order[['客户 ID', '订单日期', '产品名称']]
df_product.head()
```

输出结果：

	客户 ID	订单日期	产品名称
0	14432BA	2016/1/1	棒球手套
1	18741BA	2016/1/2	棒球手套
2	27988BA	2016/1/2	棒球手套
3	25710BA	2016/1/5	棒球手套
4	14999BA	2016/1/6	棒球手套

使用 info 函数观察数据的整体情况，见代码 10-32。

代码 10-32

```
# 获取数据集的基本信息
df_product.info()
```

输出结果：

```
<class 'pandas.core.frame.DataFrame'>
RangeIndex: 60398 entries, 0 to 60397
Data columns (total 3 columns):
 #   Column   Non-Null Count  Dtype
---  ------   --------------  -----
 0   客户 ID    60398 non-null  object
 1   订单日期    60398 non-null  object
 2   产品名称    60398 non-null  object
dtypes: object(3)
memory usage: 1.4+ MB
```

从代码 10-32 的输出结果可以发现，数据集共包含 3 个特征和 60 398 个样本数据，且每个特征均没有缺失值。

进一步地，使用 nunique 函数获取每个特征取值的频数，见代码 10-33。

代码 10-33

```
# 获取各个特征取值的频数
df_product.nunique()
```

输出结果：

> 客户 ID 　　18484
>
> 订单日期 　　1124
>
> 产品名称 　　 17
>
> dtype: int64

从代码 10-33 的输出结果可以发现，客户 ID、订单日期和产品名称三个特征取值的频数均小于样本数 60 398。

2. 数据预处理

这里的数据预处理过程主要包含缺失值处理、数据集变换与类别数据编码。

(1) 缺失值处理。缺失值处理见代码 10-34。

代码 10-34

```
# 缺失值处理
df_product.isnull().sum()
```

输出结果：

> 客户 ID 　　 0
>
> 订单日期 　　 0
>
> 产品名称 　　 0
>
> dtype: int64

从代码 10-34 的输出结果可以发现，数据集中不存在缺失值，故不需要处理缺失值。

(2) 数据集变换。利用 groupby 函数和 apply 函数将同一个客户在同一个日期购买的产品转化为列表，见代码 10-35。

代码 10-35

```
# 将数据集转化成 list
dataset = df_product.groupby(["客户 ID", "订单日期"]).apply(lambda x: x["产品名称"].tolist())
dataset
```

输出结果：

客户 ID	订单日期	
13021BA	2013/7/22	[软式棒球]
	2015/11/4	[垒球, 棒球服, 头盔, 棒球手套, 棒球手套]
	2015/7/22	[三角网架, 软式棒球]
13022BA	2013/7/18	[软式棒球]
	2015/7/20	[球棒与球棒袋, 球棒与球棒袋, 软式棒球, 三角网架, 帽子, 棒球服]
	...	
31500BA	2015/3/8	[软式棒球]
31501BA	2016/1/18	[帽子, 垒球, 头盔, 球棒与球棒袋, 球棒与球棒袋]
31502BA	2014/2/13	[软式棒球]
31503BA	2015/3/22	[软式棒球]

Length: 27618, dtype: object

（3）类别数据编码。通过 TransactionEncoder 函数对数据集进行 0/1 独热编码，并转化为 DataFrame，见代码 10-36。

代码 10-36

```
# 对数据集进行 0/1 独热编码，并转化为 DataFrame
te = TransactionEncoder( )
te_ary = te.fit(dataset).transform(dataset)
df = pd.DataFrame(te_ary, columns=te.columns_)
```

3. 基于 FP-Growth 算法的关联规则挖掘

将最小支持度设为 0.05(min_support=0.05)，基于 fpgrowth 函数得到数据集的所有频繁项集并输出，见代码 10-37。

代码 10-37

```
# 基于 FP-Growth 算法生成所有频繁项集并输出
frequent_itemsets = fpgrowth(df, min_support=0.05, use_colnames=True)
frequent_itemsets
```

输出结果：

	support	itemsets
0	0.18	(软式棒球)
1	0.36	(棒球手套)
2	0.23	(头盔)
3	0.12	(棒球服)
4	0.08	(垒球)
5	0.08	(三角网架)
6	0.17	(球棒与球棒袋)
7	0.08	(帽子)
8	0.29	(硬式棒球)
9	0.05	(击打手套)
10	0.10	(棒球手套, 头盔)

基于代码 10-37 生成的频繁项集，以置信度为判定标准(metric="confidence")，将最小置信度设为 0.2(min_threshold=0.2)，运用 association_rules 函数得到所有满足条件的关联规则，见代码 10-38。

代码 10-38

```
# 基于 association_rules 函数生成关联规则
association_rules(frequent_itemsets, metric="confidence",min_threshold=0.2)
```

输出结果：

	antecedents	consequents	antecedent support	consequent support	support	confidence	lift	leverage	conviction	zhangs_metric
0	(棒球手套)	(头盔)	0.36	0.23	0.10	0.28	1.21	0.02	1.07	0.27
1	(头盔)	(棒球手套)	0.23	0.36	0.10	0.43	1.21	0.02	1.13	0.22

本 章 小 结

本章主要介绍无监督学习，包括聚类、降维和关联规则挖掘。在聚类部分，介绍了聚类距离计算、聚类性能评价、K-Means 算法和 DBSCAN 算法，并提供了一个商场客户分类分析的综合案例。在降维部分，介绍了主成分分析和核主成分分析，并提供了它们的 Python 实现。在关联规则挖掘部分，介绍了 Apriori 算法和 FP-Growth 算法，并提供了它们的 Python 实现以及一个产品关联分析的综合案例。

习 题 十

1. 简述 K-Means 算法的步骤及最优 K 值的选择方法。
2. 简述 DBSCAN 算法的原理及优劣势。
3. 简述主成分分析的原理及优劣势。
4. 基于表 10-13 中的客户购买基金数据集(二)，设定最小支持度为 0.5，最小置信度为 0.6，运用 Apriori 算法获取客户购买基金数据集(二)的所有频繁项集和关联规则。
5. 基于表 10-13 的客户购买基金数据集(二)，设定最小支持度为 0.5，画出数据集的最终 FP 树。
6. 基于本章的示例数据，在 Jupyter Notebook 中输入本章的所有 Python 代码并运行。

参 考 文 献

[1] 沈根祥. 计量经济学[M]. 上海：上海财经大学出版社, 2013.

[2] 高铁梅. 计量经济分析方法与建模：EViews 应用及实例[M]. 2 版. 北京：清华大学出版社, 2009.

[3] 何宇健. Python 与机器学习实战 [M]. 北京：电子工业出版社 2017.

[4] 李航. 统计学习方法[M]. 2 版. 北京：清华大学出版社, 2019.

[5] 宋天龙. Python 数据分析与数据化运营[M]. 2 版. 北京：机械工业出版社, 2019.

[6] 汪志红, 汪前元. 基于存量数据的我国货币供应量季节调整研究[J]. 统计与决策, 2013(13)：168-171.

[7] 周志华. 机器学习[M].北京：清华大学出版社, 2016.

[8] ABU-MOSTAFA Y S, MAGDON-ISMAIL M, LIN H T. Learning from data:a short course[M]. Pasadena: AMLBook, 2012.

[9] AGRAWAL R, SRIKANT R. Fast algorithms for mining association rules in large databases[C]. Proc. of 20th Int. Conf. on Very Large Data Bases, VLDB, 1994: 487-499.

[10] ALOISE D, DESHPANDE A, HANSEN P, et al. NP-hardness of euclidean sum-of-squares clustering[J]. Machine Learning, 2009(2), 75: 245-248.

[11] BERGSTRA J, BENGIO Y. Random search for hyper-parameter optimization[J]. Journal of Machine Learning Research, 2012, 13(2) :281-305.

[12] BOSER B E, GUYON I M, VAPNIK V N. A training algorithm for optimal margin classifiers[C]. Proceedings of the 5th Annual Workshop on Computational Learning Theory, 1992: 144-152.

[13] BOYD S P, VANDENBERGHE L. Convex optimization[M]. Cambridge:Cambridge University Press, 2004.

[14] BREIMAN L. Bagging predictors[J]. Machine Learning, 1996, 24(2) : 123-140.

[15] BREIMAN L. Random Forests[J]. Machine Learning, 2001, 45(1) : 5-32.

[16] CHANG C C, LIN C J. LIBSVM: a library for support vector machines[J]. ACM Transactions on Intelligent Systems and Technology (TIST), 2011, 2(3) : 1-27.

[17] CORTES C, Vapnik V. Support-vector networks[J]. Machine Learning, 1995, 20(3) : 273-297.

[18] DICKEY D A, FULLER W A. Distribution of the estimators for autoregressive time series with a unit root[J]. Journal of the American Statistical Association, 1979, 74(6): 427-431.

[19] ELLIOTT G, ROTHENBERG T J, STOCK J H . Efficient tests for an autoregressive unit root[J]. Econometrics,1996, 64 (4) : 813-836.

[20] ESTER M, KRIEGEL H P, SANDER J, et al. A density-based algorithm for discovering

clusters in large spatial databases with noise[C]. National Conferences on Aritificial Intelligence, 1999, 96(34): 226-231.

[21] FRAWLEY W J, PIATETSKY-SHAPIRO G, MATHEUS C J. Knowledge discovery in databases: an overview[J]. AI Magazine, 1992, 13(3) : 57-70.

[22] FREUND Y, SCHAPIRE R E. A decision-theoretic generalization of on-line learning and an application to boosting[J]. Journal of Computer and System Sciences, 1997, 55(1) : 119-139.

[23] FRIEDMAN J H. Greedy function approximation: a gradient boosting machine[J]. Annals of Statistics, 2001, 29(5): 1189-1232.

[24] HAN J, CHENG H, XIN D, et al. Frequent pattern mining: current status and future directions[J]. Data Mining and Knowledge Discovery, 2007, 15(1) : 55-86.

[25] HARRISON D, RUBINFELD D L. Hedonic housing prices and the demand for clean air[J]. Journal of Environmental Economics and Management, 1978, 5(1) : 81-102.

[26] HILPISCH Y. Python 金融大数据分析[M]. 2 版. 姚军，译.北京：人民邮电出版社，2020.

[27] HOERL A E, KENNARD R W. Ridge regression: biased estimation for nonorthogonal problems[J]. Technometrics, 1970, 12(1) : 55-67.

[28] JIANG H. Machine learning fundamentals: a concise introduction[M]. Cambridge: Cambridge University Press, 2021.

[29] KE G L, MENG Q, FINLEY T, et al. LightGBM: a highly efficient gradient boosting decision tree[J]. Advances in Neural Information Processing Systems, 2017, 30：3146-3154.

[30] KWIATKOWSKI D, PHILLIPS P C B, SCHMIDT P, et al. Testing the null hypothesis of stationarity against the alternative of a unit root: how sure are we that economic time series have a unit root[J]. Journal of Econometrics, 1992, 54(1-3): 159-178.

[31] Breiman L, FRIEDMAN J H, OLSHEN R A, et al. Classification and regression trees (CART)[J]. Biometrics, 1984, 40(3) : 358-361.

[32] LIU H, HUANG S, WANG P, et al. A review of data mining methods in financial markets[J]. Data Science in Finance and Economics, 2021, 1(4) : 362-392.

[33] MACQUEEN J. Some methods for classification and analysis of multivariate observations[C]. Proc. 5th Berkeley Symposium on Mathematical Statistics and Probability.1967,1(14): 281-297.

[34] PEARSON K. LIII. on lines and planes of closest fit to systems of points in space[J]. The London, Edinburgh, and Dublin Philosophical Magazine and Journal of Science, 1901, 2(11): 559-572.

[35] PEIXEIRO M. Time series forecasting in python[M].New York: Manning Publications Co., 2022.

[36] PHILLIPS P C B, PERRON P. Testing for a unit root in time series regression[J]. Biometrika, 1988, 75(2) : 335-346.

[37] QUINLAN J R. Induction of decision trees[J]. Machine Learning, 1986, 1(1) : 81-106.

[38] QUINLAN J R. C4.5: programs for machine learning[M]. San Francisco：Morgan Kaufmann, 1993.

[39] RASCHKA S. MLxtend: providing machine learning and data science utilities and extensions to Python's scientific computing stack[J]. The Journal of Open Source Software, 2018, 3(24):638.

[40] ROGEL-SALAZAR J. Data science and analytics with Python[M]. Bocu Raton: CRC Press, 2020.

[41] SCHÖLKOPF B, SMOLA A, MÜLLER K R. Kernel principal component analysis[C]. 7th International Conference on Artificial Neural Networks, ICANN，1997: 583-588.

[42] SCHÖLKOPF B, SMOLA A J, BACH F. Learning with kernels: support vector machines, regularization, optimization, and beyond[M]. Cambridge: MIT Press, 2002.

[43] SONG Q, JIN H, HU X. Automated machine learning in action[M]. New York: Manning Publications Co., 2022.

[44] SUTTON R S, BARTO A G. Reinforcement learning: an introduction[J]. Robotica, 1999, 17(2) : 229-235.

[45] TIBSHIRANI R. Regression shrinkage and selection via the lasso[J]. Journal of the Royal Statistical Society: Series B (Methodological), 1996, 58(1) : 267-288.

[46] TM M. Machine Learning[M]. New York: McGraw-Hill, 1997.

[47] TSAY R S. Analysis of financial time series[M]. Hoboken: John Wiley & Sons, 2010.

[48] VAPNIK V. Pattern recognition using generalized portrait method[J]. Automation and Remote Control, 1963, 24: 774-780.

[49] VAPNIK V N. A note on one class of perceptrons[J]. Automat. Rem. Control, 1964, 25(1) : 821-837.

[50] WOLPERT D H, MACREADY W G. No free lunch theorems for optimization[J]. IEEE Transactions on Evolutionary Computation, 1997, 1(1) : 67-82.

[51] ZIVOT E, ANDREWS D W K. Further evidence on the great crash, the oil-price shock, and the unit-root hypothesis[J]. Journal of Business & Economic Statistics, 2002, 20(1) : 25-44.

[52] ZOU H, HASTIE T. Regularization and variable selection via the elastic net[J]. Journal of the Royal Statistical Society: Series B (Statistical Methodology), 2005, 67(2) : 301-320.